普通高等教育"十二五"规划教材

应用文写作实训教程

主　编　宁东玲　刘静意　梁革兵

副主编　王雪莲

参编人员　刘永松　李　莉　龚石彦

科学出版社

北　京

内 容 简 介

本书根据高职应用型人才的培养目标、知识和能力要求编写,以"实用、必需、够用"为原则,突出"注重实践,强化应用",构建基于项目和任务的实训课程体系,编写体例新颖,每个文种采用"案例导入—知识聚焦—纠错训练—课堂实训—课后实训"的编排方式,综合实训是以实际工作和生活中的真实活动串联多个文种,并配套实训手册,反复进行任务训练以提高学生的应用文写作技能。

本书共分 8 个项目和 2 个综合实训。其中,项目主要包括应用文写作基础知识、常见行政类文种训练、常见事务类文种训练、常见书信类文种训练、常见宣传类文种训练、常见礼仪类文种训练、常见策划类文种训练、财经文书;综合实训包括校园活动综合实训和商品展销综合实训。

本书不仅可以作为各类高校不同专业的学生学习应用文写作的教材,也可以用作相关教职人员,以及机关单位、企事业单位相关人员的参考书。

图书在版编目(CIP)数据

应用文写作实训教程/宁东玲,刘静意,梁革兵主编. —北京:科学出版社,2015

普通高等教育"十二五"规划教材

ISBN 978-7-03-044490-5

Ⅰ.①应… Ⅱ.①宁…②刘…③梁… Ⅲ.①汉语-应用文-写作-高等学校-教材 Ⅳ.①H152.3

中国版本图书馆 CIP 数据核字(2015)第 116242 号

责任编辑:李淑丽 绍 华/责任校对:钟 洋
责任印制:赵 博/封面设计:华路天然工作室

科学出版社 出版
北京东黄城根北街 16 号
邮政编码:100717
http://www.sciencep.com

铭浩彩色印装有限公司印刷
科学出版社发行 各地新华书店经销

*

2015 年 6 月第 一 版 开本:787×1092 1/16
2015 年 6 月第一次印刷 印张:21 1/4
字数:319 000
定价:42.00 元(含手册)

前　言

随着社会和经济的发展，人们越来越重视以书面语言作为工具来传递信息、交流思想、联系工作，从事政治、经济、文化和交际活动。因此，应用文成为重要的交流手段，其使用范围也越来越广泛。大学毕业后不论从事何种工作，一般都要涉及一定的应用文写作。如果大学生写作能力强，文笔过硬，才思敏捷，语言得体，就很容易受到用人单位的青睐和重用。为了适应社会对人才的需求，更好地从事社会交往和日常工作，学写应用文，提高写作水平，都是十分重要的。应用文写作能力是学生踏入社会必备的基本能力，具备良好的应用文写作能力是学生今后职业生涯中进步的润滑剂，其能够帮助学生在各类职业岗位上实现有效竞争，从而实现岗位和个人能力的提升与和谐统一。应用文写作课程是一门应用性很强的课程，主要培养学生常用应用文的撰写能力，提高常用应用文的写作能力，以适应社会的需求。鉴于此，我们结合学生的实际情况和社会需求编写了本书，其主要有以下特色。

（1）职业教育特色鲜明，突出实用。加强实践，突出能力培养是职业教育的重点。本书以"实用、必需、够用"为原则，突出"注重实践、强化应用"，紧扣与工作、生活紧密相关的基本实用文种的写作，培养学生的写作技能。引入恰当的范例帮助学生理解理论知识，针对学生的实际情况设计实训环节，激发学生的写作兴趣，加强学生的动手动笔写作能力。

（2）编写体例新颖，训练针对性强。本书构建基于项目和任务的实训课程体系，编写体例力求新颖，每个文种的编写体例采用"案例导入—知识聚焦—纠错训练—课堂实训—课后实训"的编排方式，综合实训是以实际工作和生活中的真实活动串联多个文种，反复进行任务训练来提高学生的应用文写作技能，突出学生在学习中的主体地位。

（3）通过"团队学、竞赛学"的方式开展课程教学，学生之间进行互动、交流，以及评比演练，能够通过任务驱动、启发学习加深对基本应用文的应用，培养学生实际职业能力。

（4）配套实训手册。本书将课堂实训、课后实训、综合实训内容编成实训手册，共有23个课堂实训、23个课后实训和2个综合实训。通过课堂和课后反复训练，学生才会熟能生巧，得心应手，不断提高应用文写作的实际能力。

本书项目一由王雪莲执笔，项目二由宁东玲执笔，项目三、五由刘永松和宁东玲执笔，项目四、七和综合实训由李莉执笔，项目六、八由龚石彦执笔，重庆青年职业技术学院的刘静意参与了前四个项目的部分编写和审核，北京商贸学校的梁革兵参与了后四个项目的部分编写和审核，云南财经大学中华职业学院宁东玲负责统稿。

本书在编写的过程中得到了云南财经大学中华职业学院王元亮教授的大力支持，在此表示衷心的感谢。我们还参考了不少同类的著作和文献，吸收了与本书内容相关的成果，在此谨对这些著作和文献的作者表示衷心的感谢。

　　由于编者水平有限、时间仓促，书中难免存在不足之处，诚请广大读者批评指正。

编　者

2014 年 12 月

目　录

项目一　应用文写作基础知识

　　大学毕业生不一定能写小说诗歌，但是一定要能写工作和学习中实用的文章，而且非写得既通顺又扎实不可。

——叶圣陶

"博士"寻驴

　　从前，有一位老先生，号称学富五车、才高八斗，方圆百十里地享有很高的声望，人称"博士"，他也因此得意洋洋、自视很高。一天，家人来向他报告：家里一头最精壮的黑驴莫名其妙地丢失了，而眼下正是田里、家里活儿最多、最需要牲口的时候，请老爷赶紧想办法，或者找回这头黑驴，或者重买一头新驴。当时，一头正值壮年的驴也还算比较值钱，于是有好事者提醒博士说，还是先写个寻驴启事，也许还能找回来呢！博士连连点头称是。于是磨墨铺纸，提笔运腕，一张寻驴启事一气呵成，墨迹未干就赶紧让家人拿出去，张贴在闹市口了。

　　可是，转眼几天过去了，一点黑驴的消息也没有，博士决定亲自到街头去看一看、听一听，了解了解关于黑驴的消息。来到闹市口，自己写的启事还在，还真有不少人在围观，博士混入人群，心下得意，想听听大家的说法。只听得有人正摇头晃脑地给大家念着："……，我中华古国历史悠久、文化灿烂、民风淳朴、文明教化，……盘古开天……，唐宗……，宋祖……""什么嘛！什么嘛！""什么意思！瞎耽误工夫！"围观的人没等念完，就已连连唾弃地四下散去。"博士"真不愧为博士，一个寻驴启事洋洋洒洒上万字出来，还没提到一个驴字，难怪他等了好几天也没有任何消息呢！原来大家还没等他讲到驴就早已不耐烦再读下去了！

　　那么，到底什么是应用文呢？

一、何谓应用文

　　人类自从有了文字就开始了写作活动。人类最早的写作即是为了解决各种实际需要而开始的。就写作目的而言分两大类：一类是文学写作，一类是应用写作。文学写作主要用于抒发作者的主观情感，反映社会现实，是为让人们欣赏而进行的艺术创作，如诗歌、小说、戏剧、散文等。应用写作是为了处理公务和个人事务而写的，用于解决实际问题。人们通常把实用型文章的写作称为应用写作，这是指为解决实际问题而撰写的各类文章，是在社会生活中有着特定用途的文章。

应用文的使用非常广泛，几乎涉及各个领域、各个部门、各个阶层、每个人。比如，科研单位的人员，需要用学术论文；政府机关指导工作，需要用公文；工商企业经营，需要用合同；打官司，需要用诉状；即使个人今天生病了，不能上课、上班，也需要用到请假条。相对于其他文体来说，应用文的使用频率要高得多，许多人可以一辈子不写小说、剧本、诗歌、散文，但他在工作、生活、学习中却免不了要写应用文，小到写张请假条，大到写计划、总结、论文等。可以这么说，应用文的使用已经广泛到了无所不在的程度，并且成为个人日常工作、生活中不可缺少的一个重要工具。

综上所述，应用文是国家机关、企事业单位、社会团体或个人在处理各项公务和日常事务中为解决实际问题所使用的具有惯用格式的实用性文章的总称。

二、应用文的特点

应用文同别的文体比较，有共性，也有个性。共性都是对客观事物的反映，都要谋篇布局、用词造句、使用标点符号，讲究条理性、逻辑性，但同时必须体现其个性特征。具体表现在以下几个方面。

（1）实用性。随着社会经济的不断发展和信息时代的到来，人们相互间的交往更加频繁，需要传递的信息日益增加，人们几乎随时随地都离不开应用文这个记录、传递信息，商洽、处理问题的工具。可以说，在各种文体中，应用文是使用范围最广、使用频率最高的文体。应用文文种繁多，应用广泛，无论是党政机关、企事业单位、社会团体撰写的公务文书，还是人们在日常生活、学习、工作中撰写的事务类文书，其根本目的都是为了处理或解决实际问题，都具有实用价值，并为实现一定目的而写。

（2）真实性。应用文书强调的是方针政策的正确性和客观事实的真实性。一切从实际出发，按照客观规律行文，事实确凿可信、不虚构，统计数据准确无误、不夸张，有理有据，这是应用文书写作对真实性的基本要求。

（3）简明性。应用文的语言在准确得体的基础上必须做到简洁明快、通俗易懂，不能堆砌辞藻、滥用修辞。

（4）时效性。应用文为实用而作，所以务必及时迅捷，否则贻误时机，错过解决问题的最佳时间，将会给学习、工作和生活带来诸多不利。例如，会议通知就一定要在开会前发出，若会后再写通知，就失去了它的效用。另外，应用文的处理，即传递、阅读、办理的整个过程都要讲究时效。

（5）规范性。各类应用文一般都有惯用的格式，也就是程式性。应用文在漫长的使用和发展过程中，形成了相对稳定的规范格式和语言。各种文体都有特定的适用范围，不可随意交换使用。

三、应用文的作用

应用文的作用主要体现在以下几个方面。

（1）宣传教育作用。借助行政公文的法规制度，党的方针政策得以及时和权威地宣传，它们对个人和组织作出道德和行为规范，以统一思想和行动；各级企事业单位也可以通过宣传类应用文为自己树立良好的社会形象；社会团体和人民群众则可通过报告等形式更好地贯彻执行党的路线、方针和政策。

（2）权威规范作用。应用文是行政管理的工具，党和国家的各级组织和各部门的组织系统，以及企事业单位，从上到下都是通过公务文书来传达法律规范、方针政策、意见办法，来部署工作，实现领导职能的。例如，下达的命令、决定、通知、批复、意见等，具有领导和规范作用。

（3）沟通协调作用。上级机关可以通过批复、命令等应用文下达指导；下级机关可以通过报告、请示等应用文报请有关事情；企事业单位和人民群众可以通过各种专用书信、启事、函件等应用文来沟通思想、传递信息、加强联系。

（4）依据和凭证作用。应用文还是单位、团体履行职责、开展公务活动的真实记录，大部分文种在宣传政策、指导工作、规范行为、沟通信息的同时，也具有便于检查、监督的凭证和依据作用，一旦阅办完毕，便需立卷归档，以便查考。

四、应用文的分类

随着社会的发展和科学技术的进步，人们的社会活动领域不断拓宽，应用文的使用范围日益广泛，新的文体不断涌现。应用文的分类目前尚难统一，通用的分法是按应用文的适用范围，将其分为公务文书和私务文书。其中，公务文书分为通用类文书和专用类文书。下面主要介绍公务文书。

（一）通用类文书

人们在日常的各种工作、生活、学习和生产活动中普遍使用的应用文，即人们在办公或办事中普遍使用的文书。

（1）行政公文类。公文是国家机关、社会组织和团体行使职权、办理公务所使用的法定文书。《党政机关公文处理工作条例》中所规定的 15 种公文文种，包括命令（令）、决定、公告、通告、通知、通报、议案、报告、请示、批复、意见、函、纪要、决议和公报。

（2）通用事务类。包括调查报告、工作总结、述职报告、简报、计划、规章制度和会议材料等。

（3）个人事务类。例如，日记、读书笔记及各类信函等。

（二）专用类文书

专用类文书是指具有一定专业性的应用文。

（1）科技类。例如，毕业论文、学术论文、专利申请书和实验报告等。

（2）财经类。例如，市场预测报告、市场调查报告、经济活动分析报告及经济合同等。

（3）司法类。例如，诉状、辩护词、公证书和判决书等。

（4）传播类。例如，消息、通信、特写和广告等。

此外，专用类还有外交、军事等方面的文书。

五、应用文写作的基本要素

应用文写作包含主题、材料、结构、语言、表达方式等基本要素。其中，主题、材料是应用文的内容要素，结构、语言、表达方式是应用文的形式要素。

（一）主题

主题又称主旨，是作者通过文章的具体材料所表达的中心思想或基本观点，是作者的意图、主张或看法在文章中的体现。主题是统帅全篇文章的灵魂，它决定文章是否有价值，衡量写作是否成功。既然主题是应用文的统帅和灵魂，那么一篇应用文的材料选择、取舍、结构的安排、语言的运用及文体的选择、表达的方式等，都要受主题的制约。这样，应用文的各种要素才能在主题的统领之下，整合为一个互相协调的统一体。

应用文的主题形成，往往是"意在笔先"，即根据应用文的撰写目的而确定，根据撰写目的来搜集材料、占有材料和选择材料，根据撰写目的来确定文体。

1. 应用文的主题要求

写文章应力图使文章的主题正确、集中、深刻与鲜明。

（1）正确。就是要符合党和国家的方针政策，符合有关的法律法规，符合客观实际情况，能够正确反映客观事物的本质规律，对工作起积极指导作用，经得起实践的检验。一篇应用文稿，首要的问题是主旨正确，它决定着文稿的质量和价值。如果主题错误，会给工作带来损失。

（2）集中。就是应用文的主题要相对单一，重点突出，即"一意贯底"，把文章的基本观点集中、突出地表现出来，把中心思想写深写透。对于某些篇幅短小的应用文，如请示，要做到一文一事，不能表达多种意图。对于那些内容比较复杂、篇幅较长的应用文，主题也要集中，就是说，虽然其具体观点可能不止一个，但这些观点在一篇文章中应存在一种内在的逻辑联系，它们共同表达一个中心思想。例如，一篇经验总结，具体经验可以有好几条，但这几条经验要围绕一个核心，共同表达某种观点。

（3）深刻。就是要求应用文的主题不能停留在表面事实的罗列上，要从事实中归纳出观点，提炼出思想。这当然是对那些思想内容比较复杂、篇幅较大的应用文而言，如总结、调查报告等。此类应用文的主题要做到深刻，要能反映某种规律性的问题，帮助人们达到对某一客观事物的深刻认识。

（4）鲜明。就是文章的基本思想、作者的态度表现得明确清楚。赞成什么，反对什么，肯定什么，否定什么，都要表述和交代得一清二楚，决不含糊其辞，模棱两可。这就要求应用文写作者头脑要清楚，思维要敏捷，对事物要有明确的认识，在表达时不出现歧义。

总之，应用文的主题在表达上应该采取直截了当的方式，开门见山，直奔主题。它要求单一、明确。应用文应集中表述一个事件，围绕一个主题，否则意多则文乱，将不知所云。

2. 应用文的主题特点

（1）主题先行性。文学作品的主题是从生活中、从已获取的材料中提炼出来的，往往反对主题先行。然而，应用文主题的确立与文学作品主题的确立不同，其主题确立在全文写作之前，即所谓"意在笔先"。因为应用文总是先产生具体问题而后产生写作的需求，而解决这一问题的方法、结论往往也产生在文章写作之前；同时执笔者的写作行为往往也是被动的，是为解决问题而动笔，写作的过程更是确切地体现主题。

（2）主题单一性。文学作品的主题具有其复杂性，对主题的理解更呈多元化。而应用文的主题则必须单一、明确，读者对主题的理解不允许多元化，而要求理解上的同一性，这样才有利于统一认识，更有利于问题的解决。例如，请示的主送机关要单一，如果需要给三个主管部门写请示，不可把三个部门并列为一组主送机关，而是可采取一个部门为主送机关，其余两个部门采用抄送方式。

（3）主题显露性。文学作品的主题要求含蓄、曲折、令人回味。而应用文写作则不同，它要求直截了当地点明主题，表明态度，提出解决问题的措施和办法，对文章所涉及的各类问题，必须有明确的观点立场，应该怎么做、解决什么问题、达到什么目的，都要明确地表达出来。

3. 应用文的主题表现

应用文主题的表达要做到明确、显露。那么怎样才能做到主题从文章中显露出来呢？下面介绍几种表现方法。

（1）标题显旨，这种方法是在文章的标题中直接点明主题。例如，《大学生消费情况的调查报告》，这篇调查报告的标题就直接点明了主题，让人一看就大致明白了文章的主要内容，主题十分显露。这不失为一种使主题显现的好方法。

（2）开头点旨，这种方法是在文章的开头或每一个段落的开头用简短的语句陈述主题，使主题凸显出来。

（3）结尾点旨，这种方法是在文章的结尾之处点明文章主题。

（二）材料

所谓材料，指作者为了撰写目的而搜集或积累的能够表现文章主题的事实或论据。应用文材料就是写进文章的事实、依据，以及相关背景资料，它既不同于议论文中证明论点的论据，也不同于记叙文及文学作品中的题材。应用文写作对材料是十分依赖的。为了表现主题，我们需要收集一系列材料，或综合或舍取运用到文章的写作之中，使主题真实立体地表现出来。

材料是为体现主旨而准备的，主旨必须依靠材料来说明和支撑，两者必须高度统一。材料是构成文章内容，形成、支撑并表达主旨的各种事实与理论。犹如一幢建筑物，主旨是设计者的建筑理念和风格，材料便是符合设计风格的砖瓦水泥。善于从材料出发，注意让材料说话，才能言之有据，言之有物，写出内容充实、丰富，有较强说服力的文章。

从材料本身的形态来看，事实与理论是材料的两大类型。如果再作进一步划分，事实则有事件与情况、实物与现象等许多种类，理论则有方针、政策、规定，以及概念、原理、学说等。

从材料的来源来看，有第一手材料和第二手材料之分。不同类型的材料往往要通过不同的途径获取，观察、实验和调查是在实践中获取事实材料的主要途径，是得到宝贵的第一手资料的重要渠道。查阅文献则能够集中获取理论材料，第二手材料主要由此或通过调查得到。材料真实是实用型文章的生命，而材料的真实又是使文章具有真实性的首要条件。有力是实用型文章的材料所应具备的另一个特点。有力首先是说材料要能为主旨所统率，而不是游离于主旨之外，或同主旨相悖。

应用文材料的使用除了与文学作品有共同之处外，更多地体现自身特点。

（1）真实性。应用文在材料的选用过程中不准改变材料本身性质，必须保持材料的真实性，对材料的时间、地点、数据、事实过程及结果都不能任意改动，否则就会使材料本身的价值发生变异，导致歪曲事实的真相、弄虚作假的后果，失去应用文的主题应有的价值，不仅不能解决问题，反而于事无补。应用文要求的真实是"绝对的真实"，也就是说所有材料要确凿无误、持之有据。不仅对搜集到的材料要反复核实，在材料的解释上，也要有科学的态度，实事求是。

（2）现实性和新颖性。应用文写作是为了解决现实问题而作的即时之作，其主要的材料需选取能反映现实的新颖材料。所谓现实是指围绕文章要解决的问题所存在的事实（数据）材料而非通过联想和推论得到的材料。例如，《信息消费有望成为未来消费新热点》一文就采用了大量的数据：

研究结果表明，信息消费每增加 100 亿元，将带动国民经济增长 338 亿元。据统计，2011 年我国信息产业增加值 2.6 万亿元，占 GDP 比重 5.5%，考虑到对总需求的拉动作用，对 GDP 增长贡献率为 17%。预计到 2015 年，信息产业增加值将达到 4.5 万亿元，占 GDP 的 7.4%，对 GDP 增长贡献率在 20% 以上。此外，信息消费对社会总需求的撬动作用也相当明显。比如，电子商务极大地刺激了实物市场需求的扩张。2012 年的"双 11"促销，淘宝、天猫一天就创造了 191 亿元的销售额。据预测，我国电子商务交易额到 2015 年将突破 18 万亿元。

所谓新颖是指材料本身是新近产生的，如新事实、新政策、新的统计数据、新发现的问题等，以及从新的角度重新审视其新意。

（3）典型性。主要是指那些最能支持主题和说明问题的材料。典型材料可以是一个具体的事例，一些有说服力的数据和一些带有普遍性的现象。例如，在题为《"小解放"为何俏销湖北》的市场调查报告中，在说明"优质服务获得良好口碑"这一经验时，采用了这样一则事实材料：

去年 10 月的一天傍晚，河南省郑州市某单位的一辆小解放牌车在去广州的路上途经武汉时，在武汉黄鹤楼处出现了问题。求助电话打到了该销售中心，中心经理立即亲自带队迅速赶到现场，发现该车是用户对后驱动桥端面螺丝没拧紧而发生齿轮油漏尽，导致差速器锥齿烧损。当维修人员在后半夜将修好的车交给用户时，用户激动地说："虽然我们不属于该省管辖，又没带保用手册，并且问题又是因我们使用不当所致，你们还这样及时周到的服务，太让我们感动了！'小解放'走到哪服务到哪，此言不虚，以后再买车，还买'小解放'。"

这一材料就是一则很能表现主题的材料，是典型材料。

（三）结　构

应用文的结构，是指对应用文的内容进行组织安排。其作用就是将各个部分统一起来，把内容和形式统一起来，使文章成为一个有机的整体，实现其实用的目的。

应用文的结构，要求完整、严谨、纲目清楚、层次分明、段落清晰，要避免松散与重复。一般来讲，应用文的结构包括层次、段落、过渡和照应、开头和结尾等几个部分。但在具体安排时，还要根据不同文种的特点安排不同的结构形态。

1. 层次

层次是应用文思想内容表现的次序。每个层次要具有相对的完整性，对层次的划分，要前后有序，条理清楚，因而，要求对所写的事物进行深刻的分析，以便使自己具有清晰的思路。

1）层次的安排方式

应用文中层次的安排方式主要有以下几种。

总分式，即总述与分述的层次关系。

递进式，即各层次之间是"进层"关系，彼此互为因果，其顺序是不能颠倒的。例如，意见、报告、通报、议案、经济活动分析报告等文种就常常是按照提出问题—分析问题—解决问题这样的"递进"关系安排层次的。

并列式，即层次与层次之间没有隶属关系或因果关系，顺序是可以互换的。

时间顺序式，即按照事件发生、发展、结局的时间顺序来安排层次。例如，对某个事件的通报、对某项工作进展的报告、对某些事物或事故的调查报告等，就常常是按照时间顺序来安排层次的。

2）层次的表述方法

应用文的层次用小标题来表示。例如，《中共中央关于加快农业发展若干问题的决定》一文的各层次间即用下述小标题来表示：

（一）统一全党对我国农业问题的认识；

（二）当前发展农业生产力的二十五条政策和措施；

（三）实现农业现代化的部署。

用数量词表示。例如，一、二、三、四……；（一）、（二）、（三）、（四）……；1、2、3、4……；A、B、C、D……

用词、词组表示。例如，"首先……""其次……"；"关于×××的问题……"或"会议认为……""会议决定……"等。

2. 段落

段落，这里指自然段，即应用文中能够表达一个完整意思而又相对独立的基本构成单位，是在行文中，由于转折、间歇及强调等情况而自然形成的分隔、停顿。

对于较长的段落，把一个段落的中心和要点即"段旨"，用一两句高度概括，简明扼要的话在段首写出，称为段首"撮要"。规范段落一般应遵循的原则：段落要有单一性；段落要有完整性；段落要有条项。

3. 过渡和照应

过渡是指文章层次或段落之间表示衔接转换的结构形式。它的作用是承上启下，使文章脉络畅通，完整严谨。过渡在应用文中主要用于两种情况：一是层次与层次之间由总到分或由分到总，中间一般需要过渡；二是段与段之间的对比转折处常常需要过渡。

常见的过渡形式有过渡词语、过渡句和过渡段。其中，常见的过渡词语有"综上所述""总之""因此""另外""鉴于""总的看来""概括地说""实践证明""会议认为""会议希望"等。常见的过渡句有"现将有关事项通知如下""现请示（报告、批复）如下""现将有关问题函复如下""今年下半年应作好以下几项工作"等。

照应是指文章前后内容的关照呼应。它的作用是使所表达的内容首尾圆合，前后连贯，使文章成为一个有机的整体。在应用文中，最常见的照应方式是首尾呼应、开头与标题呼应和前后内容呼应。

4. 开头

应用文，尤其是较长的应用文，需要在开头处书写导语。所谓导语，即采用开门见山的方法，提出要点，在开端处用极简要的文句，说明全文的目的或结论。应用文的开头一般常用的形式有如下几种。

（1）根据式。交代写作根据，增加文章的权威性。有关的方针政策、规章制度、文件精神、领导指示，以及实际情况或问题常常被当作拟写文稿的根据。这种开头方式常用"根据……""按照……""遵照……""经……决定""经……通过"等介词组成的介词短语作为文章开端之语，在公文、规章制度、计划、调查报告中多用这种开头方式。例如：

根据财政部《会计从业资格管理办法》的有关规定，现就我省 2014 年度会计从业资格考试有关事项公告如下……

（2）原因目的式。即在开头部分交代行文的原因、目的，或者对文章内容的背景、基本情况作简要的介绍。这种开头方式常用"为了……""……为此""因为……""由于……""鉴于……"等介词作为文章开端之语。调查报告、总结、通报、通知等文种常用这种方式。例如：

为了更好地向全院同学提供完善的教学服务，保证日常教学工作的顺利开展，现就学院本学期初教学工作安排通知如下……

（3）提问式。即在开头部分提出问题，然后引起下文，回答问题，让读者首先对全文要说明的问题心中有数，并引起对问题的注意和思考。调查报告、某些新闻类文章等常用此开头。例如，《减轻课业负担　推进素质教育》调查报告的开头：

学生心目中的素质教育是什么样子？学生们的困惑是什么，希望又是什么？河南省郑州市政协教育界委员选择了三所有代表性的中学，对不同年龄段，近 200 名学生进行了有关课业负担、理想信念、思想品德、喜怒哀乐等问题的问卷调查。

（4）引叙式。即在开头部分引用上级文件精神，或下级来文、来函，或有关法令，以此作为撰写该文的根据。公文中的复函、批复常用此方法开头。例如，《四川省人民政府关于遂宁市城市总体规划的批复》（川府函〔2014〕123号）的开头，就是引叙收到了遂宁市的请示：

你市《关于报请审批〈遂宁市城市总体规划（2013—2030）〉的请示》（遂府〔2014〕39号）收悉。经研究，现批复如下……

（5）结论式。把结论写在开头，揭示事件的意义和撰写者的主张、观点，然后再作具体解释、说明、阐述。例如：

大学生就业已由原先计划经济体制下的分配转变为培育人才市场，作为产品进入市场，实现了自主择业，双向选择。就今年人才供需的情况来看，明年的分配形势会更加严峻。

（6）概述式。将全文主要内容在开头部分简要介绍出来，便于读者了解文章的基本内容。新闻、总结、调查报告常用此开头。例如：

2014年4月25日，由云南省会展行业协会和云南财经大学中华职业学院共建的"会展学院"正式成立。这是我省第一个由行业协会和高等院校合作举办的行业学院，也是我省行业协会立足行业发展趋势完善人力资源开发体系的创新尝试。

（7）规定式。即那些有明文规定如何开头，或虽无明文规定，但大家习惯上用法比较一致的文种的开头方式。合同、协议书及规章制度的开头部分常用这种方式。例如：

为推进职业教育同产业、行业、企业的合作，向用人单位输送合格的应用型人才，本着资源共享、互利互惠、自愿平等原则，经双方友好协商，达成以下合作协议……

在实际写作时，对应用文的开头方式，可以灵活运用，有时选用一种，有时可同时选用几种。

5. 结尾

应用文的结尾方式常用的有以下几种。

（1）总结式。运用简洁明了的语言，概括全文内容，或得出结论，进一步加深读者的印象。总结、调查报告等篇幅较长、内容较多的文种常用这种结尾方式。例如：

灾区的党政军民在抗震救灾中，万众一心，团结奋斗，取得了全面胜利，充分展示了中国人民的力量和精神风貌。

（2）要求式。（上对下）向受文者发出指示，提出希望和要求。例如：

中央要求，全党同志在新的历史条件下，继承和发扬我党密切联系群众的优良传统，更加紧密地依靠和团结各族人民，把建设有中国特色的社会主义事业不断推向前进。

（3）祈请式。（下对上）请求有关部门的批准、支持或协助。例如：

以上请示当否，请批示。

以上意见，如无不妥，请批转各地区、各部门执行。

（4）号召式。即在结尾部分展望未来，发出号召，鼓舞斗志。这种方式常用于计划、总结、报告等文种的结尾。例如，《国务院关于 2012 年度国家科学技术奖励的决定》的结尾部分是这样写的：

全国科学技术工作者要向郑哲敏院士、王小谟院士及全体获奖者学习，自觉弘扬求真务实、勇于创新的科学精神，坚定不移走中国特色自主创新道路，为实现创新驱动发展、全面建成小康社会和中华民族伟大复兴作出新的更大贡献。

（5）说明式。即在结尾处交代说明一些与文件内容有关的问题，以引起读者的注意。例如，《中共中央办公厅、国务院办公厅关于做好 2015 年元旦春节期间有关工作的通知》文件的结尾：

各地区各部门要认真贯彻本通知精神，并统筹做好岁末年初各项工作，确保把中央决策部署落到实处。

有的应用文主要内容写完后，事尽言止，就不再写结尾了，这叫自然收尾。

（四）语言

应用文语言的特点是庄重得体、朴实平易、准确规范、言简意赅。

1. 语言庄重得体

为使语言庄重得体，常用的手法有以下几种。

1）使用规范化的书面语言

规范化的书面语言是应用文语言的主要表达形式，不宜用口语。例如，《国务院关于加快发展现代职业教育的决定》是这样写的：

近年来，我国职业教育事业快速发展，体系建设稳步推进，培养培训了大批中高级技能型人才，为提高劳动者素质、推动经济社会发展和促进就业作出了重要贡献。同时也要看到，当前职业教育还不能完全适应经济社会发展的需要，结构不尽合理，质量有待提高，办学条件薄弱，体制机制不畅。加快发展现代职业教育，是党中央、国务院作出的重大战略部署，对于深入实施创新驱动发展战略，创造更大人才红利，加快转方式、调结构、促升级具有十分重要的意义。

这段话使用的就是规范化的书面语言，句子较长，表意严谨、周密，郑重而又严肃。

2）使用文言词语

文言词语是指古文中使用的词语。例如，"兹有""兹定于""收悉""业经""业已""特此""致以""为荷""拟请""恳请""届时""鉴于""光临"等文言词语。

3）使用祈使句

在公文的种类中，下行文占绝大多数，祈使句是表示命令或禁止时使用的句子，正符合下行文的要求。表示肯定的祈使句，常用"必须""坚决""要""应该"等词语；表示否定的祈使句，常用"严禁""不得""不准""不能""不要""不许"等词语。

4）使用全称和规范化简称、统称

应用文在涉及机关或企事业单位的名称、人名、职务、时间、地点及有关事物的名称时，为了表示庄重，往往使用全称，而不宜用简称。如果使用非规范化简称，应当先用全称并注明简称。

5）使用敬词、谦词

例如，"拜托""烦交""恭候""敬请光临""惠临""恳请""拟请""为荷""致以亲切的问候""表示最诚挚的感谢"等。

2. 语言朴实平易

（1）运用"三易"词语，"三易"指易识、易读、易懂。

（2）忌用大话、空话、套话。有的人写应用文，开头总爱先国内，再省内，再市内，后局里或公司，写一大篇内容不沾边的话。例如，某厂写的一份工作总结，其中有一段：

在党的十八大路线的指挥下，在全国工业交通工作会议的推动下，在局、公司领导的具体指导下，在党委的关怀下，我厂数千名职工同心同德，艰苦努力，完成了企业整顿的五项任务。

这段话是"前提式"套话、空话，一连用了四个"在……下"的句式，仅仅开了一个头，让人厌烦。

（3）少用溢美之词。溢美之词指过分夸张藻饰的词语。例如：

我公司出口的女服装，品种繁多：有美如垂柳的长裙和睡衣；有艳比玫瑰的旗袍和裙衫；有花团锦簇、五彩缤纷的绣衣；有富如牡丹、淡雅如幽兰的罩衣和衬衣，艳而不凡，美而不俗。无论在选用衣料、设计款式，以及一针一线上，均经精心加工制作。

3. 语言准确规范

为使应用文的语言准确规范，常用的语法修辞手段有以下几种。

1）使用限制性词语

应用文要准确如实地反映客观事实，就必须对反映客观事实词语的外延和内涵作出精确限定，使语义具有确定性。事实、数字甚至细节都必须确实可靠；遣词造句，要求语义明确，所叙述的概念，只能作单一的解释，不能产生歧义，也不能让人作出多种理解。正确地记载与传递信息是撰写应用文的基本要求。因此，在撰写应用文时，要避免使用词义不确定的词语，如"最近他表现不好"这句话，就难以给人以准确的认识。首先，"最近"是指什么时间？而"表现不好"又缺乏明确而具体的衡量标准。在公文和科技文章中表述事物状态时，宜用含义单一、意义确定的数量词、名词、动词和代词，尽量不用或少用副词与形容词。例如，说明一项工作任务已"基本完成"，不如说"已完成80%"更为准确，表述事件发生的时间，应确切地写出"××时××分"，而不要写"太阳已经落山"或"时近黄昏"，因为后者会使读者对时间产生模糊认识。

2）使用模糊词语

分寸感是应用文语言准确的重要标志之一。讲分寸，就是不能把话说"绝"，而要留有余地。模糊语言正是一种外延不确定的、表意比较含糊、运用具有弹性的词语。在某种情况下，使用含义准确的词语不能完全说明问题，而用模糊语言，反而能真实准确地反映事物。例如，"社会主义工业体系已基本形成""人民生活有了很大改善"。其中的"基本""很大"均属于模糊词语。常见的模糊词语有：

时间——目前、近来、当前、近年来、不久前。

地点——附近、周围、各地、一带。

数量——大量、少量、许多、个别、大部分。

频率——多次、屡次、再三、经常。

程度——很好、较好、较差。

3）使用专业术语

应用文写作涉及各个部门、各种行业中的问题，因此，它总是和一定数量的专业术语相联系。例如，在财会专业中，经常使用预算、决算、税率、成本、资金、利润亏损、呆账、坏账等；在司法专业中，经常使用被告、原告、辩护人等；在国际贸易专业中经常使用发票、提单、信用证、即期付款等。还有许多业务术语符号化，如"FOB"（装运港船上交货）、"CFR"（成本加运费）、"CIF"（成本加运保费）等价格术语，便于国际间的交流。

4）使用专用词语

长期以来，人们在应用文中沿用一些使用频率较高的专用词语。这些专用词语用途稳定，约定俗成，词义确定，有助于语言的准确与简练。常见的专用词语有以下几类：

称谓词——本、我、贵、你、该等。

领叙词——根据、据、本着、奉、为……特、现……如下、兹介绍、兹定于、关于、为了、遵照等。

追述词——经、业经、并经等。

承转词——为此、据此、对此、有鉴于此、综上所述、总之等。

告诫词——不得有误、以……为要、引以为戒等。

表态词——应、理应、应于、本应、同意、准予、拟于、缓议、暂缓、可行、不可行、以……为妥、以……为宜等。

询问词——当否、是否妥当、可否、是否可行、是否同意、意见如何等。

判定词——是、系、显系、以……论等。

时态词——兹、届时、行将、值此、如期、按期、展期、亟待等。

结尾词——此复、此令、此致敬礼、特此报告、特此公告、谨此、望……执行、自……起施行、请查收、请予批准等。

4. 语言言简意赅

应用文是用来解决实际问题的，为加快交流速度，提高办事效率，语言上必须平和利索，简明扼要。常用的语法修辞手法有以下几种。

1）使用介词结构

大量使用介词结构，将目的、根据、条件、范围、对象、方式、时间、地点等内容纳入简单的介词结构之中的写法，是应用文用语严密化、简练化的重要手段。例如：

根据国家物价局的通知，××市将从××××年1月1日起，对供应外宾的部分粮食、食油的价格有所调整，按优质优价实行国内议销价格。为不使享受我国奖学金的外

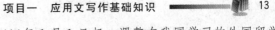

国留学生的生活受到影响，决定从××××年1月1日起，调整在我国学习的外国留学生的奖学金。

文中加着重号的词都是介词，分别从目的、过程、时间、对象等方面表达内容，直截了当，言简意赅。

2）使用单音节词

应用文语体中较多使用双音节词，但为了更庄重、更简练，有些文种，如通知、批复、函等，也常使用单音节词。例如，《四川省人民政府关于建立四川电子机械职业技术学院的批复》（川府函〔2013〕48号）的正文是这样写的：

你厅《关于提请省人民政府批准建立四川电子机械职业技术学院的请示》（川教〔2013〕8号）收悉。经研究，现批复如下。

文中加着重的词就是单音节词。如果使用双音节词，显然就会有失庄重和简练。

3）使用简缩词组

简缩词组是指通过一定方式省略若干语素或词而简缩了的专用名称。恰当地运用简缩词组，可以收到以少胜多，以简驭繁的效果。例如，"三个代表""四项基本原则""中小学""节假日""职成司""高教司"等。

运用简缩词组要以不产生歧义为前提，该简则简，不能随意简缩。例如，"开封刀具厂"就不能简称为"开刀厂"；"上海吊车厂"也不能简称为"上吊厂"。

（五）表达方式

应用文的表达方式通常只用叙述、议论和说明，而描写和抒情除了在一些广告、演讲、私人信件等少部分应用文中适当使用外，大部分应用文中基本不用或很少使用。

1. 记叙

记叙也叫叙述，主要用来交代事物的基本情况，事件发生、发展与变化的过程，介绍人物的经历和事迹，说明问题的来龙去脉、原因与结果等。完整的叙述包括时间、地点、人物、事件、原因、结果六要素。叙述是应用文写作中最常用的表达方式，应用文书对叙述的要求是只注重对事件的整体勾画，不要求细节的具体、内容的详尽；只叙述与表达主旨，说明问题有直接关联的部分，或者只是综合地、概括地叙述若干人或事的共同点。

叙述的方式很多，有概叙、详叙、顺叙、倒叙、插叙、补叙等。叙述时以顺叙为主，有时也可用倒叙和分叙，一般不用插叙、平叙等方法。此外，叙述还要注意人称的选择。应用文写作的叙述主要使用第一人称和第三人称。第一人称是指作者以当事人、见证人的身份进行叙述，如我、我们、笔者、本局（部门）等。第一人称的叙述，常见于书信、报告、总结、计划等。第三人称的叙述是指作者在文章中以局外人的身份进行叙述，如他（她）、他们等。第三人称常见于通信、报道、纪要等文种。

2. 议论

议论指对客观事物进行分析和评论，以表达作者观点和态度的表达方式。

应用文中的议论要以事实为依据，以法律为准绳，就事论事，简明扼要。除了学术论文以议论为主要表达方式外，一般应用文的议论都不要长篇大论，不需要旁征博引，反复论证。在应用文写作中，议论是叙述和说明的补充手段，处于从属地位，往往只是点到即止。例如，《广东省人民政府关于加强水污染防治工作的通知》是这样来议论广东省的水污染情况的严重性的：

　　目前全省水污染态势仍然严峻，水环境负荷沉重，饮用水源受到威胁，水质性缺水突出，地区间水污染纠纷增多，影响我省可持续发展战略的实施以及社会、经济持续、健康、快速发展。为此，必须采取切实有效的措施，防治水污染，改善水环境。

3. 说明

　　说明是用简明的文字，把事物的形状、性质、特征、成因、关系、功用等说清楚，或把人物的经历、特点表述明白。在应用文写作中，说明往往在陈述或议论过程中出现。应用文中的说明方法主要有以下几种。

　　（1）定义说明。用简练的语言对某一事物的本质属性或某一概念的内涵和外延作出确切的说明。这种方法常用于科技说明书、新产品介绍等。例如，《现代汉语词典》给"人"下的定义：

　　人是能制造工具并使用工具进行劳动的动物。

　　（2）分类说明。将被说明的对象，按照一定的标准划分成不同的类型，然后再进行分门别类说明。例如：

　　高职本科是本科学历，属于高等职业教育的一种。我国的高等职业教育包括三种学历教育，分别是专科、本科、研究生。

　　（3）举例说明。用具体事例来说明事物特点、本质及其规律，所用事例必须有代表性、典型性，能体现事物的本质特征，便于读者理解和接受。例如，列举唐山大地震、东京大地震的例子，来说明地震这一破坏性最惨烈的地质灾害：

　　地震是一种破坏性最惨烈的地质灾害。例如，2008 年我国发生的汶川大地震，整个城市的地面建筑基本被毁，数万人死亡；2014 年日本东海岸大地震，引发了大规模海啸，几乎袭击了日本列岛太平洋沿岸的所有地区。

　　（4）引用说明。引用有关文献资料或作品片断来说明事理，它引用的是文献或他人原话。

　　（5）比较说明。就是把两种或两种以上的事物放在一起对照，以突出说明对象的特质、构造等。例如，把苏州园林与古代宫殿及近代住房相比较，说明了苏州园林在建筑上的特点：

　　苏州园林建筑布局不讲究对称，而我国古代宫殿和近代住房都讲究对称，这可以说是苏州园林建筑布局的一大特点。

　　（6）数字说明。就是用数字来说明事物的特点、性质等。这种定量描述的方法，能使行文表述大大简化，从而使立意更加清晰。例如：

　　截至 2014 年 6 月，我国网络购物用户规模达到 3.32 亿，较 2013 年年底增加 2962

万人，半年度增长率为 9.8%。与 2013 年 12 月底相比，我国网民使用网络购物的比例从 48.9% 提升至 52.5%。与此同时，移动商务市场潜力继续释放。手机购物在移动商务市场发展迅速，用户规模达到 2.05 亿，半年度增长率为 42%，是网购市场整体用户规模增长速度的 4.3 倍，手机购物的使用比例由 28.9% 提升至 38.9%。

（7）图表说明。就是用图像或表格来说明事物。其中，表格能显示事物的某种体系，图像能辅助文字说明并使之形象化，使行文大大简化。

在具体写作实践中，要根据文种的需要选择合适的方法加以运用。

六、大学生学习应用文写作的意义及方法

在信息高度发达、人们交际日益密切的现代社会，应用写作更是成了信息生产、存储、传递、实现交往必不可少的重要工具。应用写作这种突出的工具性质，决定了不管什么专业的学生都要学好应用文，写好应用文。

（一）学习应用文写作的意义

1. 提升素质

听、说、读、写能力是现代人才应该具备的四大基本素养，其中以写作能力最能检测出一个人的综合素质，因此越来越多的用人单位将应用写作作为接纳人才的重要素质之一。

2. 优化知识

学习应用文写作，可以开阔学生的视野、拓展学生的知识面，使同学们的知识能力结构更合理，对将来的发展更有裨益。

3. 增添优势

学习应用写作，可以提高学习者在言语交际、文字表达、遣词造句、思维训练方面的能力。因此，在就业形势日趋严峻的今天，同学们可以凭借其优势在求职、交际，以及处理公私事务方面表现得更加出色。

（二）学习应用文写作的方法

1. 大量阅读应用文范文，积累感性认识

阅读和借鉴范文是提高应用写作能力的一条重要途径。诗歌创作中有"熟读唐诗三百首，不会作诗也会吟"之说，其实从事应用写作学习，阅读和借鉴的价值似乎比诗歌创作更直接、更明显。比如，写一封求职信，多看几篇例文，就可能会受到启迪，增加对求职信写作的感性认识，并从中悟出一些写作方法和要求，甚至在应急时可以模仿与自身情况比较吻合的文本去写作。当然，在阅读和借鉴范文的同时，还要善于总结，不能走马观花地看，而是要用"脑"去思考，范文为什么要这么写，这么写的优点是什么等。这样，读得多了，思考得多了，相关文体的文本印象就会镌刻在脑海里，积累到一定阶段，就会从量变转入质变，真正掌握这种文体的写作方法。

2. 学习应用写作理论，掌握基本模式

应用写作包含的文种众多，个体仅通过阅读和借鉴范文来学习应用写作知识带有很

大的局限性。因为一个人的精力和时间毕竟是有限的，不可能把所有应用文的写作知识都通过对应用文范文的阅读和借鉴去掌握。学习已有的、从千百年来无数人长期实践中总结出来的应用写作理论知识，对初学者而言，显得尤为必要和重要。因为，这样做可以帮助学习者少走一些弯路。同时，由于应用写作自身的特殊性，使得应用文逐渐形成了一种约定俗成的基本模式。这些模式经过人们的反复实践使用，也日趋规范和稳定，并被总结出来供人们写作时参考借鉴。因此，初学者在阅读范文、学习理论的同时，还要根据自己的实际情况，积极主动地去掌握相关文体的基本模式。

3. 坚持多写多练，在实践中提高

叶圣陶说："要把写作的手腕训练到熟练，必须常常去写，规规矩矩去写。"提高写作能力，最根本的途径，就是要坚持多写多练。这正如学游泳，站在岸边看别人游一千次，看游泳指导书一千册，听游泳教练讲一千遍，自己就是不下水，肯定是学不会游泳的。应用写作也是如此，仅仅阅读应用写作的范文，学习应用写作的理论是远远不够的，关键是要多写多练。因此，在做到前两点的基础上，必须刻苦训练，持之以恒，才会熟能生巧，得心应手，真正掌握和不断提高应用写作的实际能力。

（三）反复修改，提升写作水平

古人云："文章不能一做便佳，须频改之方入妙耳。"因为一个人的思维存在局限性是难免的，修改既可以弥补一次思维的不足，又可以使应用文材料逐步接近完善，使我们的写作水平不断得到提高。从这个意义上说，应用文是"三分写、七分改"。修改包括两个方面的工作：一方面，自己要认真、反复地修改。既要看题目是否精当、凝练，是否生动，是否与材料吻合，又要看谋篇布局是否有问题，结构是否合理，次序是否顺畅；既要看事实是否确凿，有关数字、人名、职务、单位、地名等是否有误，又要看结论是否准确，文中提法是否违背上级有关精神，是否与现行的法律、政策、规定相抵触；既要看内容是否完整，是否有缺项、重复和自相矛盾的地方，又要看语言表述是否得体，各个句子衔接得是否自然，是否有语法、逻辑、修辞等方面的错误等，不厌其烦，反复修改，直到发挥出了最高水平、自己无法再改动为止。另一方面，请内行人挑刺，请"高手"帮助修改。俗话说："当局者迷，旁观者清。"自己写的东西，自己往往不容易看出毛病，只有让别人看，才能知道哪些地方好、哪些地方不好。

七、应用文写作模式及训练要求

（一）应用文写作模式

应用文的内容，其本质就是实用性，因所属专业不同，就其内容往往具有专一性，而又显得千差万别，这就是应用文的个性特征。

应用文既要体现其实用性的本质，又要求一种模式化写作，这种模式化就是应用文的共性特征。任何一种应用文都是由标题、正文、结尾三大部分构成的。

1. 标题

应用文的标题源自所给材料，因此它不是没有依据，往往标题现旨，只有这样才不会造成文不对题。应用文的标题往往由"单位＋时间＋内容（事由）＋文种"四部分构成,如《昆明市人民政府2015年市政建设远景规划》。一般应用文可以视具体情况,省略"单位"或"时间",甚至"内容(事由)",只保留"文种",如一周工作安排、学习计划等。

应用文标题还有各种表述方式,但上述却是最基本的,也是最实用的,这是学生首先必须要掌握的。应用文标题,除法规、规章加书名号,一般不用标点符号,但有的可加引号。

公文式标题"关于"的用法,表示对事由在中心词语中起介绍、提示、隔离的作用,与事由部分组成介宾结构,大多数情况下不能省略。例如,"××××大学××××年关于学生政治思想工作的意见""关于教学事故的通报"等。

2. 正文

正文是以"三段式",即"前言""主体""结语"构成的。

1)前言

主要写出依据,即该文写作的背景;目的,即该文的主旨是什么;原因,即该文写作的内部、外部动因;意义,即该文写作的效果如何。此部分应该首先重点分析介绍"目的",其次写其"意义",略写其"依据""原因",只有这样主次分明,才能在有限的字数里表达清楚。

"前言"开头用语,从背景入手,概述情况,说明该文的写作依据,常用"根据""遵照"等领起;分析介绍目的,常用"为了""为"等领出下文;交代原因,常用"由于""因为""鉴于"等。申述意义,常常阐明观点、表明态度、提出问题、慰问祝贺、引述来文、列序号开头等。

2)主体

主体部分是该文的核心,它将要写出人物、事件的时间、地点及前因后果等四个方面。这四个方面也不是面面俱到,仍然要依据所给材料选其一点作重点叙述,其他几点进行略叙,绝对不要平均用力。应用文正文结构层次:第一层为"一、",第二层为"(一)",第三层为"1.",第四层为"(1)",第五层为"①",第六层用"A、B、C、D"。

3)结语

一般是发号召、提出要求或希望、归纳主旨,而公文结语往往是一种套语,千篇一律,但有的公文是可以省略结语的。假如上述三个方面在主体部分已经写了,并已表述清楚,那么,这个结语就可以省略不写,让其自然结尾。

3. 结尾

应用文的结尾部分,主要是写出单位、时间,个别文种可能还有附件。2000年8月24日国务院发布的《国家行政机关公文处理办法》中要求成文日期使用汉字数字,2012年4月16日,中共中央办公厅、国务院办公厅印发《党政机关公文处理工作条例》(中办发〔2012〕14号)中要求成文日期用阿拉伯数字将年、月、日标全。另外,应用文的附件往往属于主体部分,而不属于结尾部分。

（二）应用文写作训练要求

1. 突出学生主体地位，增强写作技能

传统的"以书为本"的指导思想与新的教学理念相差甚远，高校学生普遍缺乏应用写作知识和写作技能，这显然适应不了社会的需要。教学指导思想要转变到"以人为本，以练为主"上来，确立学生主体地位，加强写作训练。一方面，在训练手段上予以调整，以满足主体的需要，提高主体的综合素质；另一方面，在写作训练的过程中，加大训练量和指导力度，实现以讲为主到以练为主的根本转变，彻底革除应用写作教学重理论、轻实践，重知识、轻技能，严重忽视能力培养的弊病。

2. 充分调整教学内容，提高写作能力

作为一门实用性很强的边缘性学科，其反映的内容及反映的方式，会随其特殊的描述对象的变化作相应的调整。一是将一些结合学生学习、生活、工作实际的材料信息充实到教学中，突破教学中强制学生被动感知的单一教学方法。二是着眼于现代社会发展的实际，适当调整一些文种。重点选取对学生实用的应用文种进行训练，训练的重点是会写、写好。三是有针对性地进行指导。例如，在训练中，对主旨不突出，或选材不典型，或结构不合理，或语言不得体，诸如此类的毛病，有针对性地加以指导。

3. 更新教学方法，明确训练目标

教学方法是提高应用写作教学质量的关键。采用"案例教学法"的最大优点是直观、形象地为学生的写作训练提供学习的样板。辅以比较法、纠错法、情景模拟、同学评阅、集中讲评等教学方法，也非常适用。

4. 注重训练设计和方式，培养综合素质

写作训练是将应用写作的理论知识转化为实际写作能力，是学生写出规范应用文的重要保证。应用写作所涉及的内容多是学生不曾实践的。因此，制订有效的训练设计方案，采用恰当的训练方式就显得非常必要。

训练设计必须注重和解决好三个问题：一是针对性，即体现现代社会的需要性、学生毕业后的岗位特点；二是目的性，即对每个文种的写作要符合什么样的标准，教师都应该讲清楚；三是训练量要保证，即在有限的课时内尽可能多积累经验，掌握写作规律。

训练方式主要有三种：一是完整式写作训练，包括材料作文和命题作文。材料作文可以结合社会需要提供材料，假设为某个单位拟写通知、函等。命题作文都是按照所给标题，联系实际，根据自己搜集和掌握的材料写成文章，如可以根据大学生就业难的问题拟写一篇调查报告等。二是局部式写作训练。例如，根据正文给文章加标题；给文章补充开头、中间或结尾；编写写作提纲，为各段加小标题等，以培养学生的思维能力、归纳能力、概括能力和解决问题的能力。三是修改文章训练。例如，提供一篇病文，要求学生从主旨、结构、材料、表达、语言等各方面进行修改。经过如此严格的训练，弥补不足，强化写作能力。

课堂实训一

一、根据下面材料概括出主题，并用主题句表现出来。

1. 目前，全世界的年教育经费已超过 2000 亿美元，在公共资金的支出中仅次于军事经费，占第二位。世界工业化国家人口只占世界人口约 1/3，其教育经费比发展中国家多 10 倍以上。中国人口占世界总数超过 1/5，但教育经费仅占约 1/30。2005 年的数字显示，人均教育经费还不足 100 美元，只相当于世界平均水平的 1/5。

2. 国外有两家鞋厂，各派一位推销员到太平洋某岛国去推销本厂的鞋子。上岛后不久，他们各发回一份电报。一位的电文是："此岛上的人都不穿鞋，明天我就回去。"另一位的电文是："太好了！这个岛上的人都没穿上鞋子，我打算长驻此岛。"

3. 随着市场的进化，专业化分工的加强，未来 10 年内，以往支撑家电企业的自营渠道因为成本原因将全面撤退，而其他大量零星的代理商将通过特许经营方式加盟到大的品牌渠道中，成为品牌渠道的连锁店。

二、指出下面语段开头所使用的方式。

1. 教育在社会发展中处于什么地位？它与科技、经济的关系如何？不久前，河南教育委员会组织 17 个地区、34 个县教育部门的同志对 100 多个村进行调查。

2. 根据《国务院关于建立职工医疗保险制度的决定》《××省推进城镇职工基本医疗保险制度改革的意见》和《国务院办公厅转发劳动保障部财政部关于实行国家公务员医疗补助意见的通知》精神，结合我省公务员医疗保障的实际，制定本实施意见。

三、指出下面语段中语言表达的错误。

1. ×××收受包工头的贿赂几十万元，造成国家直接或间接经济损失 2000 多万元。

2. ×××自 2009 年以来用五年的时间，先后完成了省部级的科研成果十多项，多次获得国家省部级的奖励。

3. 国际化的经济浪潮汹涌澎湃，怀有强国之梦的国家就是以能加入 WTO 为最高梦境的。随着入关的脚步一天天逼迫，我市的乡镇企业深入学习"三个代表"重要思想，真抓实干，使我市乡镇企业的局面生机盎然，发展蒸蒸日上，千帆竞发，波澜壮阔，入关前的我市乡镇企业的形势十分喜人……

 课后实训一

分析下面文章在字、词、句方面有哪些问题，然后再把它们改正过来。

我学校××××学院××××系××××教研室×××同志，××××年从××××工业大学×××专业本科毕业，分配到我校任教师以来，工作积极认真负责，教学、科研双丰收，都取得了显著成绩，于×××年被聘为讲师。

该同志一人单身在我校工作，家庭的其他成员全部住在你们市，其妻×××同志在贵厂工作。不但夫妻分居两地成为织女牛郎，且下有尚满周岁的儿子，上有体弱多病的老父母亲需要照顾。根据该同志几次申请，经我校领导研究，为解决×××同志夫妻两地分居并照顾家庭存在的特殊困难，我校同意该同志调往贵厂工作的要求。现特致函与你们厂领导商洽，并请尽快函复。若贵厂厂长同意考虑×××同志的这一要求，接到你们复函后我们即将该同志的档案寄给该厂人事部门审查。

项目二 常见行政类文种训练

任务一 请 示

一、请示的概念和适用范围

（一）请示的概念

请示是党政机关广泛应用的一种上行公文。《党政机关公文处理工作条例》（中办发〔2012〕14 号）对请示的解释：请示适用于向上级机关请求指示、批准。

请示是下级机关向上级机关请求决断、指示、批示或批准事项所使用的请求性公文。例如，请求对某项工作、某个问题作出指示；请求对某项政策给予明确；对某项事项予以批准。

（二）请示的适用范围

遇到下列问题时，需要使用请示行文。

（1）对上级有关方针、政策或法令、法规不明确或有不同理解，需要上级机关给予明确解释和答复。

（2）从本单位的实际问题出发，需要对上级机关的某项政策或法规、法令作出变通处理，有待上级机关重新审定并明确答复。

（3）工作中出现的新情况、新问题需要处理，本单位又无章可循、无法可依，需要上级机关给予明确指示。

（4）从本单位的实际问题出发，需要上级机关解决某一具体问题和实际困难。

（5）上级机关和主管部门的有关政策规定，不经请示有关部门批准，无权自行处理的问题。

（6）工作中出现涉及面广而职能部门无法独立解决的困难和问题，必须请示上级机关，以求得协助和帮助。

当然，下级机关在自己业务范围内的工作，应该努力做好，不要动辄请示，不负责任，把矛盾上交。

二、请示的种类

根据内容、性质的不同，请示可分为请求指示的请示、请求批准的请示和请求批转的请示三类。

（一）请求指示的请示

请求指示的请示是对上级机关文件中规定的某些政策界限把握不准，而本机关无权解释或不能擅自决定，或者是遇到本机关过去的职权内从来没有处理、解决过的新情况、新问题，需要请求上级机关给予指示的请示。

范例

关于《会计人员职权条例》中"总会计师"既是行政职务
又是技术职称问题的请示

财政部：

国务院 2005 年国发〔2005〕14 号通知颁发的《会计人员职权条例》（以下简称《条例》）规定，会计人员技术职称分为总会计师、会计师、助理会计师、会计员四种。其中"总会计师"既是行政职务，又作为技术职称。在执行中，工厂总会计师按《条例》规定，负责全工厂的财务会计事宜；可是每个工厂，尤其大工厂，授予总会计师职称的人有四五个人，究竟由哪一位负责全厂的财务会计事宜，执行总会计师的职责与权限呢？我们建议宜将行政职务与技术职称分开。总会计师为行政职务，不再作为技术职称；比照最近国务院颁发的《工程技术干部技术职称暂行规定》，将《条例》第五章规定的会计人员职务中的"总会计师"改为"高级会计师"。

以上建议是否妥当，请指示。

××省财政厅

××××年×月×日

（二）请求批准的请示

这类请示多数是增设机构、增加编制，上项目、列计划，要资金购置设备等请求向上级机关呈送的请示。请示的要求就是请求批准，可以是人、财、物等方面需要上级机关给予解决的；也可以是防止工作出现失误，请求上级机关审核把关的；还可以是超出下级机关权限，需要上级机关审批后才能执行的。

范例

关于申请品牌奖励经费的请示

沛县人民政府：

近年来，在县委县政府的高度重视和强有力的推动下，通过多方大力推进和努力，我县江苏大屯铝业的重熔铝锭、徐州金虹钢铁集团的热轧带肋钢筋、圆钢等 5 个产品获得江苏省名牌产品称号，徐州福润食品有限公司的白条鸭、江苏春光粮食有限公司的大米等 16 个产品获得徐州名牌产品，沛公家、汉戍堂、农望达等 5 个商标获得江苏省著名商标，大风、沛龙等 7 个商标获得市知名商标。它们使我县的名牌品牌获得进一步发展壮大，名牌战略取得了显著成绩，推动了我县品牌经济的建设向纵深发展，为我县经济和社会又好又快发展作出了一定的贡献。

为表彰先进，鼓励名牌品牌创建工作，促进名牌战略的进一步实施，根据徐州市名推委《关于对我市 2007 年新增名牌品牌兑现奖励的通知》（徐名推委发〔2008〕5 号）和县政府办公室《关于印发沛县推进品牌创建工作意见的通知》（沛政办发〔2007〕19 号）等文件精神，结合我县财政实际，特申请获省名牌产品每家企业奖励 1 万元，获市名牌产品企业每家奖励 0.5 万元，省级农业标准化示范区参加单位奖励 2 万元，省级地方标准起草单位奖励 1 万元，徐州市知名商标奖励 0.5 万元。对获得多项奖励的单位，奖金执行单项最高标准。此次奖励企业共 25 家，单位 4 家，合计奖励金额 19 万元。

当否，请批示。

附件：获得奖励的产品及企业名称

徐州市沛县质量技术监督局
××××年×月×日

（三）请求批转的请示

请求批转的请示是政府的职能部门对新情况、新问题提出了处置意见和解决办法，因为不能直接要求同级职能部门或隶属机关、部门照此执行，因而请求上级领导机关审查批准，并批转给有关方面执行的请示。此类请示的结语多有"以上请示如无不妥，请批转各部门执行"的字样。

范例

关于××××年国债发行工作的请示

国务院：

　　××××年将发行×亿国债，其中财政债券×亿元，国库券×亿元。整个发行工作从 3 月 1 日开始。为保证这项工作顺利进行，现提出以下意见：

　　一、发行国债，是平衡财政预算、加强国家重点建设的重要措施，各级人民政府要加强领导，采取多样化的发行方式，保证完成国库券的发行任务。

　　二、继续贯彻国债优先发行的原则。在国库券发行期内，除国家投资债券外，其他各种债券一律不得发行。国债以外的各种债券利率不得高于同期国库券的利率。

　　三、各级人民政府和国务院有关部门要严格做好国库券以外的各种债券发行的审批工作。未按上述规定发行的债券，各类证券中介机构不得代理发行，各证券交易场所也不得批准上市。

　　以上意见如无不妥，请批转各地区、各部门执行。

财政部
国家计委
中国人民银行
××××年×月×日

三、请示的结构和写法

（一）标题

　　请示的标题一般有两种构成形式。一种是由发文机关名称、事由和文种构成的。例如，"××××大学关于 2013 年招聘工作人员的请示"。另一种是由事由和文种构成的。例如，"关于 2013 年招聘工作人员的请示"。

（二）主送机关

　　请示的主送机关是指负责受理和答复该文件的机关。遵循的原则是"谁主管，请示谁"，书写时左起顶格。

　　每件请示只能写一个主送机关，不能多头请示。若需同时送其他业务部门的，应当用抄送的形式，而且不抄送下级机关。例如，云南财经大学中华职业学院财务与会计教学部就增补教学部学生会主席候选人的问题向学院提交请示，主送机关为"学工中心、院团委、院领导"出现多头请示，这是不正确的。

　　只能主送上级机关，原则上不可以主送领导者个人。例如，"张××副校长"是主送领导者个人，应改为"学校领导"。

　　只能逐级请示，不能越级请示，不横向请示。请示的主送机关必须是与发文机关有隶属关系的直接上级机关。虽是上级机关但不是直接隶属关系的不应直接请示，否则即成为越级请示。上级机关对越级行文原则上不予受理。请求平行职能部门审批其管辖范围内的事项，也不应使用请示。

（三）正文

请示的正文，其结构一般由开头、主体和结语三部分组成。

1. 开头

开头交代请示的原因或理由，即为什么请示。目的在于为请示的事项提供充分的根据，也是上级机关批复的根据。此部分要求原因客观、具体，以及理由合理、充分，从而上级机关才能更好地决断，予以针对性的批复。一方面要讲清楚申办事项的必要性，另一方面也要讲清楚申办事项已具备的条件及办理的可能性。常常以"为此，特作请示如下""为此，请示如下""鉴于上述情况，特请示如下"过渡到下一部分。

2. 主体

主体是说明请示的事项，即具体请求。说明请示什么，这是请示的中心部分。请示事项要写得具体、明确、条项清楚，以便上级机关给予明确批复。请求资金要直接写明数额，请求物资要写明产品名称、规格、数量，表述上不能用模糊词语，如"大概""左右""或许"等。另外，请求对某项工作的指示或对某一问题的处理，要写明自己的初步意见或办法、措施与建议，若可供选择的意见和办法较多，应该有明确的态度，认为哪种更好并说明理由，不可只提问题让上级给出解决办法。

主体部分内容必须单一，只宜请求一件事。在一份请示中，只能就一项工作、一种情况、一个问题请示，不得在一份请示中就若干事项请求指示或批准，否则出现涉及单位多，职责交叉，相互扯皮，拖延时日，影响办事效率等问题。

请示事项内容简单的，可采用篇段合一形式；如果事项内容复杂的，可分条列项表述。

3. 结语

结语是请示的终结和强化，是提出要求的话语，应另起一段书写。结语虽然是祈使语气，但要谦逊有理。

结语一般以期盼、征询的口吻请求上级机关答复。根据请示目的的不同，通常用"上述意见，是否妥当，请指示""当否，请指示""妥否，请批复""特此请示，请予以批准""以上请示，请予以审批""以上意见如无不妥，请批转各地区、各部门研究执行"等习惯用语。不宜用"请即从速批复""请尽快拨款，以救燃眉之急""请速回复"之类的结语。

（四）落款

落款包括署名和成文时间。署名用单位全称。成文时间，用阿拉伯数字将年、月、日标全，年份应标全称，月、日不编虚位（例如，1 不编为 01）。例如，2014 年 3 月 4 日。

四、请示的写作要求

（1）遵循"一文一事"的原则，不能在一份请示中提出几个互不相干的事项，否则上级机关无法予以批复，而且必须在事前行文。

（2）请示的理由充分，请示的事项明确、具体。

（3）主送机关只能是一个，避免多头请示，不能主送领导个人，也不能越级请示。

（4）请示用语要诚恳、谦恭，切忌出言生硬。

（5）符合请示格式规范。

（6）紧急请示事项，应向上级机关说明情况，同时提出时限请求。

五、请示的格式规范

（1）标题用二号小标宋体字。

（2）标题和主送机关之间空一行，主送机关后用全角冒号。

（3）主送机关、公文正文、落款用三号仿宋体字。

（4）落款要写单位和日期，落款日期最后一字与正文相比后空四个字。

（5）若有抄送，按照以下规范。如有抄送机关，一般用四号仿宋体字，在印发机关和印发日期之上一行、左右各空一字编排。"抄送"二字后加全角冒号和抄送机关名称，回行时与冒号后的首字对齐，最后一个抄送机关名称后标句号。印发机关用四号仿宋体字，印发日期用阿拉伯数码标识。

范例

××××× 人民政府文件

（发文机关标识用红色小标宋体字）

（空两行）

×× 〔2013〕3 号（发文字号用三号仿宋体字）   签发人：×××

（"签发人"用三号仿宋体字，"签发人姓名"用三号楷体字）

（空两行）

关于尽快开通 ××××× 道路的请示

（空一行）   （公文标题用三号小标宋体字）

市政府：（主送机关和公文正文用三号仿宋体字）

2013 年 12 月 28 日，市政府 ××× 常务副市长在 ××× 主持召开有市、区有关职能部门参加的"××××× 实行全日制步行"工作会议（×× 会纪〔2012〕12

号）。会议对×××街实行全日制步行的时间、周边交通的疏导、打通相关的道路、解决停车难的问题、拆除周边人行天桥等事项作出了决议。（略）

（略）

当否，请批复。

2013 年 11 月 15 日（右空四字）

抄送：××××××，××××××，××××××，××××××，
　　　××××××，××××××，××××××，××××××，××××××。

×××人民政府办公室　　　　　　　　　　2013 年 11 月 15 日印发
（印发机关用 4 号仿宋体字，左空一字，印发日期用阿拉伯数码标识，右空一字）

 纠错训练

结合请示的结构、写法和写作要求，针对下面几篇请示，分析请示的各构成部分及语气，找出错误之处并改正。

（1）　　　　　　　　关于要求解决学生宿舍拥挤等问题的请示

市人民政府、市教育局：

我校今年由于住宿生急剧增加，已有的学生宿舍已无法容纳，现在住宿生基本上是一个床位两个人睡，严重影响学生的身心健康。为解决这一困难，我校决定再建一栋学生宿舍楼。

另外，我校图书馆也尚未达到省"两基"标准，望上级部门给予适当支持，以救燃眉之急。

特此请示，请速回复。

××市二职
2014 年 08 月 05 日

（2）　　　　　　关于共青团拟在 2014 年下半年购买体育器材的请示报告
　　　　　　　　　2014 年 9 月 21 日

尊敬的杨××书记：

为了丰富学院学生课余文化生活，加强体育锻炼，增强体魄。学院团委计划购买一批体育器材，用于学生的课余锻炼借用使用。

为此，特此请示，预计具体器材费用大概在 16 150 元左右。其中，篮球 50 个，足球 20 个，排球 50 个，羽毛球拍 20 副，乒乓球拍 50 副，拔河绳 2 根，羽毛球 20 筒，乒乓球 100 个。恳请杨书记给予体育器材经费支持，否则将影响学生课余锻炼。

另外，为了增强学生对学院的归属感，特申请举办趣味运动会，也请领导一并支持为谢！

此致！

敬礼！

××大学××学院共青团

（3）　　　　　　　　　　　关于增拨办税大厅基建经费的请示

××省人民政府、××省长：

2013 年 11 月，我局派出调查组到××市国税局学习考察其办税大厅的建设情况。调查组认为办税大厅功能较齐全，适应税收征管模式的改革，方便纳税人缴纳税款。为此，我局于 2014 年决定修建办税大厅，并得到省人民政府的支持，在×府〔2014〕5 号文"关于拨款修建办税大厅的批复"中，拨给我局 150 万元，此项资金已专款专用。

但由于建筑材料涨价，原预算资金缺口较大，我局已无法解决，如何解决此问题，恳请省人民政府明确指示。特此请示报告。

××省地方税务局

2014 年 10 月 10 日

 课堂实训二

根据以下材料，请你代××县邮政局写一份请示。

××区域是××县西郊新开发地段，这几年随着居民小区入住率的大幅提高，以及周边商铺的进驻，片区的人气渐旺。但是该区域的地理位置偏远，单位和居民邮递业务极其不便。几年来，邮政部门一直以流动服务组的方式来为该区域的单位和居民服务，由于没有固定的工作场所，业务开展比较单一，工作被动。为缓解该区域的投递困难问题，拓展邮政服务，2014 年 4 月 6 日××县邮政局向××市邮政管理局提出增设××区域邮政营业所的要求，营业所的名称为××县邮政局××街营业所，地址为××省××县××区××街道××号，并在文件中附上增设邮局的具体位置图、邮局的平面图和经费预算表。

 课后实训二

根据以下材料，请你为大外部写一份请示。

为进一步贯彻教育部关于大学英语教学改革和考试改革精神，促进《大学英语课程教学要求（试行）》的落实，全面提高我校大学生英语综合运用能力，激发广大大学生学习英语的积极性，推动大学英语教学质量上一个新台阶。

学校教务处于 2012 年 4 月 1 日发布《关于 2012 年全国大学生英语竞赛预赛的通知》，参赛对象是在校本科非英语专业学生，报名费为每人 30 元。

本次大赛由云南省竞赛组委会统一组织，初赛于 4 月 8 日上午 9：00～11：00 在本部举行。决赛于 5 月 13 日（星期日）上午 9：00～11：00 举行，参加决赛人数为初赛总人数的 6‰。竞赛设五个奖励等级：特等奖、一等奖、二等奖、三等奖和优秀奖。特等奖、一等奖、二等奖和三等奖为国家级竞赛奖。二等奖、三等奖和优秀奖通过初赛产生，特等奖和一等奖通过决赛产生。总获奖比例为参加初赛人数的 81‰，特等奖获奖比例为 1‰，一等奖获奖比例为 5‰，二等奖获奖比例为 15‰，三等奖获奖比例为 30‰，优秀奖获奖比率为 30‰。同时，获特等奖和一等奖的学生及其指导教师（限一名）由全国竞赛组委会分别颁发获奖证书和荣誉证书，向所在学校颁发奖状，获二等奖和三等奖的学生由全国竞赛组委会颁发获奖证书，获优秀奖的学生由省大赛组委会颁发获奖证书。

为了紧扣高等职业教育人才培养的要求，学院提出由大外部组织学生参加"全国大学生英语竞赛"，通过以训促学，以赛促学，激发学生学习英语的热情，全面提高学院学生英语综合应用能力。大外部制订此次竞赛方案，并积极组织学生报名。为了激励更多的学生参与到大赛活动中，于 4 月 4 日向学院提交了一份请示，提出向学院申请一笔资金，用于解决大赛的报名费、交通费、聘任指导老师赛前强化培训的费用等。

（注意：自拟参赛学生数量、交通费、培训费用及其他费用。）

任务二　批　复

关于×××大学公开招聘人员计划的批复

×××大学：

　　你单位报送的《×××大学关于 2013 年公开招聘人员的请示》收悉。经研究，原则同意你们的招聘计划。

　　请你们严格按照《事业单位公开招聘人员暂行规定》（国家人事部 6 号令）《×××省事业单位公开招聘工作人员暂行办法》（×× 〔2013〕 37 号）的规定，以我厅批复的招聘计划为准办理，精心组织、周密安排，务必做到公开、平等、竞争、择优，确保招聘人员的素质和招聘工作的质量。

　　此复。

××省人力资源和社会保障厅
2014 年 3 月 15 日

知识聚焦 »»»

一、批复的概念

　　批复是"答复下级机关的请示事项"时使用的回复性公文。它与请示公文相呼应，应下级机关的请示而发。批复的主送机关也就是请示的发文机关，批复的事项也就是请示的事项。

二、批复的特点

（一）行文有被动性

　　批复必须是先上报请示，后下发批复，主要应用是以下级机关的请示为条件，对上级机关来说是被动行文，下级机关请示什么事项，上级机关就批复什么事项。

（二）内容具有针对性

　　（1）批复必须针对请示内容进行答复，要求批复的内容明确、简洁，以利于下级机关贯彻执行。针对请示事项表明态度，不涉及请示事项以外的内容。

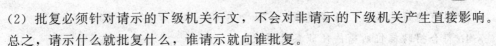

（2）批复必须针对请示的下级机关行文，不会对非请示的下级机关产生直接影响。总之，请示什么就批复什么，谁请示就向谁批复。

（三）意见的权威性

批复是答复下级机关请示事项的回复性公文，它提出的处理意见和办法，代表上级机关对问题的决策意见，对下级机关具有行政约束力。因此，请示一经批复，上级同意或不同意的批复内容都具有行政约束力，下级机关必须严格按照批复的意见贯彻执行，不得违背。尤其是对一些重大事项的答复，体现了党和国家的有关方针、政策，具有指示性作用和权威性。

（四）态度的明确性

批复的内容明确，语言不能模棱两可。因此，批复的语言要简短，语气要坚决，态度要鲜明，如同意或不同意，部分同意或部分不同意。

三、批复的种类

按批复性质，可将批复分为肯定性批复和否定性批复。肯定性批复用来表明同意或部分同意下级机关就某项工作提出的请示。否定性批复是不同意下级机关的请示要求，并写明否定的根据和理由。

按批复内容，可将批复可分为两类：一类是审批性批复，另一类是指示性批复。

（一）审批性批复

审批性批复主要是针对下级机关请示的公务事宜，经审核后所作的指示性答复。例如，增设机构、人事安排、项目设立、资金划拨等事项的审批。

范例

关于常德市市政公用事业管理局所属事业单位公开招聘工作人员请示的批复

常德市市政公用事业管理局：

你单位报送的《常德市市政公用事业管理局所属事业单位公开招聘工作人员的请示》已收悉。经研究，原则同意你们的实施方案，请按照如下要求认真组织实施：

一、招聘单位情况简介

常德市城市道路管理处属市公用事业局正科级全额拨款事业单位。

二、招聘岗位及计划

拟面向社会公开招聘工作人员1名。凡符合条件者均可报名应聘。

三、招聘原则

按照"任人唯贤、德才兼备"的用人标准，坚持"公开、公平、公正、竞争、择优"的原则，采取考试和考核相结合的方式进行。

四、招聘条件

（一）基本条件

1. 政治思想好，热爱中华人民共和国，拥护党的路线、方针、政策；

2. 遵守国家法律、法规；

3. 具有良好的品行，身体健康；

4. 符合招聘岗位所需的任职条件要求。

（二）具体条件

年龄 40 周岁以下（1973 年 1 月 1 日以后出生），大专及以上学历，三年以上工作经历。

五、基本程序和方法

1. 制定招聘方案报市人社局审批。

2. 发布招聘信息：将审批的招聘方案在市公用事业局网站和市人社局网站上向社会发布，时间不少于 7 个工作日。

3. 公开报名：报名采取现场报名的方式。应聘者需携带有效身份证、学历证等相关证件原件和复印件各一份，近期同底免冠一寸照片 3 张，到常德市市政公用事业管理局人事科报名。报名时须填写《湖南省事业单位招聘人员报名表》。报名时间不少于 3 天。

4. 资格审查：由市住建局和市公用事业局严格按照招聘条件对报名者进行资格审查。资格审查贯穿整个招聘过程，如发现有弄虚作假或不符合报名条件者，随时取消资格。

5. 确定开考比例：招聘岗位数与报考人数不低于 1：3 的比例确定。达不到开考比例的，经市人社局批准，取消招聘计划。

6. 考试：包括笔试和面试两部分，总分为 100 分。由市住建局和市公用事业局共同组织实施。

（1）笔试（占总成绩的 60%）：笔试内容为公共知识。

（2）面试（占总成绩的 40%）：根据笔试成绩从高分到低分按 1：3 的比例确定面试对象。采取结构化面试的方式进行。专家评委由 7 人组成，其中，外聘专家评委 4 人。

7. 体检：根据总成绩从高分到低分按招聘计划等额确定体检对象。体检参照公务员录用体检通用标准和办法执行。由市住建局和市公用事业局组织实施。

8. 考核：体检合格人员由市公用事业局组织对其思想政治表现、道德品质、业务能力、工作实绩等情况进行考核，并对应聘人员资格条件进行复查。

9. 递补：如有体检或考核不合格者，不予聘用。经市人社局批准，可按应聘人员综合成绩从高分到低分依次等额递补，不超过一次。

10. 确定拟聘对象：根据考试、体检和考核结果，由招聘领导小组集体讨论确定拟聘人员名单，并将拟聘人员名单按要求报市人社局审查。审查合格招聘人员名单在招聘方案发布的范围内进行公示，公示期不少于 7 个工作日。

11. 聘用审批：公示期满无异议的，由市公用事业局填写《湖南省事业单位聘用人员名册表》和《湖南省事业单位聘用人员登记表》，连同"拟聘人员公示情况报告"和本人档案，报市人社局审批后，办理相关聘用手续。

六、组织、纪检与监督要求

1. 加强领导。成立招聘工作领导小组，由市住建局沈明莉任组长，市公用事业局辛长明任组长，刘志祥、曹壮军、王长江、陈龙、秦雷刚、毕仁军任成员，下设办公室，毕仁军任办公室主任。整个招聘工作由市住建局和市公用事业局共同组织实施。

2. 加强监督。必须严格按本方案规定的程序和湘人社发〔2011〕45 号文件要求执行。在实施过程中有何情况和问题要及时报告市人社局。整个招聘工作要在市纪检监察机关的全程监督和市人社局指导下进行，自觉接受社会监督，确保本次招聘工作公开、公平、公正。

3. 严肃纪律。严格执行国家、省、市有关事业单位公开招聘人员纪律规定，要认真落实公开招聘工作中的公开制度、回避制度、申报核准制度和考试制度。对违反公开招聘程序和纪律规定的工作人员，要视情节予以批评教育，造成不良影响或后果的要严肃处理；对违反公开招聘纪律的应聘人员，一经查实要依规取消考试资格或聘用资格。

其他未尽事宜，按照湘人社发〔2011〕45 号和常办发〔2010〕2 号文件执行。

　　　　　　　　　　　　　　　　　　常德市人力资源和社会保障局

　　　　　　　　　　　　　　　　　　　　2013 年 1 月 14 日

（二）指示性批复

指示性批复主要是针对方针、政策性问题进行答复。这一类批复，不只是对请示机关提出请示事项的答复，而且批复的指示性内容，在其管辖范围内，具有普遍的指导和规范作用。另外，授权政府职能部门发布或修改行政法规和规章的批复，也属于指示性批复。

范例

国务院关于同意将山东省烟台市

列为国家历史文化名城的批复

国函〔2013〕83 号

山东省人民政府：

你省《关于申请将烟台市列为国家历史文化名城的请示》（鲁政呈〔2012〕55 号）收悉。现批复如下：

一、同意将烟台市列为国家历史文化名城。烟台市历史悠久，遗存丰富，文化底蕴深厚，名胜古迹众多，近代建筑集中成片，街区特色鲜明，城区传统格局和风貌保存完好，具有重要的历史文化价值。

二、你省及烟台市人民政府要根据本批复精神，按照《历史文化名城名镇名村保护条例》的要求，正确处理城市建设与保护文化遗产的关系，深入研究发掘文化遗产的内涵与价值，明确保护的原则和重点。编制好历史文化名城保护规划，并将其纳入城市总体规划，划定历史文化街区、文物保护单位、历史建筑的保护范围及建设控制地带，制定严格的保护措施。在历史文化名城保护规划的指导下，编制好重要保护地段的详细规划。在规划和建设中，要重视保护城市格局，注重城区环境整治和历史建筑修缮，不得进行任何与名城环境和风貌不相协调的建设活动。

三、你省和住房城乡建设部、国家文物局要加强对烟台市国家历史文化名城规划、保护工作的指导、监督和检查。

国务院
2013 年 7 月 28 日

四、批复的结构和写法

批复由标题、主送机关、正文和落款组成。

（一）标题

批复的标题有多种构成形式。

第一种是由批复机关、批复事项和文种三个部分构成，如《×××省人力资源和社会保障厅关于××大学公开招聘人员计划的批复》《教育部办公厅关于同意筹建全国高职高专教育师资培训基地（广东）的批复》。

第二种是由批复事项和文种两部分构成，如《关于××大学公开招聘人员计划的批复》。

第三种是由批复机关、批复事项、行文对象和文种构成，如《国务院办公厅关于深圳特区私人建房问题给广东省人民政府办公厅并福建省人民政府办公厅的批复》。

（二）主送机关

批复的主送机关即来文请示的单位。授权性的批复，主送机关应当是被授权发布施行行政法规和规章的下级机关。其位置在标题之下，正文之上，左起顶格。批复具有针对性的特点，所以不可缺少主送机关。

（1）批复的主送机关一般只有一个，即报送请示的下级机关。

（2）批复不能越级行文。当所请示的机关不能答复下级机关的问题，而需要向更高一级机关转报"请示"时，更高一级机关所作批复的主送机关不应是原请示机关，而是"转报机关"。如果批复的内容同时涉及其他的机关和单位，则要采用抄送的形式送达。

（三）正文

批复的正文是批复的主体，分为批复引语、批复意见、批复要求三部分。

批复引语：即开头引述来文，点明所答复的请示的日期、标题或发文编号，要求写得严谨、明确。

批复的开头通常要引述来文作为批复的依据，引述的方法有四种：

第一种是结合请示的日期引述，如"××××年×月×日来文收悉"；

第二种是结合来文的日期和文号引述，如"××××年×月×日×号文收悉"；

第三种是引来文日期和来文名称，如"××××年×月×日《关于……的请示》收

悉";

第四种是引述来文日期和请示事项,如"××××年×月×日关于……问题的请示收悉"。

引述来文后,可采用"经董事会研究,现批复如下""经研究,批复如下""现批复如下""现就××事项批复如下"等用语过渡到下一部分。

批复意见:根据国家的方针、政策、法令、法规和实际情况,针对请示中提出的事项作出答复和指示,一般不进行议论,写明引据出处,注明发文时间、文号、标题,以备执行中查考。批复意见简明扼要、具体可行、观点明确、措辞肯定。

批复要求:可以是上级机关提出的补充性意见,也可是表明希望或提出号召。

请示的批复一般有三种意见:完全同意、不完全同意、完全不同意。意见不同写法也不同。

完全同意的批复可以不写同意的理由,只明确表态,可写原则性要求。例如:

你局××××年×月×日《关于我局增加人员编制的请示》收悉。根据你局工作需要,经研究,同意增加 5 个。

下级单位的请示,受政策和具体情况限制有时不能得到完全同意的批复。在写此类不完全同意批复时先说明同意部分,再讲清不同意部分及其原因。例如:

你部《关于办公设备购置资金的请示》收悉。经公司研究,同意购置办公电脑 5 台,但由于经费所限,暂不同意购置复印机。

完全不同意的批复,一定要讲明不同意的理由和根据,也可提供其他解决办法。因为对下级的请示有完全不同的理解,所以要在周密的思考和研究后,清楚、肯定、有针对性地答复下级请示,不能使用有歧义的词语。也可在发文之前,先向下级单位讲明理由和依据。

批复可采用秃尾,就是请示事项答复完毕就告结束。一般也可采用"特此批复""此复"等习惯用语。

范例(秃尾批复)

　　　　教育部办公厅关于同意筹建全国高职高专教育师资培训基地(广东)的批复

广东省教育厅:

你厅《关于申请成立全国高职高专教育师资培训基地(广东)的请示》(粤教高〔2004〕148 号)收悉。结合专家组实地考察的意见,经研究,批复如下:

同意你厅负责组织筹建全国高职高专教育师资培训基地(广东),筹建期一年。

高职高专师资培养工作是保障高等职业教育质量的重要条件之一。自 1999 年起,我部已经在上海、天津等地设立了五个高职高专教育师资培训基地。五年来各基地对全国高等职业教育的发展起到了良好的作用。希望你们在借鉴他们成功经验的基础上,按照《教育部关于以就业为导向 深化高等职业教育改革的若干意见》(教高〔2004〕1 号)和《教育部等七部门关于进一步加强职业教育工作的若干意见》(教职成〔2004〕12 号)文件精神,组织好基地的筹建工作。

我部将视基地建设进展情况，组织专家对基地进行评估验收，通过后，正式挂牌成立。

教育部办公厅
二〇〇五年一月十九日

范例（使用习惯用语批复）

关于办公设备购置资金的批复

腾飞有限责任公司：

你公司《腾飞有限责任公司关于办公设备购置资金的请示》（腾发〔2014〕5 号）收悉。经集团公司研究，现批复如下：

一、考虑到你公司现有办公设备陈旧老化问题，为提高你公司办公效率，同意拨款 20 万元用于你公司购置办公设备。

二、所拨款项你公司必须用于办公设备更新，不得擅自挪作他用，你公司需建立专门账户，做到专款专用，如发现挪作他用现象，将追究相关部门责任。

三、为保证该资金使用公开透明，你公司所购办公设备须通过招标采购，做到程序合法，不得违规操作。

特此批复。

腾飞集团公司
2014 年 3 月 19 日

（四）落款

落款一般包括署名和成文日期。署名写上批复机关单位名称，并加盖公章；成文日期用阿拉伯数字将年、月、日标全，年份应标全称，月、日不编虚位。

五、批复的写作要求

（1）一文一事。批复是针对请示而写，也必须是一文一事，即一份批复只能批复一件事项。

（2）针对请示答复。下级机关请示什么事项，上级机关就批复什么事项。

（3）批复意见要明确。无论是审批性批复还是指示性批复，上级机关的意见清楚明白，态度明朗，不能含糊其辞，模棱两可，以免下级机关无所遵循。在用语上应使用"同意""不同意""不能办""缓办"等含义明确的语言。

（4）批复要慎重、及时。下级机关向上级机关行文请示的，说明事关重大，时间紧迫，需要得到上级机关的指示和帮助，因而上级机关应当认真研究分析请示事项，了解情况，又要及时批复，作出工作安排，不可敷衍了事，否则会贻误工作，甚至造成重大损失。

一、结合批复的结构、写法和写作要求，针对下面批复，分析批复的各构成部分及语气，找出错误之处并改正。

(1)
批复

××学院党委：

二○一四年×月×日你院的请示中提出增补××学院党委委员的事项我们已经收到。经校党委七名常委在×月×日的常委会上反复讨论决定，并举手表决，最终一致通过。现将决定告知你们，我们原则上同意你们上报的两名同志为你院党委委员。

特此决定。

中共××大学委员会
2014 年 3 月 4 日

(2)
关于《关于共青团 2014 年下半年购买体育器材的请示》的批复
二○一四年九月二十三日

××大学××学院共青团、学生处：

你们 2014 年 9 月 21 日送呈的《关于共青团 2014 年下半年购买体育器材的请示》已收悉。经过研究，同意你们的计划，请做好下一步的工作，请随时与学院办公室保持联系。

另外，你们申请举办趣味运动会，由于经费开支和场地条件有一定困难，可暂缓进行，待×××年××月条件基本具备后再写一份请示报来，经研究后，再作答复。

××学院杨书记

(3)
关于答复公开招聘人员计划等事项的批复

××大学：

对你们学校多次的请示，我们作如下答复：

1. 原则批准你们学校公开招聘人员，并尽快开展招聘工作。

2. 你们提出的"关于专业技术人员管理办法"不宜执行，因为它与有关文件精神抵触。

3. 你们提出今年继续推进人事制度改革，相关措施我们是支持的，因为有利于建设高素质、社会化的专业技术人员队伍，我们批准你们的请示。

此复。

××省人力资源和社会保障厅
2014 年 10 月 20 日

 课堂实训三

根据任务一的课堂实训材料及以下材料，请你代××市邮政管理局写一份批复。

××市邮政管理局接到××县邮政局的请示后，于 2014 年 4 月 21 日答复××县邮政局，同意增设××县邮政局××街营业所，并要求该营业所须经安全、消防验收合格后并领取营业执照，方可对外营业。

根据任务一的课后实训材料及以下材料，请你代学院写一份批复。

学院接到大外部的请示后，经研究，于4月5日答复大外部，同意组织学生参赛，学院在报名费、交通费、培训费用上给予经费支持，但由于同学们对于参考资料的需求不一致，所以参考资料费用由学生承担。

任务三　函（复函）

案 例 导 入

中国科学院××研究所关于建立全面协作关系的函

××大学：

近年来，我所与你校双方在一些科学研究上互相支撑，取得了一定的成绩，建立了良好的协作基础。为了巩固成果，建议我们双方今后能进一步在学术思想、科学研究、人员培训、仪器设备等方面建立全面的交换协作关系，特提出如下意见：

一、定期举办所、校之间学术讨论与学术交换。（略）

二、根据所、校各自的科研发展方向和特点，对双方共同感兴趣的课题进行协作。（略）

三、根据所、校各自人员配备情况，校方在可能的条件下对所方研究生、科研人员的培训予以赞助。（略）

四、双方科研教学所需要高、精、尖仪器设备，在可能的条件下，予对方供给利用。（略）

五、加强图书材料和情报的交换。

以上各项，如蒙批准，建议互派科研主管人员就有关内容进一步商量，达成协议，以利工作。

特此函达，务希研究见复。

中国科学院××研究所

2014年2月25日

 知识聚焦 》》

一、函的概念

函是用于不相隶属机关之间商洽工作、询问和答复问题，请求批准和答复审批事项，向无隶属关系的有关主管部门请求批准，属于平行文。

凡是双方在行政或组织上没有领导与被领导关系、业务上没有指导与被指导关系的，都是不相隶属机关，无需考虑双方的级别大小。

二、函的适用范围

（1）不相隶属机关之间的公务活动联系、往来。

（2）向无隶属关系的业务主管部门请求批准有关事项。

（3）业务主管部门答复审批无隶属关系的机关请求批准的事项。

三、函的特点

（一）平等性

双方不是隶属关系，要求姿态、措辞、语气体现平等性和沟通性。

（二）广泛性

函一般不具有法规约束力或强制性指令作用，其内容多为工作中的事务性问题。因此，发文机关的资格要求宽松，如国务院、基层单位、党政机关、社会团体、企事业单位等均可使用函来沟通信息。

（三）灵活性

函的内容单一，一份函只写一条事项。函的内容和格式也比较灵活，语气写法灵活，请批函谦恭、商洽函亲切。

（四）实用性

函不需要在原则、意义上进行过多的阐述，重务实。

四、函的分类

（一）公函与便函

按照函的性质划分，函可分为公函和便函。

公函用于机关单位正式的公务活动往来，是正式的公文，有文件头、发文字号、标题、公章，格式规范。

便函用于日常事务性工作的处理，不属于正式的公文，格式随意，没有文件头，没有发文字号，甚至没有标题，但要有署名、日期和公章。

（二）发函与复函

按照行文方向，函可分为发函和复函。主动制发的函为发函，回复对方来函的函为复函。

（三）商洽函、询答函与请批函

按照内容和目的分类，可分为商洽函、询答函、请批函。此外，还有通知事项函、催办函、转办函、报送材料函、邀请函等。

商洽函是不相隶属机关之间洽谈业务、商调人员、联系参观学习等商洽、联系性事宜所使用的函。

询答函可分为询问函和答复函，是不相隶属机关之间询问或答复问题所使用的函。有些不明确的问题向有关机关和部门询问、征求意见，用询问函。例如，《关于询问新型装卸机械的函》。对机关和部门所询问的问题作出解释答复用答复函。例如，《国家物价局、财政部关于调整新护照收费标准的复函》。

请批函是不相隶属机关之间请求批准和答复审批事项所使用的函。例如，《关于请求解决我县枯水期用电指标的函》。

范例（商洽函）

关于商调×××同志的函

公司财务部：

最近，公司领导多次要求营销部加强会计审核力度，但是我部现有人员力量远远不能满足工作发展的需要。经考虑，拟向你部借调×××同志到我部会计科工作，借调日期由 2014 年 4 月 1 日起，至 2014 年 6 月 30 日止。请予以支持。

特此函商。

××公司营销部
2014 年 3 月 2 日

范例（询问函）

××省科学技术委员会关于询问贯彻全省科学技术工作会议情况的函
××科办〔200×〕××号

各地、市科委：

全省科学技术工作会议自今春召开以来，迄今已有半年。为了互通情况，并为使我省科技事业得到进一步发展，希针对下列所询问题，将你地、市有关情况于 9 月底前具报我委办公室。

一、省科学技术工作会议后，采取了哪些措施进行贯彻？

二、此半年来，有何科学发明和技术革新？效果如何？

三、在开展科学研究和科技交流方面，曾遇到哪些问题，如何解决？现在还存在哪些问题？哪些问题需要我们帮助解决？

××省科学技术委员会（公章）
××××年××月××日

范例（请批函）

关于请求解决我县枯水期用电指标的函

××市供电公司：

　　去年以来，我县利用本地水利资源发展小水电，每年丰水期输入国家大电网的电达3000 至 6000 万度，每度电价 0.25 元。而枯水期我县则严重缺电，以每度电价 0.50 元购进 1500 万度电，仍然不能保证城镇居民生活用电。目前有几家水泥厂、糖厂因缺电已停产。为此，我县请求从今年起在每年 11 月 1 日至次年 3 月 30 日的枯水期中，每天能支持配送我县基数电 10 万度。

　　请予函复。

××县人民政府
××××年××月××日

范例（通知事项函）

面试通知函

_____ 同学：

　　您好，感谢您对××公司的关注，现通知您参加我公司组织的面试，以便我们进一步了解。

　　面试时间：_____

　　面试地点：_____

　　届时请应聘者携带以下材料：

　　1. 个人简历　　　　　　　　2. 身份证原件及复印件

　　3. 毕业生推荐表　　　　　　4. 学历证书及学位证书原件及复印件

　　5. 英语四六级证书原件及复印件　　6. 相关荣誉证书复印件

××公司人力资源部
××××年×月×日

范例（催办函）

关于催办 3C 认证证书的函

苏州市沃特测试技术服务有限公司：

　　贵公司于 2011 年 8 月 11 日与我公司签订 3C 认证证书报价合同书（报价编号：SUZWT11080030-1），按照合同规定我公司已正常付款并及时提供产品及相关资料，积极努力配合贵公司的申请工作。依照以往正常的受理时间，4 个月就可以办理成功，可是至今已过 10 个月之久，3C 证书仍然杳无音讯。为此我公司也多次电联贵公司相关工作人员，要求尽快给予解决，但贵公司一直未明确答复。

　　目前，贵公司未依照正常时效帮助我公司完成 3C 认证，因而导致我公司对客户食言，极大影响我公司的信誉度，并造成了近百万元的经济损失。已有成都东旭节能科技有限公司等重要的大客户取消与我公司的合作，并要求索赔及承担相应的法律责任。我公司本着长期合作及友好妥善处理纠纷的原则，再次函请贵公司于 2012 年 6 月 22 日之前为我公司完成 3C 认证，否则我公司将采取一定的法律途径维护我公司的合法权益及相应经济损失。

　　特此致函，敬请函复！

浙江开元光电照明科技有限公司
2012 年 6 月 18 日

范例（转办函）

关于群众举报案件的转办函
青崂安监函〔2009〕5 号

崂山环保分局：

　　我局 7 月 10 日早晨 6 点 40 分接到群众举报，青岛麒麟食品有限公司发生液氨泄露，影响到周边正常生活，我局工作人员立即赶到现场进行调查，调查发现该公司液氨设备需定期空气排空，排空过程中会有少量气体排放到大气中，导致破坏了周边空气环境，请贵局根据职责分工，对该公司进行监督检查，杜绝事故的再次发生。

青岛市崂山区安全生产监督管理局
二〇〇九年七月十日

范例（报送材料函）

关于报送社区建设有关材料的函

市社区建设工作领导小组办公室：

　　收到《转发关于学习贯彻省委省政府领导对社区建设工作重要批示精神的通知》（穗社建办〔2007〕12 号），我局根据文件要求，拟写了《整合教育资源 促进社区教育》一文，现报送给你们，请收阅。

　　附件：整合教育资源 促进社区教育

广州市教育局
二〇〇七年十月二十四日

范例（邀请函）

2013 大学生网络营销精英大会邀请函

尊敬的　_____：

　　您好！

　　大学生网络营销精英大会是中国互联网协会主办的大学生网络营销能力秀活动的延伸和升华，为大学生网络营销精英人才创造进一步提升网络营销实战能力、相互交流及与企业人才需求的对接。在网络营销能力秀活动的基础上，网络营销精英大会致力于为

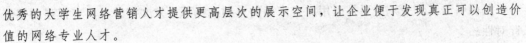

优秀的大学生网络营销人才提供更高层次的展示空间，让企业便于发现真正可以创造价值的网络专业人才。

为此，特于 2013 年 7 月 26～30 日在深圳信息职业技术学院举办首届大学生网络营销精英大会，真诚地期待您积极的支持与参与！

中国互联网协会大学生网络营销

精英大会组委会

2013 年 6 月 26 日

五、函的结构和写法

（一）标题

函的标题主要有两种构成形式。

第一种由发文机关名称、主要内容（事由）、文种组成。例如，《云南财经大学关于组织教职员工到××大学培训的函》。

第二种是由事由、文种组成。例如，《关于请求批准××市节约能源中心编制的函》。

（二）主送机关

函的行文对象一般是明确的、单一的，所以一般主送机关只有一个。有时主送机关涉及的部门较多，则有排列多个主送机关的情况。例如，《国务院办公厅关于羊毛产销和质量等问题的函》（国办函〔1993〕2 号）中主送机关多达 7 个，分别是国家计委、经贸委、农业部、商业部、经贸部、纺织部、技术监督局。

（三）正文

1. 发函写作

发函的正文由发函缘由、发函事项和发函结语三部分组成。

发函缘由（开头）主要交代发函的根据、目的、原因等。这种理由简明扼要，切忌长篇大论。

发函事项（主体）是向对方就某项工作展开商贸、有关某一事件提出询问、有关事项提请批准等。

发函结语（结尾）是向对方提出希望或请求，或希望对方给予支持和帮助，或希望对方给予合作，或请求对方提供情况，或请求对方给予批准等。最后，另起一行作结语。不同类型的函结语有所不同。如果只是告知对方事项而不必对方回复，则常用"特此函告""特此函达"等习惯用语。若是要求对方复函则用"请即复函""盼复""望函复""敬请函复""望函复为感""特此函达，并希见复为荷"等习惯用语。询问函则用"特此函商""特此函询"等习惯用语。请批函多以"请批准""请大力协助为盼""望能同意"等习惯用语。另外，也有的函不写结语。

2. 复函写作

由复函引语、复函意见和复函结语组成。

复函引语（开头）主要是引用对方来函的日期、标题、发文字号，具有很强的答复针对性。

复函意见（主体）一般有两部分组成，先讲复函依据，再讲复函意见，意见要具体明确。常常使用"现将有关情况说明如下""现就有关问题函复如下"过渡到下一部分。

复函的结语常常使用"特此复函""特此函告""特此回复""特此函复""特此函达""此复"等习惯用语。有的函也可以不用结束语，如属便函，可以像普通信件一样，使用"此致""敬礼"。

（四）落款

落款包括署名和成文日期。署名写上发函机关名称，并加盖公章；成文时间，用阿拉伯数字将年、月、日标全，年份应标全称，月、日不编虚位。

六、函的写作要求

（1）内容单一集中。函的事项遵循一函一事的原则，避免一函多事。

（2）语言表述简洁。函的行文应是开门见山，直陈其事，简洁行文，切忌使用客套话。

（3）语气恳切、谦和。函的用语应根据发文机关的地位、写函的目的、内容等内容恰当措辞，做到以礼待人、谦和真诚，不能盛气凌人或强人所难，不能用命令、警告口吻。

（4）函的时效性。特别是复函应该迅速、及时，以免延误工作的正常进行。

 纠错训练

结合函的结构、写法和写作要求，针对下面几篇函，分析函的各构成部分及语气，找出错误之处并改正。

（1）
关于商调×××同志的函

财务处经理：

营销部近来工作繁重，人手不够，现因工作需要，决定调你处×××同志到我处工作。请尽快研究同意，并给予大力支持。另外，我们部门近期举办研讨会，想从你处抽调两名经验丰富的业务骨干参加会议，请求一并支持为谢。

　　此致

敬礼

××公司营销部
2014 年 3 月 2 日

（2）　　　　　　　　　　　　关于征求意见的请示函

各中小学：

现把《××市教育局关于开展义务教育优质轻负学校评定的通知（讨论稿）》和《××市教育局关于全面加强书香校园建设的通知（讨论稿）》发给你们，并征求你们的意见，要求各中小学务必在2月23日前把意见以书面形式反馈给县教育局教育科，切不要一拖再拖，给我们此项工作的顺利进行带来不应有的困难。联系电话：××××××××。电子信箱地址：××××××@163.com。逾期视作同意。

此致
敬礼

　　附件：1.《××市教育局关于开展义务教育优质轻负学校评定的通知（讨论稿）》
　　　　　2.《××市教育局关于全面加强书香校园建设的通知（讨论稿）》

2014 年 3 月 16 日

（3）　　　　　　　　　　　　关于要求报价的函

尊敬的云南勐海茶厂：

我们对你厂生产的普洱茶很有兴趣，十分想买一批普洱沱茶。我公司要求不高，只要求该茶叶品质一级，规格为100克一包，望你厂能告诉单价报价和交货日期、结算方式等给我公司。

如果价钱合理，且能给予最好的折扣，我们将做到大批量订货。

××××副食品公司
××××年×月×日

 课堂实训四

根据以下材料，请你代××大学写一份复函。

云南财经大学向××大学发函（见材料），拟组织30名教职员工到××大学学习计算机教学平台的建设经验，时间一周，具体时间由××大学安排，所有费用由云南财经大学承担。

　　　　　　　　　　关于组织教职员工到××大学培训的函

××大学：

我校于2013年9月开设了计算机教学课程，据悉，贵校开设了相同课程，并在该教学平台建设方面取得佳绩，并积累了丰富经验。本着进一步加强合作，向贵校学习的目的，本单位拟组织教职员工30名至贵校学习计算机教学平台的建设经验，时间为一周，集中学习，具体时间由贵校安排，所有费用由我方承担。

敬请复函。

云南财经大学
2014 年 9 月 10 日

如果你是上述函中提到的××大学负责人，在收到云南财经大学的商洽函之后，要回复一份函，表明接受云南财经大学员工培训的请求，但是结合学校实际情况无法接受30人同时前往培训，只能接受 15 人；且表示届时将安排 8 名教学骨干人才进行带徒培训，培训时间可安排在 11 月 10～16 日。

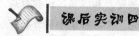 课后实训四

根据以下材料，完成两份函的写作。

中华职业学院各专业人才培养方案中《职业与专业认知实习》课程安排在第一学期完成，学生可以采取自行联系实习单位，也可以班级为单位组成小组，到学院推荐签约的企业学院进行实习。例如，学院拟安排市场营销专业小组在云南艾维投资集团有限公司进行实习，时间为 2014 年 11 月 20 日，并提出由企业选派一名业务素质高的老师指导实习，指导费用由学院支付。

中华职业学院于 2014 年 11 月 1 日向云南艾维投资集团有限公司发函，公司经研究，同意接收实习学生，并于 2014 年 11 月 4 日复函。

(1) 请你代中华职业学院向云南艾维投资集团有限公司写一份商洽函，联系职业与专业认知实习事宜。

(2) 请你为云南艾维投资集团有限公司写一份复函，并且说明《职业与专业认知实习》课程实习时间和联系方式等具体事宜。

提示：根据需要可自行补充相关内容。

任务四　通　知

 案例导入

关于 2014 年国庆节放假的通知

校属各单位：

根据《国务院办公厅关于 2014 年部分节假日安排的通知》（国办发明电〔2013〕28 号）精神，结合学校工作实际，现将 2014 年国庆节放假相关事宜通知如下：

一、放假时间

10 月 1～7 日放假调休，共 7 天。9 月 28 日（星期日）、10 月 11 日（星期六）上班。

二、教学课程调整情况

原先安排在 10 月 6 日（星期一）的课调至 9 月 28 日（星期日）；10 月 7 日（星期二）的课调至 10 月 11 日（星期六）。

三、其他事项

放假前，各单位要认真做好本单位假期安全教育，妥善安排好节假日期间的值班和安全保卫等工作，并于 2014 年 9 月 29 日（星期一）前将值班安排表（含详细通信方式）电子稿及纸质稿（加盖公章）报送至学校办公室行政科李××老师处（致远楼 309 室，联系电话：65194×××）。

放假期间，如遇重大紧急突发事件，要按有关规定及时报告并妥善处置，切实维护校园安全稳定，确保全校师生度过一个平安祥和的假期。

　　特此通知。

党委（校长）办公室

2014 年 9 月 22 日

一、通知的概念

　　通知适用于发布、传达要求下级机关执行和有关单位周知或者执行的事项，批转、转发公文。

二、通知的特点

（一）应用性强

　　通知是公务活动中应用最广泛、使用频率最高的公文。大到国家级的党政机关，小到基层的企事业单位，都可以发布通知。它不受内容轻重简繁的限制，不受机关性质和级别层次的限制。

（二）告知性强

　　通知的主要功能在于将事项告诉有关人员，受文方知晓并按照发文机关的要求贯彻执行。

（三）时效性强

　　按照通知要求办理或执行，具有较强的执行性和约束力，必须在期限内完成，否则可能失效或误事。

三、通知的种类

　　根据适用范围的不同，通知可以分为四大类：批转性通知、转发性通知、任免性通知和传达性通知。

（一）批转性通知

　　批转性通知的行文方向是下行文，是上级机关向下级机关行文。它所批转的是下级单位上报的文件，如报告、请示、纪要等。它是用于上级机关批转下级机关的公文给所属机构或人员，内容要说明批转的目的、要求和法规依据，还需要写出具体的意见和倾向性意见，便于下级机关遵照执行。批转的文件应以附件的形式处理。

范例

昆明市人民政府办公厅关于批转昆明市禁止生产、销售、使用
不可自然降解塑料袋的实施方案的通知
昆政办〔2001〕1号

各县（市）区人民政府，市政府各委、办、局：

　　市环保局上报的《昆明市禁止生产、销售、使用不可自然降解塑料袋的实施方案》，已经市政府研究同意，现予批转，请遵照执行。

附件：昆明市禁止生产、销售、使用不可自然降解塑料袋的实施方案

二〇〇一年二月七日

（二）转发性通知

转发性通知主要用于转发上级、同级和不相隶属机关的公文，也可用于转发下级机关的公文，转发机关不受级别制约。所转发的文件包括通知、决定、规定、意见、批复、复函等。例如，《广东省人民政府转发国务院关于加强出入境中介活动管理的通知》，转发的是上级机关的通知；《国务院办公厅转发国务院体改办等部门关于城镇医疗卫生体制改革指导意见的通知》，转发的是同级机关的意见；《广东省人民政府办公厅转发省政协办公厅关于贯彻省有关发展个体私营经济的〈决定〉、〈条例〉情况的调查和建议的通知》，转发的是不相隶属机关的文件。

范例

云南省物价局转发国家发展改革委关于降低国内成品油价格文件的通知

各州（市）发展和改革委员会，中石化云南分公司、中石油云南销售分公司：

　　现将《国家发展改革委关于降低国内成品油价格的通知》（发改电〔2014〕361号）转发给你们，结合我省实际，提出以下意见，请一并贯彻落实。

　　一、汽、柴油最高零售价格每吨分别降低190元和180元。

　　二、昆明市（含各县市区）90号汽油标准品降低后的最高零售价格为每吨8430元，0号柴油最高零售价格为每吨7345元。

　　三、一价区执行国家发展改革委确定的中心城市汽、柴油最高零售价格；二至四价区每个价区在上一个价区基础上，顺加每吨100元运杂费；五价区在四价区基础上每吨顺加80元。

　　同一价区内县城及国道、省道上加油站原则上执行本价区的统一价格。县以下乡镇距离县城（下同）30公里以内的执行县城汽、柴油最高零售价格；30公里以上、100公里以内的，在县城价格基础上每升加价0.05元；100公里以上的，在县城价格基础上每升加价0.10元。

　　各价区标准品及非标准品具体价格见附件1。

　　四、对符合资质的民营批发企业最高供应价格，按最高零售价格扣减400元确定。当市场零售价格降低时，对民营批发企业的供应价格也相应降低，保持价差不小于400元。

具体供应价格可在不超过最高供应价格的前提下，由供需双方协商确定。

五、汽、柴油最高批发价格等额降低。合同约定由供方配送到零售企业的，最高批发价格按最高零售价格倒扣 300 元确定。合同未约定配送的，最高批发价格在倒扣 300 元的基础上加价格部门核定的运杂费标准确定，当市场零售价格降低时，批发价格也要相应降低，保持批零差不小于 300 元。

成品油批发企业可在不超过最高批发价格的前提下，与零售企业协商确定具体批发价格。

六、县以下成品油价格调整须报县级发展改革委（局）备案。各石油公司和石油零售企业要严格执行成品油批发和零售最高限价管理的有关规定，及时向同级发展改革委（局）汇报市场情况，自觉接受价格管理和监督。

七、调整后的价格自 2014 年 11 月 14 日 24 时起执行。

八、中石化云南分公司、中石油云南销售分公司要切实履行社会责任，认真组织好全省城乡成品油调运和保供工作，保持合理库存，确保成品油市场供应。要严格执行国家和省规定的价格政策，自觉维护市场价格秩序。

九、各级价格主管部门要加强市场监管，组织好价格监督检查，加大成品油市场监督检查力度，严厉打击利用价格调整之际抢购、囤积的行为，打击造谣惑众、扰乱市场价格秩序的行为，切实维护成品油市场的稳定。同时要加强成品油市场动态和价格监测，出现异常情况，及时报告并配合有关部门采取应对措施。

附件：云南省各价区汽、柴油最高零售价格表

云南省物价局

2014 年 11 月 14 日

（三）任免性通知

这类通知是根据我国人事制度的改革，上级领导机关对有关工作人员职务的任免、聘用、解聘的决定。

范例

昆明市人民政府

关于杨柱等同志任免职务的通知

昆政任〔2014〕4 号

市政府有关委办局，昆明轨道公司：

昆明市人民政府决定：

杨柱同志任昆明市食品药品监督管理局局长、昆明市人民政府食品安全委员会办公室主任，免去昆明市卫生局副局长职务；

张云海同志任昆明市食品药品监督管理局副局长；

李勤裕同志任昆明市食品药品监督管理局副局长；

王庆华同志任昆明市食品药品监督管理局副局长；

宗庆生同志任昆明轨道交通集团有限公司董事长（请按有关法定程序办理）；

马金华同志试用期满，任昆明市民政局副局长；

朱广祥同志试用期满，任昆明市人民政府法制办公室副主任；

免去舒永恒同志昆明市审计局副局长职务；

免去耿宏伟同志昆明市水务局副局长职务；

免去常荣华同志昆明滇池国家旅游度假区管委会副主任职务。

以上试用期满的同志，任职时间从试任职之日起计算。

昆明市人民政府
2014 年 5 月 13 日

（四）传达性通知

传达性通知用以传达要求下级机关办理和需要有关单位周知或共同执行的事项。该类型的通知适用性最广泛、使用频率最高，常见的指示性、发布性、告知性和会议性通知等，均属这一类。

指示性通知用于上级机关指示下级机关如何开展工作。这类通知带有政策性、指导性，重在宏观指导，主要对某项工作的开展，或针对工作中出现的带有普遍性的问题，对下级机关作出工作部署，提出管理措施，制定有关政策等。

发布性通知用于发布行政规章制度和党内规章制度。

告知性通知用于向有关单位或相关人员告知情况。

会议性通知用于召集有关单位或个人参加会议。

范例（指示性通知）

关于进一步加强安全防范和值班工作的通知

局机关各科室、局属各单位：

为进一步加强当前的安全防范和值班管理工作，严肃纪律，确保局机关和各单位的安全与稳定，切实防范各类公共物品被盗事件的发生，现将有关事项通知如下：

一、各科室、各单位要高度重视安全保卫工作，提高安全防范责任意识，不得存在松懈和侥幸思想。自觉维护机关办公秩序，积极加强安全防范措施，做好相关安全保密工作，不得将电话表和文件资料随意放置，不得将外来人员单独留置办公室，下班前各自办公室要关窗锁门，确保单位和个人财产不受损失。要坚持经常性的安全检查，对重点场所和部位要加强监管，发现安全隐患和事故苗头及时报告处理，防止安全事故发生。

二、加强周末和节假日值班。值班人员必须服从统一调度，严格按照安排的时间、地点和任务，尽职尽责地做好值班工作，不得迟到早退，严禁擅自离开岗位，值班时间不得将值班电话转移后脱岗。保持高度警惕，定时巡查机关重点部位，发现可疑人员要进行盘查询问，不得任由外来人员随意在办公楼内走动。下班离开时将各防火门及时关闭上锁，坚决避免造成不良影响和后果。

三、按照预防为主、属地负责的原则，划定安全防范责任区域，明确落实责任人员。各科室、各单位负责人为安全防范工作的主要责任人。安全要求：办公室无人时必须随手锁门，下班前必须将走廊和电梯间防火门关闭上锁。

四、因防范不力而发生安全事故造成损失的，将严肃追究直接人和责任人的责任，情形严重的给予行政处分。

特此通知。

局办公室
2014 年 3 月 11 日

范例（发布性通知）

国务院办公厅关于 2014 年部分节假日安排的通知
国办发明电〔2013〕28 号

各省、自治区、直辖市人民政府，国务院各部委、各直属机构：

经国务院批准，现将 2014 年元旦、春节、清明节、劳动节、端午节、中秋节和国庆节放假调休日期的具体安排通知如下。

一、元旦：1 月 1 日放假 1 天。

二、春节：1 月 31 日至 2 月 6 日放假调休，共 7 天。1 月 26 日（星期日）、2 月 8 日（星期六）上班。

三、清明节：4 月 5 日放假，4 月 7 日（星期一）补休。

四、劳动节：5 月 1 日至 3 日放假调休，共 3 天。5 月 4 日（星期日）上班。

五、端午节：6 月 2 日放假，与周末连休。

六、中秋节：9 月 8 日放假，与周末连休。

七、国庆节：10 月 1 日至 7 日放假调休，共 7 天。9 月 28 日（星期日）、10 月 11 日（星期六）上班。

节假日期间，各地区、各部门要妥善安排好值班和安全、保卫等工作，遇有重大突发事件，要按规定及时报告并妥善处置，确保人民群众祥和平安度过节日假期。

国务院办公厅
2013 年 12 月 11 日

范例（告知性通知）

关于校史展览馆参观相关事宜的通知

各位老师、同学：

为简化办事程序，更好地服务师生，现将校史展览馆参观相关事宜通知如下：

一、内容及地点

（一）60 周年校史展览馆。弘扬"好学笃行 厚德致远"精神，展示学校发展历程和建设成就。开展"三生"课程教学、党员支部活动、新生入学教育及专业实习。

地址：图书馆一楼。

（二）校史专题展览馆。本期展出内容为"我的大学·老照片回顾展（1951～1997）"。开展党员支部活动、新生入学教育及专业实习。

地址：凌云楼北附 301 室。

二、定期开放：每周五 14：30～17：00

三、教学参观：任课老师提前一周预约，以班级（支部）为单位组织参观。

四、接待参观：提前 24 小时预约，并按照预约时间准时参观。

五、预约电话：65132050　15331759×××

联系人：李维清

2014 年 8 月 29 日

范例（会议性通知）

关于召开 2013～2014 学年第一学期教材建设指导委员会的会议通知

校属各相关部门：

2013～2014 学年第二学期教学执行计划制定工作已经结束，为保证该学期课前到书及教学工作顺利开展，定于 2013 年 12 月 26 日上午 9：30 在致远楼 506 会议室召开学校本学期教材建设指导委员会会议。现将有关事项通知如下：

一、会议议事事项

（一）各学院（部）对本部门 2014 春季教材征订计划的说明

请各教学单位教学秘书准备本部门教材征订计划书面材料并提供给本部门参会人员。

（二）2014 春季教材征订计划审定

审定原则：优先选用近 3 年普通高等教育精品教材，国家级"十二五"规划教材，国家级获奖教材和国家推荐教材；鼓励选用国外优秀原版教材；最近 3 年出版教材概率不低于 95％。

二、参会人员

各院（部）院长（主任），教务处、研究生部、科研处负责人。

请参会人员按时参会。

特此通知。

校教材建设指导委员会办公室

（教务处代章）

2013 年 12 月 24 日

四、通知的结构和写法

通知由标题、主送机关、正文、落款和成文日期等部分组成。

（一）标题

通知的标题应准确、简明地概括公文的主要内容。一般应标明发文机关、事由和文种。在结构上，通知的标题一般是在事由之前用介词"关于"组成介词机构，使事由更加明确突出，如《昆明市人民政府关于进一步加强全市危险废物监管的通知》。如遇特殊情况，还可在通知前加"紧急""联合""补充"等字样，如《关于加强防范校园诈骗犯罪活动的紧急通知》。

批转性通知和转发性通知的标题比较特殊，通常加上"批转"或"转发"，然后加上被转发文件全称，再加上"通知"二字组成，如《昆明市人民政府办公厅关于批转昆明市禁止生产、销售、使用不可自然降解塑料袋的实施方案的通知》《云南省物价局转发国家发展改革委员会关于降低国内成品油价格文件的通知》。

注意事项：

（1）转发的公文不是"通知"时，省略第一个"关于"。例如，《国务院办公厅关于转发教育部等部门关于进一步加快高等学校后勤社会化改革意见的通知》可省略第一个"关于"，把标题改为《国务院办公厅转发教育部等部门关于进一步加快高等学校后勤社会化改革意见的通知》。

（2）除法规、规章名称加书名号外，被转发的文件，一般不用标点符号，不得加书名号或其他标点符号。例如，《云南省人民政府办公厅关于转发〈省教育厅省财政厅农村税费改革后进一步确保农村义务教育投入的意见〉的通知》可改为《云南省人民政府办公厅关于转发省教育厅省财政厅农村税费改革后进一步确保农村义务教育投入的意见的通知》。

（3）转发的公文是"通知"时，省略第一个"关于"和保留最后一个"的通知"。例如，《广州市人民政府关于转发〈国务院关于开展全国物价大检查的通知〉的通知》改为《广州市人民政府转发国务院关于开展全国物价大检查的通知》。

（4）如果文件中间经过几层转发，则保留末次发布文件机关和始发文件机关，省略多余的"关于"和"通知"。例如，《县人民政府关于转发〈市人民政府办公室关于转发省人民政府办公厅关于加强公共场所卫生管理的通知〉的通知》改为《县人民政府转发省人民政府办公厅关于加强公共场所卫生管理的通知》；《××县人民政府转发〈××市人民政府关于转发××省人民政府关于转发人事部关于×××同志恢复名誉后享受××级待遇的通知〉的通知》改为《××县人民政府转发人事部关于×××同志恢复名誉后享受××级待遇的通知》。

（二）主送机关

主送机关即要求办理、知悉通知事项的机关。名称可用全称，也可以用规范化简称如各部、各院、院属各单位。

（三）正文

正文由开头、主体和结尾三部分组成。不同类型的通知，因内容的不同，在结构和写作上有一些不同的要求。

1. 批转性通知和转发性通知

这类通知的正文阐述批转、转发的目的，表明对所批转、转发或印发的公文的意见、执行希望或要求。正文采用"……同意……《……》，现转发给……，请……"形式。

正文结尾，常用"供参考""供参阅""研究执行""参照执行""遵照执行""认真执行""认真贯彻执行""遵照办理"等习惯用语。

正文要求表述准确，条理清晰，篇幅力求简短。

2. 指示性通知

这类通知的正文一般由所通知事项的缘由、通知事项、执行要求三部分构成。

缘由部分一般是简述背景，说明发通知的意义或原因。缘由之后用"现将有关事项通知如下""现作如下通知""特通知如下"等过渡到下一部分。

通知事项部分交代指示的具体意见和做法，此部分多采用分条列项方式写作，其要求、措施一定要具体可行。

执行要求在通知的末尾，必须明确而利落。

3. 会议通知

会议通知的正文由缘由、事项和结语三部分组成。

缘由部分简述会议原因、目的、依据、意义，召开会议的机关，会议名称。缘由之后用"现将有关事项通知如下"过渡到下一部分。

事项部分写明如下事项：会议基本安排（包括会议的时间、地点、日程安排，报到时间及地点，参会人员，会议内容等）、会议注意事项（包括食宿安排、交通路线、携带资料、联系电话、其他有关事宜等）。

结语常用"特此通知""请准时出席""请准时参加"等习惯用语。

范例

　　教育部办公厅 科技部办公厅关于举办第七届全国大学生创新创业年会的通知

各省、自治区、直辖市教育厅（教委），科技厅（科委），新疆生产建设兵团教育局、科技局，有关部门（单位）教育司（局），教育部直属各高等学校：

为贯彻落实国家中长期科学和技术发展规划纲要、国家中长期教育改革和发展规划纲要，提高高校学生的创新创业能力和实践能力，为参与国家级大学生创新创业训练计划（以下简称国创计划）的学生搭建学术交流和成果展示平台，经研究，教育部、科技部定于2014年10月18～19日在陕西西安联合举办第七届全国大学生创新创业年会。现将有关事项通知如下：

一、年会时间和地点

会议时间：2014年10月18～19日上午（会期1天半）。

会议地点：西安交通大学（陕西省西安市咸宁西路28号）

二、年会主要内容

1. 大学生创新学术年会：遴选参加国创计划中创新训练项目学生的学术论文，以学术报告的形式进行学术交流。

2. 大学生创新创业项目展示：遴选国创计划中创新训练项目、创业训练项目和创业实践项目，以展板和实物作品演示的形式进行项目交流。

3. 大学生创业项目推介会：遴选国创计划中创业实践项目和创业训练项目，进行项目推介、宣传和交流。

4. 地方教育主管部门创新创业计划管理工作交流会：研讨和交流各省（自治区、直辖市）推进地方高校实施创新创业训练计划的工作经验。

三、参会人员

1. 学生代表。入选第七届全国大学生创新创业年会的学术论文、参展项目及创业推介项目的学生代表（每篇论文、每项参展项目或创业推介项目限 1 人参会）。

2. 教师代表。有学生项目入选的高校，每校选派 1 名教师代表带队参会；其他高校的教师如需参会，须向会议承办单位申请并经同意。

3. 各省级教育部门高教处创新创业训练计划负责人 1 人。

4. 各省级科技部门可派有关人员 1 人参会。

5. 国创计划专家工作组成员、国创计划协作组成员、特邀企业专家和创投机构代表。

四、优秀创业案例征集

为了给高校学生创业提供示范，以身边榜样激发他们的创业热情，现面向高校学生征集优秀创业案例。请从近三届（2012 届、2013 届、2014 届）创业成功的本科毕业生（或团队）中推荐。部属高校每校推荐 1 例，各省级教育部门推荐 2～5 例。

案例材料内容包括高校学生创办公司的概况、创业历程、公司运营情况、吸纳毕业生就业情况、创业经验体会等，字数 4000 字左右。材料以"高校名称-企业名称.doc"命名，并注明学校联系人姓名、联系电话。中央部委所属高校直接报送，地方教育行政部门请汇总后统一报送。请于 9 月 25 日之前发到×××@moe.edu.cn。我部将从中选择"大学生创业新秀"案例结集出版。

五、其他

1. 为做好年会准备工作，请各省级教育部门及有关高校分别确定 1 名联系人，并将参会人员信息表（见附件）于 9 月 25 日前发送至专用邮箱×××@mail.xjtu.edu.cn。

2. 有关大学生学术论文和大学生创新创业训练计划项目遴选参会方式、有关年会活动的具体日程安排等事项，请咨询西安交通大学教务处。

3. 具体报到信息将在收到参会人员信息表后通知。

联系人：西安交通大学：吴梦晗、陈立斌；电话：029-82668×××，029-82665×××，13630286×××；传真：029-82667×××××；邮箱：×××@mail.xjtu.edu.cn。

教育部高等教育司：吴昭、侯永峰；电话：010-66096×××；传真：010-66096×××；邮箱：×××@moe.edu.cn。

科技部政策司：张熙、阚亚琪；电话：010-58881×××。

传真：010-58881×××；邮箱：×××@most.cn。

附件：第七届全国大学生创新创业年会参会人员信息表

教育部办公厅　科技部办公厅

2014 年 9 月 4 日

五、通知的写作要求

（1）依法行文。无论是使用指示性通知还是使用批转性通知，都要受单位职权的制约，即只有直接上级单位才能对下级发指示性通知；只有具有批准权力的单位，才可以使用批转性通知。不具有批准权力的单位或者平行单位之间，也只有重大的或者必须遵照执行的事项，才用批转，而一般事项或仅供参考的事项，则不用批转，而用转发。

（2）观点明确，内容具体。指示性通知主要用于布置工作，下达指示或要求办理某些事项，应该把执行要求写具体，如写上完成的时间、必要的程序等，以便受文单位贯彻执行。批准性通知要求批语的文字精练，能够比较深刻而准确地体现上级机关的政策水平、工作意图和发文目的，对全局工作有普遍的指导意义，但切忌过于简单。

（3）结构可灵活，但条理要清楚。通知的主要特点是告知性强，要把事项交代清楚，就要求在撰文时分清通知事项的主次，按其轻重缓急，层层展开，突出重点，把主要事项讲清说透。

 纠错训练

结合通知的结构、写法和写作要求，针对下面通知，分析通知的各构成部分及语气，找出错误之处并改正。

（1）
××县教育局《会议通知》

各学校：

为了总结经验，加快我县教育改革步伐，县教育局决定在本月下旬召开教学工作会议，会期一天，现将有关事项通知如下：

1. 参加会议人员：各学校主要负责人。

2. 参加会议人员应认真准备有教学改革情况及今后的打算的材料，以便在会上汇报或交流，不得缺席，否则一切后果自负。

3. 会议结束后，将布置下学期的工作安排，请及时传达。

4. 请于 25 日 5 时到县教育局及时报到，应自带生活用品，上交伙食费。

以上通知，希遵照执行。

××县教育局
2014 年 8 月 15 日

（2）
××县教育局转发××市教育局《转发教育部办公厅关于做好
近期学校常见传染病防控工作的通知》的通知
2013 年 3 月 20 日

各院职中、中小学校、幼儿园、特教、托幼机构：

现将××市教育局《转发教育部办公厅关于做好近期学校常见传染病防控工作的通知》（××教〔2013〕体 10 号）转交给你们，希望按照此文件精神做好传染病的防控工作，并就有关告知如下：

一、健全组织，明确工作责任。健全以学校校长为组长的常见传染病防控工作领导小组，并进一步明确分工，强化责任。同时，要求建立常见传染病防控工作网络，落实班主任和任课教师的责任，确保事事有人抓，事事有人管。

二、广泛宣传，提高防病意识。各学校充分利用宣传栏、黑板报、国旗下讲话、主题班会等途径，广泛宣传春季常见传染病防治知识，并通过致家长一封信、发放宣传资料等形式，让广大低龄儿童家长了解常见传染病的相关知识和基本防治措施。同时，与乡镇卫生院联合，组织开展春季流行性疾病知识讲座活动，对流感、手足口病、水痘、风疹、麻疹、结核病、流行性腮腺炎、猩红热等常见传染病的传播途径、发病症状及预防措施进行讲解指导。提醒广大师生勤洗澡、勤换衣服、勤晒被褥，养成良好的卫生习惯，提高防病意识。

三、落实管理，切断传播途径。各学校必须全面落实晨检午检制度，发现异常及时处理。对学生因病缺勤进行严格登记，做到病因跟踪问讯，确保疫情早发现、早报告、早隔离、早治疗。加强校园环境卫生治理，及时清除垃圾，消除卫生死角，定期对教室、宿舍、图书室、食堂等重点场所进行打扫和消毒处理，并经常开窗通风，保持室内空气流通。同时加强门卫管理，严格落实来客登记制度。

四、加强锻炼，提高抗病能力。采取积极措施，确保学生每天一小时校园体育锻炼时间，组织学生参加多种形式的户外运动，督促学生课间到室外活动，呼吸新鲜空气，增强体质。

五、建立预案，做好预警处置。各学校必须制定翔实的春季常见传染病防控工作方案，并切实加强与卫生防疫、医院等部门的沟通合作，做好疫情处置的卫生应急准备，发现可疑情况立即报告，确保能够快速、果断、高效处置。

六、自查自纠，做好检查工作。各学校要对本校的卫生安全工作进行自查自纠，以第24个爱国卫生月为契机开展一系列学校卫生宣传、检查工作，中学小学要对辖区内的基层小学进行全面督查。对存在的安全隐患，要立即整改，切实保证学校的安全稳定，县教育局、卫生局近期要对学校卫生安全工作进行随机抽查，发现应付了事、卫生工作未落实到位，对存在问题没有整改的学校，将追究学校校长、分管校长、卫生负责人的责任，进行全县通报批评，并纳入本年度学校及个人的评先进评优秀依据。

特此告知。

××县教育局

(3)　　　　关于严肃学习纪律、加强学风建设的通知

各班级：

学院纪检组在本学期对我院所有年级出勤情况进行大检查，发现部分学生出勤率很低。广大教师对学生这种不良行为极为不满。为进一步加强学习纪律，净化学习风气，在全院营造良好的学习氛围，现将学风建设的有关要求告知如下：

1. 严格考勤制度。各班级必须指定专人对班级每天的到课情况进行考勤，并于次日上午将考勤情况上报学工办。各班考勤负责人应根据实际情况如实记录，如发现虚报、瞒报现象，将给予全院通报批评，减少该班级的评奖评优名额。各班级加强自检，并每半个月提交一次自检报告到学工办，按时不交，责任自负。

2. 严格请假制度。学生因病、因事不能正常上课（包括必须参加的活动、会议等），事先必须向学院请假。3天以下向学工办请假，3天及以上向学院分管领导请假。请假不得"先斩后奏"，必须提前到学工办填写请假条，办理请假手续。病假须附病历或医院证明，请假期满应及时销假并返校上课，否则给予全院通报批评。

3. 加强学风督查。学院将加强学风检查制度，不定期地对各班的到课情况进行检查，并及时在全院予以通报。对抽查过程中发现到课率较差的班级，学院将实行重点督查，对其进行反复检查。

4. 加大处理力度。对于在学院检查中和班级考勤中查到的上课迟到、旷课的学生，学院将视情节轻重给予全院通报批评或纪律处分，同时与评奖评优、推优入党等环节挂钩。

此致

敬礼

××学院学工办

2014 年 11 月 7 日

 课堂实训五

根据材料，以××县人民政府的名义向各乡镇人民政府和县园林部门发一份会议通知。

××县人民政府要在 2 月 15 日上午 9：00 召开 2014 年春季植树造林工作会议，会议上各乡镇要汇报历年植树造林的情况，在会上还要就今年春天的植树造林方案进行讨论，根据具体的情况分配今年各乡镇植树造林的指标，同时拟定奖励处罚办法。会议将在××县中华宾馆三楼会议室召开，要求各乡镇和县园林部门的一名主管领导参加会议，会议当天的食宿将由县政府统一安排。

 课后实训五

根据材料，以××市环保局的名义向各县（区）环保局和各直属单位发一份通知。

××县环保局是我省环保工作的先进单位，积累了丰富的工作经验。近年来，他们通过开展环保自检和互检，有效地推动了环保工作的深入开展，并取得了良好效果。他们的经验基本也适用于我市。

现请你以××市环保局的名义向各县（区）环保局和各直属单位发一份通知，要求参照《××县环保局关于开展环保自检互检工作的总结报告》执行。

任务五 通 报

 案例导入

国务院安委会办公室关于贵州省遵义市"2·18"重大道路交通事故情况的通报

安委办〔2012〕7 号

各省、自治区、直辖市及新疆生产建设兵团安全生产委员会：

2012 年 2 月 18 日 12 时左右，贵州省遵义集顺达交通运输集团道真华通运输有限公司所属的一辆号牌为贵 C86256 的中型普通客车（核载 19 人、实载 35 人），从遵义市道真自治县大礁镇运载赶集归来的群众往石仁村方向行驶，当行至省道 S207 线 8 公里 400 米处时，失控驶离道路左侧，翻坠于路侧边沟里，造成 13 人死亡、22 人受伤。

依据有关规定，国务院安委会已对该起事故的查处实行挂牌督办，查处结果将及时向社会公布。据初步分析，事故原因为肇事客车在行驶过程中左前轮爆胎，导致车辆方向失控。事故暴露出部分地区运输企业安全生产主体责任不落实、客车严重超员、路面管控存在薄弱环节等突出问题。为深刻吸取事故教训，举一反三，切实加强道路交通安全工作，有效防范和坚决遏制类似事故的发生，特提出以下要求：

一、认真开展道路交通安全检查，及时排查治理安全隐患。各地区和各有关部门要按照《国务院安委会办公室关于认真贯彻落实国务院第六次全体会议和全国安全生产电视电话会议精神切实加强第一季度安全生产工作的通知》（安委办明电〔2012〕3号）要求，针对春运结束后道路交通安全事故容易反弹的特点，进行再动员、再部署，切实增强做好道路交通安全工作的紧迫感和责任感，坚决克服春运结束后的松懈情绪，确保事故预防工作不放松。各地区要认真开展道路交通运输安全检查，查找道路交通安全监管中存在的主要问题，加大对重点地区、重点路段的道路交通安全隐患排查整治力度，强化事前督促和事后检查，务必把各项安全防范措施落实到位，确保道路运输安全。

二、进一步落实道路客运企业安全生产主体责任，加强对客运车辆的安全管理。各地区要严格落实《国务院关于进一步加强企业安全生产工作的通知》（国发〔2010〕23号）和《国务院办公厅关于继续深入扎实开展"安全生产年"活动的通知》（国办发〔2012〕14号）精神，进一步加大对道路客运企业的安全监管力度，落实企业安全生产主体责任。要严格把好道路客运企业市场准入关、营运车辆技术状况关和营运车辆驾驶员从业资格关；要大力推行客车运输企业安全告知制度，在车辆醒目位置粘贴包含客运公司名称、车辆号牌、驾驶员姓名、相关法律提示等信息的安全告示；要定期组织客运企业开展驾驶员培训教育，提高驾驶员的安全意识。对安全生产责任制不落实、安全隐患突出的客运企业，要立即责令限期整改；经整改仍达不到安全运营条件的，要依法收回线路牌，取消其客运经营资质。

三、进一步深化路面交通秩序管控，加大道路交通安全源头治理力度。各地区要督促相关部门依法履行道路交通安全管理职责，分工协作、多措并举，着力解决影响道路交通安全的深层次、源头性问题。要针对春运结束后，各地交通安全检查服务站减少，客货运车辆超员、超载等违法行为反弹的特点，进一步加大执法力度，依法从严查处超员、超速、疲劳驾驶等严重交通违法行为；对管控力量薄弱的县乡道路，要依靠县乡政府和农村基层组织等多方力量共同开展整治，净化道路交通环境。要加大宣传力度，确保交通安全宣传进农村、进社区、进企业、进学校、进家庭，进一步提高全民交通安全意识和法制意识。

四、严重事故查处，严格责任追究。各有关地区要严格按照《生产安全事故报告和调查处理条例》（国务院令第493号）的规定，坚持"四不放过"和"科学严谨、依法依规、实事求是、注重实效"的原则，认真组织事故调查，查清事故原因，认定事故性质，总结事故教训，严肃追究事故责任，对在事故中负有领导、监督、管理责任的单位和人员，要依法依规严肃处理。要认真执行事故查处挂牌督办制度，确保事故按期结案，及时向社会公布调查处理结果，并跟踪督促事故责任和整改措施的落实。

国务院安全生产委员会办公室

二〇一二年二月二十四日

一、通报的概念

通报是用来表彰先进，批评错误，传达重要精神或者情况的公务文书。它属于机关或单位内部宣传教育的下行文，但有时也用作平行文。党政机关、企事业单位和社会团体把凡属于工作中的新情况、新问题、新经验及科研成果、问题、错误、好坏典型、重要精神等都可用通报形式传播。

二、通报的特点

（一）及时性

通报的内容一般都是近期发生的事情，对当前的工作具有指导和促进作用，这就要求及时行文，越及时，发挥的作用就越大。

（二）典型性和教育性

通报无论是表彰先进的通报，还是批评性通报，所选事例都是应当具备典型意义的、非一般性的事迹或错误。其内容有很强的典型性，只选择能对下级机关产生明显告诫作用、引起较大反响的典型事例作为通报内容。好的以资效仿，错的引以为戒，交流信息，了解大局，保证工作顺利进行。

通报虽然不直接指示下级机关应如何开展工作，但是下级机关可以从通报中获得有关的典型材料和重要信息，进而借鉴经验，吸取教训，提高认识，规范行为。通报正是通过这种教育性，发挥着其对下级机关工作的引导作用。因而，表彰先进的通报，对被表彰单位是一种鼓舞、激励；对其他单位是一种教育，引导其找差距，学先进；对后进单位是一种鞭策，激励他们学习先进，迎头赶上。批评性通报的目的则是让人们认识错误，吸取教训，改正错误，引以为戒。

（三）真实性

真实是通报的生命。通报的任何情况、事实都必须是真实的，不能有差错，更不能编造假情况。因此，写通报对正反两方面的事实都要认真核实，做到准确无误，没有水分。

（四）知照性

通报将典型事件告诉人们，传递了信息，起到了告知通晓的作用，扩大了所通报事项的影响，具有知照、告晓的特点。

三、通报的种类

（一）表彰性通报

表彰性通报是用来表彰先进，介绍单位或个人的先进事迹或成功的经验、做法的通报。这类通报注重从典型事例中提倡先进事迹和优秀品质，概括出具有普遍意义的好经验，号召人们学习先进，进一步做好工作。

（二）批评性通报

批评性通报是用来批评典型人物或单位的错误行为、不良倾向、丑恶现象和违章事故等的通报。这类通报，通过摆情况，找根源，阐明处理决定，其目的是使人从中吸取教训，以免重蹈覆辙。

（三）情况通报

情况通报是用于传达上级重要精神与重要情况，让下级了解和掌握上级的重要精神和工作意图，以指导下级的工作。这类通报具有沟通和知照的双重作用。

四、通报的结构和写法

（一）标题

通报的标题通常有以下几种写法.

第一种是由发文机关、事由、文种三个要素构成，如《昆明市人民政府关于表彰2012年度实施品牌战略先进单位和先进个人的通报》。

第二种是由事由、文种构成，如《关于表彰优秀员工的通报》《关于全市乡镇卫生院管理年活动督查的情况通报》。

第三种是由发文机关和文种构成，如《中共六盘水市纪律检查委员会通报》。

第四种是只写文种。这类标题主要用于张贴，如学院对学生拾金不昧的行为进行表彰性通报，标题可为《通报》。

（二）主送机关

主送机关一般为直属下级机关，或需要了解该内容的不相隶属的单位。如果向指定单位或在一定范围内下发的通报必须有主送机关，如各部门、各学院，各县（市、区）人民政府，市属各部门；普发性通报则可以不标注主送机关。

（三）正文

1. 表彰性通报

（1）概述通报的背景、原因、目的。较具体地把事实写清楚，不能展开绘声绘色的描绘，篇幅也不可过长，但要素完备，事实清楚。例如：

2014年4月12日晚，我院市场营销专业14级学生×××同学，在学院农信社取款机取款时捡到现金2000元整。×××急人所急，在等候失主归来的过程中向学院保卫处报案，并在农信社自动取款机处等候失主。后经学院保卫处验证，迅速将现金归还了失主。

（2）先进事迹的性质和意义。简要分析原因，指出其典型意义，或概括主要经验。此部分主要采用议论的写法，但并不要求有严谨的推理，而是在概念清晰的前提下，以判断为主。也要注意文字的精练。例如：

×××同学拾金不昧的行为，体现了当代大学生高尚的品质和良好的精神面貌，也是对雷锋精神的继承和弘扬，为我院赢得了荣誉。

又如：

×××公司这种宁可少收管理费，牺牲本公司的局部利益，而保护国家整体利益的精神和积极主动、认真负责的工作态度，以及与有关部门密切协作，一致对外的全局观念，是值得提倡和表彰的。

（3）表彰决定。依据什么会议或什么机构决定，给予表彰、奖励的决定。如果表彰的是若干个人，或者有具体的奖励项目，可分别列出。例如：

经学校研究决定，给予×××同学全校通报表扬。

（4）这是表彰通报必须要有的结尾部分，是对各单位提出希望，或者发出学习的号召。此部分是全文的思想落脚点，要写得完整、得体、富有逻辑性。例如：

号召全院同学以×××同学为榜样，发扬拾金不昧的精神，争做一名诚实守信的大学生，为构建和谐文明校园贡献出自己的一份力量！

范例

中共××县委办公室

××县人民政府办公室

关于表彰教育工作先进典型的通报

各乡镇党委，人民政府，县直副科以上单位：

一年来，全县各级各部门以办好人民满意教育为目标，全面贯彻党的教育方针，依法履行教育工作职责，大力推进教育强县建设，全县广大教育工作者开拓创新，锐意进取，教育管理持续加强，教学质量大幅提升，教育事业蓬勃发展，为××县的经济和社会发展作出了积极贡献，涌现出了一大批关心支持教育事业发展的先进典型和教育工作先进典型。

为表彰先进，进一步营造"尊师、重教、崇学"浓厚氛围，加快推进教育强县工作，县委、县政府决定：授予××第一师范学院等26个单位和个人"支持老区教育建设功勋单位（个人）"称号，颁发证书和奖牌；授予×××等24位同志"尊师重教先进个人"称号，每人奖励1000元；授予×××等10位同志"杰出教师"称号，每人奖励10 000元；授予×××等100位同志"优秀教师"称号，每人奖励1000元；授予×××等6位同志"优秀校长"称号，每人奖励1000元；授予×××等40位同志"优秀家长"称号，每人奖励500元。

希望受到表彰的先进单位和先进个人再接再厉，再创佳绩，再立新功。全县各级各单位要学先进，赶先进，立足本职，勤奋工作，为推动××县教育事业又好又快发展作出更大贡献。

附件：教育工作先进典型名单

中共××县委办公室

××县人民政府办公室

2014 年 9 月 18 日

2. 批评性通报

（1）叙述错误事实或现象。此部分要真实、准确、简要、突出重点。

如果是对个人的错误进行处理的通报，这部分要写明犯错误人的基本情况，如姓名、所在单位、职务等，然后是对错误事实的叙述，要写得简明扼要，完整清晰。

如果是对部门单位的不良现象进行通报，这部分要占较大的篇幅。

如果是针对普遍存在的某一问题进行通报，这部分要从不同地方、不同单位的许多同类事实中，选择出一些有代表性的进行综合叙述。

（2）对错误事实或危害性进行评议。此部分分析事故或错误事实发生的原因，指出其性质的严重性、后果的危害性，使被批评者心服口服。

（3）处理决定或治理措施。此部分对犯错误的单位或个人要作出恰当的处分，可分条列项地写出来。对个人单一错误事实进行处理，要写明根据什么规定，经什么会议讨论决定，给予什么处分等。对普遍存在的错误现象或问题，在这部分中要提出治理纠正的方法措施。

（4）引申出应当吸取的经验教训，针对性地提出警戒要求。此部分对各受文机关、单位和干部群众提出引以为戒的要求，以便受文单位能够高度重视，认清性质，汲取教训，采取措施。

范例

国务院办公厅关于对少数地方和单位违反国家规定集资问题的通报

各省、自治区、直辖市人民政府，国务院各部委、各直属机构：

关于稳定金融秩序，坚决制止乱集资和确保完成今年国库券发行任务问题，国务院及有关部门曾三令五申，并多次发出通告。今年二月二十七日，《国务院办公厅转发财政部、国家计委、中国人民银行关于××××年国债发行工作请示的通知》（国办发〔××××〕13号）中规定：要"继续贯彻国债发行优先原则。在国库券发行期内，除国家投资债券外，其他各种债券一律不得发行。国债以外的各种债券利率不得高于同期国库券的利率"，并要求各级人民政府和国务院有关部门要严格做好各种债券发行的审批工作。四月一日，国务院领导同志再次强调指出："集资一定要按国务院的有关规定执行，对违反规定的要登报批评。集资要经过一定的批准程序，要在国家规定的规模之内，利率不得超过国库券的利率。在今年国库券销完以前，一律不得发行企业债券。"四月十一日，国务院又发出了《关于坚决制止乱集资和加强债券发行的通知》（国发〔××××〕24号）并作了具体规定。但少数地区和单位有令不行、有禁不止，仍然我行我素，违反有关规定，在未完成国库券认购任务的情况下，利用发行债券、股票等多种形式进行集资。这种做法，不仅影响国库券发行任务的完成，而且严重扰乱金融秩序，对改革开放和经济建设危害很大。根据国务院领导同志的指示精神，现将有关情况通报如下：

今年四月十八日，新疆维吾尔自治区在完成国库券认购任务之前，不按规定的程序审批，擅自决定新疆宏源信托投资股份有限公司公开向社会募集三千一百二十五万个人股，并向社会发售认购证，引起群众上街排队抢购以及炒买炒卖认购证的现象。四月，山东省济南创建实业公司违反有关规定，擅自向社会公开发行变相股票"不夜城"主体大厦建筑产权。二月，福建省中联产业投资综合开发有限公司，未经证券主管部门批准，伪造资信，蒙骗投资大众，擅自向社会发行"环球金融大楼五年还本持产权合同"，年均收益率达 26.67％。四月十八日，上海市计委虽经国家批准发行浦东建设债券，但是以高于国库券零点五个百分点的利率发行。四月八日，河北物产企业（集团）公司（原河北省物资局）违反有关规定，委托建设银行石家庄第二办事处及所属储蓄所发售企业债券三千万元，债券期限为三年，年利率12.3％。上述地区和单位违反有关规定的集资行为是错误的，经国务院同意，现通报批评，并作如下处理：

一、由新疆维吾尔自治区人民政府立即制止新疆宏源信托投资股份有限公司向社会募集个人股的活动，并对有关责任者给予严肃处理。在此事处理完毕前，暂不批准该自治区公开发行股票。

二、由山东省人民政府立即制止济南创建实业公司发行变相股票的集资活动，并对有关责任者给予严肃处理。在此事处理完毕前，暂不批准该省公开发行股票。

三、由福建省人民政府责令福建中联产业投资综合开发有限公司立即清退非法发行"五年还本证券"所获资金，并依法对伪造资信、蒙骗投资大众、严重违反有关规定的单位及责任者进行处理。

四、由上海市人民政府责成有关单位暂停浦东建设债券的发售，待国库券订购任务完成后，再以不高于同期国库券的利率恢复发行。

五、由河北省人民政府立即制止河北物产企业（集团）公司发行企业债券的活动，并对有关责任者给予严肃处理。相应扣减该省××××年度地方企业债券发行指标。

六、对违反有关规定，盲目代理发行上述证券的金融机构给予通报批评，没收其代理收入，并责成其主管部门在今年五月三十一日前上缴国库。

请各有关地方人民政府将上述问题处理情况及时报国务院办公厅。

为了维护正常的金融秩序，保持社会稳定，促进改革和国民经济既快又好地健康发展，各地区、各部门和各单位都必须严格按照国发〔××××〕24 号和国办发〔××××〕13 号等文件的规定执行。各地区、各部门都要对本地区，本部门集资和发行各种证券的情况进行一次检查，凡违反规定的，要比照上述办法进行处理；对情况严重的，要加重处罚，同时登报公布。今后，对违反国家规定的集资活动，各新闻单位要发挥舆论监督作用，公开揭露其错误做法和违纪行为。

中华人民共和国国务院办公厅

××××年×月×日

3. 情况通报

（1）情况通报的开头要首先叙述基本事实，阐明发布通报的根据、目的、原因等。作为开头，文字不宜过长，要综合归纳、要言不烦。

如果是通报工作情况的，首先肯定已经取得的成绩，表扬成绩突出的单位，说明取得成绩的原因，使受文单位受到鼓舞和促进。

如果是通报错误情况的，首先指出工作中存在的问题，批评问题严重的单位，说明问题产生原因，以引起受文单位重视，促使问题的解决。

如果是通报突发事件、事故的，首先交代事件发生时间、地点、当事人、经过和严重后果，其次要分析发生的原因和造成的影响，使受文单位清楚了解情况。

（2）分析评价情况。此部分对通报的情况进行分析，如果内容较多时，注意梳理归类，合理安排结构。

（3）针对情况提出希望和要求。针对工作中存在的问题和不足，或者突发性事件、事故的原因，对受文单位提出改进工作的要求或应注意的事项。这部分是全文思想的归结之处，总的原则是抓住要点，切实可行，简练明白。

范例

关于 11 月份学生早操活动出勤情况的通报

各学院：

11 月 3～28 日，学工处对 2013 级本科生 40 个班级的早操情况进行了 7 次抽查，现将检查结果通报如下：

一、总体情况

从抽查情况看，学生早操出勤率有较大幅度提高，平均出勤率达到 89.77％，比 10 月份上升 5 个百分点。部分班级及时整改，采取有效措施，出勤率显著提高，××班级从 10 月份的 70.36％提高至 80.37％，××班级从 10 月份的 72.60％提高至 87.56％。

二、主要问题

（一）少数班级学生早操出勤率不高

部分班级早操出勤率有所下降，个别班级迟到、早退现象仍较严重。个别班级对学生早操督查力度不大，学生早操出勤率长期不足 50％。

（二）部分班级学生出操质量亟待提高

自《关于举行 2013 级本科生广播操比赛的通知》（学工处〔××××〕15 号）文件下发后，各班级高度重视，积极准备组队参赛，但不少学院放松了对不参赛学生早操活动的要求，导致出操质量显著下降，"出工不出力"现象更为突出。

（三）部分班级值班老师督查工作不到位

11 月份各班级值班教师平均到岗率仅为 64.49％，与 10 月份持平，表明部分班级值班教师督查工作不到位。××班级教师到岗率为 100％，××班级坚持按时上报早操自查统计结果。

三、工作要求

（一）各班级要统一认识，加强对早操活动的领导和督查，采取切实可行的措施，督促学生积极参与早操活动，养成良好的生活学习习惯。

（二）要统筹安排辅导员早操检查值班，督查学生早操活动。要协调好学生参赛准备和日常早操出勤，不得以备赛为理由放松早操出勤要求。

（三）按时报送结果。每月 30 日上报学院自查结果，填写《学生早操抽查结果统计表》，并将电子版报至学工处。

特此通报。

附件：2014年11月份学生早操检查结果统计表

学生工作处

2014年12月9日

范例

关于近期连续发生多起生产安全事故的情况通报

粤府办明电〔2012〕178号

各地级以上市人民政府，各县（市、区）人民政府，省政府各部门、各直属机构：

近一段时期以来，我省部分地区、部分行业（领域）接连发生多起生产安全事故，给人民群众的生命财产安全带来了重大损失，造成了恶劣的社会影响。为深刻吸取事故教训，坚决遏制生产安全事故多发的势头，经省人民政府同意，现将有关情况通报如下：

一、近期发生的几起生产安全事故

5月28日，位于惠州大亚湾石化区内的惠州兴达石化工业有限公司一个容量为3000立方米的苯乙烯储罐发生火灾事故，这是继中海油公司惠州炼化分公司2010年7月14日和2011年7月11日发生火灾事故后，该区域内再次发生的一起火灾事故，虽未造成人员伤亡，但引起了周边群众恐慌。

5月26日，深圳市福田区红树林路段发生一起道路交通事故，一辆酒后驾驶的法拉利跑车与一辆出租车追尾，造成出租车内3人死亡，引起社会舆论广泛关注。

（略）

上述事故的发生，暴露出部分地区、部门和企业在安全生产管理方面仍存在着不少薄弱环节和突出问题：一是安全责任不落实。个别企业安全生产主体责任意识淡薄，安全生产管理制度和操作规程不健全，安全生产责任没有落实到具体岗位和人员，隐患排查治理工作不彻底，重生产、重效益、轻安全的现象较为严重。二是安全教育不扎实。不少企业安全生产培训教育流于形式，部分危化品岗位作业人员素质不高，安全生产意识淡薄，冒险作业、违章作业现象突出；部分机动车驾驶员无视交通安全法律法规，存在侥幸心理，超限超载、酒后驾驶、疲劳驾驶等问题突出。三是源头控制不到位。一些企业对初始环节、工序的控制把关不严，对供应商质量源头控制不到位，对分包商或协作队伍管理方式粗放，以包代管、违法分包、层层转包等现象屡禁不止，给安全生产留下严重隐患。四是安全投入普遍不足。部分园区、企业的安全设施维护和保养工作滞后，部分地区应急队伍和装备不能满足应急救援需要，对已排查出的部分安全隐患未能及时加大投入予以整改治理，消防用水、应急废水处置等配套设施建设不力。

二、下一步工作要求

上述事故发生后，省委、省政府主要领导及时作出批示指示，要求深刻分析查找事故原因，严格落实安全生产责任制，依法依规严肃追究相关责任人的责任。各地、各有

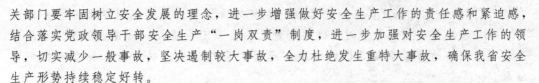

关部门要牢固树立安全发展的理念，进一步增强做好安全生产工作的责任感和紧迫感，结合落实党政领导干部安全生产"一岗双责"制度，进一步加强对安全生产工作的领导，切实减少一般事故，坚决遏制较大事故，全力杜绝发生重特大事故，确保我省安全生产形势持续稳定好转。

（一）全面落实安全生产责任体系。要以各级领导责任的落实推动部门监管责任的落实，以部门监管责任的落实推动企业主体责任的落实，以企业主体责任的落实实现每个安全生产岗位责任的落实，切实提升各地、各行业（领域）的安全生产管理水平。

（二）推动企业实现本质安全。要加快建立健全覆盖各行业（领域）的安全生产标准体系，全面推进企业安全生产标准化建设，大力引导企业在生产经营的各个环节、各个岗位开展安全生产达标活动。要督促企业抓好安全生产各项规章制度的落实，切实加强作业现场的安全生产管理，坚决杜绝违章指挥、违章作业、违反劳动纪律等现象；加强对作业人员尤其是事故多发岗位作业人员的安全培训教育，切实提高其安全生产意识和操作技能；强化源头管理，加强日常安全检查巡查，把隐患排查治理纳入企业常态化工作，及时整治各类影响安全生产的隐患问题，确保生产、储存设备设施和各类安全设施运行可靠；加强企业安全生产事故处置和应急救援能力建设，确保一旦发生事故时能做到及早救援，有效防止事故损失扩大。

（三）扎实开展安全生产专项整治工作。要按照国家和省关于深入开展安全生产"打非治违"专项行动的统一部署，对重点行业（领域）、重点企业、重点环节进行集中整治。一是要对化工企业进行重点整治。集中力量对各类化工园区、化工企业尤其是危化品生产、经营、运输企业开展一次安全生产大检查，重点检查相关园区、企业贯彻实施《危险化学品安全管理条例》等法规规章和政策标准的情况，严肃查处安全生产"三非"（非法建设、非法生产、非法经营）和"三违"（违章指挥、违章作业、违反劳动纪律）行为，并结合当前高温、雷雨等极端天气频发的季节特点，强化夏季"四防"（防雷、防汛、防倒塌、防泄漏爆炸）工作，督促企业严格执行企业领导干部值班带班制度，加大对重大危险源的监控。二是要对道路交通安全进行重点整治。要以"醉驾入刑"为契机，继续保持对酒后驾车、酒醉驾车等违法行为的高压态势；交管部门要依法加大对飙车等严重交通违法行为的整治力度，坚决做到发现一起、严肃查处一起；要强化对道路交通运输行为的监管，严厉打击运输车辆超速、超载、载员、疲劳驾驶，以及无证驾驶、驾驶证与所驾车型不符、无从业资格证驾驶运输车辆等行为；要加强对道路交通设施的隐患排查整治，重点对连续下坡、长大隧道、急弯陡坡、临水临崖、路面积水等危险路段进行安全改造，完善警示标志、路面标线、中央隔离设施、防撞设施等，提高路面防护水平。三是要对在建重点项目进行重点整治。各地要按照"属地管理"的原则，落实监管责任，督促中央和省属企业发挥示范带头作用，加强对在建重点项目的安全监管，严防较大以上事故发生；要督促有关中央和省属企业定期向所在地安全监管部门报告安全生产管理、隐患排查治理和事故处置等情况；要突出行业特点，紧紧抓住高危作业环节和重大危险源，突出重点部位和薄弱环节，对检查过程中发现的安全隐患，要立即责令整改，并确保整改措施、责任、资金、时限和预案"五落实"。

（四）严格做好事故调查处理工作。各有关地区要依法依规抓紧做好相关事故的调查处理工作，特别是要对上述近期发生的生产安全事故，认真组织查清事故原因，深入细致地分析事故责任，依法依规落实责任追究，并向社会公布事故处理结果。

省安委办要结合安全生产"打非治违"专项行动的部署，会同有关部门于近期对各地加强安全生产管理工作和事故调查处理工作情况进行一次全面督查，督查情况及时报告省政府。

广东省人民政府办公厅

二〇一二年五月二十九日

（四）落款

落款包括发文机关和发文时间，在正文后右下方标注。

五、通报的写作要求

（1）事实要典型。通报作为正式行文，其影响较大，所以不能草率行事，无论是表彰还是批评，其事例都要有一定的典型性，确能启人深思，催人奋进，或提醒人们引以为戒，接受教训。所以行文前应认真研究，慎重对待。传达重要精神或者情况的通报，其内容也要确实重要，一般性的问题可用简报。

（2）事实必须准确。通报写作要认真调查核实，对所叙述的事迹或错误分析要准确，评价要中肯，防止虚浮失实。决定的事项代表领导机关的立场和观点，涉及人和事的定性问题，要注意表态的分寸感和准确性。

（3）写作态度要严肃。表彰性通报和批评性通报决定要得当，要合乎政策，合乎有关规定。

 纠错训练

结合通报的结构、写法和写作要求，针对下面通报，分析通报的各构成部分及语气，找出错误之处并改正。

（1）　　　　　　　　　　　表彰通报

各职能部门、各教学单位：

2014年6月15日下午3时左右，阳光小区保安张××同志在巡逻时发现一名神色慌张的青年手提笔记本电脑，碰到张××同志后，掉头就加快步伐行走，这种行为引起了张××同志的警觉，他心想：这人是不是心虚呢？他喊了一声："这位同志，你停一下！"那人听到喊声，慌忙奔跑。见此情景，张××同志用尽力气拼命追赶。霎时间，那家伙跑出数百米。张××同志边追边喊："抓住他！抓住他！"最后在保安李××的协助下，将此人扭住，经初步盘问，青年采取攀爬阳台、撬掰防护栏入室盗窃小区1栋2单元202室住户白××的笔记本电脑一台，人民币1000余元。随后，两人将该青年扭送到××区××派出所。

张××同志和李××同志，不顾个人安危与坏人坏事作斗争，保住了小区住户财产，精神可嘉。决定给予通报表扬，并颁发奖金，以资鼓励。

希望阳光小区保安在工作中，努力树立吃苦耐劳、敬业爱岗、甘于奉献的形象，为阳光小区的安保作出新的贡献。

特此决定。

阳光小区物管
2014 年 6 月 25 日

（2） ××市人民政府办公厅通报

全体市民：

据反映得知，近日来本市部分地区有一种令人心惶惶的传说，称原流行于某国的恶性传染病××热已传入本市，并已造成十几人死亡。经本市防疫部门证实，这是完全没有任何事实根据的，本市至今从未发生过一起××热的病例。经核查，这一消息源于本市《晨报》零六年 4 月 1 日的一则"愚人节特快报告"。《晨报》这种不顾国情照搬西方文化极不严肃的做法是非常错误的，已经给全市人民的稳定生活带来了极其恶劣的影响。目前，有关部门已对本报作出停业整顿，并令其主要负责人深刻检查等待纪律处分的处理。有关单位应汲取这一教训，采取措施予以杜绝。特此通报。

××市人民政府启

（3） 关于几起教育乱收费情况的通报

××市违规收取补课费、校服费等情况，是非常严峻的。从整体上看，教育系统普遍认识较高，政策意识较强，都把教育收费作为一项重要工作来抓。各学校普遍实行了收费公示，增强了教育收费的透明度，建立了较健全的财务管理制度，大部分学校各项收费纳入了财务收支两条线管理，对本次专项检查也较为重视，积极支持配合检查，保证了此次检查的顺利进行。但是此次检查也发现了教育收费中的很多问题，有的问题相当严重。为了规范学校办学行为，坚决查处教育乱收费典型案件，切实维护人民群众的利益和教育公平，按照"对教育乱收费问题要严查一批、处理一批、点名道姓曝光一批"的要求，杜绝××市教育乱收费情况的再度发生。

××省教育厅　　××省教育纪工委
2013 年 9 月 6 日

 课堂实训六

根据材料，以学院教课中心的名义撰写一份通报。

市场营销专业 13-1 班学生李玉在 2014～2015 学年第一学期期末考试，英语考试中夹带与考试有关的资料进入考场，并抄袭，经监考老师发现并进行教育之后仍不改正，学院研究建议给予留校察看一年的处分。

 课后实训六

根据材料，以学院的名义撰写一份通报。

我院市场营销专业 13-1 班王建鑫同学 8 月 30 日在学院农信社前，看到了一个黑色的皮包，打开一看，里面有 2 万元的现金，未经过任何犹豫，在原地焦急地等待失主，但一直未等到，后来把皮包交给了学院学工处，失主找回皮包后，感激万分，给我院寄来了一封感谢信。我院决定奖励王建鑫500 元，请为我院写一份表彰通报。

任务六　纪　要

中国教育会计学会高等职业院校分会一届七次会长联席会议
暨 2013 年工作会议纪要

　　2013 年 4 月 10 日至 12 日，中国教育会计学会高等职业院校分会一届七次会长联席会议暨 2013 年工作会议在教育部财务司、职成司和中国教育会计学会正确领导和全体会员单位的大力支持下，在广东省广州市番禺召开。分会会长——山西省财政税务专科学校副校长赵丽生教授，分会常务副会长——北京工业职业技术学院院长陈建民教授，分会副会长——浙江金融职业学院副院长吴胜教授、长沙民政职业技术学院副书记常务副校长刘洪宇教授、石家庄铁路职业技术学院副院长杨明教授、宁夏财经职业技术学院马成旭副院长、原黄河水利职业技术学院财务处处长乔艳秋，分会秘书长——北京工业职业技术学院财务处贾广友处长，常务副秘书长——山西省财政税务专科学校茹家团教授，副秘书长——黑龙江建筑职业技术学院财务处张福荣处长、南京工业职业技术学院财务处潘庆阳处长、威海职业学院财务处张福强处长、新疆石河子职业技术学院财务处耿荣处长、湖北职业技术学院财务处胡德新处长，分会有关办事机构负责人、常务理事代表以及 2013 年度分会区域协作组各轮值秘书长：成都航空职业技术学院副院长武智慧、财务处长常春喜、宁波职业技术学院财务处长陈安宇、长沙民政职业技术学院财务处银样军处长、成都纺织高等专科学校计财处长黄诚智、江西现代职业技术学院财务处长喻思民、宁夏财经职业技术学院李润安、新疆轻工职业技术学院董琴、广东番禺职业技术学院王炳燕等 35 人参加了会议。会议分为开幕式、传达学习、工作总结、工作研讨、秘书处与办事机构工作会议、"提高高等职业院校生均拨款水平，完善经费投入机制"专题座谈会以及闭幕式等单元，会议分别由陈建民常务副会长、吴胜副会长、刘洪宇副会长、马成旭副会长主持。

　　中国教育会计学会常务副秘书长刘景，教育部职成司高职处童卫军，财务司专项处郭根群、王红出席了会议，刘景秘书长发表了热情洋溢的讲话，对分会过去一年来的工作和今年分会的工作布局予以高度肯定，对分会今后的工作提出了新的更高的要求。广东省教育厅廖开锐副处长参加了"提高高等职业院校生均拨款平，完善经费投入机制"专题座谈会，并就广东高职教育发展及其投入情况以及完善经费投入机制发表了主旨演讲。会议承办校领导：广东番禺职业技术学院党委书记孟源北、副院长张耀如、院长助理李大云看望了与会代表，院长张连绪教授、副院长何友义教授分别出席了开、闭幕式，并分别致辞。

会议传达学习了中国教育会计学会有关精神，通报了总会有关工作动态，转达了宋家乐秘书长、林宇处长对与会人员的问候和对大会的祝贺以及有关要求。会议重点传达了宋家乐秘书长在中国教育会计学会第六届二次秘书长工作会议开幕式上的讲话精神，与会代表围绕宋家乐秘书长阐述的学会功能和秘书处应有作用，结合分会工作，进行了深入讨论。

会议认真听取了分会秘书处、各办事机构、区域协作组2012年工作落实情况的汇报，总结了2012年的工作。会议认为，2012年，分会遵循办会宗旨，遵守分会章程，紧紧围绕分会确定"围绕目标、落实制度、积累成果、加强交流、提高水平、扩大影响"的工作理念和思路，加强指导，积极开展了高职教育财会理论研究与探索；加强交流，推进了高职院校财会工作水平不断提升；加强培训，促进了高职院校财会人员素质不断提高；加强引导，稳步推进了高职院校财会文化建设。

会议认真听取秘书处、各办事机构、区域协作组2013年工作计划的汇报，研究部署了2013年的工作。会期期间，秘书处、各办事机构、区域协作组轮值秘书长召开了工作责任落实推进会，重点对2013年的工作予以了落实，制订了措施，建立了工作责任制。会议确定2013年的工作思路是"推进科研、重视培训、加强交流、突出亮点、扩大影响"。

会议商定，中国教育会计学会高等职业院校分会第二次会员代表大会拟于2013年11月在山西省太原市召开。会议将重点听取审议分会一届理事会工作报告，选举产生分会二届理事会理事、常务理事、会长、副会长、秘书长、副秘书长。会议议定，将认真听取会员单位意见，为代表大会的召开做好各项准备工作。会议还就代表大会有关筹备工作进行了分工。

会议原则同意接收广东番禺职业技术学院为会员单位，其财务处王炳燕副处长为常务理事，适时提请分会常务理事会审议。会议同意7个会员单位提出的理事变更申请，变更后的理事为：西安航空职业技术学院刘睿从、武汉铁路职业技术学院肖春新、北京劳动保障职业学院邢周凌、重庆工程职业技术学院陈文斌、武汉船舶职业技术学院朱春浩、商丘职业技术学院李良民、吉林工业职业技术学院贾志国、浙江金融职业学院章七根、克拉玛依职业学院刘旭莹。大会对长期关心支持分会工作，因工作需要或离退休卸任的7位理事表示衷心的感谢，并期望继续关心关注分会的发展。

会议对广东番禺职业技术学院的周密安排和优质服务表示感谢。

会议倡导全体会员单位一定要精诚团结，同心协力，调动会员单位的积极性，发挥区域协作组的作用，以服务会员为宗旨，以饱满的工作热情、扎实的工作态度、务实的工作作风、顽强的拼搏精神，与广大会员一起努力完成既定的2013年工作任务，为将分会建成广大高职财会人员的温馨家园而努力奋斗，以优异的成绩迎接分会第二次代表大会的胜利召开！

2013 年 4 月 22 日

知识聚焦》》

一、纪要的概念

纪要适用于记载会议主要情况和议定事项。它对企事业单位、机关团体都适用，是根据会议情况、会议记录、会议材料，经过综合整理而形成的概括性强、凝练度高的文件，产生于会议后期或会后，属于纪实性公文。纪要可以上呈，向上级机关反映情况，汇报工作；可以下达，向下级机关传达会议有关精神，以统一认识，指导工作；可以抄送平行机关和不相隶属机关，起到沟通情况、知照事项的作用；可以批转和转发。

二、纪要的特点

（一）内容的纪实性

纪要如实地反映会议内容，它不能离开会议实际搞再创作，不能搞人为的拔高、深化和填平补齐。否则，就会失去其内容的客观真实性，违反纪实的要求。因而，纪要必须保持会议的真实面貌和真实结果，它是在对会议中各种材料、与会人员的发言、会议简报等进行综合分析和概括提炼基础上综合而成的。

（二）表达的综合性

纪要的撰写应围绕会议主旨及主要成果来整理、提炼和概括，重点应放在介绍会议成果，而不是叙述会议的过程，切忌记流水账。

（三）称谓的特殊性

纪要一般采用第三人称写法。由于纪要反映的是与会人员的集体意志和意向，常以"会议"作为表述主体，使用"会议认为""会议指出""会议决定""会议要求""会议号召""会议强调"等特殊性称谓。有些会议如工作研讨会等，在其纪要中允许出现不同的观点和意见，如"张××认为"。

（四）作用的指导性

纪要一旦下发，将对有关单位和个人产生约束力，起着指导作用。另外，带有决策性的工作会议所议定的事项或精神，常常有明确的针对性，并要求下级机关贯彻落实。因此，纪要还可以作为与会同志向单位领导汇报、向群众传达的文字依据。

三、纪要的种类

按照会议的性质，纪要主要分为以下两类。

（一）办公会议纪要

办公会议纪要又称日常行政工作会议纪要，是党政机关、人民团体、企事业单位等各级领导班子对重要的综合性工作进行讨论、研究、决议后形成的会议纪要。这类会议主要包括各级政府常务会议、市长办公会议、局长办公会议等，会议有相对固定的时间和参加人员，会议决议的事项带有指示的性质。

范例

××××大学校长办公会议纪要

××××年×月×日上午，×××校长主持召开第×次校长办公会。

出席会议的有：

×××校长，××副校长，×××副校长，×××副校长。

列席会议的有：

人事处处长×××，财务处处长×××，教务处处长×××，实验室管理中心主任×××，图书馆馆长×××。

会议议题和主要内容如下：

一、关于启动"工程"二期建设有关项目的经费问题。会议研究决定，由财务处安排××万元资金划拨给有关部门和单位。其中，划拨给实验室管理中心××万元，用于支付财务会计实验室建设所形成的超预算外开支；划拨给图书馆××万元，用于支付图书馆自动化集成系统建设和共享资源检索设备购置的经费。

二、会议研究了关于人事处提交的教师工作量考核办法，责成人事处根据会议意见，继续深入调查研究，参照兄弟院校的做法，紧密结合学校实际，进一步修订完善教师工作量考核办法。

三、鉴于××学院的特殊情况，会议同意××学院适当调整学生上课时间：上午上课时间往后推延三十分钟，下午上课时间提前三十分钟，课间休息时间及每节课时与校本部一致。

此外，会议还就学校加强财务管理、严格经费审批制度的有关问题、办公用房问题、近期人事调配的有关问题等进行了研究。

2013 年 5 月 10 日

（二）专题会议纪要

专题会议纪要通常是对涉及的有关工作的重要方针、政策等召开工作会议形成的会议纪要。这类会议包括交流会、座谈会、研讨会等。

范例

××县脱贫致富座谈会纪要

××月××日，县委、县政府召开脱贫致富座谈会，参加会议的有××乡的乡长，×个收入较低大队的党支部书记，以及有关的局、公司、厂的负责同志。

县委书记×××同志做了题为《振奋精神，发挥优势，努力工作，尽快脱贫致富》的报告。×××、×××、×××、×××、×××五个村队介绍了脱贫致富的经验，与会者参观了两个大队，观看了反映我县乡镇企业发展的录像，进行了热烈的讨论和大会发言。会上，帮助村队致富的有关单位负责同志都同挂钩大队的党支部书记见了面，进行了初步研究。县长×××同志做了会议总结。

这次会议目的，是为了更好地落实中央一号文件精神，交流经验，分析、制定措施、克服困难，充分发挥内部潜力，利用本地资源优势，艰苦奋斗，发展生产，千方百计搞活经济，同时动员各方力量给以必要的扶持，达到尽快脱贫致富的目的。

会议指出，×××年×月×日，县召开治穷致富会以来，通过广大干部和群众的积极努力，我县经济有了较大发展。但是，有些队的人均收入水平仍然是偏低的，需要继续努力。

与会同志一致认为，为了尽快地实现脱贫致富，首先要树立脱贫志气。既要看到不利条件，又要看到自己的潜力和优势，规划出远景。要自力更生，艰苦奋斗，发挥优势，挖掘潜力，改变生产条件，搞活经济，打开致富的大门。

其次要落实具体措施：

一、（略）。

二、（略）。

三、（略）。

四、（略）。

××××年×月×日

四、纪要的结构与写法

（一）标题

纪要的标题有多种构成方式。

1. 单行标题

第一种由会议名称和文种构成。例如，《××市高新技术开发区经济工作研讨会纪要》《2013 年第 6 次校长办公会议纪要》《中华职业学院 2012～2013 学年下学期第七次会议纪要》。

第二种由会议内容和文种构成。例如，《关于企业改制问题的纪要》。

第三种由召开会议的机关、会议内容和文种构成。例如，《××省经贸关于企业扭亏的纪要》。

2. 多行标题

以正副标题形式出现，由主标题、副标题构成。其中，主标题概括会议的主题，副标题说明会议的名称和文种。例如，《穷追猛打，除恶务尽——××市扫黄打黑工作会议纪要》。

（二）正文

纪要的正文一般分为两大部分，由开头、主体组成。

1. 开头

开头部分用简练的文字概述会议概况，包括会议时间、地点、宗旨、届次、组织者、出席和列席人员名单、主持人、会议议程和进行情况，以及对会议的总体评价等。常常用"现将主要问题纪要如下""会议讨论研究了以下问题"等过渡到下一部分。例如：

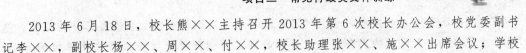
2013 年 6 月 18 日，校长熊××主持召开 2013 年第 6 次校长办公会，校党委副书记李××，副校长杨××、周××、付××，校长助理张××、施××出席会议；学校办公室主任林××、副主任龙××、谢××，人事处处长朱××、监审处处长翟××、财务处处长王××列席会议。

会议就学校近期工作进行了研究和布置，现纪要如下：

2. 主体

主体部分是会议纪要的核心部分，一般反映会议的主要精神、讨论意见和议决事项等。

常务会、办公会、日常工作例会的纪要，一般包括会议内容、议定事项，有的还可概述议定事项的意义。

工作会议、专业会议和座谈会的纪要，往往还要写出经验、做法、今后工作的意见、措施和要求。

3. 正文的写法

根据会议性质、规模、议题等不同，可分为以下三种写法：集中概述法、分项叙述法和发言提要法。

1）集中概述法

集中概述法是把会议的基本情况、讨论研究的主要问题、与会人员的认识、议定的有关事项（包括解决问题的措施、办法和要求等），用概括叙述的方法，进行整体阐述和说明。这种方法多用于召开小型会议，而且讨论的问题比较集中单一，意见比较统一，容易贯彻操作，写的篇幅相对短小。如果会议的议题较多，可分条列项来写。

范例

中共××市委常委会议纪要

〔××××〕×号

时间：××××年×月×日下午至×日

地点：市委主楼 218 会议室

主持人：×××

出席：×××，×××，×××

列席：×××，×××，×××，×××，×××

一、会议认真学习了省委××××年×月×日《关于进一步统一认识，坚决搞好治理整顿》的通知，对我市前段治理整顿的情况和一季度形势逐项进行了分析和深入讨论，进一步统一了思想，明确了当前和今后治理整顿的任务和工作重点。

会议认为，半年来我市在贯彻中央治理整顿方针的过程中，态度坚决，工作扎实，初见成效，但对成绩不能估计过高，要看到思想认识的差距和治理整顿任务的艰巨，要按照中央精神，进一步统一思想，认真抓好治理整顿的各项工作。

会议决定，在省委传达中央工作会议精神后，召开市委工作会议，通过传达中央工作会议精神，分析我市治理整顿形势和任务，提高认识，统一思想，动员广大党员一心一意搞好治理整顿。会议定于月底召开，由市委办公室做好会议筹备工作。

二、听取了×××同志关于××××年××立功竞赛表彰大会准备工作的汇报，原则同意"立功办"提出的大会方案及召开时间，原则同意市级劳模及文明单位的名单，责成"立功办"根据市委常委意见进行调整，并做好大会准备工作。对有些需要进一步研究的问题由"立功办"再做准备，向书记办、公会汇报。

××××年×月×日

2）分项叙述法

召开大中型会议或议题较多的会议，一般要采取分项叙述的办法，即把会议的主要内容分成几个大的问题，然后加上标号或小标题，分项来写。这种写法能使内容条理化，侧重于横向分析阐述，内容相对全面，问题也说得比较细致。

范例

全国中等专业教育工作会议纪要

经国务院批准召开的全国中等专业教育工作会议，于××××年×月×日至×日在北京举行。这次会议总结了建国××年来中等专业教育工作的基本经验；研究了中等专业教育在新时期的任务；讨论了如何贯彻"八字"（调整、改革、整顿、提高）方针。会议期间，方毅同志到会讲话。会议明确了中等教育的地位、作用、任务，讨论和确定了一批重点中专学校。解决了工作中的一些重要问题。与会代表认为会议是开得好的，对办好中专教育增强了信心。

会议认为，新中国成立以来中专教育培养了300多万毕业生（加上中师，为500万），他们中的大多数已成为各条战线的骨干力量，在建设中发挥了重要作用，是全国技术管理干部队伍的一个重要组成部分。路线是正确的，成绩是主要的，取得了正反两方面的经验，为今后的发展奠定了坚实的基础。

会议讨论了新时期中专教育面临的新情况和新任务。中专教育必须与经济建设和科学技术的发展相适应。我国的"四化"建设不仅需要大量高级专业人才，也需要更多的中等专业人才，以提高职工队伍中技术、管理人才的比重，使中等和高级专业人才保持合理的比例。

认真贯彻"八字"方针，当前必须着重抓好以下几项工作：

（一）确定中专学制

中等专业学校是在相当高中文化程度的基础上进行专业技术教育，中专的高年级与大学低年级交叉，是介乎高中与大学之间的一种学校，根据我国经济文化发展不平衡和中等专业门类多、要求不一的情况，中专学制可以多样化：招收初中毕业生，一般为四年，个别五年，有的专业仍保持三年；招收高中毕业生，一般为二年，医科和工科等有些专业可为两年半或三年。

（二）全面规划，搞好调整

培养人才，必须全面规划，搞好综合平衡。各地区各部门都要制订中专教育发展计划，把培养中等专业人才的规划纳入经济发展规划。要在保证质量的前提下有计划地稳步地发展，避免大起大落。要使中专学校与高等学校的招生有适当的比例。对需要量大的专业，各部门和各地方可自己培养解决，需要量小而许多部门都要一点的专业，可由

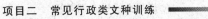

有关部委或地方统筹规划或相互之间协作代培解决。

（三）切实办好重点学校

集中力量办好一批重点学校，是办好中专学校的一项重要措施。会议讨论并确定了全国重点中专学校 339 所。

（四）加强师资队伍建设

壮大和提高师资队伍，是当前需要大力解决的一个重要问题。各有关领导部门和学校都要拟定师资队伍建设规划。今后普通课和政治课教师由学校所在省、市、自治区负责解决，由教育部门作出规划，提请计划、人事部门从综合大学和师范院校的毕业生中分配。专业课和专业基础课教师由主管业务部门负责配备。

（五）稳定教学秩序，搞好教材建设，提高教学质量。

（六）增加学校经费，切实改善办学条件。

（七）加强领导，健全领导管理体制。

会议要求中专教育战线的全体同志，要坚定不移地贯彻党的路线、方针和政策，发扬艰苦创业的精神，多办、办好中专学校，为实现"四化"作出更大贡献。

××××年×月×日

3）发言提要法

发言提要法是把会上具有典型性、代表性的发言加以整理，提炼出内容要点和精神实质，然后按照发言顺序或不同内容，分别加以阐述说明。发言提要法能比较如实地反映出会议上的讨论和与会人员的不同意见。例如，"座谈会纪要""学术讨论会纪要"等，可采取这种写法。

范例

中国教育技术协会高等职业教育专业委员会 2013 年年会纪要

2013 年 10 月 25 日至 28 日，中国教育技术协会高等职业教育专业委员会 2013 年年会暨会员代表大会在山东省潍坊市召开。

中国教育技术协会岳华秘书长助理、教育部行业职业教育教学指导委员会工作办公室王国川常务副主任、山东省潍坊市教育局李光敬副局长应邀出席会议。来自全国 65 所高职院校的 95 位代表参加了大会。

会议代表听取、审议了苏文锦主任委员代表第一届理事会所作的工作报告以及关于协会换届工作的情况报告。

秘书长助理岳华代表中国教育技术协会向大会的召开表示祝贺并发表了重要讲话，她充分肯定高职教育专业委员会成立四年多来所做的工作，认为协会在第一届理事会苏文锦主任委员等领导班子成员的带领下，工作开展活跃，富有成效，希望协会利用年会这一平台，在同行和高等职业院校之间营造良好的交流环境，进一步加强组织建设，拓展职能，在我国高等职业院校信息化建设中真正起到引领作用，并代表中国教育技术协会宣读了高等职业教育专业委员会第二届理事会组织机构名单的批复。

教育部行业职业教育教学指导委员会工作办公室王国川常务副主任从 15 个要点介绍了当前高职教学改革的认识和高职教育教学改革创新的任务，提出专业委员会该如何推进在教学中的运用的几点建议。

清华大学教育研究院院长韩锡斌教授、山东大学网络与信息中心主任葛连生教授、山东商业职业技术学院会计学院院长张洪波教授分别作了题为《数字时代职业教育教学面临的机遇和挑战》《高等职业院校信息化建设的几点认识》和《教学资源库建设与应用》的专题学术报告。三位专家的报告从高等学校校园信息化基础设施及应用水平、资源建设与应用效果、教育信息化实践和未来发展趋势等方面向大家展示了我国高等学校教育信息化建设的基本概况。报告思路广阔、形式多元、内容丰富精彩、数据翔实,代表反应强烈、深受启发。

广东女子职业技术学院信息资源中心王凤基主任就智慧校园建设、昆明冶金高等专科学校现代教育技术中心刘红主任就教学信息化建设与应用实践探索作了专题交流介绍。

会议组织与会代表参观考察了山东科技职业学院中心实验室、纺织服装产教园区、工业中心和麓台书院。徐建明院长亲自全程陪同参观考察活动。中心实验室张宗宝主任就山东科技职业学院校园信息化建设工作向代表们作了翔实的介绍。

高等职业教育专业委员会新任理事会主任委员、福建信息职业技术学院院长王萍辉教授代表新一届理事会谈了初步工作设想并致闭幕词,王萍辉主任委员认为教育技术以及教育信息化发展形势喜人,表示新一届理事会领导班子将带领会员单位广大教育技术工作者紧紧围绕新的任务增加学习意识,围绕中心工作增加大局意识,围绕协会职能增强服务意识,围绕规范管理增强责任意识,不断地研究分析我国高职教育技术发展的新机遇和新挑战,团结协作,开拓进取,不断发展队伍、创新模式,不断加强协会的群众性、广泛性和服务性,切实提高协会的权威性、影响力、学术性及话语权,不断谱写协会发展的新篇章。

　　　　　　　　　　　　　　　　　　　　　　　××××年×月×日

(三)结尾

一般是提出希望和要求。有些纪要没有这部分内容。

(四)落款

落款包括署名和成文时间两项内容。一般纪要不署名,只写成文时间,加盖公章。署名只用于办公会议纪要,署上召开会议的领导机关的全称,正文右下方写上成文的年、月、日,加盖公章。成文时间也可写于标题下。

五、纪要的写作要求

(1) 突出会议的主题、要点。"纪"是纲纪,"要"是要点,写作中一定抓住会议的要点,突出会议的主题,真正做到详略得当,不能将会议记录都写进去,不能不分主次,切忌将会议记录、会议材料原文照搬。

(2) 内容要条理化。对会议讨论意见分类别、分层次、分顺序加以归纳,条理清晰,避免杂乱无章。

(3) 必须忠于会议的实际内容。纪要的写作必须确保原材料的真实,只能取舍、概括、提炼，做到实事求是，不可凭空添加内容或篡改与会者的观点。

（4）要认真做好会议记录，详尽地占有材料，并且要认真研究会议的精神，以便对材料正确取舍，合理删减。

（5）要正确使用习惯用语。根据会议的不同内容，正确使用"会议认为"等习惯用语。上报的纪要，应使用对上的语气，如"会议讨论了以下几个问题""会议考虑"等表达方式；而下发的纪要，可以使用"会议决定""会议要求"等用语。

六、会议记录与纪要的区别

（一）性质不同

会议记录是讨论发言的实录，是客观详细地将会议的全过程记录下来，每个与会者的讨论发言都应详细忠实地记录，是对会议的"过程记录"，属于事务文书。

一般会议记录包括两部分。一部分是会议的组织情况，要求写明会议名称、时间、地点、出席人数、缺席人数、列席人数、主持人、记录人等。另一部分是会议的内容，要求写明发言、决议、问题。这是会议记录的核心部分。对于发言的内容：一是详细具体地记录，尽量记录原话，主要用于比较重要的会议和重要的发言；二是摘要性记录，只记录会议要点和中心内容，多用于一般性会议。会议结束，记录完毕，要另起一行写"散会"二字，如中途休会，要写明"休会"字样。

会议记录必须准确写明会议名称（要写全称），开会时间、地点，会议性质，详细记下会议主持人，出席会议应到和实到人数，缺席、迟到或早退人数及其姓名、职务，记录者姓名。如果是群众性大会，只要记参加的对象和总人数，以及出席会议的较重要的领导成员即可。如果某些重要的会议，出席对象来自不同单位，应设置签名簿，请出席者签署姓名、单位、职务等。

范例

会议名称：

会议时间：

会议地点：

出席会议人员：

列席会议人员：

缺席人员：

会议主持人：

记录人：

主持人发言：

与会者发言：

散会

主持人：（签名）

记录人：（签名）

（本会议记录共××页）

纪要只记要点，是将会议的主要内容、事项、决议、发言要点等经过整理概括后，将重要的内容传达给受文者，与传达事项贯彻精神没有关系的内容没有必要在纪要中记载，是对会议的"精神传达"，是法定行政公文。

（二）功能不同

会议记录有会必录，凡属正式会议都要作记录，但并不一定都要写成纪要。会议发言的内容是记录的重点。其他会议动态，如发言中插话、笑声、掌声、临时中断，以及别的重要的会场情况等，也应予以记录。多数会议只要记录发言要点，即把发言者讲了哪几个问题，每一个问题的基本观点与主要事实、结论，对别人发言的态度等，作摘要式的记录，不必"有闻必录"。某些特别重要的会议或特别重要人物的发言，需要记下全部内容。有录音笔的，可先录音，会后再整理出全文；如没有录音条件，应由速记人员担任记录；如没有速记人员，可以多配几个记得快的人担任记录，以便会后互相校对补充。会议记录要求忠于事实，不能夹杂记录者的任何个人情感，更不允许有意增删发言内容。会议记录一般不公开，无需传达或传阅，只作资料存档。

纪要通常要在一定范围内传达或传阅，要求贯彻执行。

 纠错训练

结合纪要的结构、写法和写作要求，针对下面纪要，分析纪要的各构成部分及语气，找出错误之处并改正。

(1) 受×××委托，区政府办公室主任×××在区第六会议室主持召开会议，专题研究安全产业园项目推进工作。区政协副巡视员×××，市安监局、区政府办公室、区国土房管局有关单位负责人参加了会议。

会议评审了安全产业园项目初步设计方案，听取了市安监局关于安全产业园项目建设的总体考虑，区安监局就项目推进中存在问题的汇报，并就有关问题充分讨论达成一致意见。现纪要如下：

会议指出，安全产业园项目建设是以转型创新、同步超前为主线，以科技兴安、产业强安、投入保安、人才助安为突破口，通过政府搭台引导、市场化运作建设，打造全新安全产业园。

会议明确，安全产业园项目由市安监局科技规划处牵头，区国土房管局配合，积极协调项目建设中出现的问题，加快推进项目做好规划建设、厂房建设、项目招商、软环境建设等工作。

(2)　　　　　　　　　　　网络信息安全工作会议纪要

根据3月15日学校安全工作专题会议的要求，3月17日下午，×××副院长在学院406会议室主持召开了学院行政部门网络信息安全工作会议。出席会议的有学院党委书记×××，学院办公室主任×××、党委宣传部长×××及各行政部门负责人。会议议题有两项：一是通报学校学生宿舍电脑被盗事件；二是讨论学院目前网路信息安全问题。

一、学校学生宿舍电脑被盗事件。×××副院长通报学校学生宿舍被盗事件，情况如下：3月12日晚，学生宿舍共有2台笔记本被盗，财产损失近万元。他提出此事引起了学校领导的高度重视，立即召开了各有关部门专题会议，要求全力采取各项补救措施。

二、学院目前网路信息安全问题。网络中心主任×××指出随着信息化的发展，数据越来越重要，网络安全也越来越引起人们的高度重视，其核心就是数据安全。

针对这次被盗事件，参会人员认为各部门要尽快对电脑数据及时清理，自行备份有关数据和设置系统密码。行政部门数据较多而且相当重要，尤其财务、教务等部门现在就要着手工作。各种数据备

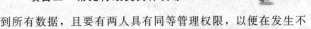

份后要有审阅权限，不是所有人都可以看到所有数据，且要有两人具有同等管理权限，以便在发生不确定因素时能采取相应技术手段加以恢复。

经过认真讨论，会议对近期工作作出如下决定：

一要增强责任意识，充分认识加强网络安全工作的重要性。网络安全要防患于未然，要一手抓建设，一手抓安全。制定并严格落实各项安全管理制度，强化安全防范措施；建立网络信息安全应急预案，加强技术防护建设，制定防攻击、防病毒、防篡改、防窃密技术的措施，防止各种势力对我院网络攻击破坏。

二要搞好分工，明确责任。成立院网络安全工作领导小组，统一领导、协调、解决网络安全工作存在的问题。院办公室负责制定网络安全工作管理规定，加强网络监控，及时发现问题、解决问题。党委宣传部修订完善网络新闻发布制度，并严格审核网络新闻。网络中心负责网络的技术保障和日常维护工作，尤其对病毒入侵和网络攻击破坏的情况妥善、及时地处理。各单位、各部门对于自己网络要加大管理力度，确保有人建设，有人管理，有人监督，确保信息发布无差错。严格禁止各网站不采取任何安全措施。

三要加强对院外网络（站）关于我院新闻、信息的搜索。有关部门要指定专人做好此项工作。全院所有人员都有责任和义务反映、消除网上有损我院良好形象的信息。做到重要消息及时上报，有利消息及时公布；有害消息尤其是对我院的不实报道甚至恶意攻击，要采取切实措施及时删除，消除影响。

四要抓好工作落实。网络安全工作事关我院的和谐稳定大局。各单位、各部门要在近期对所管理的网页进行整顿。全院上下要在建立健全长效机制的基础上，加大校园网络安全管理力度，加强对校园网上信息的管理与监控，营造积极健康的网络文化氛围。

（3）　　　　　　　　　　×××学院学生工作会议纪要

5月10日15时，在学生处办公室召开了学生管理工作例会，会上李助理认真听取了各部门上周工作汇报、布置了下周工作。纪要如下：

一、素质测评。为保证我院学生素质测评工作有序开展，我院决定5月13日开展素质测评小组会议，望各辅导员、学生工作人员积极准备，按时参加。

二、征兵工作。为组织好2013年秋季征兵工作，提升学院就业率，李助理要求2011、2012级各辅导员组织好秋季征兵宣传动员工作，特别是本周四的征兵宣讲会。

三、外出比赛的组织工作。在会上，李助理强调：代表学院外出比赛的老师、同学要明确目标，认真组织、比赛时要体现学院特色，为扩大学院社会影响力贡献一份力。

四、断网工作。为了进一步配合教学工作，提升课堂到课率，经院长办公会讨论决定晚上11点至次日9点学生宿舍将断网，希望辅导员下到各班，做好学生的思想工作。

五、毕业生工作。为了全面做好毕业工作，李助理要求各辅导员做好毕业生的催费工作、毕业生通讯录资料的收集（包括校友会成员确定）、毕业生典礼等工作。

六、科技节活动。科技节活动已陆续展开，特别是艺术节、知识讲座等活动将在本周举行，李助理要求各系积极组织、确保各项活动取得预期效果。

七、素质拓展活动。为加强学院学生、老师的感情、提升学生、老师素质，学生处讨论商议决定6月上旬开展爬梁王山野外素质拓展训练。

八、心理危机培训。为贯彻教育厅关于加强学生心理教育，学院院长办公会议决定于5月16日举办我院心理危机培训，对我院辅导员等学生工作人员进行培训。

学生工作处

2013年5月11日

课堂实训七

根据以下材料拟写一份纪要，要求合乎纪要的写作规范，语言简洁，内容完整。

(1) ××公司于 2014 年 3 月 20 日 15：00~17：00 在公司 10 楼会议室召开第一次××公司总经理办公会议。

(2) 公司董事长王××，总经理张××，党群办主任李××，计财处处长杨××，人力资源部主任赵××参加此次会议，同时由总经理张××主持会议。

(3) 会议主要内容：会上总经办提交了公司经济合同管理办法，有利于加强和规范办公用品采购等的管理。参会人员就总经办提交内容进行讨论并作出要求，总经办应根据会议决定进一步修改完善，发文执行。

会议针对职工因私借款的问题进行了讨论。参加会议的人员认为，职工因私借款是传统计划经济产物，不能作为文件规定。但是，从关心员工考虑，在职工遇到突发性困难时，公司可以酌情借10 000元内的应急款。计财处要制定内部操作程序，严格把关。人力资源处配合。借款者本人要作出还款计划。

计财处做了关于职工岗位工资费由银行代发的汇报，参会人员讨论认为银行代发工资是社会发展的必然趋势，既方便员工领取，又有利于规避存放大额现金的风险。但需要两个月左右的宣传过渡期，让职工充分了解接受。要求计财处认真做好实施前的准备工作，人力资源处配合，计划下半年实施。

会上人力资源处还提出有关公司机关岗位工资发放标准的建议。决定机关员工岗位工资发放，对已经下文明确的干部执行新的岗位工资标准，没有下文明确的干部暂维持不变。待三个月考核明确岗位后，一律按新岗位标准发放。

 课后实训七

根据以下材料，并整理成一份纪要，要求合乎纪要的写作规范，语言简洁，内容完整。

材料 1

时间：2013 年 10 月 21 日

地点：××学院会议室

主持人：李××（××学院院长）

出席人：杨××（党委书记）、周××（党委副书记）、肖××（教学副院长）、马××（科研副院长）

记录：宋××

讨论议题：①如何抓好学风建设；②校级专业、课程建设项目申报。

材料 2

周××：首先，报告学生学习生活的现状。学院在学校领导和职能部门的关心下，学院所有人员同心协力、齐抓共管，在学生管理工作上取得了一定的成绩。但是学院是新建学院，周边设施正在逐渐完善，学院办学规模急速增长，分校区办学及管理队伍、师资队伍不足等实际困难和问题，给学生管理教育工作带来较大的压力。因此，还需各个部门献计献策，共同研究如何进行学风建设。

肖××：部分学生课堂出勤率低，有些学生上课迟到，有些学生在课堂上吃东西、玩手机。针对这些现象，学风建设是非常必要和重要的。学院能否开展学风建设月活动，改变学习氛围不浓、学习风气不正、学习成绩不高的局面。建议由学生工作处牵头，发动学生干部，严查上课出勤率；由教学部门牵头，加强对任课教师的管理，要求老师详细记录学生出勤情况。

马××：积极组织学生参加国家级、省级、校级、院级各种学生学术科技类竞赛活动，如全国大学生英语竞赛、大学生挑战杯竞赛、创业大赛、SRTP科研训练等，提高学生活动的科技含量，形成浓厚的学习和学术氛围。

杨××：老师管与不管不一样，有人监督和没有人监督不一样。目前，良好的学风基本上是依靠各部门、各位领导齐抓共管而形成的，并非是学生自主自愿的行为，学生中应付的心态占多数。目前，学生就业形势严峻，有些学生在毕业找工作时才认识到自己素质和能力的欠缺，追悔莫及。因而，我们学院在大学期间加强就业指导，增强学生的危机意识是非常必要的。抓好此项工作，有效促进学风建设。

李××：良好的学风是培养和造就高素质人才的关键，只有形成良好的学风，才能从根本上解决学风不正的问题，因而，加强学风建设是一项重要的工作，全体领导、教师都要高度重视，统一认识。结合学院办学特色，在学院内开展主题班会活动，通过多种方式开展主题宣传活动，如宣传栏、网页宣传等。另外，建立和完善学风教育制度、考勤制度、考风考纪制度、评优制度、奖学金评定制度、助困等一系列相关制度，一定要与学生的学风挂钩。

与会人员经过充分讨论、协商一致决定：学院成立学风建设工作领导小组，学院党委书记和院长为组长，其他领导为副组长，领导小组指导学生工作处、教务部门、办公室等相关职能部门联合开展学风建设工作。由学生工作处牵头，教学部门和其他部门配合，制定"学风建设月实施方案"，从11月1日开始试行，月末形成总结报告，上报学院。

材料3

肖××：下面我向各位领导汇报下2014年度所申报的校级专业、课程建设项目评审情况。教学与管理中心于2014年9月16日发布了相关通知，截至10月16日，全院共有20位老师提交了申报材料，其中申报校级重点专业建设8项、申报校级精品课程建设2项、申报重点课程建设10项。学院依据申报条件及要求对各项申报材料进行了评审，推荐以下符合申报条件及要求的16个项目上报教务处。其中，会计学专业、旅游管理专业、市场营销专业、计算机科学与技术专业、会展经济与管理专业、工程管理专业作为校级重点专业建设项目推荐申报；网络应用技术、会计管理实务作为校级精品课程建设项目推荐申报；财务管理实务、国际市场营销综合实训、会计专业综合实训、房地产开发与经营实务、国际金融英语实务、财会基本技能综合实训、财务管理专业综合实训、商务文秘实务作为校级重点课程建设项目推荐申报。

与会人员一致认为各个教学系部和职能部门在校级专业建设、课程建设申报工作中付出了艰辛的努力，充分肯定了学院评审小组对项目评审的认真负责、科学公正的态度，同意16个项目推荐上报教务处。

项目三 常见事务类文种训练

任务一 计 划

有两个西班牙人，一个叫布兰科，一个叫奥特加。虽然他们同龄，又是邻居，但家境却相差很远。布兰科的父亲是一个富商，住别墅，开豪车。而奥特加的父亲却是一个摆地摊的，住棚屋，靠步行。

从小，布兰科的父亲就这样对儿子说："孩子，长大后你想干什么都行，如果你想当律师，我就让我的私人律师教你当一名好律师，他可是出名的大律师；你如果想当医生，我就让我的私人医生教你医术，他可是我们这里医术最高的医生；如果你想当演员，我就将你送去最好的艺术学校学习，找最好的编剧和导演来给你量身定做角色，永远让你当主角；如果你想当商人，那么我就教你怎样做生意，要知道，你老爸可不是一个小商人，而是一个大商人，只要你肯学，我会将我的经商经验全都传授给你！"

奥特加的父亲则总是这样对儿子说："孩子，由于爸爸的能力有限，家境不好，给不了你太多的帮助，所以我除了能教你怎样摆地摊外，再也教不了你任何东西了。你除了跟我去学摆地摊，其他的就是想也是白想啊！"

两个孩子都牢牢地记住了自己父亲的话。布兰科首先报考了律师，还没学几天，他就觉得律师的工作太单调，根本就不适合他的性格。他想，反正还有其他事情可以干，于是，他又转去学习医术。因为每天都要跟那些病人打交道，最需要的就是耐心，还没干多久，他又觉得医生这个职业似乎也不太适合他。于是，他想，当演员肯定最好玩，可是不久后，他才知道，当演员真的是太辛苦了。最后，他只得跟父亲学习经商，可是这时，他父亲的公司因为遭遇金融危机而破产了。

最终，布兰科一事无成。

奥特加跟父亲摆了几天地摊后，就哭着不肯去了，因为摆地摊日晒雨淋不说，还常遭人白眼。可是，一想到除了摆地摊，再也没别的事可干，他又硬着头皮跟着父亲出发了。可是，还没干几天，他又受不了了，又吵着闹着不肯去了。因为没事可干，不久，他又跟着父亲出发了。

慢慢地，他竟然从摆地摊中发现，要想永远摆脱摆地摊的工作，就得认真地将地摊摆好。结果，几年后，他终于拥有了自己的专卖店。30年后，他拥有了属于自己的服装集团。如今，该集团在世界68个国家中总计拥有3691家品牌店，一跃成为世界第二大成衣零售商。奥特加以 250 亿美元个人资产，位列《福布斯》2010 年世界富豪榜第 9 位。

选择并不是越多越好，选择多了反而拿不定主意，无法坚持到底。

一、计划的概念

计划是机关、团体、企事业单位或个人预先对一定时期内所要实现的某项目标或需要完成的任务作出具体的构思和安排，制定明确的目标任务和具体的措施步骤的一种事务文书。计划使用的频率高，适用范围广。机关、团体、企事业单位或个人为了在工作、学习或生产中达到既定目的，取得预期效果，都要事先制订计划。

计划是计划类文书的统称。常见的有"规划""方案""安排""设想""打算""要点"等，都是人们对今后工作或活动作出的部署与安排，因而也都属于计划这个范畴。

规划是具有全局性的、较长时期的长远计划。一般时间跨度长（三年以上），范围广泛，内容较为概括，用"规划"。例如，《大学学业规划》是大学生实施自己大学四年总体学习目标的行动计划；时间较短，内容较具体的，用"计划"，如《大一学习计划》。

方案是从目的、要求、工作方式、方法到工作步骤等都部署具体周密，有很强可操作性的计划。对某项工作做了精心的部署，全面的计划，制订出具体的目的要求、方式方法、具体进度等，用"方案"，如《应用文课程建设方案》。

安排是对短期内工作进行具体布置的计划。准备在短期内完成一些具体的任务，范围不大，内容单一，用"安排"，如《应用文教研室工作安排》。

设想是较长时间的、初步的、草案性的计划。相对来说，其适用时限较长，如《竞聘岗位的认识和工作设想》。

打算是短期内工作的初步的、不成熟的要点式计划。准备近期要做的事情，而对其中的指标或措施等考虑得还不很全面的，用"打算"，如《2014～2015 学年第二学期的打算》。

要点是列出工作主要目标的粗线条纲领性计划。一般来说，上级对下级下达的工作安排或重要任务，用"要点"，如《2015 年政府信息公开工作要点》《教育部 2015 年工作要点》。

二、计划的特点

（一）预见性

计划是活动前制订的，必须对未来工作中可能发生的问题有充分的估计，提出科学的、切实可行的方案。正因为计划具有预见性、设想性，所以在执行计划时也必须视实际情况，相应对计划进行调整。

（二）可行性

为了实现预期的目标，必须有切实可行的措施、方法和要求，而且各项措施、方法和要求必须具体明确，切实可行，符合实际。因而，计划的制订必须切合实际情况，保证目标的实现。

☞**案例**

李立旭，2014级会计学专业，一个做事认真负责，善于思考，做事情有自己的主见的大一学生。他清晰地认识到"凡事预则立，不预则废"的道理，在暑假来临前，他为自己制订了暑假计划。

暑 假 计 划

愉快的暑假生活将要开始了！暑假来临提示着我这一年里学习方面到底做得怎样。"忧劳可以兴国，逸豫可以亡身"，这是千百年来的真理。面对如今严峻的就业形势和社会压力，我时刻提醒自己，只有认真扎实地学好知识，掌握好本领，将来才能有更好的立足之地，才有更好的前途。所以，除了继续发扬勤奋刻苦的学习精神外，还要适应大学的教学规律，掌握大学的学习方法。只有设定目标，才能规划未来，实现当下。不让青春虚度，在每天的生活里载入一点点收获，我坚信付出就有回报。

英语学习是这个假期应该努力做的事情。除了书本上学到的，抽空到书城购买图书或上网搜寻英语资料下载来听，或者上网下载原版美剧看。通过多阅读、多看、多听来提升英语水平，达到毛主席在诗词中写的"雄关漫道真如铁，而今迈步从头越""一万年太久，只争朝夕""待到山花烂漫时，我在丛中笑"中的境界。

你觉得李立旭同学的暑假计划可行吗？

（三）科学性

计划是为完成预定目标或工作任务所做的预想性部署和安排，往往建立在严密的科学性基础上。

☞**案例**

明天是章晓明的生日，他对同宿舍李伟说："明天就是我的生日了，为了庆祝我的生日，本来我应该去预定餐厅，但明天我们音乐社有汇报演出，所以你帮我预定一家餐厅。哦，天气冷了，看看学校附近的火锅店是否可以预定，咱们宿舍6个人共同庆祝下。咱们宿舍的其他同学由我来邀请，你确认下火锅店是否营业，打电话预订座位，然后告诉其他同学下午5点30分动身，在学校门口碰头。"

章晓明对自己的生日计划安排怎么样呢？现实生活中，同学们都是做计划的高手。

（四）约束性

计划一经制订，就要对完成任务的实际活动起到指导作用和约束作用。工作的开展、时间的安排等，都必须按计划严格执行。

三、计划的种类

（一）按范围分类

计划可分为国家计划、地区计划、部门计划、单位计划、个人计划等。例如，《中国 2015 年实施 20 次宇航发射的计划》《个人工作计划》。

（二）按时间分类

计划可分为长期计划、中期计划和短期计划。五年以上的计划叫做长期计划，三年以上五年以下的计划叫做中期计划，三年以下的计划叫做短期计划。短期计划又可分为年度计划、季度计划、月度计划。例如，《××县 2015 年工作计划》《××县 2015 年第一季度工作计划》《××县 2015 年 2 月工作计划》。

（三）按内容分类

计划可分为生产计划、工作计划、学习计划、科研计划、财务计划、教学计划等。

（四）按形式分类

计划可分为条文式计划、图表式计划、条文兼图表式计划。所谓条文式就是把计划的内容一项一项列出来。图表式就是把计划内容一项一项地列在表格里，使看的人一目了然。

四、计划的结构和写法

计划通常包括标题、正文和落款三部分。

（一）标题

标题一般由单位名称（或计划范围）、时限、内容和文种四个要素组成，如《××县××年税收工作计划》《××公司 2015 年营销工作计划》。可根据实际需要省略标题要素。例如，《××医学院改革方案》省略了时限，《2014 年防汛工作计划》省略了单位名称。如果是不成熟或未经批准的计划，在标题后或正下方注明"草案"或"讨论稿"，凡是省略单位名称的标题必须在正文后署名。

（二）正文

正文是计划的核心部分，一般由前言、主体、结语组成。

1. 前言

可概括地说明制订计划的缘由、依据、目的、意义和指导思想等，也可简单介绍前期工作的基本情况，评估成绩，分析当前总的形势，在此基础上确定今后的工作计划。前言要简明扼要，常用"为此，本年度要抓好以下几项工作"或"特制订计划如下"等转入主体部分。例如：

范例

转眼间又要进入新的一年了，新的一年是一个充满挑战、机遇与压力并存的一年，也是非常重要的一年。出来工作已过 4 个年头，家庭、生活和工作压力驱使我要努力工作和认真学习。在此，我订立了本年度工作计划，以便使自己在新的一年里有更大的进步和成绩。

2. 主体

主体主要包括目标与任务、方法与措施、步骤与时限三方面的内容。

如果说前言表明的是"为什么做"，目标与任务回答"做什么"，方法与措施回答"怎么做"，步骤和时限则解决"何时做"的问题。

目标与任务是计划要达到的预期目的和基本要求，一般分项写，要分清主次、突出重点、具体明确。

方法与措施是完成计划任务、达到目的的有力保证，包括人力、物力的安排，采取的各项措施，如何组织领导等。写清楚采取何种方法、利用什么条件、由何单位何人具体负责、如何协调配合以完成任务，措施要明确得力，方法要切实可行。

步骤与时限是计划的进度安排和时间要求。工作有先后、主次、缓急之分，因而写计划时要表述清楚计划内容分几个步骤或几个阶段，即何时完成，一般可采用条款式表达。

根据计划的内容和表述的需要，可以把计划写成条文式、图表式、条文兼图表式。

（1）条文式计划可将计划划分成若干部分，通过文字叙述阐明计划的内容。常用序码和小标题来划分层次，条文的逻辑顺序可按照各项工作的顺序，或者工作的主从轻重安排先后顺序。大型计划一般要分章、节、目来写。

范例

2014 年 9 月～2015 年 1 月学习计划

2014 年下学期即将来临，为了使自己的学习更加有序进行，达到预期的效果，本人特制订如下计划：

一、目标任务

1. 学好英语，通过全国大学生英语四级水平考试，提升英语听力水平。

2. 提高写作水平，能熟练掌握常用应用文写作。

3. 掌握计算机的使用方法，能熟练操作计算机。

4. 期末总成绩在班级前列，拿到国家奖学金。

二、学习内容及要求

（一）英语方面

1. 每周一至周五早晨 6：00～7：30 朗诵英语课文，每日熟记 20 个单词。

2. 每周二、四晚上 6：30～7：30 做××出版社王××主编的《英语四级全真模拟试题》一套，并参照标准答案找出问题症结，落实每一个知识点。

3. 每周六参加新东方英语学习班的学习。

4. 每天晚上 7：40～8：30，听一篇"美国之音（VOA）"的文章。

（二）应用文方面

1. 每周一、三晚上 6：30～7：30 学一种应用文体，以科学出版社×××主编的《应用文写作实训教程》为模本。

2. 每周一至周五 10：30~11：00 写一篇日记。

（三）计算机方面

1. 坚持一个月，每天晚上 8：40~9：10 练习搜狗拼音输入方法，力争一个月后最高打字速度达到每分钟 80 个字。

2. 每周日下午 4：00~5：00 学习"会声会影"软件，力争两个月后熟练地编辑视频。

我一定严格按照以上计划执行，争取达到既定目标。

李海铭

2014 年 8 月 29 日

（2）图表式计划是以表格方式撰写计划，适用于时间短、范围窄、变化小、内容单一的具体安排，这种写法一目了然，直观性强，适用于任务具体、时间性强、程序性强的计划，如销售计划、月计划等。有时也称作工作日程安排。

范例

云南财经大学中华职业学院 2014 级新生入学教育日程安排

（第一阶段）

日期	时间	内容	参加人员	地点	主讲人
8 月 28 日	22：00~23：00	到宿舍看望新生	院部领导、各部助理、班主任	学生公寓	
8 月 29 日	8：30~11：30	各班班会：近期安排及组建班委	全体新生	各班教室	班主任
	15：00	开学典礼	全体新生	体育馆	
	22：00~23：00	到宿舍看望新生	院部领导、班主任	学生公寓	
8 月 30 日	8：30~11：30	讲座：学院改革与发展，学籍管理制度	全体新生	体育馆	李；王
	14：00~16：00	讲座：实践教学专题讲座	全体新生	体育馆	余；胡；徐
	16：30~18：30	讲座：职业认证、国际化培养及职业基本技能培养	全体新生	体育馆	陆；宁
	20：00~21：30	主题班会：校纪校规教育、安全教育	全体新生	各班教室	班主任
备注	1. 所有讲座或活动，班主任组织好学生提前 10 分钟入场，并保持会场纪律； 2. 以上安排中没有进行入学教育的时间段以班级为单位自行安排内容； 3. 校纪校规教育和安全教育以《新生导航》内容为主，结束后学生要进行考试； 4. 入学教育分两个阶段，第一阶段为 8 月 28~30 日，第二阶段的专题讲座安排在本学期的行知讲坛中（具体另行通知）和《职业认知与学习规划》课程中（按课表进行）。 5. 8 月 29 日 9：00~19：00，各班抽空余时间到图书馆一楼领取教材。				

（3）条文兼图表式计划。即图表式和条文式相结合的计划，既有文字叙述，又有表

格。有的以文字叙述为主，附加表格；有的以表格为主，附加文字说明。

3. 结语

简略地写出检查或修订的办法、执行要求、执行日期和注意事项，也可以展望前景，发出号召。这部分也可省略不写。

（三）落款

在正文右下方署上制订计划的单位名称，在署名的下行写上日期。如果是属于上报或下达的文件，在尾部还需加上主送、抄送单位，同时加盖公章。

五、计划的写作要求

（一）方向正确，实事求是

制订计划首先必须符合党和国家的方针政策及上级指示精神，特别是规划，以及部门、地区计划的撰写，需要撰写人具备较高的理论水平和政策水平，使计划同国家某个时期的总体战略目标相一致；制订计划还要有科学的态度，广泛全面收集材料，从实际出发，结合本单位具体情况，确定工作目标和实施办法，并要留有余地。这样的计划才能保证切实可行，不脱离实际。

（二）要求明确，措施具体

计划要提出明确目标，要突出工作重点，体现计划的指导性；同时又要规定具体可行的措施，以便执行和检查。

（三）条理清楚，事理严密

为了使条理清楚，计划在形式上多采用总分式结构，前言之后，分条概述各项内容。撰写计划时还要注意各项内容内在的逻辑联系，目标、措施、步骤应环环相扣，联系紧密。

（四）语言简洁，用语准确

规定目标和要求时，用语要恰当，掌握分寸。制订措施和办法时，用语要具体，避免含糊其辞。

 纠错训练

一、分析下面这篇工作计划，说明问题并修改。

2014 年工作计划

（一）进一步培养团员青年的自我管理意识，调动团员学生的工作积极性，不断增强团员青年的主体意识。

（二）组织各项文体活动，丰富同学们的第二课堂。

（三）加强开展对学生的思想政治教育工作。

（四）抓好各班支部队伍建设，增强团总支的管理。

（五）重视和加强党建工作，以党建带团建。

（六）由团总支牵头，做好迎新生工作，开展一系列迎新活动。

（七）九月份做好老生的团员证注册工作，十月份做好新生团员证注册工作及做好"优秀团总支"和"红旗团总支"的评优工作，做到准备充足，材料齐全，内容新颖，为管理系增光添彩。

（八）做好收缴团费工作。

（九）做好新生档案的整理分类工作。

（十）"青苗计划"按上学期计划进行。

二、分析下面这篇工作计划，说明问题并修改。

本学期学习计划

充实而有意义的寒假生活已成为美丽的记忆，随之而来，我们又开始了新的学习生活。新学期开始之际，为了让自己的学习成绩有更大的提高，让自己各方面的素质有长足进步，特制订学习计划，来鞭策、约束、督导自己，圆满完成任务。

加强对财务管理的理解与分析

财务管理是一门实践性强的课程，难度很大，其中主要是计算和分析，还有对公式的熟练程度，我一定要努力学习财务管理，从基础做起，逐步深化，先牢记公式，根据老师的讲解，理解全书内容，课后认真复习。另外多找一些习题做，以便加强对课堂内容的理解，争取能达到对本门课程的要求。

英语的学习与平日的积累

英语是一门基础学科，是当代大学生必备的基本技能，它像我们的母语——汉语一样重要，我一定要学好、学精。鉴于上学期口语能力、听力有所提高，这学期我要多看课外英语资料，提高阅读能力。一年之计在于春，一日之计在于晨，早上时间是记忆最好的时间，我要在每天早上6：00～7：00学习英语，晚自习也要抽出一个小时学习英语，并积极参加学校及班级组织的"英语角"活动，使英语达到甲级水平。

计算机课上勤加练习，熟练操作

在知识经济社会，计算机这门学科对于我们以后的工作很重要，与英语一样是我们今后行动及展翅的重要支柱，所以对它们要进一步提高学习。我不但要课堂上学好，而且要特别注重实际的上机操作，多上机练习。同时面对当前学习计算机人多，总体水平较高的形势，对我而言，再学习计算机软件开发不会有太大的成效，只有学习计算机的硬件维护修理才能有更大益处。根据上面的目标，我要利用周日时间参加计算机辅导班，学习计算机硬件的维护和修理，提高动手操作能力。

积极参加体育锻炼，课余时间一定要安排好

在体育方面，为了迎接四五月份的五项达标测试，要有意识地锻炼身体，体育课认真上，课外活动也要积极参加。只有好的身体，健康的身体，才能更好地学习，身体好就是学习的本钱！同时，课余时间要合理安排，在保证学好专业课的基础上，我应该博览群书，这样才能适应社会的发展。还要阅读一些国内外名著，陶冶自己的知识储备，提高自己的综合素质。

以上是我的新学期计划，我一定要按照计划的要求把自己的学习成绩搞上去，不断地完善自己，充实自己，为自己将来能够步入社会，打下坚实的基础。

王小梅

2014 年 10 月 11 日

 课堂实训八

结合学校学习、生活实际，为自己拟写个人计划。

（1）学期学习计划

（2）学期英语学习计划

（3）学期班级活动工作计划

（4）课外书籍阅读计划

（5）2015 年学生会工作计划

（6）体育锻炼计划

根据自己的实际情况，从以上六个题目中任选其中的一个或自拟题目进行工作计划写作训练。

 课后实训八

根据以下材料，请你以张老师的身份拟写一份班级学风建设方案。

张老师，英语专业的硕士，担任 2014 级英语 2 班的辅导员。近日，班级的事情困扰着他。张老师对班级同学们的出勤情况、宿舍卫生等方面进行了检查，结果很不乐观。班级里有的学生迟到、早退，甚至缺勤；有的学生上课睡大觉，玩手机。个别宿舍卫生很糟糕，垃圾不及时清理。很多学生学习主动性不够、积极性下降、精力分散、不能严于律己，同学们学习时很茫然，完全机械地应付以图"过关"。班级两位男生晚归，学院给予"警告"处分。甚至期末考试时小杨同学携带小抄抄袭作弊，给予留校察看一年的处分。

张老师深知辅导员是高校思想政治教育工作的主体队伍，是班级建设的带头人，是学生的贴心人。目前，张老师意识到 2014 级英语 2 班学风建设方面存在问题，而学风建设是人才培养的重要保证，班级学风建设迫在眉睫，只有采取相应的措施才能形成班级长期有效的学习氛围。

任务二　总　　结

 **案例导入**

又到年底，写"年终总结"就成了职场人士的"必修课"。有人感叹：年年总结年年写，实在不知道该写点什么新内容；有人支招：年终总结就那个套路，前后两段每年不变，中间一段根据每年工作变化稍作改动即可……

一位人力资源管理专家认为"也许平日里，身为小职员的你和老总根本说不上几句话，写份总结给他看，这是多好的交流机会啊"！看似枯燥的"年终总结"，其实是职场人士手中有力的竞争筹码，每个人都应该重视并认真对待"年终总结"，说不定，一份总结就可以为你来年的升职加薪打下基础哦！

进公司六年没有得到提升的翟瑛，跟大多数职场人士一样，翟瑛过去几年写年终总结时，也总觉得"无话可说"。"每年做的也就是那么些事情。尤其是综管部，基本都是些零碎活儿，总不至于将那些乱七八糟的事情都堆上去吧？"于是，翟瑛一直是用惯常的"套路"在写年终总结。

"所谓惯常的套路，就是大家都千篇一律那么写。比如，开头一段肯定是总结自己过去一年如何遵纪守法，遵守公司各项规章制度，不迟到不早退；第二段就是写在同事的配合下，一起做了哪些工作，罗列几个具有代表性的；第三段无非就是总结这一年展望来年，表示自己在来年一定会再接再厉，做得更好。"但就在 2013 年，翟瑛却没有能够交上这样一份"年终总结"。

"2013年全年，我家里的事情特别多。孩子生病，老人生病，先生的腿摔伤，我要照顾一家人，还要忙工作，真的是焦头烂额。"因此，这一年，瞿瑛迟到早退四次，次次都被扣了奖金。"当时写那一年的年终总结，坐在电脑前，我其实蛮感慨的。也许在别人看来，我的2013年工作表现并不突出，但只有自己知道，自己吃了多少苦，克服了多少困难，跨越了多少障碍。"有感而发，瞿瑛的年终总结没有按照以往的"套路"去写，她选择了倾诉"真心话"。

全篇总结，洋洋洒洒一千字，没有一句套话。"我写了自己这一年的不容易。比如，参加一场会务的组织工作，那天正好是我父亲手术的日子……"也是那一次，瞿瑛觉得"年终总结"并不那么枯燥。"我当时没有想过要靠一份总结去博得老板的同情甚至赏识，就像是写给自己的一封信，一个总结，让自己知道，那么困难的一年我都撑过来了，以后还有什么困难是我不能克服的呢？写完后觉得心里很安慰，很踏实。"

令瞿瑛没有想到的是，"总结交上去一个礼拜，我的上司找到我，说老板看了我的总结，蛮感动的，对我过去一年的工作表示了肯定，也觉得我是个能吃苦的人，希望我能担任综管部副经理。"

恰恰是这样一份"年终总结"，让瞿瑛在2014年初被提为公司综合管理部的副经理，"利用"年终总结的机会为自己一年的工作表现添上光彩的一笔。

 知识聚焦 >>

一、总结的概念

总结与计划有着密切的、不可分割的关系。从总结的角度来看，总结是计划执行的结果，做总结既要以计划为依据，也要对计划做全面的检查；从计划的角度来看，计划是上阶段总结的发展，制订计划是以上阶段的总结作为依据，又是做好下阶段工作的促进。计划主要是提出"要做什么"和"如何去做"的问题，而总结说明了"做了什么"和"做得怎么样"的问题。

总结是集体或个人在对前一阶段的思想、工作、学习等情况的回顾、分析、评价后，从中找出经验教训和规律性认识，以便指导今后的工作、学习的事务文书。

常常使用的"小结""体会""回顾""报告"等，也是属于总结的范畴。

二、总结的特点

（1）在内容上，是对已经做过的一个时期的工作进行全面的、系统的回顾、检查、分析、研究、归纳和提炼，把大量的感性材料集中起来，使之条理化、系统化、科学化。

（2）在方法上，是自我认识，自我解剖，自我肯定，自我表扬，自我批评，自我提高。

（3）在目的上，是肯定成绩，找准问题，悟出道理，明确方向。

（4）在体裁上，是对情况与事实作概略性的综合归纳，把感性认识上升到理性认识，从中找出事物发展的基本规律。

（5）在作用上，就是向本单位职工群众报告情况和向上级汇报情况，以及向外单位介绍情况和经验。

三、总结的种类

（一）按性质分类

总结可分为综合性总结和专题性总结。

综合性总结。它是对一个单位、部门系统或地区一段时间内各个方面的工作进行全面总结，具有全局性、整体性的特点，表达方式多以概述为主。在写作过程中，既要把各方面的工作情况反映出来，又要突出中心，抓住重点，纵深结合，关键是要总结经验和教训。

专题性总结。它是对某项特定工作或某一专门问题进行单项的深入总结，不牵涉与本问题无关的事，内容集中，针对性强。其特点是突出一个"专"字，要求内容专、主题专、事例专、经验专及写作手法专。一般按提出问题—分析问题—解决问题这一思路构思和写作。

（二）按时间分类

总结可分为年度总结、季度总结、月份总结等。

（三）按内容分类

总结可分为工作总结、思想总结、学习总结、生产总结等。

（四）按范围分类

总结可分为地区总结、部门总结、班组总结和个人总结等。其中，个人总结是对个人工作、学习、思想的总结或体会；内容单一，范围较小；有具体的事例，有理论，既叙事又见思想，表达方式常用叙议结合。

四、总结的结构和写法

总结无固定格式，写法上各有千秋。通常是由标题、正文和落款三部分构成。

（一）标题

1. 公文式标题

此类标题包括多种形式。

第一种是由单位名称、时间、事由、文种构成，如《昆明易扬科技有限公司2014年职工培训总结》。

第二种是由单位名称、事由和文种构成，如《昆明易扬科技有限公司销售工作总结》。

第三种是由时间、事由、文种构成，如《2014年教学研讨会工作总结》。

第四种形式是由事由、文种构成，如《职工岗前培训总结》。

2. 文章式标题

用简洁的语言概括出主要内容或基本观点，标题中不出现文种。这类标题多用于经验总结，如《经济要振兴，教育要先行》。

3. 双标题

采用正副标题，正标题点名文章的主旨、观点或概括主要内容，副标题表明单位名称、时间、文种等，这类标题多用于专题性总结，如《城乡体制改革：下一个改革目标——体制改革 30 年经验总结》《增强交通安全意识　提高自我保护能力——××学校"安全教育日"活动总结》。

（二）正文

总结的正文包括前言、主体和结尾三个部分。

1. 前言

前言也称导语，为概述情况部分，这部分要对工作范围、时间、情况进行概括式说明，对工作成果作出总的评价，使读者从整体上了解工作情况。要求写得简明扼要、高度概括、有吸引力，为主体部分展开打好铺垫。例如：

今年以来，从我的工作职责方面，我很感激公司领导的正确领导，公司各个部门及全体施工工作人员对我的大力支持和帮助。在安全工作方面基本上达到了安全生产管理目标，特别是，我们公司全年大小工程 100 余项，竟无一例轻、重伤事故发生，工程质量都能达到验收标准。这些功绩的取得与我们公司全体员工的努力是分不开的。

2. 主体

主体部分分析情况，是总结的核心部分，主要包括以下几方面内容。

（1）成绩收获。它是总结内容的主要部分，占篇幅较多，要写得具体详细。在全面总结里，要具体介绍工作任务完成情况，也要说明在工作中取得的精神成果和物质收获。写法上既要概括面上的情况，也要列出典型例子和具体数据。形式上，可用小标题或用序数逐条标出，清楚醒目。

（2）经验体会。经验就是做法，体会是把经验上升到理性认识上，找出规律性的东西，从而用这些规律指导新的实践，把工作推向前进。这部分是总结的核心，无论是综合总结还是专题总结都必不可少，而且笔墨要浓，篇幅要大。

一般情况下，成绩和经验部分会合在一起写，先谈成绩，再来写经验体会。例如：

一、我认为取得全年安全生产这么好的成绩，主要是公司各级领导的高度重视和正确指导，公司全体员工的积极努力和配合而取得的。在这里我认为，有一个决定是我们取得全年安全工作方面无一次事故的重要一点，那就是坚持开好班前会。今年年初，牛经理在早会上就提出了班组每天的班前会必须组织召开。利用班前会的活动时间安排当天的工作、交代当天工作的安全注意事项、传达公司当前的主攻目标和战略部署，使每个员工都有明确的了解。由于我们坚持好了这项工作，对我们公司的安全工作、工程进度及工程质量都起到了良好的作用并打下了坚实的思想基础。在实际生产活动中也体现了这项工作的真实效应。

　　二、今年以来，做到了对重点工程的施工现场进行监督检查指导。也只有这样，才能及时发现问题和一些隐患，才能及时得到处理和解决。今年公司的项目有县城改造；防窃电、线损自动生成；十几家的临时电；部队、辽警专、回迁区锅炉房的变电所；三个回迁区的变电亭及高、低压外线；西郊干、西郊南干柳树村分、辛岔干电缆工程等。施工地点分散，工程工期有紧有缓，我在张部长的领导下基本上做到对施工现场进行检查。从这些项目的施工过程到验收送电95％以上的工程项目都能达到验收标准，也都能在要求的工期内完工。确实做到了保质、保量、保安全的完工任务。

　　三、由于今年的工程多人员少，空闲时间也少，所以在对施工作业人员的安全学习和教育工作就相应地减少了很多。今年我利用班前会和空闲时间对作业人员进行了四次的学习和教育，又组织他们进行了考试。还利用空闲时间组织班组进行了一次"施工作业人员进入现场的安全教育"的学习和考试。另外组织公司全员进行了一次安全生产法律法规考试（甘井子区考试），参加答题的人数达到了98％。安规安技的学习是提高我们作业人员的安全技术、防范技能，确保工程质量，防止发生人为事故的基础。我认为，虽然大家学习和教育的时间少，但通过学习和教育确实能够在作业人员的思想里起到一定的巩固和提高作用，对提高安全生产知识水平、操作规程技术的理解水平，在实际工作中能认真执行也起到了一定的作用。这也是我在以后的工作中必须做好并要坚持的。

　　（3）问题、缺点、教训。是指本该解决而尚未解决的问题，应简要地分析原因，并从中吸取教训。要抓住主要矛盾，切中要害。例如：

　　最后谈一下我工作中不足的地方：
　　（一）现场检查时有走过场的现象。（略）
　　（二）班组的安全活动记录检查督促不够。（略）
　　（三）发现的问题没有严厉地去追查以达到教育大家的效果。（略）
　　（四）组织作业人员安全学习及教育工作有差距。（略）

　　（4）今后的努力方向是主体的结尾部分，可针对存在的问题提出下一步改进工作的打算、设想、安排等，指明今后工作的努力方向。这部分采取概括化的写法，不宜写得太细。例如，"我将会在今后的工作中更加努力、尽职、尽责，克服工作中的不足之处，认真履行好岗位职责，站好自己的岗"。

　　（三）落款

　　如果单位或个人的署名已经署于标题下，此处可省略。如果是用于报送上级的总结，在落款时间后要在单位名称处加盖公章。

五、总结的写作要求

（一）全面收集材料，精心选择

　　总结要从实际工作情况出发，让事实说话，总结的基本材料是那些能够说明工作成果和规律的数字和事实。因此，写好总结，首先要有充足的材料，动手写作前先要全面收集材料。材料充足了，还要精心选择，选材时要注意"点"和"面"的结合，"面"是带有全面性的综合材料和数据，"点"是局部的典型的材料。有了这两方面的材料，写出的总结才会既有广度，又有深度。

（二）善于总结出经验

工作总结的价值在于对今后工作的指导作用。因此，写总结必须总结经验。所谓经验，就是经过实践得来的认识，而这种认识又带有一定的规律性，对今后的工作具有指导意义。不写经验，只写工作成绩、问题和今后意见，就不能达到总结工作的目的。

（三）安排好全篇的结构

总结通篇结构的安排要服从于中心内容，总结的写作切忌贪大求全，面面俱到，不要把总结一般的结构格局当作一种模式。全篇分为哪几部分，各部分的详略，都要由主题来决定。在安排结构中，为了便于构思，也为了醒目，可以运用小标题，概括出各部分的基本观点或主要内容。

（四）内容充分、具体

总结的主要内容是经验体会，经验体会要有说服力，就必须要写得充分具体，空洞无物或从理论到理论的总结是不能打动人的。因此，写总结要善于利用数字和典型事例，善于运用叙述、说明、议论等多种表达手段，对经验进行从实践到理论的阐述。

（五）语言简明、准确、质朴

工作总结必须真实地反映客观情况。因此，总结应该是直言其事，无需多余的修饰，更不可夸张。对情况的叙述既不要琐细也不要进行形象的描绘或比喻，而要在简要明晰、用语准确上下工夫。

 纠错训练

分析下面这篇总结，说明问题并修改。

应用文写作学习总结
财务管理二班 张明

"应用文写作"学习了 36 个学时，由张教授讲课。收获出乎意料地大。原来不想学，现在觉得越学越有味道；原来以为学不到东西，现在不论写作知识还是写作能力都有明显的提高。总的来说，有三点经验。

对公文，过去我只知道它是"官场文章"，对它的性质、特点、作用不了解也不想了解。我不想进"官场"，了解它干吗。现在知道了公文是专门用于党政机关单位办理公务的、作用巨大的应用文。还知道了如何根据它的性质、作用、特点来确定主旨、选择材料、安排结构、使用语言等知识、方法。

在学习写作中，"范文"有"示范作用"，它告诉我们"应该这么写"，"病文"有"警示作用"，它告诉我们"不应该那么写"。课本中有多篇范文，有多篇"病文"，大部分我都读了。特别是老师重点分析的，我学得更细致，将两种文章对照着读，具体弄清楚"为什么不应该那么写"，"为什么应该这么写"，这样学到的东西，道理明、印象深，很有用。

写作课是实践课，学习写作理论知识是为了指导写作实践，是为了写出符合要求的文章来。因此，老师布置的七、八篇作文我认真写，我还结合学生会工作写了好几篇。这十多篇作文，使我更实在地知道了文种"不应该那么写"和"应该这么写"的道理、知识，写出来的文章也基本符合要求。这对我将来参加工作很有好处。

　　总之，"应用文写作"课程的收获很大。感谢老师的教诲。

 课堂实训九

请你针对应用文写作课程的学习，撰写一篇总结。

　　应用文写作这门课程是一门应用性很强的课程，主题为其灵魂，材料为其血肉，结构为其骨骼，语言为其细胞。

　　通过反复训练，强化自身的写作技能，才能在实际生活、工作中"应用"起来。采用"团队学、竞赛学"的方式开展课程教学，同学们之间互动、交流，评比的演练，能够通过任务驱动、启发学习和加深对基本文种的应用。

 课后实训九

结合学校、生活实际，选择一个主题或自拟主题拟写一篇工作总结。

　　(1) 职业认知与专业见习工作总结

　　(2) 班长工作总结（团支书工作总结、……）

　　(3) 学生会工作总结

　　(4) 宣传部工作总结（外联部工作总结、……）

　　(5) 参加"点钞大赛""网络虚拟运营"竞赛、"暖树·护树"活动；参观"云南少数民族财会博物馆"……

任务三　简　报

 **案例导入**

　　工厂召开了知识分子座谈会，会议结束时王忠厂长对厂办秘书说："小张，把今天的会议情况写个简报，争取尽快打印下发。"

　　接到任务的秘书小张晚上加班赶写简报。他翻开当天的会议笔记，第一段先写了会议地点、参加会议的主要人员，着重写上"王忠厂长在百忙中参加了会议并作了重要指示"。第二段写了王厂长在会议上的四点指示，最后写了会议上几位不同年龄段知识分子的表态。底稿写好后，小张又认真地修改了一遍，在第二天上班的第一时间送交给王厂长批示。

　　谁知王忠厂长只看了稿子的第一页，就说："小张啊，回去改一改，注意要写全面点。"

　　小张想不通：以往自己写的东西一次通过的概率是很高的，今天是怎么了？

　　小张把自己写的会议情况简报看了又看，他把王厂长在会议上的讲话内容全部写了进去，他实在看不出有什么没写到的。想到最后，只好在会议上的知识分子发言那段加了些吹捧工厂成绩和厂长的正确决策的内容。

下午一上班，小张又把稿子送给了王厂长。令小张没想到的是，会议简报底稿厂长又只看了第一页，就生气地说："让你写得全面点认真点，你就是没听清。拿回去再改。"

小张没有任何招儿了，他实在想不通厂长所说的"全面点"这三个字是什么意思。他只好去找前任老秘书现升为工厂企管处处长的郭典请教。

"小张啊，你的稿子只差五个关键的字！"郭处长笑着说。

"只差五个关键的字？那么神。郭处长快告诉我，真说对了，我请你客。"小张高兴地叫道。

"这客你请定了！你回去好好看看昨天工厂人事处发的文件就清楚了。"郭处长坚定地说。

小张猛然想起昨天工厂人事处发的文件内容是：王忠同志顺利地从"专升本"班毕业，取得学士学位；并报经上级高级专业技术职务委员会评审批准，王忠同志从即日起获得高级工程师认证资格。

"我怎么这么笨呢！"小张自怨自艾地拍打着自己的脑袋。于是他很快地在底稿的第一段中"王忠厂长在百忙中参加了会议并作了重要指示"前面加上了"高级工程师"五个字，成了"高级工程师王忠厂长在百忙中参加了会议并作了重要指示。"

下班前，小张再次把会议简报底稿送给王厂长，只见王忠厂长在第一页扫一眼后，马上拿起笔在简报稿子的右上角写上"同意请打印下发王忠"九个字。

知识聚焦

一、简报的概念

简报是机关、团体、企事业单位编发的反映情况、汇报工作、交流经验、沟通信息的一种内部文件。它就是工作情况的简要调查报告、简要的情况报告、简要的工作报告、简要的信息报告等。一份简报可以是一篇文章，也可以是几篇文章。

简报是一种内部文件，但不是正式公文，不能代替"请示""报告"等正式公文向上或向下行文，但它在工作中起到重要的作用，起到下情上达、汇报工作、反映情况的作用，也可以上情下达、互通信息、交流经验，用以推动和指导工作，还可以发表一些典型经验和做法，供有关方面参考和借鉴。

简报是统称，根据不同的内容和需要，可以起不同的名称，常见的有"要情""动态""摘报""信息通报""内部通讯""工作通讯""简讯""简况""快讯""情况反映""内部参考资料"等，有时也称为"××之窗""××采风"。

二、简报的特点

（一）简约

简报最突出的特点是简约。简报的语言简，内容精，篇幅短，要做到开门见山，重点突出，一目了然，使人一看便能抓住要害。简报字数一般为几百字，至多不过千字。

（二）迅速

简报要把情况迅速及时地反映给上级或通报给有关部门和单位，以供处理问题时参考，这样才能起到应有的作用。而它的形式灵活、短小精悍、重点突出，比起其他文字材料来，编写、印刷都很方便及时。

（三）新鲜

简报内容新鲜，要有新意。简报要提出新情况、新问题和新经验。善于捕捉工作、社会生活中的"新"，使简报具有更强的指导性和交流性。

（四）客观

简报反映情况要客观，要做到情况和问题真实、准确，不能随意夸大或缩小。

三、简报的种类

（一）从反映的内容分类

1. 工作简报

它是一种反映本地区、本系统、本部门日常工作或问题的经常性简报，包括工作中新情况、新经验、新问题，成绩问题、经验教训、表扬和批评。对上级某些政策或指示执行的步骤、措施也可以反映，写法上要开门见山，抓住重要的、关键性的问题，用事实说话，恰当运用典型事例、典型语言或运用统计数字加以说明。

范例

教育部社会组织工作

简　　报

第 1 期（总第 13 期）

教育部社团管理办公室编　　　　　　　　　　　　　2012 年 12 月 14 日

本期要目

◆中国职业技术教育学会荣获 2011 年度全国性学术类社团 4A 级等级
◆部有关部门对中国教师发展基金会评比表彰活动进行核查

中国职业技术教育学会荣获 2011 年度

全国性学术类社团 4A 级等级

中国职业技术教育学会（以下简称学会）于 1990 年注册登记成立，是全国性非营利学术团体。学会内设 3 个工作机构，下设 26 个分支机构。多年来学会积极开展学术活动，研究职业技术教育的理论和实践问题，为我国职业技术教育改革与发展作出了积极贡献。在民政部组织的 2011 年度全国性学术类社团等级评估中被评为 4A 级，是教育部主管社团中唯一获得 4A 级评估等级的学术性社团。学会的主要做法是：

一、严守规章规范内部治理

学会严格遵守《社会团体登记管理条例》相关规定，依据章程制定了相应的管理制度。学会严格按照程序产生法定代表人，遵照"一届一备、变更必备"的原则，及时进行负责人等各项变更登记备案。

学会每届理事会都制定发展规划、年度工作计划，并严格遵照落实。学会重大事项采取会员代表大会表决的方式，按时进行理事会换届。学会注重内部制度建设，从严管理下属机构，并定期检查监督下属机构对学会规章规范落实情况。同时依托"中国职业技术教育"网，不断推进学会与下属机构和会员单位之间的信息化办公网络建设。

二、围绕服务职业教育改革发展出力献策

学会始终坚持立足基层，深入实际开展职业技术教育科学研究。组织开展国家重点课题研究，参与《国家中长期教育改革和发展规划纲要》职教部分研究，高质量完成了《职业教育发展的主要问题和对策研究》报告。组织开展了"中高职协调发展""中国职业技术教育校企合作基本现状"等专题调研。在纪念国家改革开放 30 周年之际，组织编撰了《30 年重大变革——中国 1979～2008 年职业教育要事概录》。同时，由学会出资在内部设立科研规划项目制度，促进中高职院校开展课题立项研究，申报项目数量与覆盖范围逐年大幅增加，课题完成质量高。

学会着眼服务职业技术教育，通过多种形式促进合作交流。紧密结合职业教育热点难点问题开展学术年会、分支机构学术活动等职业技术教育学术研讨。发挥学会的品牌作用和专家队伍优势，开展培训和咨询服务活动。同时不断拓展与外资企业和国外机构的合作交流，设立了"中国职教学会职业教育设计创意教学中心"，举办了"中德职业教育交流大会"等国际会议。

学会积极发挥咨询建议功能，参与承办了全国职业教育教材展示会、中职学校文明风采竞赛等多项活动，对《职业教育法》《关于中等和高等职业教育协调发展的指导意见（征求意见稿）》等相关文件提出咨询意见和建议，并参与举办了教育与行业企业的对接对话活动，探索产教结合、校企合作机制，为推动行业组织参与职业教育发挥重要作用。

三、注重宣传赢得社会积极评价

学会不断拓宽宣传渠道，增强影响力。加强对《中国职业技术教育》杂志的指导，并创办了《中国职业技术教育学会动态》报，扩大了版面，增加报道量。"中国职业技术教育"网目前在线注册用户已超过 10 万人，总浏览量超过 300 万次。学会通过不断夯实自身基础，严格规范规章制度，着眼学术，立足基层，不断取得工作实效和突出成绩，在全国职业教育领域和社会评价摸底中获得较高的满意度。

部有关部门对中国教师发展基金会
评比表彰活动进行核查

近日，根据群众来信举报和部领导批示精神，办公厅会同监察局对中国教师发展基金会以教育部名义举行评比表彰活动进行了核查。

经查，中国教师发展基金会开展评比表彰活动存在以下违规行为：一是未经批准举办评比表彰活动，且评比表彰活动过多。自 2009 年以来，中国教师发展基金会与设立专项基金出资方以中小学教师科研、教研、特色发展为主题，先后开展了 13 次评比表彰活动，并均召开了表彰大会。涉及全国 20 余个省市，受表彰学校 2200 多所、受表彰人数达 4600 余人。即便是在今年《社会组织评比达标表彰活动管理暂行规定》（国评组发〔2012〕2 号）（以下简称《规定》）发布后，教师发展基金会仍未按要求进行自查自纠，违规继续开展评比表彰活动。二是未经批准在活动中冠以教育部名义，并使用"全国"字号。根据《规定》要求，评比达标表彰项目或奖项的名称前只能冠以社会组织名称，未经批准不得冠以"中国""全国""国际""世界"或其他类似字样。教师发展基金会在未经批准的情况下，在历次评比表彰奖励活动的通知与奖励证书上均冠以教育部名称，并且奖励名称冠以"全国"字号。三是评比表彰活动存在变相收费。根据《关于做好社团组织评比达标表彰活动清理工作的通知》（民函〔2007〕1 号）和《规定》要求，评比达标表彰活动不得向评选对象收取任何费用，不得在评选前后收取各种相关费用或者通过其他方式变相收费，不得以任何形式与营利性机构合作举办或者委托营利性机构举办。自 2009 年以来，教师发展基金会与设立专项基金出资方联合举办的评比表彰奖励中有 10 次向参会人员收取了食宿会务等费用，并且会议由专项基金出资方独立承办。有些基层单位和个人多次被表彰。

报：教育部领导，民政部民间组织管理局，教育部社会组织管理工作领导小组成员
发：教育部主管的社会组织及其挂靠单位

教育部社团管理办公室　　　　　　　　　　　2012 年 12 月 14 日印发

2. 会议简报

它是及时反映、交流会议情况的一种简报，主要用于某些大型或重大会议，及时报道会议进展情况，与会者反映的问题、意见和建议，以及会议形成的决议和基本精神。当一个会议编发多期简报时，每期的主旨、选材可各有侧重，表述方法也可灵活多变，可采用"概括法"，即概括性地介绍发言内容，大会、小组会议的讨论情况，供会内外有关单位和人员了解会议概况；也可采用"重点法"，即重点地反映一个或几个人的发言，或者一个小组的讨论情况，以使与会者详细了解某一方面的情况；还可采用"摘录法"，对某些发言进行摘录，介绍发言概要，供相关人员参阅；有时也采用"归纳法"，收集各方面信息，进行综合与归纳，使会议反映的一些重大情况能够在简报中突出地反映出来，便于与会者了解和把握重点问题。

范例

政协会议简报
第 1 期
政协保亭黎族苗族自治县委员会大会秘书组　　　　　2011 年 1 月 19 日

政协保亭县第八届委员会第五次会议隆重开幕

1月19日上午9点，政协保亭黎族苗族自治县第八届委员会第五次会议在县会议礼堂隆重开幕。县委书记郑作生，县人大主任黄本二，县委副书记、县长彭家典，县委副书记黎宏标以及县委常委、县人大常委会副主任、县政府副县长、县法院院长和县政协离退休老领导应邀出席会议。会议开幕式由县政协副主席陈文治主持。

受政协保亭黎族苗族自治县第八届委员会常务委员会的委托，县政协主席郑金莲向大会作《县政协常务委员会工作报告》（以下简称《报告》）。《报告》从加强学习、增进共识，始终保持正确的政治方向；围绕中心、协商议政，为党政科学决策建言献策等九个方面，实事求是地总结了2010年政协工作，对2011年工作做了全面部署。《报告》指出：一年来，县政协在县委的正确领导下，为我县经济建设、政治建设、文化建设、社会建设及生态文明建设做出了积极贡献。《报告》提出：在新的一年里，县政协常委会要紧紧围绕县委和县政府工作大局，着力把握新形势下人民政协工作的特点和规律，充分发挥自身优势，主动开展群众工作，调动一切积极因素，把思想和行动统一到县委决策部署上来，把力量凝聚到实现"十二五"规划目标任务上来，不断开创人民政协事业新局面，为促进我县经济社会又好又快发展而努力奋斗！

县政协副主席王青云代表政协保亭黎族苗族自治县第八届委员会常务委员会向大会作《县政协八届四次会议以来提案工作情况报告》。她说，县政协八届四次会议以来，全体政协委员紧紧围绕县委、县政府中心工作，着眼于我县经济建设的发展，文化教育的提升，民生的改善等群众关注的热点、难点问题，积极撰写提案，共提交提案45件，经审查立案34件，不予立案2件，作为委员和单位来信处理9件。截止2010年12月底，34件提案在19个承办单位的共同努力下，除撤案1件外，其余全部办复，办复率达100%。她强调：在新的一年里，县政协提案工作要以党的十七大及十七届五中全会精神和县委十一届七次全体（扩大）会议精神为指导，坚持"围绕中心，服务大局，提高质量、讲求实效"的提案工作方针，贯彻科学发展，强调促进和谐，突出关注民生，着力提高提案本身质量和提案办理质量。同时，她还希望各位委员在中共保亭县委的领导下，围绕中心，服务大局，多建有据之言，多献务实之策，使提案工作在抢抓国际旅游岛建设，加快保亭又好又快发展中，发挥更大的作用。

紧扣发展主旋律 参政议政履职能
——政协保亭县第八届委员会第五次会议委员大会发言

1月19日上午10点，7名县政协委员围绕水源林生态环境保护、生态旅游、征地补偿款使用、保障性住房建设、特色小城镇建设、增加农民收入等专题分别作了大会发言。县政协副主席黄进辉主持会议。县政协主席郑金莲，副主席周文才、王青云、陈文治出席会议。县委书记郑作生，县委副书记、县长彭家典，县委副书记黎宏标、副县长王文平应邀到会听取了委员专题发言。

陈焕清委员在发言中就我县生态旅游发展方面提了五条建议：一是深化生态产业发展，做强旅游龙头产业；二是整合生态资源配置，打造低碳产业产品；三是加快产业结构调整，提高农业科技水平；四是合理推进城镇化进程，增强城镇辐射功能；五是加强人才强县战略，挖掘本土文化资源。

　　黄海明委员在发言中就加强我县水源林生态保护方面提了五条建议：一是加强宣传教育，减少人为破坏；二是加强对水源林的保护，加强执法力度，严厉打击侵占水源林毁林开垦行为；三是加强对河流、水库源头及周边的水源林保护；四是水源林的开发利用要合理；五是建立健全水源林保护补偿机制。

　　史宏浪委员在发言中就引导农民用好征地补偿款方面提了三条建议：一是引导理性消费，合理使用补偿款；二是帮助农民理性规划理财，积极参与再就业；三是完善保障体制，规范农民消费理财观念。

　　林明崇委员在发言中就促进我县保障性住房工作方面提了三条建议：一是做好长期规划，加强动态管理，建立健全监管机制，探索多元化的房源筹集方式，建立动态管理长效机制；二是完善配套支持制度；三是加强基础建设，充实加强专门管理人员的力量，建立保障性住房信息系统，对所建成后的保障性住房实行配套物业管理。

　　陈师委员在发言中就合理开发城镇资源，推进城镇化建设方面提了六条建议：一是保持良好的市场预期和发展前景；二是解放思想坚持可持续发展；三是提升城镇居民内在文化素质；四是重视企业在城镇化建设中的作用；五是注重城镇建设规范化；六是注重城镇生态环境建设。

　　黄健委员在发言中就提升热作产业科技含量，增加农民收入方面提了三条建议：一是建立健全热作科技推广服务体系；二是加大技术培训和创新力度；三是逐步完善信息服务网络。

　　关若英委员在发言中就推进保亭特色小城镇建设方面提了五条建议：一是坚持"大区小镇"发展定位，以县城为核心，做大三道镇和新政镇两个中心；二是结合"大区小镇"定位，做全做特城乡规划；三是整合和优化资源，巩固小城镇传统产业，引进和扶持新兴产业，全力打造有核心竞争力的支撑产业，发展科技型企业；四是加快农业产业化，促进农民增产增收；五是加大生态环境保护力度，发展小城镇绿色循环经济。

县委书记对委员大会发言材料作重要批示

　　出席政协保亭县八届五次会议的县委书记郑作生非常重视委员的发言，对7位委员在发言中提出的观点和建议给予了充分肯定，并在发言材料上分别作了重要批示。

　　在陈焕清委员《关于我县生态旅游发展的几点思考》的发言材料上，郑书记批示：请王文平副县长牵头，组织县旅游局、林业局和陈焕清委员继续深入研究，使之具体化，为我县发展森林旅游、乡村风情游提供决策参考。

　　在黄海明委员《关于加强我县水源林生态保护的几点建议》的发言材料上，郑书记批示：该建议很好，所提建议正是县委、县政府所想。此事在县生态保护推进会上已有部署，请县政府再派专人督办，吸收好的建议，并开展专项清理整治行动，对重点问题进行专项治理，加快落实保亭河、溪、水库等水源林保护措施。同时请县委办把水源林生态保护列入重点督办工作予以督查。

　　在史宏浪委员《关于引导农民用好征地补偿款的思考》的发言材料上，郑书记批示：请县政府予以重视研究。记得我曾对此及征地补偿安置提过要求，县政府可据此民意、委员的建议，拿出个意见以加强管理，以合民意。

　　在林明崇委员《关于促进我县保障性住房工作的建议》的发言材料上，郑书记批示：对保障性住房进行规范运作的时机已成熟，应早谋划，争主动，在这方面要用心出些规章办法。明崇委员的分析和建议有不少合理切合实际的事项，应吸收一并研究。请县政府安排分管副职抓。

在陈师委员《合理开发城镇资源，推进城镇化建设》的发言材料上，郑书记批示：这个建议可与招商项目目录的编制一并统筹。同时开展一次城镇化结合旅业发展的调研活动，拿出些推进我县城镇化建设的措施来，发挥县政府的调控作用。

在黄健委员《关于提升热作产业科技含量，增加农民收入的建议》的发言材料上，郑书记批示：这个建议实在、具体，有些是马上就能运作的。请热作中心在县政府以往有效的工作基础上，吸收这份建议的合理部分，以县政府的权限出个提升热作科技含量增产增收的措施。

在关若英委员《关于推进保亭特色小城镇建设的六项建议》的发言材料上，郑书记批示：这个建议应纳入县政府今年城镇规划工作中考虑。本次会议还有陈师委员的建议都涉及小城镇建设，应尽快开展一次专项调研，请政协与政府沟通，在这方面要有新建树。

简讯：

◆县领导亲切看望政协委员

1月19日晚上，县人大主任黄本二，县长彭家典，县政协主席郑金莲，县人大副主任陈木荣、董新富、张业伟、盆星光，县政协副主席周文才、王青云、陈文治、黄进辉一起来到政协委员驻地，亲切看望委员，详细了解委员的生活和工作情况。在与委员亲切交谈中，县领导对委员在过去一年里的工作表示肯定和感谢，并勉励大家要充分发挥政协职能，开好会、议好计、建好言、献好策，为我县"十二五"开好局、起好步做出积极贡献。委员们表示，将集中精力，以饱满的精神开好本次会议，围绕县委、县政府中心工作和群众关注的热点问题积极参政议政，建言献策，为实现保亭又好又快发展做出更大的贡献。

报尾（略）。

3. 动态简报

动态简报又称信息简报，是传播信息、反映动态、交流情况的一种简报，它以反映某些事物的运动、发展为主要对象，以反映新趋向、新问题、新变化为主要内容，为有关部门领导制定决策提供重要的参考依据。

范例

维稳信息简报

2010年第1期（总33期）

山阳镇社会稳定办公室编　　　　　　　　　　　　　　　　2010年1月

本期导读：

【治安动态】本月治安情况综述

【信访动态】本月司法信访综述

【维稳动态】我镇举办世博平安志愿者培训班

【纠纷调处】上海韵泽建筑装饰工程有限公司劳资纠纷得到圆满解决

【外口动态】来沪人员申领上海市临时居住证办证率达 92.33%

【简讯二则】

【治安动态】

本月治安情况综述

本月，共立刑事案件 26 起，比去年同期 41 起下降 36%。案件类别：入室盗窃（含企事业单位）15 起、盗窃三车（含电动车）2 起、其他盗窃 6 起、诈骗 2 起、抢劫 1 起，其他 1 起。共受理行政案件 118 起，共发生交通事故 97 起，本月打击处理人员 41 名，接处警 656 起。

【信访动态】

本月司法信访综述

本月，镇信访办共接待上访群众 32 批次，91 人次，其中集访 3 批次，48 人次。与去年同期相比，上访批次下降 9.38%，人次同比持平，集访批次上升 25%，人次上升 31.25%。到区上访 30 批次，37 人次，其中集访 4 批次，29 人次。与去年同期相比，上访批次上升 35.29%，人次上升 16.67%，集访批次上升 25%，人次下降 6.45%。到市上访 4 批次，6 人次，其中集访 1 批次，8 人次。上级转交办 24 件，其中一类件 6 件，二类件 2 件，三类件 15 件，四类件 1 件。周三领导接待群众上访 16 批次，27 人次，其中集访 1 批次，8 人次。

本月，镇司法窗口共接待来访 16 件，涉及 25 人次，其中法律咨询 20 件，31 人次，民事纠纷 3 件，12 人次。达成书面协议 2 件。

【维稳动态】

我镇举办世博平安志愿者培训班

1 月 28 日，我镇举办世博平安志愿者培训班，共有 200 多名平安志愿者代表参加培训。镇党委委员、纪委书记黄文达主持。

根据区综治委关于积极推进世博平安志愿者工作的要求，培训内容包括平安志愿者队伍管理、重点人员稳控、驻点守护以及治安巡防等方面。会议还邀请了区综治办综治科顾勤辉科长对平安志愿者服务队伍工作的相关内容进行详细介绍。

据悉，全镇共有平安志愿者 517 名，将组建成立山阳镇平安志愿者中队，按要求设立 21 个分队，分布在全镇 21 个居（村）委，此支队伍将在世博会期间全面参与社会面治安巡防等工作，充分发挥平安志愿者队伍的作用。

培训结束后，还播放了《中国的机遇、全球的盛会》世博专题宣传片和《平安世博》志愿者志愿服务专题片。

【纠纷调处】

上海韵泽建筑装饰工程有限公司劳资纠纷得到圆满解决

上海韵泽建筑装饰工程有限公司（乙方）的装修工人在位于山磊路东百毂龙水族用品公司（甲方）进行室内装修，但在装修过程中，甲方认为乙方没有按照其要求保质保量完成阶段装修任务，终止了与乙方的装修行为（甲乙双方并未签订装修合同），双方为此发生劳资纠纷。

事发后，镇分管领导在第一时间邀请区建交委、建管署相关人员，并会同镇综治办、山阳派出所、信访办、城建办、劳动监察、企发公司等部门召开协调会。会议主要请区建交委对施工方面的政策给予解释，通过大量的解释疏导工作，最终使双方达成共识。决定由镇城建办按照装修工程量定额，测量工程面积予以折算，具体装修费用由甲乙双方协商解决。该起突发性、群体性劳资纠纷因处置及时、措施有力，最终得到圆满解决。

【外口动态】

来沪人员申领上海市临时居住证办证率达 92.33％

截至 1 月 31 日，现有来沪人员 25 305 人。本月申领临时居住证 91 人，累计申领临时居住证 29 523 人（其中注销 5502 人，卡注销 27 人），实际申领临时居住证 23 208 人，办证率为 92.33％。本月续签临时居住证 578 人，累计续签 27 193 人，有效续签 12 923 人，续签率为 47.52％。累计退卡 1998 人，累计注销 22 470 人。

【简讯二则】

◆ 1 月 16 日，我镇开展金山农民画法制作品巡回展，30 幅生动又富于法制教育意义的金山农民画在镇政府食堂、镇社区事务受理服务中心等地进行为期 15 天的巡回展出。

◆ 1 月 22 日，"王静法官法律诊所"揭牌仪式在中兴村举行，区法院和区司法局相关领导、镇分管领导及中兴村相关人员参加揭牌仪式。

报尾（略）。

（二）从性质上分类

简报可分为专题简报和综合简报。专题简报是以反映某项专门工作进行状况的简报，它是围绕某一项专门工作或中心工作编写。综合简报集中反映一个时期或一个方面的主要情况和问题。

另外，从版期上分类，可分为定期简报和不定期简报。从时间上分类，可分为常规简报和阶段性简报。

四、简报的结构和写法

简报一般包括报头、报核和报尾三部分。

（一）报头

报头包括简报名称、期数、编发单位、印发日期、密级、编号。有些简报可以省略密级或编号。

（1）简报名称。位于报头中央，一般用红色大号黑体字，如《招商动态简报》。

（2）期数。位于简报名称的正下方，可以只有年度期数，也可是年度期数加总期数组成，如"第 11 期"或"第 11 期（总第 14 期）"。

（3）编发单位。位于报头左下侧，横隔线的上方，编发单位须写全称，如"云南财经大学中华职业学院教学与课程管理中心编""华中科技大学学生会编"。

（4）印发日期。位于报头右下侧，横隔线的上方，须写明编发日期的年、月、日。

（5）密级。简报如有保密等级，须在报头的左侧上方表明密级，如"绝密""机密""秘密"或"内部刊物，注意保存"等字样。

（6）编号。位于报头右侧上方位置。

（二）报核

报头和报核之间，用一条间隔横线隔开。报核在横隔线以下，一般包括以下部分：

1. 目录

如果一期简报包括了多篇文章，或者单篇简报内容较多，为了使简报的内容一目了然，便于阅读，则在简报下面编排目录或要目。

2. 按语

按语的位置一般在报头之下，标题之上，是根据简报内容缩写的提示语，以帮助读者加深理解和认识，一般会注明"编者按""编者的话""按语"等字样。

按语的写法有以下三种形式：评介性按语；说明性按语；提示性按语。其中，评介性按语主要写在具有典型意义或指导作用的稿件前面。一般要声明意义，表明态度，并对下级提出要求或提供办法。说明性按语介绍稿件的来源、编发原因和发至范围。提示性按语表明稿件内容，帮助读者理解稿件的精神。按语一般加在内容重要、篇幅较长的文稿前面，它并不是简报必备的结构要素，可以省略。按语的作者，一般由编发单位指定有关人员撰写。

范例

华中科技大学学生会

工作简报

2011 年第 3 期（总第 71 期）

华中科技大学学生会编　　　　　　　　　　　　　　　　2011 年 5 月 4 日

潮平两岸阔　风正一帆悬

——权益服务部工作新学期新发展专题简报

编者按：为了提高工作效率，更好的服务同学，2011 年 3 月，校学生会整合职能，将权益部与安全服务部合并，形成全新的权益服务部，并重新定位，建立全新的部门架构。在继承 2010 年权益工作思路的基础上，提出了立体式服务的理念，更加注重使用网络平台，特别是同学使用频率较高的社交网络平台进行信息的发布、搜集和反馈；并开始着手建立手机 WAP 及短信平台，形成立体的服务网络，为同学提供更便捷的问题反馈渠道。在学校领导和有关部门的大力支持下，权益工作得以顺利的开展，可谓是潮平两岸阔，风正一帆悬。目前，权益服务部的同学也正充满理想和热情，在为把权益服务工作做到国内高校一流水平而努力！

第一部分　近期专项工作情况

　　项目一：寝室走访（略）

　　项目二：华中科技大学学生会人人网公共主页及新浪微博的日常维护（略）

项目三：宿舍安全建设工作（略）

项目四："3.15 我们在行动"维权服务日（略）

项目五："食堂给力之行"系列活动第一期"食堂侦察兵"（略）

项目六："热水器，给力否?"调查活动（略）

项目七：校内各专项服务队整合（略）

项目八：建立遗失证件信息发布平台（略）

项目九：商贸管理委员会筹建工作（略）

第二部分　其他临时性工作进展

3 月 3 日，权益服务部同学接到关于韵苑 5 栋漏水的投诉，通过与物业总公司的沟通之后，相关职能部门于当天派出维修人员进行检修；

4 月 2 日，收到反映各处超市饮料价格不一致的投诉，次日部分部员对全校所有超市 100 多种饮料价格进行调查统计，未发现问题；

（以下略）

3. 标题

每篇简报都必须有标题，类似于新闻标题，要求简明概括正文内容或主题，表明作者的观点，精练恰当。标题可以是单行标题，也可以是双行标题。

4. 正文

正文写法类似于新闻写法，一般包括前言、主体、结尾和具名四部分。

前言相当于简报的导语。主体是简报的主干部分，是对前言的展开，使其具体化。结尾比较简单，也可不写。具名是提供简报材料的单位或个人姓名，写在正文后右下角并用圆括号括上。如果作者是编发单位，则可不具名。

（三）报尾

报尾位于简报正文之下，与正文部分也用一条横线隔开。包括发送对象、范围及印发份数。发送对象、范围位于报尾的左边，接受文单位的级别，顶格由上往下依次写明"报：××""送：××""发：××"，报的单位是上级机关，送的单位是平行或不相隶属的机关，发的单位是下级单位。印发份数位于报尾右侧，注明本期的总印数，此部分可省略。

五、简报的写作要求

（一）选材要精心

无论是领导机关还是一般的工作单位，每天都要接触大量的情况和问题，但不能都上简报，而要有所选择。选择哪些材料上简报呢？总的说来要选择那些有意义的材料。首先，选择那些与党的方针政策密切相关或涉及本部门的中心工作的重要情况、典型经验等材料；其次，选择那些有倾向性的苗头问题或带有普遍性的雏形经验；再次，不仅要选取那些正面的材料、成功的经验，也要选取那些反面的情况、失败的教训。因为正面情况可以正面报道或通过其他渠道反映，而一些反面情况则不宜公开报道，正好可以发挥简报这种内部材料的作用。

（二）材料要准确

简报应力求亲自调查研究，从时间、地点、参办人员到事情发生的来龙去脉、前因后果，特别是引用的数据、人物的语言等，一定要核实清楚、准确。如果是别人反映的，应加上"据××反映""据××说"等。需要对工作的基本情况作出估价时，要适当、客观，既不夸张，也不缩小，要掌握好分寸，思想动态尤忌无限上纲或肆意美化。拿不准的宁可不反映，也不可想当然地贸然反映，以免造成不良后果。

（三）编发要迅速

简报的时间性很强，紧急情况必须立即反映，使领导机关及时掌握和处理，否则时间一过就没有意义了。要做到快，除了采写者精力集中、文思敏捷外，还要做好调查研究，抓住要害，紧追不放，了解情况具体而全面。

（四）语言要精练

每篇千字，使人能在短时间内读完。要使简报简短，一是要专，一事一报。如果内容较多，可分篇写，一篇突出一个问题；二是要注意文字简练，开门见山，直截了当，不用形容夸张之类语言。层次要清楚，段落要分明。意思不同的段落，可以加小标题。

（五）读者对象要明确

有的简报是供下级或群众阅读，或者向他们传达的，有的是供内部阅读的，有的是供上级阅读的，还有的只供上级个别领导阅读的。它们的写法、反映问题的深度、字数的多少都有所不同，要区别开来。

 纠错训练

分析下面这两篇简报，说明问题并修改。

(1)

共青团云南财经大学委员会

团学工作简报

2014 年第 6 期（总第 12 期）

共青团云南财经大学委员会编　　　　　　　　　　　　　　　　2014 年 1 月 7 日

　　12 月 28 日晚上 7 点在云南财经大学北院体育馆如期举行"中华职 SHOW 暨首届毕业生推介"活动。

　　12 月 26 日，下午 1 点，中华第二届创业计划"网络虚拟运营"竞赛开幕式在行知 304 举行。

　　12 月 26 日，工商管理教学部在学院党委、团委的部署下，由部主任助理晏老师带领团总支、学生会、青协主要学生干部和优秀干事前往校本部参观校史馆、云南少数民族财会博物馆。

　　12 月 24 日，为期一周的"总裁助理班"集中培训活动已经进行了 3 天，为丰富总助班学员的上课内容，我院聘请了中天教育集团、云南前程伟业人力资源管理有限公司、昆明理想教育、昆明修为科技有限公司 4 家名优企业的 4 名企业家讲述了总裁助理需要具备的技能、能力，与学生进行职场对话，总裁助理班的 36 名同学全部参加了此次集中培训活动。

　　12 月 20 日下午 1 点，语言教学部主任团学助理柏老师带领教学部内主要学生干部在足球场举行了"语言教学部学生干部拓展训练活动"。

　　12 月 19 日财会部"昆明映像·滇池冬季恋歌"主题活动之"美·定格瞬间"在学院中干道的宣

传栏展示。

　　12月10日19点30分，商务与旅游教学部在敏行公寓旁露天停车场举行"薪火日篝火晚会"。

（2）
2014年第56期入党积极分子培训班简报
2014年10月第2期

　　10月15日，我校党校第56期入党积极分子培训班在学校党校教室举办，培训班举行了简短而庄重的开班动员仪式。开班式由党委宣传部部长许汪阳主持，校党委副书记陈海帆作了动员讲话。陈副书记就端正入党动机、自觉践行社会主义核心价值观、遵守党校纪律三方面内容对培训学院提出了三点要求：一是要进一步提高思想认识，端正入党动机。二是自觉践行社会主义核心价值观，加强党性锻炼。三是模范遵守党校纪律，确保培训取得实效。来自全校相关学院的共158名"积极分子"参加此次培训。

　　本期培训班共安排了六个专题讲座，分别是田明副教授的《党的最终目标和现阶段任务》、曹清教授的《共产党员的基本条件与素质要求》、赵建设副教授的《党的奋斗历程》、陈铭教授的《中国共产党的性质》、马良副教授的《中国共产党的指导思想》牛国伟教授的《理想信念教育》。为了讲好这些课程，授课老师们都进行了认真备课，制作了精美的课件；在教学中，坚持理论联系实际，用通俗易懂的语言帮助学员们掌握和理解先进理论。学员们纷纷表示，党校老师们的讲课艺术高超，内容严谨深刻，举例活泼生动，信息容量丰富。

　　通过这次培训学习，学员们对中国共产党的性质、组织制度、指导思想、现阶段任务、最终目标、党员的权利和义务等有了更为全面和深入的了解，对党的认识上升到了一个新的层次，对党的先进性有了更深刻的体会，对加入中国共产党的信心和决心更加坚定了。

　　市场营销13-2班李芳认为：通过入党积极分子培训，不仅使我在理论上有了更深的了解，在思想上也有了进一步的追求。自觉端正入党动机，摆正自己的位置，时刻按照党员标准严格要求自己的言行。作为一个入党积极分子，我将继续学习吸收党的知识，努力研究党的指导思想充实自己，争取早日成为合格的预备党员。

　　会计13-1班尤平认为：通过学习，我认识到端正入党动机，不仅仅是入党前的一时问题，而是贯穿于一个党员一生的事情。不论党组织是否批准我加入中国共产党，我都将一如既往地用共产党员的标准衡量自己，要求自己。不仅要在思想上争取入党，而且要长期的注意检查自己入党的动机，努力实践全心全意为人民服务，严守党的纪律，保守党的机密，对党忠诚老实，言行一致，在学习、生活乃至今后的工作中践行"三个代表"重要思想，起到先锋模范作用，为共产主义奋斗终生！

课堂实训十

根据以下材料为教学与课程管理中心编写一篇简报，要求提炼主题，语言精练。

材料1

中华职业学院学生喜获中国大学生计算机设计大赛一等奖

　　2014年（第7届）中国大学生计算机设计大赛落下帷幕，我院学生与北京大学等来自全国500余所院校的学生同台竞技，最终获得国家级一等奖二项，国家级二等奖五项，国家级三等奖三项，获奖等级和数量列居全省各高等院校第一名的优异成绩。

　　本届大赛是历届规模最大、覆盖面最广、参赛选手最多的一届国家级大赛，决赛共设沈阳、宁波、杭州、郑州四个赛区，2000余件参赛作品进入决赛。

　　去年学院在第6届中国大学生计算机设计大赛中就获得了优秀成绩。今年我院又上了一个更高台阶，其中，数字媒体设计普通组和课件6件作品进入东北大学决赛，中华民族文化组4件作品进入宁波大学决赛。

本次我院实现了全省高校在同一竞赛类别中同一高校获得两个一等奖零的突破，充分展现了我院学生扎实的计算机实践能力和较强的创新能力，以及我院培养学生的团队协作、拼搏奋斗的精神，同时也反映了我院领导高度重视，面向高职本科的计算机基础教学体系改革成功，指导教师水平高责任心强。决赛中，我院各参赛队在限定的答辩时间内将水平与能力发挥得淋漓尽致，赢得了专家评委和观众的高度肯定和赞许。

材料 2

中华职业学院首批赴台交换生抵台学习

9 月 14 日下午，中华职业学院首批 20 名赴台湾屏东大学学习的同学出发，到台湾进行为期一个学期（18 周）的研修课程学习。这是中华职业学院建院以来第一次以建制班形式组织学生外出游学。学院外事专干吴俊老师率队赴台。

15 日上午，台湾屏东大学为学院 20 名同学举行欢迎会，并向同学们介绍了屏东大学的基本情况及学习、生活条件。在校方相关负责人及学院带队教师吴俊的配合协调下，20 名学生已顺利入住宿舍，并在屏东大学教务系统中进行网上选课，即将正式进入课堂学习。

中华职业学院于 2013 年与台湾屏东大学签署合作意向书，就学院学生赴台研修课程事宜进行洽谈协商。

材料 3

新亚地产针对中华职业学院大四学生顶岗实习面试取得圆满成功

2014 年 10 月 16 日下午三点，昆明新亚房地产经纪有限公司到学院对即将进入顶岗实习阶段的100 多名同学进行了长达四个小时的竞聘上岗面试，最终录取学生达 90 多人，整个面试活动取得了圆满成功。

面试伊始，新亚地产人事部李经理进行了半个多小时的企业宣讲，首先为同学们详细地介绍了新亚地产的企业性质、企业规模、企业文化以及发展历史，让同学对新亚地产有了一个很全面的认识。昆明新亚房地产经纪有限公司成立于 1999 年，是最早推行连锁化、品牌化、网络化发展的新型房地产经纪连锁服务企业。在 15 年的发展历程中荣获了"中国房地产经纪百强企业""中国房地产经纪城市之星""优质房地产经纪品牌"称号、云南省"十五"房地产经纪"先进企业"称号等殊荣。目前，在昆明主城区拥有 200 余家直营连锁门店和 2000 多名专业地产置业顾问。"敬业、真诚、关爱、合作"是公司的核心价值观，公司注重人才培养，会定期为员工提供业务技能、专业知识、管理能力等方面的带薪培训，并且承诺为员工提供一个公平透明的竞争、晋升平台。接下来为同学们介绍了企业员工的薪酬待遇、绩效考核制度、用人标准及本次招聘顶岗实习岗位（置业顾问：50 名；按揭专员 5 名；招聘培训专员：2 名）。新亚地产人事部李经理积极回答了同学们的热情提问，使得学生们对新亚地产及招聘岗位有了更加深入的了解，同时也对接下来的面试有了更加坚定的信心。

宣讲结束，进入面试环节，参加面试的同学们按照报名顺序被分成了多个小组，每个小组由一名新亚地产人力资源专员进行面试。每个面试官的面试方式都各有特点，有的是一对一的提问面试，有的是以五、六个人为一组的小组现场推销模拟面试，有的是整体面试，虽然整个面试时间长达三个多小时，但都取得了良好的面试效果，在 100 多名学生中有 90 多名学生面试成功，整个面试活动取得了圆满成功。

材料 4

职业教育发展不能丢失本色
罗容海　《光明日报》2014 年 6 月 30 日

如果在当前大力发展职业教育的关键起点之时，不注重坚守职业教育的本色，而片面追求学生的高学历，或者追求学校的级别，不但不能真正提高职业教育水平，反而可能让职业教育已有的阵地丢失。

"印发《国务院关于加快发展现代职业教育的决定》《现代职业教育体系建设规划（2014—2020）》，标志着发展现代职业教育的顶层设计已经完成。"教育部副部长鲁昕在 26 日国务院新闻办举行的"职业教育改革发展情况"新闻发布会上作出上述表示。据悉，教育部等六部门日前联合印发《现代职业教育体系建设规划（2014—2020 年）》，规划到 2015 年初步形成现代职业教育体系框架，到 2020 年基本建成中国特色现代职业教育体系。届时，职业教育将扩展至研究生阶段，职业院校学生不仅可以由专升本，而且还可以考研。

解决职业教育长期以来最高只有大专层次的尴尬处境，打通职业教育和普通教育双向沟通的学历"瓶颈"，让职高毕业生拥有深造的权利和途径，顺利完成职业教育过程从低等到高等的过渡，实现与普通教育的平等待遇，这无疑是完善职教体系、促进教育公平的有力举措。

然而，任何新的举措也必然带来新的问题。当数以千万计的职业教育学生纷纷涌向本科、研究生阶段教育的时候，这些拥有了本科、研究生学历的职业教育毕业生，在同等层次的普通大学生、研究生们面前，他们是否还能拥有当年中职、职高毕业生的那种"接地气"的压倒性优势？这是当前不能不慎重考量的问题。

职业教育受欢迎和受认可，就在于人人拥有一门实用和精湛的技术，而并非在于学历高低，这才是职业教育的优势，也是职业教育的本色所在。如果在当前大力发展职业教育的关键起点之时，不注重坚守职业教育的本色，而片面追求学生的高学历，或者追求学校的级别，不但不能真正提高职业教育水平，反而可能让职业教育已有的阵地丢失。

这些问题如果通过妥善的观念引导，通过严格的高学历职业教育规模控制，通过有效的制度执行，如对本科教育和研究生教育加大工作经历和实践时间的要求，是完全可以避免的。但说到底，笔者认为，大力发展职业教育，与其让目前的职业教育走高大上路线，向层级化的普通教育看齐靠拢，还不如让普通教育多学习学习职业教育的精神，多沾沾基层应用技术和实践的"地气"，变成理论与技术兼精的高水平人才。而此次改革中，部分高校将从学术型转为应用型大学，甚至一些历史悠久的名校也将面临这一转型，也正是发展职业教育的有效举措。当然，这种改革也不能一拥而上，必须做好准备和配套工作，按教育规律循序渐进才行。

更进一步说，职业本身的特征决定了职业教育更应该跳出学历教育的固定思维，在终身教育和在职技能培训的众多领域中谋求更大的作为，这也应该是我们当前大力发展职业教育所不能忽视的广阔天地。

 课后实训十

根据以下提供的选题，以小组为单位编写一篇简报，要求收集学院所开展的与选题相关的各项活动，凝练主题，至少包括 3 篇文章。

（1）学生工作简报

（2）班级动态简报

（3）共青团工作简报

（4）教学工作简报

任务四　述职报告

案例导入

　　现代社会，管理越来越科学，述职也越来越常见。年终要述职，月末要述职，每周的开始或结束要述职，甚至被领导随机问到某工作进度时，也要述职……

　　述职，顾名思义，就是谈工作。主要是谈已做过的工作，从中总结经验和教训；当然，未来工作的设想也得谈一谈。"未来"和"过去"，约为三七开——"未来"占三，"过去"占七。

　　好的述职，会带来升迁的机会；差的述职，会带来被打入冷宫的危险——述职述不好，面子上下不来，职位和利益却很快就下来了，因为你表达不好你的亮点，你的价值被自己的一张拙嘴藏起来了。

　　干也干了，累也累了，为什么不好好表现一下呢？要知道，你的未来，既要由你的能力铺就，也要由你的"述职"铺就。把自己的功劳表一表，把自己的能力露一露，有什么问题，就提出来解决，有什么建议，就拿出来参考……领导会对你频频点头，同事也会像看"职场明星"一样看你。

　　述职就像一场戏的压轴部分，只有一丝不苟地对待它，才能为自己赢来完美的谢幕，并让观众更加热切地期待你的下一场演出。

知识聚焦 >>>

一、述职报告的概念

　　述职报告是指各级机关、团体和企事业单位的工作人员，就自己任职期间的岗位职责执行情况进行自我总结和评估，向上级领导和群众汇报的一种文体。

二、述职报告的特点

（一）专用性

　　述职报告一般是任职者对自己在规定的范围（职责范围）、时间（任职时间）内政绩的归纳、总结，具有专用性。

（二）严肃性

　　述职者要严格按照国家或单位统一规定的工作标准做总结汇报。因此，述职者的报告必须严肃认真、实事求是、用语准确、评述中肯。文字简明扼要、观点明确、语言朴实无华。

（三）自述性

　　述职者使用第一人称，本着对个人、对组织负责的态度，采用自述的方式做恰当的自我评述，检查、总结和汇报自己的工作情况，解剖、评价自己的工作。

（四）规定性

根据国家主管部门、单位人事部门制定的某一职位和职称履职标准，汇报个人履行某职位的情况，是否胜任某一职位、履行某一职位的能力如何。与现职位无关的工作做得再出色也不能写，具有规定性。

三、述职报告的种类

（1）从内容上，可分为综合性述职报告和专题性述职报告。

（2）从表达形式上，可分为口头述职报告和书面述职报告。

（3）从述职时间和范围上，可分为年度述职报告、任职述职报告和阶段述职报告。

四、述职报告的作用

第一，述职报告有利于提高述职者的自身素质。通过述职，对过去的工作进行回顾，总结经验，吸取教训，改进工作方法，以便在今后的工作中扬长避短，更好地完成各项任务。

第二，述职报告有利于上级机关和群众对述职者的考核。上级机关和群众可以根据述职报告，全面掌握述职者的工作情况，对其进行考核，作出评价。

第三，述职报告有助于发扬民主，接受群众监督。干部向群众汇报自己的工作，由群众评议，一方面可以让群众了解情况，增强透明度；另一方面群众评议又可完善干部的总结，密切干群关系。

第四，述职报告是现代管理的重要内容。述职报告已成为组织对有关人员进行考核的重要途径。

五、述职报告的结构和写法

（一）标题

标题有三种不同的写法。

第一种方式是文种式，直接写《述职报告》。

第二种方式是公文式，可由述职者、时间、内容、文种，或述职者、时间、文种构成，也可由述职者、文种构成。例如，《×××2013—2014学年幼儿园园长述职报告》《×××2014年述职报告》《×××述职报告》《我的述职报告》。

第三种方式是复合式，采用正副标题，正标题是对述职报告内容的概括，副标题写述职者、职务、文种。例如，《抓住机遇，迎接挑战——×××经理述职报告》。

（二）称谓

如果用于书面行文，写明称谓，如"同志们""全体干部、职工同志们""董事会"等。这项内容应顶格写，其后用冒号。

（三）正文

述职报告的内容应包括如下几个方面：岗位职责；主要工作，尤其是开拓性工作；

做工作的主导思想；评估任期内取得的成绩；讲明工作中的失误和存在的问题。

述职报告正文一般由前言、主体、结尾等部分组成。

1. 前言

一般包括两方面内容：一是任职简介，说明自己从什么时间起任什么职，并对述职的内容和范围作必要交代；二是简要概括评价任职以来的工作情况。

2. 主体

这是述职报告的核心内容，根据上级布置的述职要求，在回顾自己任现职以来或某一阶段全面工作情况的基础上，评估所取得的成绩，分析存在问题和努力方向。

具体来说，突出以下几个方面：

第一方面是思想政治素质方面，任职期间的指导思想，对党和国家路线、方针、政策，以及法规的执行情况，敬业爱业精神，工作态度和作风等。

第二方面是主要工作成绩，在任职期间如何按要求履行职责，对上级布置的任务完成情况，工作中解决了哪些问题，取得了哪些阶段性成果，社会效益和经济效益如何，有无开拓创新精神，自己的业绩获得哪些评价、奖励，自己总结了哪些工作经验，发现了哪些规律性的东西。

第三方面是存在的问题和原因，指出履行职责期间存在的问题和不足之处，找出主客观原因，提出今后改进的意见和措施。

通常有两种写法，第一种是纵式结构，按照时间顺序分几个阶段陈述；也可以把某项工作或任务按进程分阶段陈述，然后得出综合结论。第二种是横式结构，由于任职时间长，职责范围宽，则把自己职责范围内的工作分成几个方面来陈述。

3. 结尾

概括评价自己的工作并简要说明自己的体会及今后打算。通过上一部分的陈述、评估后，分析、判断自己是称职或不称职。然后再进一步写称职后有什么打算，如果是不称职，下一年自己该如何努力。

（四）结束语

作为向上呈报的述职报告结束语采用谦逊式、总结归纳式、表决心式来结束全文。通常用"特此报告，请审查""以上报告，请领导和同志们指正""以上是我的述职，谢谢各位""以上报告，请予审查"等习惯语收束全文。

（五）尾部

包括署名和时间两项内容。写明述职者的单位、职务和姓名，于其下写上年、月、日。

范例

2014 年述职报告

尊敬的各位领导、同事们：

时光如水，光阴似箭，充满机遇与挑战的 2014 年即将过去，通过上级领导的帮助指导，加之同事们的合作，各方面工作取得了新的成就，有了新的进步。按照公司安排，我于 2014 年 1 月到企管部就职，全面负责公司绩效考核、制度体系建设、流程管理等方面的业务，现将 2014 年履行职责的情况汇报如下：

一、加强科学管理，提高执行力，打造高绩效团队

1. 学以致用、科学管理，强化领导力。我于 2014 年度修完了 MBA 的各门课程，顺利拿到了毕业证书；通过主动学习，掌握了先进的管理思想和理念，在工作中，加强科学管理，强化领导艺术。

2. 清正廉洁、以身作则，提高执行力。我在工作中自觉与公司领导班子保持高度一致，不折不扣贯彻执行公司领导班子的决策和部署，按照公司战略发展的需要，注重与公司各级领导保持良好的沟通，尽心尽力开展工作。严格遵守公司的有关规定，廉洁从业，公正处事，坦诚待人。

3. 以文化为手段，打造高绩效团队。采取多种措施，营造良好的学习环境，着力提高员工素质。"人"是企业发展的第一要素，员工素质的高低决定着企业管理和发展水平。按照创建学习型社会的要求，结合企业经营管理需要，积极倡导建设学习型单位，采取"请进来、走出去"多种形式的学习教育培训方式，使在岗位人员经过培训人人持证上岗，以良好的学习氛围带动员工愿学乐学好学的学习热情，从而使企业整体文化水平与业务素质得到全面的快速的提升，为企业发展奠定坚实的文化基础。

二、立足本职，尽心尽力，完成公司布置的各项任务

1. 制度管理有序推进。出台了《神东集团公司制度管理办法（暂行）》，明确了公司制度的管理原则，规范了制度制定的流程。全年共整理公司有效制度 339 个，废止了 22 个制度，167 个制度需要修订后执行，需要新增 74 个制度。

2. 卓越绩效与体系管理全面提升。对体系进行再次修订，通过融入新的管理方法，使神东的体系管理达到纵向统一、横向协调。11 月份，通过了中国质量协会组织的四体系运行情况的审核。

3. 绩效考核效果显著。完善考核办法及薪酬制度。根据全年的目标任务进行层层分解、人人细化，按照"多劳多得、按劳取酬"的原则，制定合理的薪酬分配方案，按照技术含量、劳逸程度、责任大小、工作贡献等系数指标适当地拉开岗位（职务）分配差距，绩效工资细化考核到每一个岗位。同时强化考核体系，加大考核力度，奖勤罚懒，激发企业内在活力，调动职工工作的主动性、积极性与创造性。

4. 流程管理长足进步。按照总体规划、分步实施的方案，建立了全公司的流程管理体系和机制，下发了《业务流程管理办法》《业务流程知识手册》等系列相关制度。举行了业务流程和绩效考核知识竞赛，使流程管理理念深入人心。

三、存在的问题和不足

1. 流程管理项目的应用水平不高，阶段化成果没有完全转化为核心能力。业务流程节点多，管理链条长，运行效率低，与公司快速发展的要求不相适应。

2. 绩效考核的关键指标设置有待继续完善，奖罚力度需继续加大，绩效考核的激励与约束作用还需进一步强化。

3. 部分业务经常进行调整或重组，导致制度、流程不够健全，给制度和流程管理工作提出了较高的要求和带来了巨大的压力。

四、今后努力的方向

1. 流程管理成为常态化的管理，充分应用项目成果。完善流程管理体系，力争

2015 年上半年顺利开展业务流程第二期工作。同时，及时对业务进行流程梳理和优化，使流程管理成为常态化的管理。

2. 强化绩效考核，充分调动员工的主观能动性。加大奖励力度，调动员工的积极性，提升公司的绩效管理水平。

3. 加强制度建设，充分指导管理实践。将制度管理和流程管理紧密结合，不断完善，形成科学的管理制度和相匹配的高效流程，逐步使公司的管理走向科学化管理，从粗放管理走向精细管理。

总之，2014 年企业管理部在公司领导的坚强领导下，各部门的全力配合下，在全体员工的辛勤工作下，顺利地完成了各项任务。展望未来，我必当加强各项工作的学习，尽心尽职，勤勉工作，不断开拓进取。

以上报告，请予审查。

神东集团公司

述职人：田华

2014 年 12 月 26 日

六、述职报告的写作要求

（一）实事求是

述职既要讲成绩，也要讲失误，既要讲优点，也要讲不足。处理好主管和协管之间、个人与同级之间、个人和集体之间的关系，既不能占据功劳，也不能把失误责任推给别人。对于主管工作，履职情况的陈述要做到公平、准确，语言要有分寸，要实事求是、恰如其分，不夸大，不贬抑。

（二）内容全面

述职者陈述职责内的所有工作，如果内容不全面，使上级领导和群众不能了解工作的全貌，就难以对述职者的工作作出全面公正的评价。

（三）语言简练

尽量少用"基本上""大体上""差不多"等模棱两可的用语，要做到准确、简练。

（四）突出重点

述职报告中陈述重点放在工作业绩，重点问题的决策，重点问题的解决和重点难关的突破，重点项目的经济效益，重点事情的处理和重点人的思想工作等。

 纠错训练

分析下面这篇述职报告，说明问题并修改。

时光荏苒，岁月如梭。转眼间一年即将过去，在过去的一年里，我很荣幸，同时也感谢老师、同学对我的帮助。

严于律己，不断进取。

1. 我于 2014 年 4 月递交了入党申请书，同时也完成了入党培训，在党课的培训中深知党员的义务和责任，虽然现在还是入党积极分子，但从向党组织递交申请书的那一刻起，就决定以一个正式的党员身份严于律己，不断进取，争取早日成为一位优秀的党员。

2. 我参加了学院 2014 年第二届创业计划"网络虚拟运营"竞赛，获得二等奖。

3. 我参加了 2014 年全国大学生英语竞赛，获得国家三等奖。

立足本职，积极响应老师和班干的号召，积极参加学院各项活动。

1. 2014 年 10 月，我组织班干和同学们出了三期的黑板报，老师会当场指出我的不对之处，让我及时改正过来，这是我在其他地方没法学到的东西，这和老师的精心培养是分不开的。

2. 2014 年 11 月，我参加了学院第八届田径运动会开幕式的演出。

3. 2014 年 12 月，我参加了学院元旦晚会的排练。

存在的不足和努力的方向

1. 与老师、同学们的沟通不够，仍需提升沟通能力。在以后的工作中，更加注重做好下达上传工作，使沟通更为顺畅。

2. 工作尚欠大胆，创新意识不强，仍然靠经验办事。我打算带领同学们参加更多的班级活动，让同学们的课外生活更加丰富多彩。

3. 对同学们的学习关心不够。毕竟大学是学习的地方，我准备组织同学们开展学习活动，组织晚自习。

以上就是我作为班长的述职报告，请相信我一定会在以后的学习工作中做得更好！

王凯为

2014 年 12 月 21 日

 课堂实训十一

根据以下材料，以学院办公室主任身份拟写一篇述职报告。

材料 1

李立伟，男，24 岁，管理学硕士。根据学院工作安排，2014 年 2 月到办公室工作，担任办公室主任。近一年的辛勤工作，他做到独当一面，尽职尽责，努力工作，也逐步认识到办公室是一个单位的综合办事机构，在一个单位中处于中枢和要害部位，是协助领导办理专门事项、辅助和协调整个日常工作的部门，是沟通上下的咽喉，联系左右的纽带，对外交流的窗口，传递信息的中枢，领导决策的外脑和处理日常事务的手足。

办公室的基本任务是参与政务、管理事务、搞好服务，主要包括辅助决策、管理事务、起草公文、协调关系、调查研究、收集信息、制定规章制度、管理会议、收发信函、接待来访、招待客人、档案管理等工作。

材料 2

办公室主任基本职责如下：

1. 承办职责

坚持严肃认真、从速办理的原则，直接"主办"，或联合各职能部门"会办"，绝不耽误任何一件交办事项。主要事项包括领导层的集体决策和领导个人交付办理的事项；牵涉面广、归属不太明确、其他职能部门不便于也不宜承担的事项；组织部、校办等职能部门交办的事项；教师、职工转办的事项。

2. 参谋职责

调查研究、收集各方信息，把调查中获得的大量第一手资料进行综合分析，及时向领导反馈，协助领导决策。

3. 管理职责

既要参与政务，又要承办大量的事务，事务管理是办公室主任不可推卸的责任。例如，文书管理包括各种公文处理、领导交付的各项文书撰写；事务管理包括会议组织、公务用车管理、办公采购等事项。

4. 协调职责

抓好纵向协调，致力于上下级之间关系融洽，做到上令下行，上情下达，上下紧密配合，步调一致。抓好横向协调，致力于各职能部门之间的协调，做到各职能部门良好运转。抓好内部协调，做好内部人员、内部事务管理，形成团结高效的团队组织。

材料3

2014年，李立伟工作情况如下：

（1）协助领导做好行政管理工作，做好召开教职工大会等会议准备，以及学院各项活动的通知、组织和记录等工作。

（2）协助领导做好各种文件的收发、保管和使用好学院印章、介绍信和证明等管理工作。

（3）完成了2014年度学院各项工作的资料收集、整理、归档及各项统计报表的上报工作。

（4）协助上级部门公平公正地做好各项人事调动、职称评定等工作。

（5）做好其他兄弟单位及相关部门的协调工作，做到重大问题及时反馈、上报。

（6）为市场营销13-1班的本科生讲授《管理学》，指导全国大学生英语竞赛学生2名，学生成绩优异获得国家三等奖。同时，获得2014年云南省高等职业学院学生技能大赛"优秀工作者"称号。

（7）完成领导布置的其他工作。

李立伟在2014年在工作中服从领导分工，在生活中，坚持正直、谦虚的生活作风，尊重领导，团结同事，以诚待人，能够正确处理好与领导、同事之间的关系。

材料4

由于李立伟办公室管理经验欠缺，仍然存在一些不足之处：

（1）政策法规学习掌握不够，撰写重要公文的经验欠缺，组织大型活动的驾驭能力有待提升。

（2）遇事易急躁，不能冷静、客观全面分析问题。

（3）与领导和职能部门沟通不够，沟通协调能力有待提高。

下一年度，李立伟的工作打算如下：

（1）完善办公室工作规范、绩效考核制度、文件管理制度，使办文、办事、办会等各项工作开展更加规范有序。

（2）积极与领导和各职能部门进行交流学习，提高服务质量。

（3）继续努力，廉洁自律，态度热情，尽职尽责，不断开拓，求实创新，努力做好学院办公室的各项工作。

 课后实训十一

根据以下提供的选题或自拟选题，拟写一篇述职报告。

（1）班长述职报告

（2）团支书述职报告

（3）学习委员述职报告

（4）青年志愿者述职报告

（5）其他述职报告（自选）

项目四　常见书信类文种训练

任务一　求　职　信

　　2003年，巧克力之父弗斯贝里的公司获准登陆中国市场后，通过媒体发布一则招聘公告：请你用一句最简洁的话，回答下面四位著名人士到底在说些什么。

　　一、1954年4月2日，苏黎世联邦工业大学建校100周年，邀请爱因斯坦回母校演讲，爱因斯坦在演讲中说了这样的几句话："我学习中等，按学校的标准，我算不上是个好学生，不过后来我发现，能忘掉在学校学的东西，剩下的才是教育。"

　　二、1984年6月4日，诺贝尔物理学奖获得者丁肇中回母校清华大学演讲，在接受学生提问时说："据我所知，在获得诺贝尔奖的90多位物理学家中，还没有一位在学校里经常考第一。经常考倒数第一的，倒有几位。"

　　三、1999年3月27日，比尔·盖茨应邀回母校哈佛大学参加募捐会，当记者问他是否愿意继续学习拿到哈佛大学的毕业证书时，他向那位记者笑了一下，没有回答。

　　四、2001年5月21日，美国总统布什回到母校耶鲁大学，接受荣誉法学博士学位。由于他当年学习成绩平平，在被问到现在有何感想时，他说："对那些取得优异成绩的毕业生，我说'干得好'，对那些成绩较差的毕业生，我说'你可以去当总统'。"

　　公告发布后，400多名优秀的大学生参加了应聘。然而只有一位学生接到聘用通知。这位学生是怎样赢得这个机遇的呢？他的答案是怎样的呢？

　　假如你就是应试者，你将如何回答这个问题？

一、求职信的概念和作用

（一）求职信的概念

　　求职信又叫自荐信，是求职者主动向用人单位推荐自己，谋求某一具体职业岗位的书信。在该书信中，求职者需介绍个人的基本信息和具备的技能和专长，提出供职要求，表明可以胜任某一岗位，期望用人单位相信求职者的才干，并考虑聘用。求职信有很强的针对性和期复性。

（二）求职信的作用

随着社会竞争越来越激烈，大学生走出校园面对的都是"史上最难就业年"，毕业生想在就业市场上快速地找到一份称心如意的工作并不容易。如何在人山人海的人才市场找到一份理想的工作，或是得到某家企业的赏识，求职信就如同一块"敲门砖"，想要有效地推销自己，写好一份求职信至关重要。

求职信的使用频率高，在日常生活中的重要作用也愈加明显。主要表现在以下两个方面。

1. 沟通交流，初识求职者

一般情况下，用人单位在招聘时都要求求职者先递交求职材料，以达到对求职者的初步了解和筛选。在这一环节中求职信就如同是求职者的"脸面"，求职者在求职信中需要扬长避短，尽可能地凸显专长和技能的优势。

2. 全方位展示自我，成功应聘

用人单位通过求职信初识求职者，一份出色的求职信能够吸引住用人单位的人事主管的目光，获得面试的机会，增加成功应聘的概率。

二、求职信的特点

（一）针对性

不同职业、不同岗位，对人才的需求是不同的。求职信需要针对用人单位对岗位的要求、求职者特点和求职目标针对性地书写，从而提高求职成功的概率。

（二）自荐性

求职者要恰当地推销自己。求职者求职时，"放之四海而皆准"的求职信对求职者来说是不行的，必须针对不同的企业、不同的岗位，求职信的内容也应该不一样。它是求职者和用人单位之间沟通的一种媒介，求职者要恰如其分地展现自己，用自己的"闪光点"来引起用人单位的兴趣。

（三）求实性

求职信要实事求是，不能夸大其词、言过其实，更不能弄虚作假、编造虚假信息。

三、求职信的结构和写法

应聘单位的不同，求职岗位的不同，求职信的内容和结构略有差异。求职信的标题写在第一行，写上"求职信"三个字，要求书写在页面正上方的中央位置，求职信主要包括称谓、正文、结语、落款和附件几部分。

（一）称谓

称谓顶格书写，写用人单位名称或是负责人姓名职务。

在写求职信时，若是写给用人单位的负责人，而且对负责人姓名和职务信息不甚清楚的情况下，也应该注意称呼的书写，称谓要恰当，郑重其事。如果是国家机关、事业

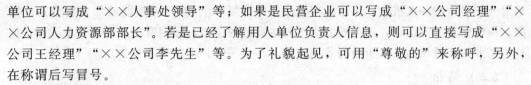

单位可以写成"××人事处领导"等；如果是民营企业可以写成"××公司经理""××公司人力资源部部长"。若是已经了解用人单位负责人信息，则可以直接写成"××公司王经理""××公司李先生"等。为了礼貌起见，可用"尊敬的"来称呼，另外，在称谓后写冒号。

如果称谓是单一的，譬如"王经理"，为了突出礼节性，用"您好"问候语；如果称谓是单位或部门名称时，问候语可以省略。

（二）正文

正文要另起一行，空两格开始书写正文的内容。正文是求职信的核心，其形式多样，内容较多，需要分段书写，可以从以下几个方面书写。

1. 个人信息介绍和求职原因

个人信息介绍主要是简要介绍个人信息，包括姓名、性别、年龄、民族、籍贯、就读学校、所学专业、家庭住址等信息，应根据需要进行选择说明，注意简洁，切忌冗长。

求职原因则是说明书写求职信息来源、求职意向等内容。介绍求职信息来源会使求职信显得自然、顺畅，否则会使收信人感到意外、突然，求职信也缺乏过渡和照应。求职意向是向收信人表明自己的求职意愿。

该部分是正文的开端，内容要简明扼要，把握好分寸，对所求职的岗位和职务，既不能要求过高，也不能模棱两可，避免自负或自卑的感觉，要求态度要明朗，要引起对方兴趣看完材料。例如：

我是张三，现年22岁，男。是一名市场营销专业的大学本科毕业生。我从智联招聘网站上得知贵公司招聘一名区域销售专员的消息，我不揣冒昧地毛遂自荐，相信贵公司定会慧眼识人，会使我有幸成为贵公司的一名销售人员。

2. 扬长避短，全方面介绍自己

用人单位会重点考察求职者是否有能力胜任该工作，所以该部分是求职信的重点内容。需要详细介绍自己应聘的优势，阐述自己将如何满足用人单位的需求。在介绍的过程中要扬长避短，突出自己的闪光点和优势。切忌"眉毛胡子一把抓"，阐述所有经历。

如果还是刚毕业的大学生，没有相关的工作经验，那么在求职信中就应该重点描述自己在校期间所取得的一些成绩，可以是证明自己专业能力的成绩或证书，也可以是参加活动、比赛获得的成绩等。如果是已经在社会上有过相关工作经验的人员，那么在求职信中就需要重点介绍在工作期间取得的成绩、突出的业绩等能凸显自我优势的内容。

该部分的内容要有说服力，一方面需要积极地展现自己的优势所在，另一方面也需要注意语言要中肯，不夸大其词，态度要谦虚诚恳，达到见字如见其人的效果，给用人单位留下深刻的印象。

3. 表达愿望，干净利落收尾

该部分表达自己对这份工作的渴望，表明自己加入对方单位的迫切希望，期待得到对方的认可和接纳，并留下自己的电话号码、电子信箱等联系方式。例如，可以用"希望贵公司能给我一次机会，热诚地期待公司的答复""我热切希望能够加入贵公司的团队。谨候佳音"等话语，用真诚的语气表达自己的愿望，做到言语恳切，不卑不亢，但是也需要注意适可而止，干净利落地收尾，不要啰唆，不能苛求对方。

（三）结语

结语在正文之后，另起一行，空两格，书写表示敬祝的话语。例如，"此致敬礼""祝好""祝工作顺利""祝事业发达""恭候佳音"等，这一行寒暄不宜多，以免画蛇添足。

注意：书写敬祝的话语中用到"此致敬礼"，书写格式按照以下格式。"此致"另起一行，空两格，"敬礼"另起一行顶格。

（四）落款

落款包括求职者的姓名和成文日期，位于求职信的右下角。姓名书写在上面，姓名前写"求职者""应聘者"字样，成文日期写在姓名下面，写全年、月、日。如果求职信为打印件或复印件，则应在落款处留下空白，由求职人亲自签名，体现出尊敬和诚意。

（五）附件

求职信最后附上能够证明自己能力和成果的材料，可以是个人简历、毕业证书、各类获奖证书、文章复印件、身份证复印件、任职证明，其他需要说明的材料也可以作为附件。附件的材料不宜多，但求精，要挑拣其中最能说明自己能力的材料，按照一定的顺序整理好，便于用人单位查阅。该部分也是求职信中不可忽视的重要组成部分。

"附件"的书写位置应在落款之上，敬祝的话语之下。敬祝的话语下空一行，左侧空两字写"附件"后加冒号。如附件不是一个，可用阿拉伯数字标注顺序号上下依次排列。

范例

求　职　信

尊敬的××公司人力资源部经理：

我是×××，是××大学汉语言专业（商务文秘）一名应届毕业生。恕我冒昧，向您自荐，如能拨冗审阅，不胜感激。我得知贵公司正在招聘一名办公室文员，特应聘该职位。

在大学四年里，我认真刻苦，勤奋踏实，十分注重能力培养，为就业求职打下坚实基础。"好学笃行，厚德致远"为我校的校训，面对诸多的机遇和挑战的今天，"有理想，去实践"便是我的人生格言。大学期间获得四级秘书资格证。为提升计算机技能，通过努力，我熟练掌握了如 Word、Excel、PowerPoint 等现代办公软件的基本操作，中文打字达到 60 字/分钟，英文 100 单词/分钟。同时，我也不断提升自己的英语水平，大二期间通过全国大学生英语六级考试；并且不断提高口语表达能力，取得全国口语测评三等奖的好成绩。大学期间，担任校报记者、学生会宣传部干事，积极参与校园活动，提高组织、沟通和协调能力。

寒暑假期间，我还到多个实习单位实习。在××报社实习期间，独立完成多篇报道，如《民工讨薪记》等几篇报道得到不错的社会反响。我还曾经到××公司实习，担任见习行政助理，帮助领导协调工作，处理办公事宜。在实习期间，得到单位领导和同事的一致好评。

我相信我有能力担任这一职位，我有信心把工作做好。希望贵公司能给我一个展现能力的机会，我相信我一定不会让贵公司失望。如蒙录用，我将竭力为贵公司服务。

我的联系方式：联系电话是×××××××××××，邮箱是 89234567@163.com。随信附上我的简历、毕业证书、学位证书及实习证明。

祝工作顺利！

附件：1. 个人简历
　　　2. 毕业证书、学位证书
　　　3. 实习证明

求职者：×××
2014 年 11 月 18 日

四、求职信的写作要求

求职信是进入用人单位的"敲门砖"，多数用人单位都是先要求投递求职信，对求职者有一个大概的了解之后再进行面试。所以求职信相当于求职者的"名片"，不仅可以反映一个人的语言水平，更是求职者性格、素质等的综合体现。因此，简明扼要、措辞得当、态度谦虚诚恳、文面整洁和美观的求职信对于成功受聘至关重要。

（一）语言简洁，条理清晰

用人单位在招聘时会接收成百上千的求职信，想要在众多的求职者中脱颖而出，求职信的语言一定要简洁，条理一定要清晰。语言表达是一个人的基本能力，用简短的文字表达清楚事项就是一项重要的技能。

（二）态度谦虚诚恳

在求职过程中，求职者的态度往往影响到求职的结果，所以求职信写作时语气要谦恭，语言表述要得体，用语要亲切自然。

（三）明确的求职方向

求职信的写作要求有明确的求职方向，在对自身情况进行介绍的时候有一定的侧重点。这样才能增强求职信的吸引力，利于用人单位认识自己，作出决定。

（四）实事求是，准确定位

求职信中对个人能力的介绍可以采取扬长避短的策略，尽量凸显自我的优点，但是不能夸大其词、编造虚假信息、捏造并不存在的成果。求职过程中用人单位很重视求职者的诚信问题，一旦发现弄虚作假，绝不会予以录用，最终影响个人前途。

（五）文面整洁，美观

文面是求职信的"外表"。一份书写清晰、格式正确的求职信反映了求职者的做事态度，切忌涂改，让人辨认不清。因此，求职信力求书写工整，布局美观，不能出现错别字，不能把用人单位和负责人的姓名和职务写错。如果是打印稿，要做到字体大方，字号适宜，篇幅做到长短得宜，行距不要太密，也不要太疏，给人整洁的印象，署名要亲笔签名，以示尊重和诚意。

对求职者来说选择一个合适的岗位投递求职信非常重要。目标定位要准确，不高估自己，也不过分谦虚，选择合适自己工作经历和实际能力的岗位。

 纠错训练

下面几篇求职信有多处错误，请找出问题并改正。

（1）
求　职　信

最敬爱的××大学人事处负责同志：

我是一个渴望得到用武之地的在职人员，男，25岁。两年前我从××大学计算机科学与技术专业毕业，由于一时找不到合适的工作，暂时到××市图书馆担任一名图书管理员。

两年来，我在用非所长的岗位上已耽误了许多宝贵时光，这对国家、对个人无疑都是巨大的损失，所以本人想要寻找一个能发挥自己所长的岗位。

现将本人情况略作介绍，本人能力方面长于计算机，在校期间曾在省级计算机大赛中取得二等奖的好成绩。以前还曾到昆明扬科技术有限公司实习，在实习期间表现优异，有一定的成果。另外，我的英语成绩也不错，大学三年级时，通过了全国大学英语四级考试。根据以上情况，本人适合担任计算机工程师工作。

负责同志，我完全有把握地说，我完全可以担任以上的工作，并且一定会让你们满意。我自己也将珍惜这来之不易的工作，奋力作出自己的贡献。

祝身体健康，全家幸福！

求职者：王小华
2014年10月19日

（2）
求　职　信
求职者：×××
2015年1月16日

××纺织厂：

前几天我偶然翻阅报纸，看到消息，贵公司要招聘车间管理人员。

我是××学校企业管理专业的本科毕业生，在校期间，成绩优异，表现出众，深得老师和同学们的欢迎。我还是学校篮球队的队员，多次代表学校出赛，并取得不俗的成绩。贵厂就在我的家乡，我能够回家乡工作也不错，正合我的心意，而且贵公司招聘的车间管理人员一职也和我的专业吻合。不知贵厂对我是否满意，请尽快给我回信。

此致

敬礼

（3）

求　职　信

求职者：×××

××公司领导：你好！

从《××报》获知你们正在招聘公司业务经理，我觉得这个岗位非我莫属。

我于 2013 年毕业于××大学市场营销专业，取得管理学学士。毕业之后我在××小学当数学老师，今年还拿到了教师资格证。

由于工作认真、上进心强、勇于创新，本人担任班主任的班级取得了学校优秀班级的称号，本人也被评为年度优秀工作者。在学校期间，本人的工作获得了领导和同事的肯定。但是，工作一年来，我越来越觉得，学校的工作并不合适我，感觉自身的才能得不到施展，所以我希望到你公司求职。

良禽择木而栖，士为知己者"容"。请你们考虑我的求职要求，并将面试时间告知我。

现随信呈上个人成绩单、教师资格证书相关证件和材料，敬请参考。最后，感谢您百忙之中对我的关注，并真诚希望我能够成为贵公司的一员，为贵公司的繁荣昌盛贡献自己的绵薄之力。

诚祝贵公司万事亨通，事业蒸蒸日上！

2014 年 12 月 25 日

附件：1. 成绩单；2. 教师资格证书

联系方式：13888822222

E-mail：23452179@163.com

 课堂实训十二

根据材料，以刘佳的名义写一封求职信，要求内容完整、结构合理、条理清晰、语言得体。

刘佳是一名在职人员，目前就职于一家国有企业，近期想要突破自我、寻求新的发展，特向昆明德新科技有限公司投递求职信。刘佳 2013 年毕业于××大学管理学院市场营销专业，在校期间，学习刻苦，各门课程的成绩优异，在校期间还获得优秀三好学生的荣誉，参加学校的演讲比赛获得一等奖的好成绩。

毕业后就进入国企工作，由于头脑灵活，吃苦耐劳，得到公司领导和同事的一致肯定。一年多来在行政管理的岗位上，刘佳认为自己虽然得到了锻炼和提升，但是现有岗位和自己的专业不太对口，也不是自己的兴趣所在。在犹豫苦恼的时候，她于 2014 年 12 月 15 日在《××信息报》上看到昆明德新科技有限公司招聘销售代表的消息，刘佳决定写一封求职信应聘该公司销售代表这一职位。

 课后实训十二

下面是云南中豪置业有限责任公司一则人才招聘信息，请结合你的专业写一封求职信。

材料 1　公司介绍

中豪商业集团——是以城市板块运营和全产业链构建为特色模式的大型集团。企业目前涉及房地产开发、商业运营、产业运营、物流仓储、园林绿化、酒店管理、物业服务、商业贸易、旅游业服务、餐饮娱乐等多个行业领域，拥有员工逾 3000 人。

中豪商业集团是国内最早实践"全产业链化运营构建"和"板块化区域造城"的企业，先后在江苏云南等地完成多项省级、市级重点项目，累计开发建设体量逾 3000 万平方米。

中豪商业集团在昆明运作的中豪·螺蛳湾项目总投资约 580 亿元人民币。首创"四位一体"全产业链运营模式，整合"商贸中心""产业园区""仓储物流""电子商城"四大业务模块于一体。倾力打造了"中豪·螺蛳湾国际商贸城板块""中豪新册产业城板块""中豪空港新城板块"三大城市新区，规划总面积约 1900 万平方米，包括中豪·螺蛳湾国际商贸城核心商贸圈板块约 880 万平方米（中豪·螺蛳湾国际商贸主体商城、湖滨 CBD 中央商务区、配套生活区）、仓储物流园区约 120 万平方米、生产加工基地约 900 万平方米（中豪新册产业城、中豪空港产业城），形成了集合国际商贸区、中央商务区、餐饮娱乐区、文化休闲区、酒店服务区、旅游购物区、高尚住宅区、生活配套区、仓储园区、物流园区、生产加工区、产品研发区等十余个功能大类的全方位产品体系。

中豪商业集团——作为中国板块化造城运动和全产业链格局构建的先驱者，将立足全球视野，致力开创独具中豪特色的可持续发展模式，每到一地，发展一地，扎根一方土地，回报一方人民，打造中国新时代的百年民族品牌。

下属公司：

中豪商业集团有限公司（集团总公司）

云南中豪置业有限责任公司

昆明螺蛳湾国际商贸城市场管理有限公司

昆明螺蛳湾国际商贸城物业管理有限公司

昆明中豪新册产业城管理有限公司

昆明螺蛳湾国际商贸城创业园开发有限公司

云南中豪小商品加工基地开发有限公司

云南中望置业有限责任公司

云南中豪仓储服务有限公司

云南中豪进出口贸易有限公司

我们在建一座城市！

中豪诚邀您并肩与企业齐飞，全方位发挥自己，展示您的风采，照耀整座城市！

材料2　财务数据专员职位基本信息

职位月薪：面议　　　　工作地点：昆明

发布日期：2014-12-17　　工作性质：全职

工作经验：1～3 年　　　最低学历：大专

招聘人数：6 人　　　　　职位类别：成本会计

材料3　职位描述

岗位职责：负责集团财务数据收集、统计、分析

岗位要求：

1. 大专以上学历，会计、财务管理、统计学等专业，工作经验 1 年以上。

2. 精通 Excel，对财务数据敏感。

3. 做事严谨、主动积极，保密性强，学习能力强，可塑性强。

福利：基础工资＋岗位工资＋学历工资＋职称工资＋年底十三薪＋免费住宿＋三餐＋五险＋生日福利＋节假日福利＋良好的晋升发展空间＋……

职位联系方式：

公司名称：云南中豪置业有限责任公司

公司地址：云南省昆明市彩云北路 5151 号新螺蛳湾商贸城精品街一期 18 栋

传真：0871-67355202

公司主页：http://ynzhonghao.com

提示：如果你的专业不是会计学、财务管理专业，请你结合自己的专业搜索任意一份招聘广告，作为写作求职信的依据。

任务二　推　荐　信

推荐信引起的思考

小张目前是一家外企的项目负责人。今年3月，另一家跨国公司向她招手，以眼下薪金的1.5倍诚邀加盟。在这一领域，这样的高薪、这样的机会并不多。小张萌生去意。

老板没有以升职、加薪的承诺挽留她，而是对她说："今后，无论你去哪里，我都会写一封推荐信。"这一消息传到了诚邀其加盟的跨国公司，赢得一片赞叹声。按照他们的说法，小张得到了一件无价之宝。因为推荐信这件事，小张留了下来。

近年来，推荐信逐渐在一些外企甚至个别具有良好声誉的国内企业流传。中国人事科学院人才研究所所长王通讯认为："员工离职，老板的推荐信其实就是一张职业信誉证明，说明该员工的从业能力、职业品质。"他介绍说，在许多国家，如果员工离职没有老板的推荐信，将是一件很麻烦的事情。

一些人力资源经理、专家对推荐信情有独钟。马兰拉面快餐公司人事部主任王冬英说，很多时候，人们更多地依赖于一纸文凭、一项荣誉，而对推荐信看得很轻。实际上，推荐信绝不逊色于任何文凭、荣誉，通过它能看出一个人的职业道德、从业水平。目前的人事档案管理，只对硬性的记录指标（如嘉奖、记过等）进行记录，难以承担激励、约束员工的作用。比如，一个员工没有职业操守，给原企业造成经济损失等情况，新单位无从对其跟踪、记录。这些已成为建立职业信誉的重要难题。

王通讯认为，按照现代就业理念，职业信誉是一种重要的、不可或缺的信用资源。信誉，就是信用、名誉，一份工作摆在面前，等于是一次重要的人生约定，能否履行，能否取信，关键在于职业道德、从业能力。而这些，即便在信用体系发达的国家，也难以进入信用记录。而职业信誉、从业品质是一种道德软约束，必不可少。推荐信能记录这样一些信息，受到就业者、用人者的欢迎。

此前，将职业信誉、工作绩效进行硬性记录，以档案形式公开上网，或以公开形式转入新单位，这样的做法是否可取，引起了人们广泛争论。"企业员工绩效管理系统"说明会，本意是向社会推介，希望用人单位能够使用，但到会的40余家国内外企业的人力资源主管、经理们疑虑重重。

引人疑虑的问题是，建立职业信誉资源固然重要，但是由谁建立，由谁发布？一个以盈利为目的的公司，怎么保证职业信誉记录的公正性呢？今年3月，中国人民银行副行长肖钢表示，我国已着手建立个人征信系统，包括个人的银行贷款、电信、水电交费、治安记录等。虽然国外大多是由私人公司完成个人征信信息征集，但考虑到中国的实际情况，在起步阶段将由国家建立个人征信系统，而不由民间、私人企业进行操作。

据介绍，职业信誉认证属于人力资源认证的一种，人力资源认证包括职业技能认证和职业道德认证。职业技能认证由国家劳动部门运作，而职业道德认证目前还是空白。

对此，王通讯呼吁，条件尚未成熟，不能盲目建立个人职业信誉系统。相反，利用推荐信发挥软约束作用，建立职业信誉的良性循环，倒是迫在眉睫的现实问题。

（来源：摘自《中国青年报》，2002 年 4 月 12 日）

 知识聚焦 》》》

一、推荐信的概念

推荐信是一种单位、团体或个人向其他单位、团体或个人推荐人才或物的书信，常用于求学、求职、入党、工作事务往来等场合。推荐信要有一定的权威性和可信度，一般是由学校、有关的单位或是具有推荐资格的个人撰写。推荐信具有推荐和证明的双重作用。

推荐信有着建议性、针对性、担保性等的特点，在工作或是学习生活中都经常使用。

二、推荐信的特点

（一）举荐人才

推荐信是向用人单位介绍、荐举自己或自己了解的优秀人才，能够使有才能的人可以为用人单位所用，为社会造福。一个没有才能的人既不可能有自荐的信心，同时也不会得到别人的信任而受到举荐。

（二）公私兼顾

推荐信无论是以单位名义发文，向有关单位推荐人才，或是以个人名义向组织推荐或向个人推荐人才，这其中均有举荐人才、公私兼顾的特点。从某个角度来说举荐信可以认为是一种私人之间的通信。凡是写举荐信的人均希望自己的举荐可以成功，得到承认。

☞ 案例

那年，朋友中专毕业后，开始四处找工作。他运气好，刚好遇到一家待遇高、工作环境好的公司招聘，他赶紧跑去报了名。当他报了名出来，和别的前去应聘的人一交谈，就失望了，别的应聘者不是本科生，就是大专生，而他只是一个中专生，要脱颖而出，除非太阳从西边出来。

回到家里，父亲见他愁眉苦脸，一言不发，便问他："你怎么了？那家公司不让你报名吗？"他说："不是！参加应聘的人不是本科生就是大专生，而我只是一个中专生，肯定没希望！"父亲听了就笑着说："怎么会没有希望呢？我告诉你，我跟这个公司的老总有一面之缘，还在一起吃过一顿饭……"他听了一喜，连忙说："爸爸，你怎么不早说？那你就去找老总说说情，让他给我一个工作吧！父亲说："我当然要帮你说情了！只是你还是得去参加笔试和面试。你好好笔试，等面试的时候，我给你一封信，你带去交给老总，老总见了我的信，就不会为难你，你就能顺利通过了！"他听了很高兴。

他信心百倍地去参加了笔试。笔试的内容并不很难，他做得得心应手。而那些研究生和本科生，倒显出一脸苦相。他之所以做得如此轻松，完全是因为他听说父亲与公司老总有交情，自己有了信心。

第二天下午，他跑去公司大门口看成绩。他居然排在第二，有机会参加面试。他回家就高兴地对父亲说："爸爸，我名列第二，有机会参加面试，你写好推荐信了吗？"父亲听了高兴地对他说："孩子，你放心，明天一早我一定给你一封推荐信！"

第二天一早，父亲拿出一封信，对他说："这是我给老总的亲笔信，到面试的时候，你就交给他，他就不会为难你了！"他兴奋地从父亲手中接过信，高兴地出了门。

当轮到他面试的时候，他拿出父亲给他的那封推荐信，镇定自若地走进了老总的办公室。老总对他说："你好，请坐！"他说："老板，你好！这是我父亲给你的信！"他说着就走上前，恭恭敬敬地把推荐信递到老总面前。老总一愣，看了他一眼，接过了信，拆开看了一眼，就笑着对他说："很好！"他听了也很高兴，看来父亲的推荐信有作用呀！然后，老总就问了他一些问题。因为有父亲的推荐信，他也就发挥得超乎寻常。老总没问他几个问题，就说他通过了面试，让他明天就来公司报到上班。

他兴奋地回到家里，高兴地对父亲说："爸，你的推荐信太管用了！老总看了你的信对我很有好感，只向我提了几个问题，就让我明天去公司报到上班！"父亲听了就笑了起来。他又对父亲说："爸，以后我上班了，你也要经常跟老总说说话，打个招呼，让他多多关照我！"父亲听了又笑了起来。他问："爸，你笑什么？"父亲笑着对他说："孩子，其实，我根本就不认识那个老总！我一个普通老百姓，怎么可能认识一个有钱的老板呢？"他听了不由地一惊，说道："爸，那你给我的那封推荐信又是怎么一回事呢？"父亲笑着告诉他："我只不过是为了给你打气，增加你的自信而已。那封信上面，就只写了一句话——我一定能够得到这个工作！"他听了又是一惊，继而笑了："爸，你真行！"

（来源：《故事林》，2012 年第 22 期）

三、推荐信的分类

(1) 根据收件对象是否单一，可分为专用推荐信和通用推荐信。

(2) 根据写信人的身份，可分为组织推荐信和个人推荐信。

☞**案例**

申请故事：高质推荐信助复旦女孩上耶鲁

耶鲁研究生院在全球享有盛名。近日，复旦大学数理经济专业大四学生王雪（化名）顺利申请到了耶鲁统计硕士专业。她在分享成功经验时说：身边的机会很多，关键是要把握住它们。

把握机会得到推荐信

王雪大二时就有出国的打算了，但是真正开始准备却到大三了。因为早早打算申请耶鲁大学研究生院，王雪在大三暑假时特意参加了一个复旦与耶鲁的交流项目。在返程前，她顺利邀请到了两位耶鲁的老师来为她写推荐信。

"我要报考的这个系只招20人，要想成功被耶鲁录取，对推荐信的含金量要求非常高，耶鲁本校老师的推荐信是首选。关键是要请得动他们。"王雪告诉记者，她非常重视在耶鲁的访问学习，期间她共申请了2门专业课，分别是金融市场学和数学。当时数学课的任课老师恰巧是耶鲁数学学院的院长，她经常在课后向他请教问题。"到了期末，我请他帮我写推荐信，教授爽快答应了，条件是要我期末数学考到满分。我顺利地得到了他的推荐信。"

据了解，因为王雪上课表现好，考试成绩优秀，另一门金融市场学专业的老师也帮她写了推荐信。

（来源：《新闻晚报》，2010年3月25日）

（3）根据出具推荐一方的情况，可以分为学校为毕业生出具的推荐信，老师为学生出具的推荐信，雇主为雇员出具的推荐信，主管为职员出具的推荐信。另外，推荐信用第三人称，自荐信用第一人称。

范例

推　荐　信

××大学：

欣闻贵校最近要招收一批学以致用的年轻教师，我谨推荐杨嘉同学到贵校工作。

杨嘉同学于2012年7月毕业于××大学旅游管理专业。在校期间严格要求自己，刻苦努力，锐意进取，各科成绩优异。杨嘉同学于2013年9月考入本校旅游管理专业攻读硕士学位跟从本人专攻旅游规划与开发研究方向，科研成果丰硕，发表论文3篇。

杨嘉同学对旅游管理尤其是对云南旅游业的发展管理有较深的理解，经过文献查阅、开题报告、课题实施等系统培养，已经具备较好的科研能力，富有刻苦钻研的精神。该同学在校期间，协助本人做好本科生《旅游企业管理》课程建设、教学工作。他有志于旅游管理的研究，希望能学以致用。恳请贵校能采纳我的推荐意见，招收他为贵校教师。

××大学教授、硕士生导师：×××
2014年12月15日

（4）根据推荐的内容，可以分为推荐就业的推荐信，推荐入学的推荐信，推荐进入研究机构的推荐信等。

四、推荐信的结构和写法

推荐信写作结构和一般的书信基本一样。一般由标题、称谓、正文、结语和落款构成。

（一）标题

标题位于首行正中，写明推荐信三个字，形式上，标题的字体可比正文大一号。

（二）称谓

另起一行，顶格写对方的单位名称或是相关负责人的姓名和职务。

（三）正文

称谓下一行，空两格开始正文内容。这一部分是推荐信的重点，要把被推荐人的基本情况、推荐的理由写清楚。要全面、实事求是地介绍被推荐人的优点和取得的成果，对缺点和不足也不回避，以公正的态度向对方提供真实的情况。例如，保研推荐信中对被推荐人的天赋、学习成绩、研究能力、工作经验、学习精神、组织能力、品行和个性方面加以说明。

如果是以个人名义写的推荐信，还需要在信中介绍自己的身份，以及与被推荐人的关系。

（四）结语

结语一般是表示感谢的、祝愿的话语。例如，"此致敬礼""请予以接洽，谢谢配合"等。

（五）落款

在右下角署上推荐者的个人或是单位名称，单位写的推荐信，署名需要加盖公章。署名的下一行写日期，一般需要具体到年、月、日。

范例

推　荐　信

××公司：

我校会计学（公司金融与财务信息管理）专业毕业生徐洋，男，现年23岁，是我校2014届优秀本科毕业生。该同学学习努力，积极上进，各门专业课成绩优秀。在校期间，顺利通过了英语四级、计算机二级、普通话等级考试，参加会计从业资格证考试获得资格证书，每年都获得奖学金。同时，该同学严于律己，乐于助人，与同学相处融洽。

该同学曾担任过我院宣传部部长，任职期间，工作认真踏实，责任心强。

总之，徐洋同学待人诚恳，专业基础扎实，综合素质高，是一位全面发展的大学生。

该同学热爱会计工作，希望能到贵公司上班，为贵公司的发展尽一份力。作为他的辅导员，特向贵公司推荐，望能经过贵公司的考核而录用。

××大学会计学院辅导员：×××

2014 年 10 月 11 日

五、推荐信的写作要求

（1）推荐信的措辞要得当，态度要谦虚、诚恳，不能用命令、指示的语气。

（2）推荐信要真实反映推荐人的基本情况，要做到详略得当，无需对重点面面俱到，更不能杜撰成果，夸大事实。推荐信要客观、公正，切忌流于形式，内容空洞。

（3）推荐人和被推荐人之间要有实际的接触，担保推荐内容的真实性。推荐信中交代推荐人和被推荐人之间的关系，如师生关系、上下级关系、同事等；认识程度，是偶尔见面还是密切接触。

 纠错训练

下面几篇推荐信有多处错误，请找出问题并改正。

（1）

尊敬的先生或女士：

您好，我是张××，×××公司的总经理。得知我公司优秀员工赵××想要继续深造，我感到非常高兴和无比欣慰。因此，我很荣幸向贵校强烈推荐这位优秀青年。

赵××曾在大四的时候来我公司实习。尽管对业务不很熟悉，工作经验匮乏。但是他一刻也不放弃学习的机会，虚心向其他员工请教。鉴于他在实习期的出色表现，我公司破例招收他为正式员工。

我相信我能认可的人才一定有他的过人之处，相信贵公司也能慧眼识珠，招收这个优秀的青年成为你们的一员。

总经理：张××

2013 年 4 月 3 日

（2）

推　荐　信

××大学经济学院财政专业 2009 级本科生张林是本人《经济法》课程上的一名学生。该生在学习该课程的过程中积极主动，认真踏实，并在本课程考试中取得了良好成绩，在本专业中名列前茅。

在教授该课程时，我比较注重培养学生运用基本理论、知识分析问题的能力及实际计算和操作能力，使得学生能够积极分析课上我提出的案例，并提出自己的思考，很深入到问题的本质。学生通过这样的训练能够具备较强的分析问题的能力，同时打下坚实的专业基础，也能灵活运用所学的基本理论和基础知识。

虽然这个课程是张林入学第一年上的，距离现在也有五年，但是现在我回忆起来，他的表现突出。他毕业之后也找到了一个合适的工作，我相信他在工作中也能表现突出。予以推荐，希望审核通过。

××大学经济学院财政专业老师：李××

2014 年 5 月 6 日

（3）

推 荐 信

尊敬的先生或女士：

　　我代表刘珊写这封推荐信。我是她在××学院的老师，在这两年期间，我看着她不断进步，一点点地蜕变成长。这封信是推荐刘珊，一个我过去的学生，推荐她到××大学继续学习！

　　在课堂上，善于思考，思维活跃，能够在老师的点拨指导下完成教学任务，她是最出色的学生之一，当然我相信在其他课程的学习态度也是极好的。课下我们没有更多的接触，但是凭着她对计算机软件的兴趣，我相信刘珊在计算机这个专业，肯定有进一步发展的潜力！

　　最后，看她在本学院以前的成就，我坚信，刘珊肯定能顺利地完成将来的学业。我愿意推荐刘珊到贵大学继续深造。如果您需要任何有关她的更多信息，请与我联系。

××学院教师：王××

2014 年 4 月 1 日

 课堂实训十三

根据材料，以闪耀外贸有限公司总经理张辉的名义写一封推荐信。要求格式规范，内容完整。

　　高星是闪耀集团下属子公司闪耀外贸有限公司总经理张辉的助理，两年前从××大学文秘专业毕业后进入公司工作。高星在看到集团内部的招聘信息后，向张经理提出拟应聘行政主管一职，能够在工作上再上一个台阶，希望张经理能为自己写封推荐信。张辉认为，高星为人朴实诚恳，做事勤勤恳恳，工作积极肯干，任劳任怨，责任心强；在公司期间，他能够认真履行助理职责，能够协调好各部门之间的关系，高效处理各种事务工作，组织能力较强，各方面表现优异，值得肯定。同时，张辉认为人才流失固然可惜，但是一个优秀的员工应该勇于作出改变，挑战自我。

 课后实训十三

根据材料，请你以班级辅导员的身份，为李欣同学写一份推荐信。

材料 1

　　云南易科电子有限公司的人事经理张先生想向学院招聘几名汉语言专业（商务文秘方向）实习生，要求如下：

　　（1）有较强的沟通、表达、协调能力和独立处理事务的能力。

　　（2）熟练运用现代办公软件，熟练操作计算机。

　　（3）为人诚实、勤奋，工作责任心强，有上进心，有较强的团队合作精神。

材料 2

　　李欣，2012 级汉语言专业（商务文秘方向）学生。在校期间成绩优异，表现良好，曾获得学业一等奖。参加全国大学生英语竞赛荣获二等奖，以及 2014 年学院计算机基本技能大赛中荣获院级二等奖。取得了初级秘书职业资格证书。另外，还担任了学院学生会的副主席，暑假期间积极带领同学们参加"三下乡"活动，具有较强的组织协调能力。

任务三　倡　议　书

向鲁甸地震灾区捐款倡议书

全市各界爱心企业、爱心人士：

8月3日16时30分云南省昭通市鲁甸县发生6.5级地震，人民生命财产受到重大损失。为支持灾区抗震救灾，协助政府做好救援和重建家园工作。昆明市慈善总会积极响应《民政部关于云南鲁甸6.5级地震救灾捐赠活动的公告》和中华慈善总会《关于开展鲁甸县地震救灾捐赠活动的通知》面向全社会发起倡议，号召社会各界向云南鲁甸地震灾区开展爱心捐款活动。同心协力联合起来为灾区困难群众提供关怀和援助，为灾区送去爱心、恢复重建贡献我们的力量。

一、捐款形式。捐款坚持自愿的原则，禁止强行摊派或者变相摊派。

二、捐款接收和管理。昆明慈善总会对接收的每一笔捐款，要当面点清，开具统一收据，接收捐款必须做到手续完备、专账管理、专款专用。

三、捐款使用。所有捐款昆明市慈善总会严格按照专款专用的原则，在第一时间拨付地震灾区。

四、捐款账号

单位名称：昆明市慈善总会

（一）开户行：建设银行昆明分行营业部

捐款账号：6500161770005250＊＊＊＊

行　号：105881000913

（二）开户行：中国银行股份有限公司云南分行昆明白塔路支行

捐款账号：107607947318

行　号：104881004049

用途：为云南鲁甸捐款

电话：0871-677479××（财务室）0871-677421××（办公室）

传真：0871-677472××

接收捐款地址：昆明市民政局402室

"一方有难，八方支援"是中华民族的优良传统美德。爱心是一股甜甜的泉水，使不幸的人忘记生活的苦涩；我们处在同一片蓝天下，让我们每一个人都伸出温暖的双手，奉献一片真挚的爱心。让那些暂时处于困难之中的人们感受到人间的真情和友爱。让你的生活增添一份温馨，你的捐赠也许会给他们带来春天的温暖。你的一点零花钱尽管绵薄，但如同一缕冬日阳光，撒下的虽是点滴温情，照亮的是一个破碎的家庭，成就的是高尚的人生品德！

昆明市慈善总会

2014年8月5日

知识聚焦 »

一、倡议书的概念

倡议书是指国家行政机关、企事业单位、社会团体或个人就人们共同关心的事情，向社会或有关方面提出具有号召性建议的书面文体。倡议事项一般都是健康积极向上的，倡导某种先进的社会风气。

二、倡议书的特点

（一）群众性

倡议书对象往往面向广大群众，可以是一个机构的所有人、一个地区的所有人或是面向全国。广泛发动群众，齐心协力做好某一对社会有益的事项。其对象广泛的群众性是倡议书的根本特征。

（二）公开性

倡议书是一种广而告之的书信，它是要让更多的群众了解倡议的事项，在最大范围内引起群众的共鸣，让更多的人参与到其中。

（三）倡导性

倡议书是针对广大群众的，要求群众响应，但是倡议书是一种建议、倡导，宣传了真善美，并不具有强制性，它的对象范围往往是不定的，对象可自发响应，也可没有响应，针对群体无关的人员也可有所响应。倡导内容是同人们的日常生活相关的一些事项，如倡议爱护花草树木、保护生态环境。

三、倡议书的分类

（1）从作者角度，可分为个人倡议书和集体倡议书。

在日常生活中，有些事关大家的生存环境及生活方式的事情、问题，由某一个人首先发起倡导以引起人们的注意或建议人们采取什么样的措施加以解决，这种形式的倡议书就是个人倡议书。

由群众团体或一群人发出某种倡议的倡议书称为集体倡议书。这是由多数人参与发起的，这种形式的倡议书就是集体倡议书。

范例

节约用水倡议书

亲爱的同学们：

　　3月22日是世界节水日，节约用水的口号又一次响起。水是生命之源，是人类赖以生存和发展的最重要的物质基础和环境要素。在日常生活用水中，同学们的节水意识不强，挥霍浪费水资源的现象司空见惯。事实上，中国的水资源十分紧缺，我国水资源人均占有量只有2300立方米左右，相当于世界平均水平的四分之一。为此，我国于2002年1月颁布新水法，其第一章第七条明确规定，"国家实行计划用水，厉行节约用水"，把节约用水以法的形式给予规范。云南省一些地区连续四年干旱，造成严重的经济损失。居民的生活用水困难，饮水问题严重。

由此来看，我们的水资源不是"取之不尽，用之不竭"的，日常生活中浪费水的现象严重，稍加留意就会发现自己的确存在着这样或那样浪费水资源的现象。主要是因为没有树立节水的意识，没有养成节约用水的观念和习惯。节约用水，不仅仅是一句口号，应该从爱惜一点一滴水做起，牢固树立"节约用水光荣，浪费用水可耻"的观念，时时处处注意节约用水。为此，我们向全院学生发出倡议：

一、改变开着水龙头洗脸的习惯，尽量使用脸盆洗脸、洗手。

二、在没有脸盆、水杯情况下，洗脸、洗手、刷牙时，请控制水龙头开关大小，并及时断水。

三、在日常生活中见到身边有浪费水资源现象，请及时制止。

四、最后离开宿舍的同学，要检查水龙头是否关好。

五、发现宿舍或是校园里水龙头有跑、冒、滴、漏现象，请及时向后勤管理人员反映解决。

六、宣传节约用水，不仅仅是一句口号，要做到身体力行，带动身边的同学共同参与节约用水。

同学们，行动起来吧，让节约用水不仅仅成为一句口号，用我们的举手之劳换来一方净土、一片蓝天，让节约用水的绿色情怀填满我们的心房，响应学院的号召，从我做起，为建设节约型校园贡献我们的力量！

学院团委

2014 年 3 月 10 日

（2）从传播方式，可分为传单式、张贴式、广播式和登载式等倡议书。

四、倡议书的结构和写法

倡议书的写作结构较灵活，一般由标题、称谓、正文、结尾、落款五部分组成。

（一）标题

倡议书的标题一般有三种方式。

第一种方式是由单独的文种组成，即倡议书三个字在第一行居中书写。

第二种方式是由倡议的内容和文种共同构成。例如，《低碳从我做起，节水节电倡议书》。

第三种方式是由倡议对象和文种组成。例如，《致全体学生的倡议书》。

（二）称谓

倡议书的称谓顶格书写在标题下一行。根据倡议的对象选用适当的称谓。例如，"广大的青少年朋友们""全院的老师同学们""亲爱的同学们"等。有的倡议书也可不单独加称谓，直接在正文中指出。

（三）正文

称谓的下一行空两格，开始正文内容的书写，正文可以分为两部分。

1. 倡议书的背景原因和目的意义

群众性是倡议书的根本特征，所以要让倡议的对象产生共鸣是非常重要的。正文开始写明什么情况，为了什么目的，发出什么倡议，倡议有哪些作用和意义，只有将倡议书发起的背景原因交代清楚，写明倡议的目的和意义，才能使人理解和信服，也更易引发群众的共鸣和响应。否则若是直接切入倡议内容，难免让人觉得莫名其妙，难以接受和响应。

2. 倡议的具体内容和要求

这是倡议书的重点部分，倡议的内容一定要具体写清楚。如何开展活动，需要做哪些事项，具体的要求是什么等都必须一一写明。倡议的内容可分条列项来写，这样更清晰明确，条理更清楚。

（四）结尾

结尾要表明倡议的决心和希望，以及写出某些具体的建议。倡议书的结尾一般不写表敬意或是祝愿的话语。

（五）落款

落款即在右下方写明发起倡议的单位、集体或个人的名称或姓名，署上倡议发起的日期。

范例

爱心捐款倡议书

尊敬的老师们、同学们：

你们好！

拥有健康和快乐是每个人的梦想。当我们与同学欢快地放声歌唱时，当我们与家人团聚共享天伦时，当我们与朋友畅谈人生理想时，就在我们身边，有这么一个学生正遭受着癌症的折磨，孤单而顽强地与病魔进行着斗争。

周××，男，系我院电子信息工程专业 2012 级学生。曾任班级团支部书记和学校外联部办公室主任，在校各方面表现出色，曾获 2014 学年的校优秀团干部和校二等奖学金。今年 2 月因身体不适就诊，后被确诊得了骨癌，随即转住××市××医院治疗。化疗期间，周××不仅顽强地与病魔抗争，还坚持自学课程，坚持参加考试。但病魔并没有停下脚步，周××的病情加重了。

周××家在山西农村，父母都是农民，全家收入微薄。因为周××的病，正在读研的哥哥已辍学外出打工，6 月 6 日，因为病情的加剧，周××不得不接受截肢手术，现在病情稳定。一年来，因为周××的病，全家已花光从亲戚朋友处借来的 30 万元，现在后续治疗经费没有着落，一家陷入困境。

老师们、同学们，也许你与他素不相识，但爱心和真诚没有界限！希望你们伸出援助的双手，帮助这位坚强的学生与病魔一起斗争吧！也许这笔捐款对你而言只是小小的一笔支出，但这些积少成多的爱心，有可能延续他的生命！

请献出一份爱心，成全一份勇敢的坚持，传递一份生命的热度！

捐款地点：学校第一食堂

捐款时间：2014 年 6 月 20 日

××大学团委

2014 年 6 月 12 日

五、倡议书的写作要求

（1）倡议的内容要与国家的路线方针一致，符合时代精神，切实可行。

（2）倡议书开始就需交代清楚倡议发起的背景缘由和目的意义所在。

（3）倡议书的语言要恳切，情感真挚，富有一定的鼓动性。

（4）倡议书的篇幅不宜太长，用简洁的话语清楚表达倡议内容即可。

 纠错训练

下面几篇倡议书有多处错误，请找出问题并改正。

（1）
倡　议　书

各位同学：

大家好！文明风吹花千树，和谐家园满眼春。××大学校园是我们共同生活、休憩的地方，追求××大学校园环境洁优美是我们共同的心愿。为此，我在此呼吁大家：

1. 树立"校园是我家，文明靠大家"的责任意识。以主人翁姿态积极参加活动，从我做起，从现在做起，争做文明卫生创建者。

2. 向不文明行为告别。说话文明、办事文明、做文明人，争做"除陋习，树新风"的传播者。

3. 身体力行，清洁校园。自觉维护公共设施，保持校园每一个角落的洁净，节约资源，保护生态环境，争做美化城市的实践者。

4. 奉献爱心，扶贫帮困。积极参加义务劳动公益活动。向家庭困难同学伸出援助之手。争做校园互助风尚的倡导者。

5. 关心同学，关心公益。积极参加集体活动，同学间相互关心，相互体谅，讲诚信，重礼仪，争做和谐社会的践行者。

为更好地实践倡议书的内容，现将有关事项通知如下：

1. 3 月 14 日上午（周五）学校团委组织植树造林活动，请各班级负责人来学院团委办公室领取树种，并到指定地点栽种。

2. 4 月 12 日上午（周六）市交警支队王警官来学校开交通安全讲座，请各班级同学派代表准时参加。

3. 5～9 日学校学生会将组织一场为云南山区失学儿童筹集学费的募捐活动，募捐地点设在学校南大门和西大门，希望并欢迎同学们奉献爱心。

特此通知，望认真执行。

×××大学团委办公室

2014 年 2 月 20 日

（2）　　　　　　　　　　　　"请讲普通话，请写规范字"倡议书

根据最近国家的一系列文件，学校向全体师生员工发出以下倡议：

1. 全校师生要认真学习、贯彻落实《中华人民共和国国家通用语言文字法》，增强语言文字规范化的法律意识、公民意识。

2. 全校师生员工积极学习、使用普通话。要把说普通话和维护祖国语言的纯洁与健康、同爱国结合起来，把推广普通话提高到爱国主义的高度，使学普通话、说普通话成为一种维护民族荣誉、崇尚祖国汉语言文化的行为。

3. 教师使用普通话授课，使用规范汉字板书。普通话是教师的职业语言。

4. 学生上课回答问题、课下与同学们讨论问题、向老师请教问题时要使用普通话，逐渐养成说普通话的习惯。

5. 在工作、学习过程中，老师之间、师生之间、学生彼此之间的交流应使用普通话，形成良好的语言交际环境，让普通话真正成为我们的校园语言。

6. 学校师生各种集会要使用普通话讲话或发言。

7. 日常生活中时刻注意自己的口语发音，并且能和周围的同事、同学、朋友相互督促，积极地纠正普通话的发音，使规范用语成为一种自觉行为。

8. 从身边的琐碎小事做起，不说粗话和脏话，在各种场合使用普通话和文明语来塑造良好的个人形象，为建立文明班级、文明校园献出我们的微薄之力。

老师们、同学们，请根据以上倡议，严格遵照执行。相信在我们全校师生的共同努力之下，我们的校园一定会成为一个语言规范、精神文明、环境优雅的和谐校园，我们的学校一定会早日创建成为语言文字规范化示范校，为构建社会主义和谐社会作出应有的贡献！

××大学

2015 年 3 月 5 日

（3）　　　　　　　　　　　　诚信期末考试的倡议书

大家好！期末考试的步伐一点一点逼近，登上考场的铃声就要敲响，分发试卷的紧张情景就要来临。为了同学们能在考试中取得好成绩，检验自己一个学期的学习，现将期末诚信考试的相关事项通知如下：

1. 排除各种干扰，端正考试态度，充分利用一切时间，认真复习功课，满怀信心地迎接考试。

2. 提高自身修养，做一名诚信大学生，以守信之责对待每一场考试，考出自己的真实水平。

3. 在考试过程中尊重监考教师，维护考试纪律，遵守考场规则，杜绝一切考试舞弊行为。

4. 弘扬诚信正风正气，树立与不良行为作斗争的信心和勇气，勇于检举和揭发考试作弊违规行为。

5. 认真学习学校关于诚信考试和考试违纪的相关规章制度，严格遵守相关规定。

作为新时代青年，我们应以诚信为本，维护自身尊严，塑造学子形象，诚实面对自己，有责任维护秩序，要守住内心的一份坚持，交出一份合格的诚信答卷，使自己的生命之舟，在风雨阳光中扬帆远航，早日到达成功的彼岸。

祝愿同学们能在期末考试中取得好成绩！

 课堂实训十四

根据以下材料，拟写一份倡议书，呼吁大家将盘中餐吃光、喝净、带走，践行"光盘行动"。

2013 年 1 月 16 日，网友徐侠客在微博上发起"光盘行动"，倡导人们不浪费粮食，吃光盘子里的

东西，吃不完的饭菜打包带走。微博一经发布，得到众多网友和人民日报等媒体的支持。1 月 22 日，《新闻联播》报道了该活动，号召大家节约粮食，从我做起。

2013 年 1 月 20 日，中共中央总书记、中央军委主席习近平在新华社一份《网友呼吁遏制餐饮环节"舌尖上的浪费"》的材料上作出批示，"浪费之风务必狠查！"要求加大宣传引导力度，大力弘扬中华民族勤俭节约的优秀传统。各级领导干部都要率先垂范，坚决杜绝公款浪费现象。

2013 年 3 月 12 日汉语 13-1 班的同学们在校园食堂开展"光盘行动"问卷调查，发现校园食堂里浪费粮食的现象严重，同学们打得多、吃得少，剩饭剩菜被倒入垃圾桶中。此时，同学们已经忘记"锄禾日当午，汗滴禾下土。谁知盘中餐，粒粒皆辛苦"的勤俭节约的传统美德。

要求：1. 向全校同学发出倡议。

2. 倡议内容要充实具体，可以根据情况适当扩充，语言简洁。

3. 格式规范，措辞得当。

 课后实训十四

一、根据以下材料，拟写一份倡议书，呼吁市民遵纪守法，尊重别人的劳动、知识与创造，从我做起，拒绝盗版。

材料 1

我们的身边、大街小巷，盗版商品，侵权商品随处可见，如图书、光碟、软件……盗版产品的生产速度往往很快，并且伪装得很好、出奇的便宜。这些盗版产品的生产者侵犯了别人的知识产权，偷窃别人的成果，侵犯了法律和版权规定。

材料 2

作为"2014 云南知识产权宣传周"主题活动之一，2014 年 4 月 24 日，云南省"扫黄打非"领导小组在世博园门口集中销毁了各类侵权盗版制品和非法出版物供给 818 653 册（张、盘），其中盗版音像制品 588 361 盘（张、盒），盗版图书、非法报刊 230 292 册。此次非法出版物集中销毁活动除在昆明设主会场外，还在其他 15 个州市设立分会场同时进行，"迎接'4·26'世界知识产权日，在全社会营造尊重知识、尊重创造的良好氛围"。

要求：1. 向全市市民发出倡议。

2. 倡议内容要充实具体，可以根据情况适当扩充，语言简洁。

3. 格式规范，措辞得当。

二、根据以下材料，拟写一份倡议书。

上课铃声响起，很多同学手拿早点急匆匆往教室走去，走到教室，狼吞虎咽地吃起了早点，教室里空气中弥漫着包子、面包等味道。下课后，教室抽屉里堆满了塑料袋、果壳、纸屑等杂物，教室地面随处可见被随手抛洒的各种杂物。

校园里同学们损坏花草树木、消防设备，争抢电梯等不文明现象时有发生。

请你以学生会的身份或个人名义向全校同学发出倡议，共同建设文明校园。

任务四　申　请　书

分散实习申请书

尊敬的学院领导：

您好！本人是会展经济与管理专业 2011 级 2 班的李东，在此感谢学院为我们提供了集中实习的机会，让我们能够运用学校所学的知识在企业有所锻炼，并且从"准职业人"向"职业人"转变。目前，本人已在自己的努力下找到了适合自己的用人单位。我应聘于××公司，经家长同意，特向学院申请分散实习，希望学院领导批准，我保证做到以下几点：

　　1. 实习期间遵守单位的规章制度，服从实习单位和学院的管理。虚心接受企业职业导师的指导和帮助，积极主动完成布置的各项实习任务。

　　2. 保守实习单位秘密，未经实习单位领导和老师同意，不随意摘抄资料数据，不随意外传实习单位的商业秘密和相关信息。

　　3. 严格做到按时休息，不迟到、不早退、不误工、不缺勤，有事有病向职业导师请假。

　　4. 实习期间维护学校的形象，决不做违纪违法的事情，并且注意个人的安全。

　　再次感谢学院对我的谆谆教诲和辛勤培育。

　　此致

敬礼

会展经济与管理专业 2011 级 2 班　李东

2014 年 11 月 2 日

 知识聚焦 >>>

一、申请书的概念

　　申请书是个人、单位、集体向组织、机关、企事业单位或社会团体表述愿望、提出请求，要求批准或帮助解决问题的专用文书。

　　申请书的使用范围十分广泛，个人对党团组织和其他群众团体表述意愿、理想和希望，要使用申请书；下级在工作、生产、学习、生活等方面对上级有所请求时，也可以使用申请书。申请书把个人或单位的愿望、要求向组织或上级领导表述出来，让组织和领导加深了对自己或下级的了解，争取了组织和领导的帮助与批准，加强了上下级之间，集体与个人之间的关系，对促进社会主义物质文明和精神文明的建设具有巨大作用。

二、申请书的特点

（一）请求性

申请书的写作带有明显的请求目的，请求有关单位答应、批准某项事项。

（二）单一性

　　一份申请只表达一个愿望和只能提出一个请求，要求一事一文，内容要单纯，切忌一文数事、东拉西扯。

三、申请书的种类

申请书使用的范围广，可根据不同的情境需要使用不同类型的申请书。

按作者分类，可分为个人申请书和单位、集体公务申请书。

按照解决事项的内容分类，可分为入团申请书、入党申请书、调换工作申请书、住房贷款申请书、求职申请书、开业申请书、出国留学申请书、科研项目申请书、困难补助申请书，以及取消处分申请书等。

范例（入党申请书）

入党申请书

敬爱的党组织：

我自愿加入中国共产党，拥护党的纲领，遵守党的章程，履行党员义务，执行党的决定，严守党的纪律，保守党的秘密，对党忠诚，积极工作，为共产主义奋斗终生，随时准备为党和人民牺牲一切，永不叛党。

中国共产党是中国工人阶级的先锋队，同时是中国人民和中华民族的先锋队，是中国特色社会主义事业的领导核心，代表中国先进生产力的发展要求，代表中国先进文化的前进方向，代表中国最广大人民的根本利益。党的最高理想和最终目标是实现共产主义。

中国共产党以马克思列宁主义、毛泽东思想、邓小平理论和"三个代表"重要思想，以及科学发展观作为自己的行动指南。

…………

我从小就在党的阳光沐浴下成长，树立了一定要加入中国共产党的远大志向，并且一直持续到了今天。我之所以要加入中国共产党，是因为共产党始终秉承全心全意为人民服务的宗旨，坚持一切从人民的利益出发，始终把人民群众的利益放在首位。我们这些新时代的青年人唯有在中国共产党的教育下，才能成为更有文化，更有理想，更有道德的高素质的社会主义事业的接班人，从而更好地全心全意为人民服务。刚刚闭幕的党的十八届三中全会，重点研究部署全面深化改革问题，这是我们党立足当前、面向未来作出的主动选择，充分体现了以习近平同志为总书记的党中央高举改革开放旗帜的鲜明立场和坚定决心。贯彻落实全会精神必将使我们党和国家事业焕发出新的勃勃生机，必将对实现"两个一百年"奋斗目标、实现中华民族伟大复兴的中国梦产生深远影响。作为一名在校大学生，我认真学习领会文件精神，决心按照党的要求，与自身工作实际相结合，在自己的岗位上做出更好的成绩，向党交一份满意的答卷。

如果党组织吸收我，我会时刻以一名共产党员的标准来严格要求自己，坚决拥护中国共产党的领导，认真学习马克思列宁主义、毛泽东思想、邓小平理论和"三个代表"重要思想，以及科学发展观，进一步树立全心全意为人民服务的思想，努力提高为人民服务的本领，更加积极参与和搞好班级工作、各项活动，刻苦学习，将来为国家建设和社会主义事业作出更大贡献。自觉遵守党的纪律和国家法律，严格保守党和国家的秘密，执行党的决定，服从组织分配，积极完成党的任务。维护党的团结和统一，对党忠诚，言行一致。只要党和人民需要，我会奉献我的一切，为共产主义事业奋斗终生。

　　如果党组织不吸收我，说明我还存在一些不足，我不会气馁，更不会动摇自己加入中国共产党的决心和信念，我会继续以党员标准严格要求自己，向身边的党员同志看齐，会继续努力，提高自身素质与能力，努力克服自己的缺点，弥补不足，用自己的实际行动向党组织靠拢，争取早日符合一名共产党员的标准。

　　恳请党组织审查。

　　此致

敬礼

申请人：×××

2014 年 1 月 10 日

　　按照写作格式分类，可分为书信式和表格式。

范例（表格式申请书）

项目编号_____

云南财经大学本科生科研训练计划（SRTP）

申　请　表

项目名称　_____

申请者　　_____

所在学院　_____

指导教师　_____

联系电话　_____

电子信箱　_____

申请日期　_____

云南财经大学教务处制

四、申请书的结构和写法

　　申请书的内容比较单纯，结构灵活，由标题、称谓、正文、结语和落款五个部分组成。

（一）标题

　　申请书的标题一般有多种方式。

　　第一种方式可直接由文种作为标题，在首行居中写"申请书"。

　　第二种方式可以是申请内容加文种的形式构成，如《入党申请书》《岗位调动申请书》。

（二）称谓

　　另起一行顶格书写，并加上冒号，写明接收申请单位名称或是领导的姓名职务，如"学院办公室""尊敬的×××主任"等。

（三）正文

　　这部分是申请书的主要部分。

（1）申请的内容和申请者信息。开篇就写明向领导或组织提出申请的内容，要开门见山，避免绕弯子。另外，还需要交代申请者的基本情况。

（2）申请的缘由、条件。说明为什么要写申请，申请事项对自己的意义，申请具备的条件。该部分可采取分条列项来书写，更易表达清楚，利于组织或是领导了解和把握申请者的意愿和相关条件。

（3）写出决心、保证或态度。这部分应注意措辞，诚恳有分寸，语言朴实准确，简洁明了，从而有利于组织或领导对申请中提出的要求的批准或问题的解决。

范例

复学申请书

尊敬的学院领导：

　　你们好！

　　我是英语专业 2012 级 1 班的学生张然。由于我是过敏性体质，2013 年 8 月份开始，我的脸部开始出现成片红斑，经确诊为过敏性皮炎，主治医生建议休学治疗。遵照医嘱并经学校批准，于 2013 年 9 月 15 日正式休学，经过一年的治疗和调养，现已痊愈。现休学期限已满，特提出申请，请求复学。

　　休学期间，为了早日康复返回学校，在当地医院继续治疗，前不久，经县医院全面复查，确认已完全康复（检查结果见附件）。

　　鉴于我目前的情况，我请求跟随英语专业 2013 级 1 班学习。希望领导考虑我的请求，准以复学。

　　此致

敬礼

申请人：张然

2014 年 9 月 10 日

（四）结语

结语写上表示感谢和希望的话语，习惯常用"特此申请""恳请领导帮助解决"等，也可用"此致""敬礼"等礼貌用语。

（五）落款

申请书右下角写清楚申请人的姓名或是单位名称，单位申请还需要加盖公章，注明申请日期。

五、申请书的写作要求

（1）申请事项要一事一文，切忌一文数事，否则影响领导或组织审阅。

（2）申请的事项要写具体，涉及的数据信息一定要准确无误。

（3）申请的理由要充分、合理。申请的理由要写清楚，实事求是，不能虚夸和杜撰，否则难以得到领导或组织的批准。

（4）申请书的写作也需要注意措辞，语言要准确简洁，态度要诚恳朴实，切忌东拉西扯、有意渲染。

纠错训练

下面几篇申请书有多处错误，请找出问题并改正。

(1)   晋升申请书

尊敬的领导：

　　我于 2014 年 7 月 2 日进入公司，到今天已经有三个多月的时间了。作为一名优秀的应届毕业生，我以极高的热情和自信投入到工作中，付出了常人难以想象的努力。

　　在过去的几个月时间里，我勤奋工作，严格要求自己，认真及时地做好领导布置的每一项任务，同时主动为领导分忧；专业和非专业上不懂的问题虚心向领导和同事学习请教，不断提高和充实自己，希望能尽早独当一面，为公司作出更大的贡献。

　　我的工作主要是代表处的业务。在开展业务的过程中，我不断学习和揣摩做好市场工作的方法，如对新客户做跟踪计划、对老客户进行定期回访、对暂时没有业务的客户宣传公司理念等等。在工作过程中，我尽心尽责已经尽力将工作做到最好，我的思想和工作能力都有了很大程度的提高。

　　中国有句俗话："人往高处走，水往低处流。"我希望我所付出的努力可以被领导看到，我的能力可以得到领导的赏识。只要有一个机会出现在面前，我想无论是谁，只要他有自信和信心，就一定不会放过这个机会。

　　根据上述情况，我提出晋升的申请，请领导尽快回复。另外，到公司工作以来，由于业务量大，通信费用大幅增加，请领导速给我解决通信补贴，否则将会耽误公司的业务联系。

                                        申请人：×××
                                        2014 年 10 月 27 日

(2)

尊敬的领导：

　　您好！

　　我叫×××，现在我的岗位是办公室文员，我在这个岗位上已经工作了三个月。这段时间，我勤勤恳恳地付出，但是没有得到任何回报。如果领导能考虑我的晋升问题，那么我可以继续在目前的岗位上工作，将会更加尽职尽责的工作。

　　如果得不到晋升，我郑重地向采购计划员这一职位提出申请，希望贡献出自己的力量。虽然我是才出校门的学生，工作经验不足，社会经历不多，而且我知道这个工作与自己的专业跨度很大，也没有做过与这一工作相关的事，但我个人爱好经济方面的，对数字也比较敏感。同时我也认为，对我个人而言，这个职务也有很大发展空间，可以考取相应的职业资格证，也可以向多方面发展，做一个全能的职业人。我想让自己发挥出更大的价值，为公司服务，为公司的明天奋斗。

　　非常感谢您在百忙之中审阅我的申请书，让我有机会向您展示我自己，同时也希望您能给我一次机会，让我展示我的才华。我相信只要给我机会，我一定能做好。

　　最后，衷心祝愿本公司事业发达、蒸蒸日上。

　　此致

敬礼

                                        申请人：×××
                                        2014 年 12 月 5 日

（3）　　　　　　　　　　　　　开业申请

××市政府、工商行政管理局：

我于 2013 年高中毕业后，未考上大学，一直无工作，长期在家待业。我对摄影素有爱好，经过自学钻研，加上市内照相馆摄影师的指点，学会了摄影、冲洗、放大、着色等技术。

依靠父母的帮助，筹集了人民币 5 万元，再加上好友的帮助，筹集个 10 万元左右应该没什么问题。因为照相馆的开设需要相应的设备，我已购得佳能和尼康照相机各一部，并备有放大机、切相机、冲印器具及小暗室一间（在自家厨房内隔出的）。虽然现在的筹集的资金所剩无几，但是我仍然相信我还可以在短时间内筹集到一笔资金。所以我觉得我现在已基本具备了个体户的开业条件。

现拟申请开业，开设"美好时光"照相馆，地址在××市××街××号（即将我家住房临街一间辟为铺面）。希望相关部门尽快发给我营业执照。

申请人：×××

2014 年 3 月 4 日

 课堂实训十五

拟写一篇转正申请，要求内容完整，格式规范。

如果你是应届毕业生，毕业后在腾飞科技有限公司见习，现在你在公司已经工作三个月。作为新员工你在公司的三个月时间里，严格遵守公司的各项规章制度，端正学习态度，虚心向公司的领导和同事学习。在短时间内熟悉了公司的各项规章制度和自己工作岗位的工作流程，甚至能独立完成领导交办的各项工作。谦虚学习的态度和突出的工作能力得到领导的肯定和同事的好评。但是你仍然未获得可以转正的消息。为此，你向主管领导陈经理提出转正的申请。

提示：结合自己的专业，选择合适的工作岗位拟写转正申请。

 课后实训十五

请你为小张拟写一份申请书，要求措辞得当，内容完整，格式规范。

小张是一名大二的学生，热爱民族舞蹈，想要在学院范围内多交一些喜爱民族舞的朋友，相互切磋学习。但是，她发现学院有各种各样的社团，却没有民族舞蹈社团，因而决定组建一个社团，把喜爱民族舞蹈的同学都召集起来。她经过多方咨询，了解清楚了学院组建新的社团的流程，接着向学院团委提交了一份组建社团的申请。

提示：（1）根据自己的兴趣爱好，可以选择成立其他社团，如心理社团等。

　　　（2）认真学习《××大学学生社团管理条例》，了解学生社团成立相关条件、社团章程等条例。

　　　（3）申请书中主要包括成立民族舞蹈社团的缘由、意义、条件、名称、组织机构、规章制度、活动方式、财务管理原则等。

项目五　常见宣传类文种训练

任务一　消　息

　　本报东莞讯（记者 尹仁祥 周桂平）昨日，东莞读者李先生投诉称，厚街镇东溪村公园的门口悬挂有一个告示外来工的牌子已有 1 年之久，上面明目张胆地写着"禁止外来工入园，违者将罚款 100 元"字样，这使许多在此打工的人员难以理解。该村负责人接受记者采访时表示，因该公园内有一所村办小学，为了不影响学校的正常教学，加强公园的治安管理才出此规定。并表示将立即拆掉该告示牌，在管理区为外来员工修建完全开放的公益性公园，以满足外来工文体活动的需要。

　　李先生诉称，他已经在该镇溪头村工作多年。发现前年底该村在公园门口悬挂了这样一个牌子，许多外来员工都不能理解，有的感到愤愤不平。他们认为："好像与当年的'华人与狗不得入内'一样，有歧视和侮辱外来工的意思。"并称，他的一些工友经常在休息时间，想进附近的该公园游玩，常遭到管理人员拒之门外。该公园的管理人员当着他们的面说，公园已经划为小学范围，无关人员禁止入内游玩。如果强行进去的，一律按村里制定的规定罚款 100 元。记者在该公园门口看到，公园的铁门上绑有一个黑色的油漆木牌，上面用白色广告写着"公告"。其内容为"溪头小学拟申报省一级小学。现将东溪公园划入学校管理区，外来人员（溪头村人除外）未经批准不得随意进入，违者罚款 100 元，谢谢合作。"的字样。落款为溪头村委会和溪头小学，时间是从 2002 年 12 月 2 日开始执行。

　　方主任说："挂牌只是限制外来人员的随意进入，没有歧视外来工的意思。受限制进入公园的人主要是，着装不整的社会闲散人员，有违法和作案动机的人。"方主任称，去年该村已投入 100 多万元，在管理区内修建了一个专门供外来人员活动的公园，里面有各项体育活动设施，今年 3 月已正式对外开放。同时在村委会建有外来工投诉站，为外来员工提供各种帮助。他表示立即拆掉该公告牌。

　　"外来工"和"外来人员"一字之差，导致事实变了样，造成了事实的不真实。

 知识聚焦 》》》

宣传是企事业单位、机关团体的一项经常性的重要工作。它有多种形式，如召开会议、刊登广告等，但最简捷方便的是通过新闻报道来进行。

新闻是对新近发生或正在发生，或者早已发生却是最近发现其事实价值的，有一定社会意义的事实所进行的报道。它是报纸、电台、电视台、互联网等媒体经常使用的记录与传播信息的一种文体。新闻是一种以叙事为主的文体，基本要素包括时间、地点、人物、事件的起因、经过、结果，即五个"W"和一个"H"，分别为 When（何时）、Where（何地）、Who（何人）、What（何事）、Why（何因）和 How（如何）。

新闻概念有广义与狭义之分。广义的新闻包括消息、通讯、新闻评论、广播稿、特写等。狭义的新闻一般则指消息，也是宣传类文种中主要讲述和要求掌握的一种新闻报道。

一、消息的概念

消息是用概括的叙述方式，以简明扼要的文字，迅速及时地报道国内外新近发生的、有价值的、群众最关心的事件的一种文体。当前社会资讯非常发达，每天我们都能接触到大量的新闻，而这些新闻大多都是以消息的形式传播的，它是目前最广泛、最经常应用的一种报道形式。

二、消息的特点

（一）真实性

真实性是消息的灵魂和生命，是消息写作的基本原则。消息中所反映的事实、引用的资料，包括人物、时间、地点、事件细节、数字等，要求具体真实、准确无误，要保证确有其人、确有其事，并且对事实的分析与评论也要符合客观事物本来的面目。写作中不允许"合理想象"，更不能随意编造。

（二）时效性

新鲜是消息的价值所在，消息报道要报道新情况、新经验、新问题，给人以新意、新信息、新启发。对国内外发生的重要事件，对当前工作中出现的新形势、新动向、新问题，对涌现出的新人、新事、新风尚，必须敏锐发现，尽快把握、迅速反映。否则消息未能在第一时间向公众传播，成了"旧闻"就会失去其应有的价值。

（三）简短性

消息一般篇幅短小精悍。消息是用最简洁的语言，摆出事实、讲明道理。

三、消息的种类

消息从写作的角度来划分，可分为动态消息、典型消息、综合消息、述评消息、人物消息。

（一）动态消息

动态消息是迅速而准确地报道新近发生的国际、国内重大事件、重要的活动和各项建设中的最新动态，报道新人、新事、新情况、新问题。动态新闻要一事一报，以叙述为主，用事实说话，是发布数量最多、使用频率最高的一种文体。一般说来，动态消息篇幅不长，内容集中，时效性最强，表述直接而简明，应用最为广泛，是报纸上使用最多的一类。

重大新闻的简讯都属于动态消息。重大新闻指事件重大，意义深远，报道时在报纸上占显著位置的消息。例如，《国际要闻简报》《学术动态》《市场漫步》等。

范例

云南富源发生煤矿瓦斯爆炸 13 人遇难 1 人被困

人民网昆明 4 月 21 日电（记者 李发兴）记者从云南省曲靖市富源县委宣传部获悉，21 日 0 时 30 分左右，富源县后所镇红土田煤矿 121701 工作面发生瓦斯爆炸事故。当班下井 56 人，安全升井 42 人，14 人被困井下。经全力搜救，截止 21 日 8 时，已发现 13 名被困人员遇难，最后 1 名被困人员正在搜救中。

接报后，曲靖市、富源县立即启动应急预案开展救援工作，成立现场施救组。富源县矿山救护队和后所煤矿矿山救护队共 50 余人正组织紧张有序救援搜救。据初步了解，该煤矿为私营煤矿，六证齐全。

（来源：人民网，2014 年 4 月 21 日）

（二）典型消息

典型消息也叫经验消息，它报道的是某单位、某地区在工作中具有规律性的经验和做法。这种消息所报道的，可以是贯彻党和国家的方针政策的典型经验，也可以是某一方面工作的成功做法，是在介绍经验、做法之后，总结经验，找出规律，以达到以点带面，推动工作的目的。

典型消息在写作中，一般只交代情况，让读者对报道对象有一个整体的了解，其次是介绍做法，让读者知道经验是怎样取得的，从而使读者看到取得的经验。

范例

山西吕梁：核桃树成了石楼农民的"摇钱树"

本报讯（记者 杜小红）"这几年，县委、县政府鼓励农民利用当地优势栽种核桃树，还提供技术支持。通过认真学习，我很快掌握了核桃树管理技术，并扩大了核桃树种植规模，没想到，还真尝到了甜头，几亩核桃园让我家的光景越过越红火，好日子就像芝麻开花——节节高。"家住石楼县龙交乡下庄河村的王三小告诉记者，这几年，他靠栽植核桃树勤劳致富，在当地小有名气。

王三小作为核桃产业的受益者，他如数家珍地为笔者算了一笔账："一亩地能栽植60 株核桃树，按每棵树产核桃 40 公斤计算，一亩核桃园可产核桃 2400 公斤，根据目前的每公斤 20 元钱的价格就可收入 4.8 万元。今后每户再多发展几亩核桃园，兜里的钞票就会赚得更多，致富的梦想将会很快变为现实，我们庄户人的生活将会变得越来越好。"近年来，石楼县委、县政府坚持生态立县、林果富民、工业强县三大战略不动摇，把核桃产业作为一项新的富民工程来抓，各乡镇全力推动万亩核桃基地建设任务的完成，各乡镇、县直各单位严格按照下乡包村增收活动确定的定点包扶村，落实核桃基地建设任务，确保核桃园任务落实到农户和地块，努力把产业化发展、规模化经营作为解决"三农"问题的突破口，增加农民收入。

目前，全县新栽核桃9万亩，核桃总面积达到16.5万亩。以龙交乡为例，全乡共有2万余亩核桃林，并对以前的老核桃树全部进行了大改良，提升了果品质量，预计今年全乡核桃一项收入在400万元以上。

（来源：《吕梁日报》，2012年6月18日）

范例

产的是玻璃，卖的是创意

河北新闻网讯（记者 张永利 庞超）"快发货，快发货……"9月18日，沙河市雅美工艺玻璃有限公司总经理李赏波的手机再度响起。

电话是重庆市威皓门业有限公司老板钱克梅打来的。半年来，她把85%的采购量集中在沙河市，每月要从这里拉走45 000平方米的艺术玻璃。这些产品在重庆市场供不应求。

20元！这是一平方米普通玻璃目前的市场售价；同样一平方米的玻璃，通过科技创新和创意加工，制成一个名叫"金玉满堂"的玻璃摆件，就能在重庆稳卖600元。在整个玻璃行业供大于求、70%的玻璃企业亏损的形势下，沙河市的艺术玻璃产业仅用4%资产，就创造了40%的利润。

"艺术玻璃是以玻璃为主体，以艺术为内涵，利用各种创新技法制作的形状独特而美观的玻璃产品，广泛用于装饰、建筑或家具洁具上。"李赏波解释说。1999年，李赏波靠着生产乳化玻璃起家。但之后的8年间，一平方米乳化玻璃利润从10元一路跌到0.5元以下，沙河市生产乳化玻璃企业数量从最兴盛时的四五十家减少到两三家。

生死关头，正是艺术玻璃挽救了他。2008年，他去江浙一带考察，发现经过精深加工后的艺术玻璃十分抢手，且价格不菲。他决定向这一方向转型。

走进雅美公司的艺术玻璃展厅，一股灵动、优雅的气息扑面而来。朵朵玫瑰衬于玻璃内部，起伏线条凸于玻璃表面，虽然是画儿却能触摸感知，这就是3D立体"倾国倾城"艺术玻璃作品营造出的视觉美感。

如今，依靠前卫的外观设计，李赏波的公司已自主研发出100多种花型图案，全部获得国家知识产权证书，市场越做越大。

今年，沙河市在与武汉理工大学联合成立河北沙河玻璃技术研究院的基础上，再由市政府出资3亿元，成立艺术玻璃创意设计中心，研究开发艺术玻璃新工艺、新产品，形成了政产学研相结合的文化技术创新体系。

得益于一系列的鼓励政策，近两年，像李赏波这样成功转型的企业经营者越来越多。目前，沙河拥有470余家艺术玻璃企业，就地转化了平板玻璃5300万重量箱，玻璃深加工率达到了41%。产品销往十几个省市，并出口欧洲、东南亚、非洲等国际市场。

沙河市艺术装饰玻璃协会会长李彦峰颇为自豪地算了一笔账：目前沙河市玻璃产业总资产在 100 亿元以上，其中艺术玻璃企业的总资产约占 4％。沙河玻璃产业年利润约为 43 亿元，而发展时间最短、规模最小的艺术玻璃却贡献了 16.5 亿元的利润，约占 40％。

　　"我们产的是玻璃，卖的是创意。艺术玻璃厂家，已成为沙河玻璃业最赚钱的企业。"李赏波说。

（来源：《河北日报》，2013 年 9 月 22 日）

（三）综合消息

　　综合消息是以全面概括地反映不同地区、不同单位在一个时期内发生的某个事件、某项工作、某个问题为内容，围绕并突出一个主题的报道。它是对同类事物或同一事件的多侧面情况进行归纳、综合的新闻报道的总称，也就是围绕一个主题，通过对一定时间或一定空间内的诸多事实、情况的综合而写出来的消息类型。

　　综合消息既有全面情况概述，又有典型事例的说明，也就是说既要有"面"上的情况，又要有"点"上的情况，"点""面"有机结合来反映全局，防止"观点加例子"的机械拼凑。

范例
民企员工竟视职称为"绊脚石"

　　中工网南宁 8 月 24 日电（记者庞慧敏 实习生黎敏）2013 年广西民营企业职称申报工作全面展开以来，广西中小企业联合会办公室主任吕晓平均每天能接到 20 个左右来自民营企业职工的职称申请，这一申报数据与庞大的民企从业人数相比，少得可怜。据了解，不少民企员工不仅对职称"不感冒"，甚至视其为自己晋升和跳槽的"绊脚石"。

　　记者在南宁市高新区科技工业园区内走访时发现，部分生产一线职工不知道什么是职称，更不用提去申报职称。"企业采用计件工资制多劳多得，员工收入与企业效益相关而跟职称无直接关联。企业重业绩轻职称，员工自然没动力。"南宁国雄科技有限公司人力资源与行政主管伍海钰接受记者采访时说，"职工一般觉得现有的收入已经达到预期就不愿意再去折腾了，而且参加培训还会耽误工作，成本由自己承担，所以大家宁愿多干活而不去申报职称。"据了解，国雄科技有限公司 100 多名正式员工中每年仅有 1～2 人申报职称。

　　记者采访时了解到，民营企业并不青睐那些有专业职称的应聘者。就在记者采访当天上午，伍海钰刚刚婉拒了一位有职称的机修工人。"实在请不起，有职称的技术人员对工资期望值很高，一个机修工人要求每月 4000～5000 元的工资，企业难以负担。"伍海钰说。

　　对员工来说，申报职称不仅没有为自己谋得更好的福利与发展空间，反而增加了自己在其他企业另谋高就的难度，这使得他们对职称并不热心。

　　"据我们了解，民企老板们一般都不鼓励职工评职称，也不太关注这一块。"南宁市民营企业家联合会第一书记任宁生分析说，"从民营企业的角度讲，他们需要高级技术人才，却不能或不愿负担高额的用人成本，再加上民企职工流动性大，可能今天评上职称明天就走人了，所以企业更愿意花三流的钱聘一流的技术，而不是聘一个有一流职称的员工。"

广西中小企业联合会秘书长李强认为，随着民营企业的发展，"全面提升企业素质，使企业产品、规模和管理上档次"将成为民企二次创业的必修课，在这个过程中，申报职称对于企业培养人才、留住人才、用好人才来说具有重要的意义，但由于目前的职称申报制度不健全，导致民营企业对这块不够重视。

任宁生认为，可以更多地考虑发挥各商会的力量，将职称评定逐步从行政管理过渡到社会管理。"就职称评定而言，国家可以给社会组织一个放手去做的平台，比如让一些专业的协会组织，如厨师协会，在职称评定工作中扮演重要的角色。实现政企联动，才能让职称在考验员工的真才实学中发挥重要作用。"

（来源：中工网，2013 年 8 月 25 日）

范例

跑三条街买不到一个顶针

本报讯（记者 郑晔）"没想到跑三条街买不到一个顶针！"近日，家住市区联盟路的黄老太太为买一个顶针，在附近几条街道找了近一个小时，都未能如愿。记者调查了解到，目前在市区，要买个纽扣、缝衣针、顶针这样的针头线脑还真非易事。

黄老太太告诉记者，家里拆洗褥子时，她发现用惯了的顶针找不到了，就下楼去买。没想到商店里的人听说要买顶针，不是连连摇头，就是不知道"顶针"是啥玩意，黄老太太找了几条街都没有收获。而她的抱怨也引起很多市民的共鸣，许多人反映，不仅顶针不好买，针、线、纽扣、蜡烛这类廉价的小物件也越来越不好买。

6 月 26 日，记者走访市区多家大型超市和街头小商店了解到，纽扣、顶针不仅超市难觅踪迹，就连街头的小商店也很难找到。部分超市销售的针线盒，把各种型号的针和各种颜色的线"打包"出售，售价在 10 元左右，价格不菲。

为何在商品丰富齐全的都市买不到日常生活用品？"利润太小，划不来卖！"在市区南门口开商店的王萍一语道破天机。她说，这些小东西几天卖不了一个，挣不来几个钱，久而久之就不卖了。记者在火车站附近的批发市场了解到，一个顶针批发价 0.3 元，市场售价不过 0.5 元，纽扣批发价一颗 0.1 元，市场售价也在 0.5 元左右，并且品种繁多，许多经销商一看太麻烦就不进货了。"现在这类小物件主要向县区批发。"批发商杜某告诉记者。

如何给传统小物件一个生存的空间呢？新民路社区主任张淑超说，建议商家瞄准市民日常需要，提供细节服务，同时，也可以尝试以小区物业和社区为单位，为居民提供生活必需品。"毕竟这些物件虽然小，人们还是离不开的。"她说。

（来源：西部网，2014 年 5 月 8 日）

（四）述评消息

述评消息又称记者述评，新闻述评，是反映国际、国内重大事件或具有普遍意义的社会问题的消息，是一种兼有消息与评论作用的新闻。它的特点是边叙述边评论，要求以国家的方针政策为依据，针对事实进行评说，要观点正确，评论得当。

范例
回头看，缘何衰败？

　　本报讯（记者 林世雄 谢嘉晟）上世纪末，厦华电子跟风而上，相继进入手机、计算机、显示器等生产领域，不仅没有获得预期的成功，反而背上包袱。2005年，经过重新定位，厦华电子剥离了手机、计算机等业务，并从传统彩电转向平板电视。

　　然而，国内彩电品牌竞争的激烈，加上洋品牌的冲击，厦华电子在平板电视上的辉煌并没坚持多久。2006年，华映视讯入主厦华电子。

　　厦门苏宁电器一名不愿透露姓名的工作人员介绍，华映视讯入主厦华电子的那段时间，正好赶上国内彩电市场大打"价格战"，厦华电子调整战略，将目标市场定在海外。近几年，海外经济低迷，中国出口企业的日子普遍不好过。厦华电子2013年半年报的数据显示，截至2013年上半年底，负债已近7亿元。

　　"厦华在全国处于领先地位时，依靠的是技术。但面对市场激烈竞争时，厦华电子不是在技术上寻求新突破，而是转向靠低利润批量销售的海外市场，结果又遇上海外经济不景气，市场份额难免大幅萎缩。这时想要攻打国内市场，为时已晚，在技术等各方面都已远远落后于人。"他分析道。

　　另据媒体报道，控股厦华电子的华映视讯幕后实际控制人中华映管，主营面板的生产和销售，强制厦华电子用高于市场的价格购买旗下产品。生产线上的工人发现，买进的其实大多是无法进入市场的积压品，有些面板一看就知道质量有问题。

（来源：《福建日报》，2014年4月15日）

（五）人物消息

　　人物消息报道人物思想、事迹，注重用细节刻画人物形象、心理，对人物的主要特点放大和再现。在选材上，抓取现实生活中人物活动的一两个场面，充分展示生活的横剖面，描绘细腻，感染力强。

范例
小小字条传递医患真情

　　本报讯（记者高羽）"感谢你们的辛勤陪护和精益的技术。望你们放心大胆地为我手术治疗，如出现意外，我不会怪怨大家。若手术失败，请将我的遗体代劳捐献给天津第三中心医院做科学研究和教学之用，将有用的器官无偿地捐献给更需要的人。"这是一名患者日前在躺上手术台那一刻交给医生的字条。这一幕感动了许多医护人员和患者家属，一位医护人员在微信朋友圈中写道："很长一段时间，已经不奢望医患之间的真诚和信任，只有把自己包裹得更严。这位患者的举动让人心生温暖，更加坚定了我的从医信念。"

　　记者采访得知，这名患者名叫王永忠，今年58岁，在家乡山西太原被确诊为喉癌，来津求医。12日，市第三中心医院为他成功实施了手术，目前正在恢复之中。"父亲的举动让我很意外，也很感动。"说起王永忠写下的字条，他的儿子王佳表示："虽然此前并没有和父亲探讨过这类问题，但作为家属，我们一定会尊重父亲的意愿。"

在医患关系紧张的现实情况下，一位患者为何能够对医院如此毫无保留地信任？王永忠的主治医师陶树东说："王大爷的这份理解和信任是对我们工作的认可。其实我们对每一位病人都是一样的精心照顾，能有这样的举动，和老人本身乐观豁达的性格和较好的心理素质也有关。"王永忠的儿子王佳认为，现在医患之间有很多是因为信息沟通不畅造成的不信任，"我父亲的主治医师从术前的交流到术后的指导都非常清楚明白、耐心周到。既很客观又能设身处地地为患者着想，让家属做到心中有数，没有疑惑，这样自然会赢得患者和家属的信赖。"

王永忠的做法也在其他患者中引起了反响。正在三中心医院心内科病房住院的退休教师李先生说："只要把患者当亲人，这份爱心就能够换来理解和信任。这里推行无陪伴服务，虽然我身边没有家属，但医院对我的照顾无微不至，让我非常感动。我也打算今后把遗体捐献给三中心医院，表达我的感激之情。"

（来源：《今晚报》，2013 年 12 月 15 日）

四、消息的结构和写法

消息一般包括标题、消息头、导语、主体、背景和结尾六个部分。

（一）标题

标题是消息的眼睛，拟写得好，可以吸引读者；拟写得差，一篇好消息也会被埋没。消息的标题必须简明、准确地概括消息内容，帮助读者理解报道的事实。

1. 消息标题的几个概念

消息标题一般分为正题、引题和副题。

引题排在主题上方，字体稍小些，用来揭示消息的思想意义或交代背景，说明原因，烘托气氛，也称为肩题、眉题。

正题是主要的题目，也称为主题，用来概括与说明主要事实和思想内容，常用非常大的字体，以便引起读者注意。

副题排在正题下方，是对正题的补充说明，又称辅题、子题。

2. 消息标题的四种形式

消息标题有四种形式，根据消息的内容灵活选择。

第一种形式是"正题"式，这种形式只有一行标题，又称为单行式。例如，《今日当铺，"当"之无亏》《营养午餐：花好还须月圆》。

第二种形式是"引题＋正题"式，这种形式又称为双行式。例如，正题为《挺直腰杆，活得灿烂》，引题为《失去双腿后靠腰椎立着生活，安医大一学生凭着乐观坚强取得多项佳绩，成为同学心中的"导师"》；正题为《"两限房"进入房保体系》，引题为《建设部解读新规定》。

第三种形式是"正题＋副题"式。例如，正题为《六部委督查组赴各地查"菜篮子"》，副题为《防止主要食品价格过快上涨》。

第四种形式是"引题＋正题＋副题"式。例如，正题为《寓热情服务于严格执法中》，引题为《重庆加强环境监察监测和信息化能力建设》，副题为《人性化执法受到企业欢迎，环保信息网络促进综合决策》。

（二）消息头

消息头也称电头，它位于消息的开头，是消息的标志，是新闻发出媒体、地点和时间的交代和说明，常常采用空两格书写，字体一般较粗。电头的形式有"电""讯"两大类标志。"电"主要指电报、电话、电传等形式向报社传递的新闻报道；"讯"主要指通过邮寄或书面递交的形式向报社传递的新闻。一篇消息常冠以"本报讯"或"××通讯社××地×月×日电"，如"中工网南宁8月24日电"。电头是版权所有的标志，表示该媒体对此消息的独家版权，其他媒体转载时必须标明。从而，也是判断消息真实性和权威性的重要途径。

（三）导语

导语是指一篇消息的开头，常是第一自然段或第一两句话，一般简明扼要地交代五个"W"。例如：

1月27日上午，我校召开学校干部教师大会。中共中央组织部干部三局局长喻云林在会上宣读了中共中央、国务院关于中山大学校长职务任命的决定，任命罗俊同志为中山大学校长。教育部党组副书记、副部长杜玉波，广东省委常委、组织部部长李玉妹出席会议并讲话。会议由校党委书记郑德涛主持。

导语是用简明生动的文字，写出消息中最主要、最新鲜的事实，鲜明地提示消息的主题思想，促使读者产生强烈的"了解下文"的欲望。所以，要写好一篇消息就必须在导语上狠下工夫。

导语的写法很多，有如下方式。

（1）叙述式。简明扼要地写出主要事实、经验，或对全篇事实材料进行综合概括，揭示主要内容。例如：

昨日，国务院总理李克强在中南海主持召开座谈会，听取专家学者和企业界人士对行业发展和经济走势的看法，以及对《政府工作报告》的意见建议。

（2）提问式。消息中要解决的问题或要介绍的经验、做法以设问的形式提出，然后再用事实作答。例如：

大学生就业难，企业又难以找到合适的人选，人才市场的供需错位如何对接？云南财经大学中华职业学院和艾维集团共同探索出实用型人才培养新模式——订单式教育。

（3）描写式。对消息的主要事实或某一有意义的侧面，作简洁而生动的描写，以突出所报道的人物或事件的特点，从而引起读者或听众的重视。例如：

春日的校园，万物复苏。然而不同于往年花开满园、树木成屏的景象，部分树木像是集体闹起了脾气，脱下了绿色外衣，变得光秃秃的。近日，不少师生发现学校部分路段两侧的树枝叶被修剪一空，图书馆前林荫大道两侧的树木再次打起了点滴，不禁对树木的"健康状况"表示担忧。

又如：

10 月 9 日晚上 10 时 30 分以后，衡水第五中学女生宿舍楼发生校园暴力事件，该校女学生小丽（化名），遭到了以该班班长小佳（化名）为首的 12 名女学生用拖鞋打脸、拳打脚踢、泼冷水、掴耳光、罚跪等方式的折磨，这次暴行一直持续到次日天快亮时为止。

（4）评论式。对所报道的事实先作出评论性结论，然后再用具体事实来阐明。例如：

韩慧瑛，藏族女儿，青海省玉树藏族自治州人民医院党委书记、院长，她的生命定格于 48 岁。这位白衣天使的生命，浸透着党的女儿的热血与忠诚、战士的无畏与壮烈。没有人能回忆起韩慧瑛告别时的任何细节，没有人相信她一去不回还！2010 年 7 月 3 日，韩慧瑛因病情日重不得不离开玉树高原，所有人只是将之视作一次寻常远行。当远行成永逝，告别成诀别，这无声一去，让人无法释怀！

（5）引用式。引用消息中人物深刻而富有意义的语言作为导语。例如：

"每天穿着职业装匆匆忙忙地行走在校园，拿着自己的档案奔走于各招聘会现场和用人单位，简历投递了一份又一份，面试进行了一场又一场。每天都生活在不安和忐忑中。每次听到哪个同学已经签约的时候就会特别羡慕，习惯性地送上祝福后，再继续为自己的工作拼命奔走。"这是会计学院即将毕业的张同学对自己现在生活的描述。

（四）主体

主体在导语后面，是消息的主要叙事部分。对导语作具体全面的阐述，具体展开事实或进一步突出中心，从而写出导语所概括的内容，表现全篇消息的主题思想。

主体的安排应按"时间顺序"或"逻辑顺序"写作，但仍然要先写主要的，再写次要的。其中，时间顺序是按照事情的发生、发展、结果的时间顺序，从头到尾一路写来。逻辑顺序是按照某一事物的几个方面的关系或某些事物的相互联系，组织和安排消息的层次和段落。

（五）背景

消息背景指的是与新闻人物、新闻事件有关系的历史背景、周围环境和其他方面的联系等材料。写消息要交代背景，目的在于帮助读者深刻理解新闻的内容和价值，直到衬托、深化主题的作用，也就是回答五个"W"中的 Why（为什么）。使用消息的背景材料要为主题服务；要与新闻事实相互交融地穿插其中；要简洁精当，不可喧宾夺主。

（六）结尾

结尾是消息报道的结束语。它应该是随着新闻事件叙述的自然收束，不应该为结尾而结尾。正像美国作家马克·吐温说的："故事一讲完，文章即结束。"但是对有些消息来说写一个或者发人深省，或者催人振奋，或者给人希望的结尾，也是很有意义的。

五、消息的写作要求

（一）内容要新鲜

撰写消息，力求具有一定的思想，以便能给人以启迪。所以要在选择题材中下工夫，从比较中发现什么才是新的见解、新的问题。作者要有敏锐的眼光，要了解全局性的情况，要占有资料，要做有心人。

（二）善于用事实说话

注重典型事实和形象性的事实。新闻的本源是事实，只有事实才最有说服力。报道不可有虚构的成分，也不能编造或歪曲事实。真实性，是新闻的生命之所在。但是，新闻绝对不是事实的罗列，所以它要求新闻报道者要充分把握事实材料，善于用事实说话，要在选择事实和表现事实上下工夫。

（三）具备基本要素

写作消息应遵循新闻基本要素的原则，即在消息中要写明时间、地点、人物、事件及其原因，使其完整、准确，满足读者或听众对消息的要求。一般来说，上述这五个要素在消息写作中必不可少。

（四）快采快写，讲求时效

力求在最短的时间里采访到新闻信息，同时要力求在最短的时间内写出新闻稿件，发布出来，否则就会失去传播消息的先机。因此，时效性就显得尤为重要。采访要快，写作要快。无数事实证明，在当今世界，同一重要事件，不要误差迟发一天半天，即使只是迟发几小时、几分钟，我们的消息便会在竞争中失利，在舆论上遭受不应有的损失。反之，我们如果讲究消息的时效性，就能在竞争中赢得主动权。

（五）反复锤炼语言，多一字不如少一字

消息篇幅要短，容量要大，消息写作提倡"短些，短些，再短些"，力求短而有丰满内容，短而实。所以，消息以语言简洁为上乘，要珍惜每个字，推敲每句话，力求字字句句载着尽可能多的信息。

 纠错训练

分析下面这几篇消息，说明问题并修改。

(1)　　　　　中华职业学院承办 2014 年"能投浪潮杯"云南省大学生计算机设计大赛

暨（第 7 届）中国大学生计算机设计大赛云南赛区决赛

6 月 8 日，2014 年"能投浪潮杯"云南省大学生计算机设计大赛暨第七届中国大学生计算机设计大赛云南赛区竞赛在云南财经大学中华职业学院开幕。来自省内 22 所高校的 72 个参赛团队参赛，云南财经大学 11 支参赛团队参赛，其中 9 支来自中华职业学院。

大赛参赛作品分软件应用与开发类、教学课件类、数字媒体设计类普通组、数字媒体设计类专业组、计算机音乐创作类、软件与服务外包类、数字媒体设计类中华民族文化组 7 类。采用现场展示与答辩相结合的方式，考查参赛选手的综合能力。

德宏师范高等专科学校的多媒体软件设计参赛作品《成长记》通过音频、动画的展现方式展示了

一幅关于成长的舞台剧。作品分为成长日记、成长故事、成长规则、成长心得、娱乐游戏五个环节，从孩子的视角展现世界的多彩缤纷和生命的精彩美好。以日记的形式描述孩子在成长中对生命的好奇，以及对生命的了解、珍惜，从而呼吁人们热爱生命，珍惜生命。

从元阳梯田到蘑菇房，从民族服饰到民族工艺品，在缓缓流淌的哈尼族民歌中，《哈尼魂》讲述着哈尼族文化的传承，追忆祖先迁徙壮举的英雄业绩。云南财经大学参赛团队通过实景的采集和后期3D效果的制作，将哈尼族的传统建筑蘑菇房及水烟筒等特色民族工艺品进行了完美展现。

云南省教育厅高教处副处长郭云龙出席开幕式并致辞，他说，云南赛区是中国省一级的赛区，为云南省高校师生提供了一个交流的平台、学习的平台、友谊的平台。希望选手放松心态沉着应对，赛出风格赛出水平。

云南财经大学纪委书记邵备代表学校向评审专家及各参赛学校、参赛团队表示欢迎。他表示，大学生计算机设计大赛为云南省计算机技能高手们搭建了一个展示才能的舞台，提升了省内高校学生的计算机应用能力，增强学生创新意识和创造力，激励省内高校各门类学科专业学生学习计算机知识和技能的兴趣和潜能，培养学生创新能力、团队合作意识及运用信息技术解决实际问题的综合实践能力。他说，云南财经大学中华职业学院曾多次承办省级竞赛，经验相对丰富，有能力将这次赛事承办好。

省高校计算机教学研究会会长杨毅回顾了云南省大学生计算机设计大赛三年来省内高校参赛情况，并对参赛作品要求及奖项设置情况作了介绍。他说，竞赛以公开、公平、公正为生命线，对于大赛的奖项设置宁缺毋滥，绝不因外力因素影响作品实际评分。

云南能投浪潮科技有限公司副总经理雷畅出席开幕式并致辞。云南财经大学中华职业学院的参赛代表向梦迪代表全体参赛选手宣誓。

省高等计算机教学研究会常务副会长张洪明、教务处副处长王智勇、中华职业学院各位领导出席了开幕式。

据悉，经各校选拔推荐，进入初赛作品380余件，有效作品342件。经过初评，96件作品推荐参加全国竞赛，72件作品入围云南省决赛。云南财经大学作为省内参赛团队最多的高校，29支参赛队参加竞赛，15支团队进入国赛，11支参赛团队进入云南省决赛。其中中华职业学院参赛团队22支。11支团队进入国赛，9支团队进入云南省决赛。

2014年"能投浪潮杯"云南省大学生计算机设计大赛暨第七届中国大学生计算机设计大赛云南赛区竞赛由云南省教育厅主办，云南省高等学校计算机教学研究会和云南财经大学中华职业学院承办，云南省能投浪潮科技有限公司赞助。

（2）
德运钞车被劫案令人捧腹
劫匪只认马克弃欧元

新华社柏林9月7日电（记者××）德国日前发生一起一辆运送欧元和马克现钞的运钞车被抢的案件。据初步判断，案件发生在德国马伐利亚州吉森县利希和费恩瓦尔德之间的公路上，时间大约为当地时间6日11点零5分。现年35岁的运钞车司机哈利勒·尤尔特塞韦尔及其同伙是这起抢劫案的主谋。

令人匪夷所思的是，警方在案发现场发现留下了大量欧元现钞和部分已经被打开的装有欧元的口袋，真是令人捧腹的笨贼。由于欧元将于明年1月1日正式开始流通，警方猜测，被抢走的欧元现钞可能会被用来作为制造欧元伪钞的样品。

警方估计，被抢的数额为500万～600万马克。

（3）
空巢老人需要关爱

随着我国迈入老龄化社会，"空巢老人"的问题也越来越被社会和媒体所关注。昨日记者采访了安徽大学社会学系副教授王云飞。王教授认为，从子女的角度来说，常回家看看是应尽的责任，至少

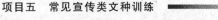

经常打电话问候一下，但是有关部门更应该肩负起老人的养老问题。

对子女来说，都应该把赡养老人当作一件非常重要的事来完成，不论是节假日还是平时，能陪伴在老人身边的尽量陪伴，外出打工的能回家时尽量回家，实在回不去的也要经常打个电话，问候下老人。

王教授同时认为，随着现代社会的分工，老人的养老问题，并不只能仅仅靠个人来完成。王教授说，有关部门应当更多地承担起养老的责任。"政府应该构建一个多元化的保障体系，实现居家养老。"王教授告诉记者，很多老人不愿意去诸如养老院或者老年公寓这样的养老场所，还是愿意住在家里，对待这些老人，就应该有相应的社区工作者前来服务，包括做家务，陪老人聊天说话。

灯整天亮着老王已死多日

11月21日，楼下的马师傅终于发现了一些不对劲的地方。"我看到楼上的灯整天整天地亮着，也没关过，家里的狗一开始还汪汪叫，这几天也不叫了。"楼下卖米的大妈也看不到老王出来买狗粮和遛狗了，马师傅怀疑老王出了什么意外，赶紧找来了警方。

老王家属于蚌埠市东风派出所管辖，21日中午，值班民警联系上了老王在蚌埠的女儿，赶到门口，但是怎么也打不开门，没办法，只好联系了开锁公司，打开了门锁。"门一开，能闻到里面有异味，还有一屋子的狗窜来窜去。"老王的女儿则进了屋子，东风派出所说他们守在门口，没有进去。

派出所没有透露更多的现场细节，只是告诉记者，老王死了，而且已经死了有一周左右时间，随后龙子湖公安分局的刑警和法医也赶到现场。

家里养了近十条宠物狗

家住在蚌埠市区的王师傅是一名退休职工，今年已经60多岁了，独自住在国强街的一幢居民楼的顶楼。

"平时很少来往，话都没说几句。"住在楼下的马师傅在这幢楼也住了10多年，老王给他留下了深居简出、寡言少语的印象。四楼的一位老奶奶在这里也住了30来年，更是告诉记者："没说过话，没什么印象。"记者在采访中了解到，老王早年离婚，独自将两个女儿抚养大，两个女儿都已嫁人，一人在外地，一人在蚌埠本地生活。

不过老王给邻居们的最深印象是家里养了太多的狗。"快有10条吧。"马师傅告诉记者，楼下一位常年在这里卖米的大妈也说，每天都能看到老王出来买狗粮。老王一般去附近屠宰的地方，收集一些零碎杂件，带回去给狗吃。"都是那种宠物狗，在楼梯跑上跑下。"

老王住在顶楼，算是六楼半，马师傅住在六楼，正好是楼下，这些狗给他家的生活带来了很多影响。"那气味别提了，狗叫来叫去，在家里跑来跑去，我们都没法忍受，真不知道他一个人这么多年是怎么过来的。"

老王为什么会饲养这么多条狗，邻居们都很费解。"也许是太喜欢狗了，大狗生小狗也不舍得送人，就自己养着，时间长了狗就多了。"

 课堂实训十六

阅读以下材料，请根据材料，凝练主题，撰写一篇新闻报道。

材料1

"你手里攥着千头万绪，攥着一千个线头，但是一个针眼一次只能穿过一条线。"不久前，习近平总书记在同中央党校第一期县委书记研修班学员座谈时，用自己的经历建议年轻人不要熬夜。

北京建筑大学的林帆（化名）刷完朋友圈，发了最后一条朋友圈状态说："听从总书记教导，睡觉。"这是他近一年来第一次这么早睡，而他的朋友圈里也被"十二点一到就去睡大觉，第二天重新来过"这句话刷屏了。对现在的大学生而言，熬夜几乎成了"家常便饭"。"好像人人都是熬夜党，"林帆说。

材料 2

湖北第二师范学院的汪星星是"熬夜达人"。她曾任班长、现任大学生通讯社社长,这些职务让她感慨自己有"三头六臂"都忙不过来,于是走上了熬夜的"不归路"。宿舍熄灯后还常常看到她对着电脑写稿、改稿。有一次,她用完了室友 3 台笔记本电脑的储蓄电量还没做完工作。

中国科学院大学的研究生,胡林(化名)也沦为"起床困难户"的一员,但她晚上熬夜几乎都为"看文献、写文章、赶稿子"。从开学持续到期末结课前,胡林白天三分之二的时间都是课,课后时间又被各门功课侵占,还有较大强度的社团工作,"凌晨一点以后睡觉是常有的事,有时候会到三、四点。""太忙了,以至于没有更多的时间去想别的事情。"胡林身边的朋友们也大多数是"学霸"型的"熬夜党",有时候完全没意识到自己又熬夜了,不知不觉就到了那个点。"我们几乎不把看电视当作消遣,睡觉才是我们最大的休闲方式。"

材料 3

集美大学的苏丁登放下手中的吉他,手表已经指向凌晨两点。室友还对着屏幕看电视,于是他又打开电脑玩了两把游戏,"一看四点了,该睡了,室友还对着屏幕咯咯笑呢"。

熬夜已经成为他的习惯,"一到夜里就精神抖擞"。在他的世界里,晚上安静、状态好,正适合练琴、听歌和思考,偶尔也玩玩游戏。

在苏丁登的身边,半夜玩手机、看电视、看书的大有人在,"太早大家都睡不着"。

福建江夏学院的颜媛说自己身边熬夜最多的人也是"游戏党"和"电视党",宿舍里也偶尔会为了打牌、看电视等集体熬夜。有时候如果一个室友很晚入睡,难免影响到其他人的入睡时间。她不太喜欢这种"晚上开心白天睡觉"的状态:"不知道熬夜游戏人生的人在追求什么呢?得不偿失。"

热衷于追剧的肖琳(化名)是"一开始追剧就停不下来"的姑娘。等到零点电视剧更新后看完最新的集数再去睡觉是她的"生活常态"。

 课后实训十六

如果你是校报记者,请根据材料,拟写一篇 400 字左右的新闻。

云南财经大学团委在党和政府的感召下于 2013 年 5 月 6 日开展"实现中国梦,青春勇担当"的五四主题志愿活动,云南财经大学校志愿服务总队学生骨干共同学习了习近平总书记五四讲话精神:"青年朋友们,同志们:今天是五四青年节。在这个属于青春的日子里,很高兴来参加'实现中国梦,青春勇担当'主题团日活动,同各条战线的优秀青年代表一起交流,聆听大家抒发与祖国共奋进、与时代齐发展的青春感受……"

云南财经大学校志愿服务总队同学们以习书记对青年的五点希望"广大青年一定要坚定理想信念、广大青年一定要练就过硬本领、广大青年一定要勇于创新创造、广大青年一定要矢志艰苦奋斗、广大青年一定要锤炼高尚品格"为目标深入学习并贯彻执行。其中,习近平总书记的这一段话"共青团要在广大青少年中深入开展我的中国梦主题教育实践活动,为每个青少年播种梦想、点燃梦想,让更多青少年敢于有梦、勇于追梦、勤于圆梦,让每个青少年都为实现中国梦增添强大青春能量"对同学们有了更多的启发,他们开始通过结对子等方式来帮助地震灾区的伙伴抚平心中的创伤,为实现自己的中国梦而努力奋斗;他们通过义卖,用亲手做出的作品资助贫困的孩子,为他们建立图书馆,为他们展示一个更宽广的世界;他们还开展公益讲座,邀请公益明星们来校园与大家分享他们的中国梦、慈善心,鼓励更多的同学加入到志愿者的行列中来。

云南财经大学校志愿服务总队一直坚持互助奉献的宗旨来帮助更多的人实现梦想,并且在这个过程中实现自我价值。他们开展了支教、捐书捐衣、手拉手通信等一系列活动,他们的足迹遍及敬老院、社区老年学校、边远山区及打工子女学校,他们为越来越多的老人、孩子带来了快乐和知识的同时，也渐渐温暖了社会的一角——这也是实现"中国梦"的体现。志愿者们表示：他们将会继续开展相关活动，运用青春的正能量帮助更多的人实现"中国梦"。

任务二　通　讯

欠账现象触发银监会禁令

银行信用卡对大学生说"不"

"刷信用卡"一度被许多大学生看作是时尚的消费方式，一个大学生办三四张信用卡已经不是什么新闻了。然而，学生信用卡在一定程度上方便学生的同时，也带来了不良的后果。记者调查发现，大学生信用卡存在很多问题。比如，银行对学生还款能力审查不严，学生消费缺乏自我控制能力，导致还款困难等。对此，银监会日前下发通知，禁止银行向未满18岁的学生发信用卡，给已满18岁的学生发卡，要经由父母等第二还款来源方的书面同意。目前，我市包括招商银行、建设银行在内的多家银行开始叫停大学生信用卡业务。

银行发卡：大学生曾是香饽饽

曾几何时，大学校园是各家银行的必争之地，校园里常年可见各大银行的信用卡办理摊点。早在2002年就发行第一张针对学生信用卡的招商银行规定，大学生信用卡每月第一笔信用卡提现，免收手续费，建设银行则提供刷卡送礼品和免息分期购买等特殊优惠。此外，在申请办卡的时候，"无工作、无收入"的在校大学生无需任何担保与抵押，仅需向银行提供学生证、身份证复印件即可领取申请表。相比之下，有收入、有工作的社会人员则除需提供身份证外，还需要单位的收入证明，银行还将对申请人家庭状况、单位情况等进行审核，以确定是否可以办理及透支额度。

记者在南昌某大学调查发现，该校许多学生都办理了信用卡，少则一两张，多则三四张。大四学生小陶告诉记者，以前，同宿舍楼的同学经常集体收到推销信用卡的信件，里面全都是对学生信用卡的一些"诱人"介绍。比如，该行信用卡可积分，消费积分满一定额度可兑换礼品，如剃须刀、数码相机等。

记者了解到，当初选择办理信用卡的大学生们，出发点大致分为三类：有的是因为看见同学办了，觉得很时尚，所以自己也办一张；有的是被银行赠送的"精美礼品"所诱惑；还有部分学生，是因为有朋友在银行做业务员，出于帮忙的角度，所以办了信用卡。种种办卡原因，再加上很多银行为大学生办卡提供便利，导致现在大学生拥有信用卡成为一种普遍现象。然而，许多学生因为有了信用卡，常常控制不住自己的消费热情，一不小心就沦为了"卡奴"，有的同学甚至依靠申请助学贷款来还款。小陶向记者透露，他的一位室友就是典型的冲动消费一族，只要看到喜欢的品牌服装或是数码产品，便会毫不犹豫地刷卡，而为了还清每月几百元的欠款，不得不拆东墙补西墙，甚至通过向学校申请助学贷款的方式来还款。小陶说，同学们都觉得，申请助学贷款却是为了填补自己的超前消费空缺，这对于那些真正需要助学贷款的同学来说是非常不公平的。

银监会叫停：超能力消费导致坏账率增高

一段时期以来，部分商业银行为了扩大信用卡业务量，通过各种方式加大营销，吸引客户，导致信用卡违约率不断上升，不少学生客户透支，还出现了运用多张信用卡互相循环透支情况。对此，银监会于本月出台《关于进一步规范信用卡业务的通知》，不得向未满18周岁的学生发放信用卡（附属卡除外），向经查已满18周岁但无固定工作、无稳定收入来源的学生发放信用卡时，须落实第二还款来源，第二还款来源方应具备相应的偿还能力。

日前，记者走访了南昌市内多家银行了解到，众多商业银行已叫停大学生信用卡业务。招商银行营业部一客服经理告诉记者："现在我们已经停办了一切关于大学生的信用卡业务。"招商银行是最早开办校园学生卡的银行，记者从该行网站看到，该行已从16日起暂停申请针对大学生人群的young卡业务。对此，招商银行客服经理认为："大学生没有固定收入，刷卡潇洒还款难，基本都是父母支付，加重了家庭的经济负担。而且很多学生有了信用卡后超能力消费，又没有还款能力，造成银行信用卡坏账率增高。"同时，建设银行江西分行的客服经理也表示："很多大学生都存在过度消费让家长偿还的情况，一些大学生不及时还款影响了信用度，造成银行出现的'坏呆账'无法处理。所以取消大学生办理信用卡，是综合各方面因素才决定的。"

随后，记者以一个在校大学生的身份拨通了工商银行的客服电话，表示希望办理一张学生信用卡。"我近期已经收到通知，停止给大学生办理信用卡。虽然政策上说需要家长的书面证明才可以办，但实际上大学生的信用卡很难批下来。"工行客服人员表示，18岁是个年龄门槛，硬性指标，办卡人必须要年满18周岁，但现在审批很严格，即使符合条件，也不一定批复得下来。此外，我市浦发银行、兴业银行及农业银行都纷纷表示，从来没有承接过大学生群体的信用卡办理申请。采访中，多家银行表示，现在大学生不能办理信用卡，但可以办理附属卡，家长拿主卡，学生拿副卡，这样可以防止过度透支，又能解决信用卡申请难的问题。目前大多银行的普通信用卡都有这种功能。

市民反应：不赞成学生持有信用卡

"我们家长不得不还孩子的透支款，如果不及时把欠款还清，会影响孩子的个人信用，以后等他工作了要买房子，有不良的记录连贷款都贷不到。"一位学生的母亲无奈地告诉记者。

南昌某银行相关负责人也表示，大学生、未成年人使用信用卡方面确实存在很多隐患。学生没有稳定收入来源，同时不具备理性消费的素质，容易消费冲动，导致使用信用卡的过程中出现违规、违约的现象。这一方面可能导致信用卡用户自身的信用被列入不良信用记录，同时也容易使银行面临风险，蒙受损失。他表示不赞成学生使用信用卡，"如果真的有使用信用卡的需求和必要，我建议可以使用信用卡附属卡等类似的业务，这样既不用承担信用风险，也不会出现逾期透支现象。"

谈到学生如何正确使用信用卡，业内人士表示，关键要做好对大学生的相关教育。信用卡可透支，有一定的免息期，但如果到期不还款，不仅会面临罚息，还会留下不良的个人信用记录，这个简单的道理却不是每个大学生都明白的，因此加强对大学生信用卡知识的教育、正确的消费和理财观念的培养是当务之急。大多数学生毕竟还没有自主经济能力，银监会此次提高大学生信用卡办理门槛是个非常有利于学生成长、银行业发展的举措。

（来源：《南昌日报》，2009 年 7 月 28 日）

 知识聚焦 >>>

一、通讯的概念

通讯，是运用叙述、描写、抒情、议论等多种手法，具体、生动、形象地反映新闻事件或典型人物的一种新闻报道形式。通讯由消息发展而来，可以说是消息内容的扩充，它是记叙文的一种，是报纸、广播电台、通讯社常用的文体。

二、通讯的特点

一般来说，通讯有四大特点：

（1）严格的真实性。我们所写的新闻事件、人物和各种见闻必须是真实存在的，不能虚构，报道的事实要详细、完整、富有情节。

（2）报道的客观性。要求不能掺杂主观情绪，要公正地报道。

（3）较强的时间性。报道的必须是新近发生的事件。

（4）描写的形象性。语言要形象生动。讲究结构变化，表现手法多样，结合叙述，兼以描写、说明、抒情或议论，富有感情色彩或理论色彩。

三、通讯的种类

按内容分，通讯一般分为人物通讯、事件通讯、工作通讯和概貌通讯。

（一）人物通讯

人物通讯着重反映人物的先进事迹和成长过程。它可以通过记叙一个人的光辉的一生，反映出人物的优秀品质和高尚情操；也可以反映某个人的一时一事或某一个侧面，反映出时代的精神面貌。人物通讯有写先进个人的，也有写先进集体的。

人物通讯的写作着力描写人物的典型事迹，反映人物的精神面貌、思想感情和内心世界，体现时代精神，弘扬主旋律；要善于通过人物自己的行动和语言来表现人物性格的多面性，心理世界的复杂性，表现人物的个性。人物通讯写作的具体结构可以按照人物成长过程的时间顺序来写，也可以按事迹表现的逻辑顺序来写。

范例

"雪山鸿雁"——记藏族女邮递员尼玛拉木

"苦役阿哥啊，我看见你经常围着这群山在走，你一辈子就在这片山里转，你一辈子为这片山生，为这片山的老百姓送信忙，你这辈子就是这片山的苦役"。这是一位藏族乡邮员和一位藏族妇女对唱的山歌，在藏语中，邮递员的发音和"苦役"很相近，藏民们深情地称乡村邮递员是来为他们服务的"苦役"。

尼玛拉木便是这样一个"苦役"。

在梅里雪山和白马雪山的峡谷地带，绵延350公里的邮路上，她经常一个人背着邮包穿梭于崇山峻岭间，她也因此被当地人称为"雪山鸿雁"。

女版"苦役阿哥"走上藏区百姓的"心路"

傲然耸立的梅里雪山和奔腾汹涌的澜沧江之间的这片神奇的土地供养着世代生活在这里的5800多个藏族同胞。这里紧邻著名的"香格里拉"，地广人稀，交通十分落后。在一些村寨，邮政通信是他们与外界联系的唯一途径。尼玛拉木的家就在这里。

1990年，14岁的尼玛拉木第一次有机会能够走出大山，触摸山外的世界。那年，初中毕业的她考上了昆明市旅游学校。但不久之后，因为贫困的家庭无力承担她的学费，尼玛拉木告别了多姿多彩的山外世界，回到老家务农。

幸运的是，当上帝关上所有的门时，他会给你留一扇窗。1999年，云南省迪庆藏族自治州德钦县云岭乡乡邮政所唯一的邮递员兼老所长桑称由于积劳成疾，没法再继续承担邮递工作。当地县邮政局要在全乡公开招考一名邮递员，接桑称老人的班。

得知消息后，尼玛拉木立刻报了名。"平时，我自己收到信时，就会非常高兴。乡亲们也和我一样。因此，邮递员是让人高兴的光荣的一种职业"，尼玛拉木说。经过考试，尼玛拉木凭借当地少有的初中文化和办事认真负责的态度最终从报名的十几个人中脱颖而出。

上班的第一天，老所长桑称郑重地告诉尼玛拉木："从此以后，你就正式成为国家邮政战线上的一名光荣的邮递员啦。"尼玛拉木记下了老所长的嘱咐：一封信不能丢掉、一封信不能打湿掉、一封信不能撕掉。这也成了尼玛拉木十几年来坚守的职业信条。

跨雪山、滑溜索，雪山鸿雁飞越崇山峻岭

尼玛拉木的邮递"辖区"有960平方公里，正好是我国国土面积的万分之一。由于崎岖陡峭，交通工具无法通行，尼玛拉木只能用脚"丈量"着这片土地，这一走就是13年。

她的投递线路有三条：一条是从海拔2400米的云岭乡政府所在地的背后，向上走10公里山路，爬到4000米海拔的红坡村，平行投递2个村庄后，沿着羊肠小道直插只有1900米海拔的澜沧江河谷行走，顺着河谷走到13公里处就过溜索到对岸的3个村子。这条路是尼玛拉木三天邮路中最近的，行程只要2天，来回行走50多公里；第二条是顺着澜沧江逆流而上，从月亮湾峡谷入口直上翻越雪山，经过4500米雪线，送到雨崩村，行程3天；而最长的线路来回就需要行走4～6天，穿过九曲十八弯的月亮湾峡谷，目的地是41.5公里外的明永村。

尼玛拉木工作的路线穿行在海拔4000米雪山和1900米峡谷之间，海拔的落差造成

了"一山分四季，十里不同天"，严寒和零上30度的高温的变换考验着她的意志和身体。经过谷底时，尼玛拉木汗流浃背。等到爬上4000米的海拔后，汗湿未干的衣服转眼变得冰冷刺骨。

邮路多是悬崖峭壁，很少有平坦的山路，每时每刻每一步都要倍加小心。"路在这边，悬崖在另一边，下面是深深的水沟，走的时候要往里面靠。如果摔倒的话，一个抓的东西也没有，一摔就掉下河涧里的情况也出现过。"尼玛拉木说。

13年来，尼玛拉木遭遇的险情数不胜数。由于当地山上的植被较少，土质疏松，有时会有小石头滚下来，后面跟着的可能就是大石头。有一次，就让尼玛拉木赶上了。在送邮件的路上，一块不小的石头滚落下来，尼玛拉木来不及躲避，石头正好打在她的右臂上，立刻挂了彩。没有止血药、绷带之类的物品，尼玛拉木忍着痛，从地上抓了把细土，咬着牙散在伤口上。几分钟后，血终于止住了。尼玛拉木用一只手臂撑起身体，跟跟跄跄地继续前进。这位朴实倔强的藏家女就这样硬撑着坚持走到目的地，把邮包按时送到老百姓手里。

在当地，邮递员还有一项必备的重要技能——过溜索。尼玛拉木的邮路横跨澜沧江，两根辫子粗细用铁丝拧成的溜索从60多米宽的江面上横过，溜索下就是滚滚的澜沧江。正是这两根溜索连通了澜沧江两岸的交通，成为河两岸村民往来的唯一通道。奔腾咆哮的江水曾吞噬过不少路人的生命，因此也被当地村民称为"吃人江"。几年前一位汉族志愿者在溜索处不幸坠江。一名邮递员和电信员也因赶时间合坐溜索，结果因为溜索绳子断开而坠江身亡。更让她心悸的是，她16岁的弟弟也是在澜沧江里出事的——捉鱼时不慎掉进江里，再也没上来过。这些都在尼玛拉木的心理留下了浓浓的阴影。但是当她想到这是送邮件的必经之路，索道那头还有乡亲们日日盼望着来自远方家人的信件时，她闭上眼睛坐上了溜索。如此几次下来，她也就慢慢习惯啦，这些年下来，尼玛拉木在这条溜索上来来回回1500多次啦。

信件一旦背到肩上，就成了我生命的一部分

尼玛拉木身高只有1.5米，体重也只有40多公斤，而她的邮包最轻时也有30斤，最重时五六十斤，"背不动也要背，因为是老乡们需要的，再苦再累也是必需的、值得的"。

她将这些信件视作生命，宁可自己受苦，也决不让信件破损。

雪域高原上的天气多变，这会儿还是晴空万里，说不定过一会儿就会大雨瓢泼。尼玛拉木就吃过这样的苦头。有一次，尼玛拉木看着天气晴朗，就没有带雨具，结果行走在一个山崖间时突然下起了大雨。"邮件决不能受潮，那是比生命还重要的东西。"于是，她迅速找到一块大石头，把邮件藏在石头下，保护好。而她自己站在雨里，听任雨打风吹，又冷又饿又害怕，直到傍晚雨停才继续赶路。从那以后，尼玛拉木每次出行都带着3块不同大小的"油布"，小的包裹邮件，中等的包裹邮包，而大的自己使用。"这样既不会弄湿邮件，也不耽搁行程，还可以将信早点送出早点回家"，尼玛拉木说。

在绵延漫长的雪线邮路上，尼玛拉木遭遇的比风雪还恐怖的是内心的寂寞。德钦县地广人稀，每平方公里的土地上只有8个人，经常走几个小时都看不见一个人。只身翻山越岭，对人的心理是一种极限的考验。尼玛拉木常常是边走边唱歌，用歌声来排挤孤

单和焦虑。这样的环境对于一名男邮递员来说，都是艰巨的考验，更何况尼玛拉木这样一个仅90多斤的瘦弱女子呢？但是她能坚持，她说："看到父老乡亲们打开报刊和信件时那种开心的模样，我的心里像灌进了一勺蜜，再辛苦也觉得是值得的！"

邮件的送达是第一位，自己的身体是第二位

2001年5月，怀孕九月的尼玛拉木就要临产，她没有歇息，照样行走在邮路上。虽说藏族农村妇女们习惯怀孕也不肯闲着，可以继续做家务活，但是一想到尼玛拉木要挺着个大肚子，背着几十斤重的邮包，翻山越岭，溜索过江，老所长桑称还是心里不落忍，劝她休息。尼玛拉木说："再跑两趟吧，我们农村妇女临产前还在地里劳动呢！"最后还是桑称强行"没收"了她的邮包，自己去跑邮路，她才肯歇下来。

但是，产后才20天，尼玛拉木就把孩子托付给母亲照看，靠村里好心人喂奶和家里两头牦牛的奶喂养，她又重返邮路。

尼玛拉木的丈夫阿西布是尼玛拉木的同班同学。自从尼玛拉木当上邮递员后，他的生活就彻底颠覆了：他带孩子，做农活，做饭，干了尼玛拉木过去的活计。尼玛拉木要出班的时候，他还要起大早，帮她准备路上的干粮。由于忙着工作，照看孩子、做家务的活计，尼玛拉木都留给了丈夫，以至于丈夫被邻居们笑称为"尼玛拉木的媳妇"。

就这样，在家人的支持下，尼玛拉木认真工作，以艰苦的努力创下了无一封死信的纪录，从没有延误过一个班期，没有丢失过一封邮件，投递准确率达到100%。

邮包越重，老百姓越是开心，我就越开心

现如今，尼玛拉木的邮包里不仅有远方亲人的信件，还有给乡亲们的报刊，此外也有大山深处老乡们托她代购的部分小商品，比如药品、盐巴、针线、电话充值卡等类的东西。虽然这些不是她分内的事，但尼玛拉木一想到乡亲们迎接她的笑脸时，立刻感到心里有一种说不出的幸福滋味。她说："我背上的邮包越重，老百姓就越开心，我也就越自豪。"

尼玛拉木十几年如一日地行走在雪山峻岭上，每日背着沉甸甸的邮包，她深知自己肩上背的不仅仅是普通的邮件，更承载了藏族乡亲们对远方家人深深的思念。

今后的邮路依然艰辛而漫长，被社会和乡亲们广为认可尼玛拉木感到责任也越来越大。她说："只要老百姓开心，我再苦再累都是值得的。"

（来源：《中国青年报》，2012年4月25日）

（二）事件通讯

事件通讯反映有典型意义的事件报道。它常常在消息发出后就迅速地对消息报道的事件进行更加详细的介绍。事件通讯以记事为主，一般有一个中心事件，其他的人和事都是围绕着这件事展开的，要具体地写出事件的发生、发展和结果，交代事物的来龙去脉，介绍具体情况，指出它的典型意义，体现时代精神。在选材时就要注意选择事件的典型性，注意它是否能够体现出时代的风貌。在具体写法上，可以按照事物的发展顺序来写，也可以按照不同方面来写。例如，《八十三天的"打工梦"——向明春外出沈阳遇难获救备忘录》

还有的事件通讯是揭露现实中存在的问题和矛盾的，也就是人们所说的"报忧"。这类通讯更要注意事件的准确性，要注意掌握分寸，积极促使矛盾转化和问题解决。

范例

成都版最美司机：突发脑溢血左手刹车保住一车人

继浙江杭州、福建泉州、广东顺德之后，成都也出现了"最美司机"在生命最后关头保护乘客的感人事迹：11月21日上午，都江堰公交司机高洪明突发脑溢血，他利用最后一点意识，完成一系列安全操作，保证了乘客的安全，自己则瘫倒在座位上，后经抢救无效，不幸辞世。

刹车、靠边、停车、熄火、拔钥匙……"如果不是高师傅在生命最后时刻的这些动作，我们就危险了。"乘客田洪武说起当时的情景仍历历在目。连日来，成都市都江堰公交车司机高洪明的事迹感动蓉城，被人们亲切地称为"最美司机"。

上班高峰

突发脑溢血司机忍病痛停车

事发时是11月21日8时20分左右的上班高峰期，高洪明驾驶13路公交车途经都江堰IT大道时，突发脑溢血。当时，车上载有20多名乘客。公交公司提供的视频显示：高洪明右手出现无力、悬垂状况，通过一个十字路口后，车速明显放缓，而他尚有意识地操控方向盘，绕过前方停放的大型货车后，才吃力地靠边，此时高洪明向右侧倾倒，但立即又挣扎起来，继续控制方向盘。这时，附近的乘客察觉不妥，上前协助高洪明操作。在高洪明用左手拉下手制动开关，并在乘客帮助下拔下车钥匙，车辆完全停稳后，他瘫倒在了方向盘上。

乘客感动

"我们安全了他却不幸走了"

"突发疾病的情况下，他一直坚持到车安全停下来。如果不是他，估计我们这一车人都有生命危险。"乘客田洪武说。乘客们安全了，高洪明却不幸辞世。他于次日16时40分经抢救无效死亡，年仅52岁。

"在生命最后关头，他做到了把乘客放在第一位，兢兢业业地坚持安全行车的规定。"高洪明的同事、都江堰城市公交公司的技安员吴浩告诉记者，高洪明为人老实，平时语言不多，做起事来踏实认真、勤勤恳恳，在同事中有着良好的口碑。都江堰城市公交公司董事长欧云南说，工作以来，高洪明从未出过交通事故，是一名优秀的驾驶员。

观察反思

呼吁关注司机群体

今年5月以来，"最美司机"的事迹在各地不断涌现：针对"最美司机"事迹不断涌现的现象，四川省社科院研究员胡光伟认为，职业道德是公民道德的重要组成部分，驾驶员的职业道德要求他们在任何情况下，都必须以乘客安全第一。无疑，这些"美丽司机"是恪守职业道德的楷模，他们的行为是崇高的。

在赞美"最美司机"的同时，社会上也针对公交车司机频频出现猝死、脑溢血等身体健康恶化的状况，呼吁有关方面应该关注这个群体的健康，加强为他们的体检服务以及休假安排，"再美的美丽如果以牺牲生命作为代价，也是遗憾的"。

（来源：《外网综合》，2012年12月2日）

（三）工作通讯

工作通讯抓住实际工作中的经验教训来写，真正写出新问题、新经验，并揭示其现实意义或历史意义，指导推动工作。这类通讯着重反映实际工作中的经验或教训。报纸上常见的"述评""问题调查""记者来信""随笔""纪实"等都是这类通讯。它有较强的针对性和指导性，往往和各级领导部门的工作有直接关系和影响。它从现实工作中考察路线、方针与政策的执行情况与问题，指导与推动实际工作。因此选材要注意能抓住当前工作中普遍存在的、重要的、关键性的问题，这样才能起到指导作用。写作中要注意用事实说话，写得生动、具体，使人读后才有具体感受，发人深省；摆事实，讲道理，夹叙夹议，阐述具体，分析透彻。工作通讯还要注意时效性，应在大家正在关心、需要的时候写出，这样才能起到应有的作用。

范例

4 名被困工人死里逃生记
——云南富宁隧道坍塌事故救援纪实

新华网云南富宁 7 月 20 日电（记者浦超）"出来了！出来了！兄弟们都出来了！"7 月 20 日 2 时 58 分，随着最后一名生还人员从隧道中被救出，云桂铁路云南富宁 1 号隧道坍塌事故 14 名被困工人成功获救，现场一片欢腾。

14 名被困工人死里逃生的背后，持续 6 天 6 夜、131 个小时，在中国西南边陲的这个小山沟里，一场惊心动魄的生命救援在紧张进行……

14 日 16 时：施工隧道坍塌，15 名工人命悬一线

7 月 14 日 16 时，一场猝不及防的垮塌发生在云南省富宁县板仑乡境内正在施工的云桂铁路富宁 1 号隧道，15 名工人被困。生命危在旦夕，情况万分紧急。

事故发生后，国务院副总理马凯等国家领导人作出批示，要求全力搜救被困人员，防止次生灾害发生。铁路总公司、云桂公司、中铁隧道局和云南省、文山州、富宁县相关单位立即启动安全生产事故应急预案，救援迅速启动。

当地安监、消防、武警、驻军等各路救援力量迅速奔向事故现场，各种专业救援设备紧急调运，400 多名救援人员投入紧张救援中。

15 日 5 时 10 分："嗡嗡嗡……"，塌方那头传来生命信息（略）

15 日 19 时 20 分："生命通道"钻通，确认 14 人安然无恙（略）

15 至 19 日：开辟"救援通道"，遭遇一波三折（略）

20 日 2 时 57 分：激动人心的时刻到来

针对不断出现的新问题，应急救援指挥部不断研究对策、调整方案。19 日，指挥部再次调整迂回导洞开挖方案，返回至原 17.4 米处继续向前开挖。

转机接连出现。通过采取小导管加固、加强立拱作业等措施后，迂回导洞挖进取得进展，顺利通过了松散体。截至 19 日 18 时，已开挖至 23 米的地方。同时，620 大口径钻机故障也于 19 日下午成功排除，调整位置重新开钻。

19 日晚 11 时，隧道里面灯火通明，救援现场一片忙碌，620 大口径钻机不断向里打钻。旁边迂回导洞里，20 名工人正紧张忙碌着，2 个工人在前面开挖，后面的人依次

把土石传递出来。隧道里，9 辆闪着警示灯的救护车一字排开。

云南省卫生厅副厅长徐和平说，被困人员出来后将第一时间送往医院体检，然后根据情况进行相关治疗护理，另外还将对他们进行心理疏导。

激动人心的时刻终于到来：20 日 2 时 58 分，第一名生还者从迂回导洞出来；随后第二个、第三个……2 分钟内，14 名被困人员相继被救了出来。救护车搭载他们驶向富宁县人民医院，救援现场一片欢腾。

目前，现场救援仍在进行，继续寻找另 1 名失踪者。

（来源：新华网，2014 年 7 月 20 日）

（四）概貌通讯

抓住某地的风土人情、建设、面貌变化报道。概貌通讯着重记述社会变化、风土人情和建设状况。报纸上常见的"巡礼""纪行""见闻录""散记""侧记"等都是概貌通讯。

概貌通讯一般是反映一个地区、部门、单位的全面情况或通过某个片断反映全貌，可以介绍今昔变化，也可以介绍地方特色、人情物况、风俗习惯。这类通讯的时间性不那么强，但要写出特色，要写出"貌"。不管是全面概括地写，还是通过一斑以窥全貌，都要注意选取那些能够反映地方或单位特点的材料，集中、突出地叙写，而不要面面俱到。

范例

丽江：一座城市的色彩变迁

这座古城，曾经拥有完整和谐、内涵丰厚的传统居住色彩格局。在纳西族崇尚黑色的民族文化里，这代表着深沉和厚重，也宣告着神圣和自由。就是这样复杂的情绪，融合了蓝天、雪山、山野、春花，共同在丽江这一块温柔的土地上写意，调和成绚丽的色彩。而如今，经历了近现代的城市变迁之后，丽江的颜色也在逐渐改变，旅游的增速和传统的保留构成一种矛盾，如同调色盘中的色彩正在不断变得复杂而俗气。丽江文化研究会暨纳西文化研究会副会长和家修认为："丽江的色彩就如同丽江的精神内在，也是丽江最本质的特征、最宝贵的精神财富和最重要的形象。"

丽江之黑：北方文化遗留

多年之前来到丽江，整座城给人的感觉是古朴而厚重，简单的纳西人世世代代生活在这里，白天，黑夜，走过一个又一个轮回。

黑与白，是纳西人崇尚的两个颜色，和家修介绍："纳西族源于远古时期居住在我国西北黄河、湟水一带的羌人，公元前 3 世纪，秦国进行大规模征服邻近部落的活动，古羌人开始向南迁徙至岷江上游，又到了西南至雅砻江流域，最后西迁至金沙江上游流域地带。南迁后，古羌人分成了不同的分支，变成了今天的藏族、彝族、纳西族等民族，至今还保留着远古北方的一些习俗。"

（略）

丽江之白：雪山的信仰

唐宋后期，纳西族所崇尚的颜色渐渐出现了白色。

这是在丽江古城尚未成形之时，他们在继续行走，穿过高山大川，从幽暗的峡谷爬上洒满阳光的山岗,极目远眺,天地苍茫。他们看到了雪山巍然屹立,如同一种神圣的召唤。但他们看不到通往雪山的路,所有的一切都还掩藏在阳光照不到的峡谷阴影里,等待他们去探索,去开拓。

正是这种自然环境的改变,使纳西族人对白色的欣赏愈发强烈,并引起了对白色之神秘性的崇拜。而白山、黑水,抑或是黑水、白水并存的自然现象,对纳西族先民接受黑白二元色彩文化形成完美对应。

对应"纳西民族古往今来一直认为世界以至万事万物都是由不同的甚至是对立的东西融和构成,这是纳西人的精神哲学。"和家修说。

玉龙雪山在纳西语中被称为"欧鲁",意为银色的山岩。十三座雪峰连绵不绝,如同纯白色的巨龙在空中翻腾飞舞,故称为"玉龙"。而玉龙雪山的山岩主要是石灰岩与玄武岩,白雪黑石,黑白分明,纳西人也会将雪山称为"黑白雪山"。

纳西人说:"玉龙雪山顶是神灵居住的地方。"传说是纳西族保护神"三多"的化身。唐朝南诏国异牟寻时代,南诏国主异牟寻封岳拜山,曾封赠玉龙雪山为北岳;元代初年,元世祖忽必烈到丽江时,曾封玉龙雪山为"大圣雪石北岳安邦景帝"。

但是,不知道从什么时候开始,这座神圣而美丽的雪山一年比一年更加干枯,即使是冬天,山顶的白雪也显得稀疏单薄。直到有一年,人们终于惊讶地发现,以往在晨曦中站在古城身后、泛着神一般橙色光辉守护着纳西人的玉龙雪山,真的没有雪了。文明改变了它,如同那些淡忘的信仰,关于白色的神圣祭奠。有时候,步履匆匆的人光顾着沉醉在四方街酒吧的灯红酒绿里,将玉龙雪山遗忘在夜的浓黑之中,唯有万里无云的晴好天气,一抬头,才发现它一直在那里,覆盖了不知道几个世纪的冰雪,融化之后又再度凝结,像高山脸上的沧桑与泪痕。

丽江之青:诗意居住哲学

每一条古老的小巷,都是青石板铺成的狭窄道路,石板被日复一日的流水冲刷得光滑,光滑的褶皱里是岁月的沧桑。

每一栋陈旧的民居,都带着黑、白、青色的点缀,青石桌也好,青石地面也好,青瓦也好,有着朴素的气质,也有着优雅的故事。

这是一座沿河而建的古城,从象山山麓流出的玉泉水从古城的西北湍流至玉龙桥下,并由此分成西河、中河、东河三条支流,再分成无数股支流穿流于古城内各街巷,如肌体之血脉贯穿覆盖全城,使整个古城营造出"山、水、城"为一体的格局。街道、民居依着狮子山、金虹山山势而建,使古城尽展自然与人工完美结合的层叠美、错落美、立体美。生活在这里的人们,家家向阳,户户采光,光明和温暖普照全城;小桥流水,垂柳人家,适合慵懒的闲居,恍如置身高原的姑苏。

和家修认为,居住也是一种哲学。丽江古城的房屋、街道、水利建筑无论从格式、格调到选材、用材都显现出尊重自然、亲和自然、利用自然的"天人合一"的思想观念。民居建筑依山势、水势而呈现出丰富多彩的格式,"三坊一照壁""四合五天井""前后院""一进两院"等几种形式最为常见。其中,三坊一照壁是丽江纳西民居中最基本、最常见的形式。在结构上,一般正房一坊较高,方向朝南,面对照壁。主要供老人居住;东西厢略低,由晚辈居住。

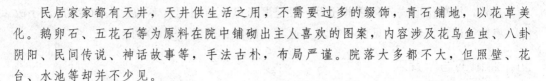

民居家家都有天井，天井供生活之用，不需要过多的缀饰，青石铺地，以花草美化。鹅卵石、五花石等为原料在院中铺砌出主人喜欢的图案，内容涉及花鸟鱼虫、八卦阴阳、民间传说、神话故事等，手法古朴，布局严谨。院落大多都不大，但照壁、花台、水池等却并不少见。

这样的布局，说简单也简单，说细致则每一个细节都完美到了惊艳，古朴中又有几分小妖艳，粗糙中带着一丝丝小情调。或许，对每年大批大批怀揣着丽江梦来到这里的游客来说，所寻的，不过是这么简简单单的一抹青色，躲藏在石阶之后，墙角之下，那一簇簇娇艳的春花，仅此而已。

丽江之彩：繁华冲击下的古典美

今天的丽江，似乎已经很难找到一种或两种纯粹的色彩来概括，每一处都五彩缤纷，每一处都纷纷扰扰。

越来越多的人口中，丽江已经越来越商业化，历史传统和现代潮流融汇在这片古老的土地，有人说是结合，有人说是矛盾。今天的丽江古城中，上千年前纳西先民创造的东巴图画象形文字以及原始东巴宗教仪式被包装灌制成现代视听电子产品，与电脑、松茸、可口可乐一起成为交换领域中的商品；老东巴的乐舞和年轻人的摇滚同台演出；五星级饭店和农家小院同时接待外国元首；穿着艳丽纳西"潘金美"服装的小姑娘举着小旗子，用英语率领各国游客登上那象征着神圣的玉龙雪山；更有来自世界各地的学者携妻带子，在古城一住就是几年，学说纳西话，探究纳西族的神秘传说……

文化的交流和融合在改变着这座古城，以及古城中的人。装饰一新的老宅子运用了越来越多的绚丽色彩元素，有五彩缤纷的扎染布晾晒在院中，有五颜六色的手链、钥匙坠、小香包挂在木头墙壁上，就连门框窗棂也多刷上了正红与新绿，和青黑色的墙壁形成鲜明对比。

丽江改变了过去腼腆内敛的性格，或者说，旅游业的发展使得丽江大胆、艳丽的一面充分发挥了出来。这种城市性格就像是一幅美丽的东巴画，美是建立在自然色彩秩序的基础之上，在色与色相互对比调和的关系中体现出来的，也总是和韵律、秩序、统一联系在一起。

在朱净宇、李家泉所著的《少数民族色彩语言揭秘》一书中曾指出："色彩在少数民族社会中是作为一种民族风俗习惯出现的，是历史文化心理积淀的结果，并成为民族文化的一个组成部分。它全身浸透了普通语言和行为不便或不能表达的意义。"

"多种色彩的融合其实也就是多种文化的融合，体现了丽江人'和'的哲学理念，不同的文化都能在这里得到很好的发展，而丽江是一个山川秀美、纯朴自然、宁静祥和的文化名邦，丽江民族更是一个热爱和平、内外和谐的民族。"和家修说。

也许，今天的丽江早已不再纯净，如同调色盘中的色彩正在不断变得复杂而俗气。却总有人在寻找，在等待，守候在清晨刚刚铺上阳光的小巷，捕捉那一丝最纯净的色彩。也总有那么多悠闲的日子，无忧无虑地躺在阳光下，天空是寂寞的蓝，蓝到空灵；阳光被渲染成了一缕缕陈旧的黄，将路边偶尔几棵银杏渲染得更加娇艳；干净的青石板路似乎铺上了一层金，包着头巾身着黑衫的老太背着竹篓走过，人影覆上，金色碎尽。

（来源：云南网，2013 年 11 月 21 日）

另外，按写作形式分，通讯分为一般记事通讯、访问记（专访、人物专访）、小故事、集纳、巡礼、纪实、见闻、特写、速写、侧记、散记、采访札记。

四、通讯的写作要求

（一）选好典型，确立主题

典型是通讯的筋骨，主题是通讯的灵魂。选好典型，确立主题对通讯来说十分重要。选择什么样的典型呢？要选择那些具有代表性、具有普遍意义、具有宣传价值和教育意义的人和事，选择那些在一定时期内人们所关注的问题。确立什么样的主题呢？要确立体现时代精神，表现时代风尚的主题，确立反映人物和事物、本质和规律的主题。正确、深刻、新颖的新闻主题从哪里来？来自自然来自实践，来自作者对新闻事实及其所处时代的深入了解，也就是许多记者所说的"吃透两头"。"两头"指"上头"和"下头。""上头"即党和国家在新的历史时期的方针政策等方面，"下头"即指实际受众普遍关注的事实。

（二）人物生动，有血有肉

写好人物是通讯写作的重要任务。不论是人物通讯还是事件通讯，都要把人物写好。写人离不开事，因此，写人必写事、写人物自己所做的事实的事，写能揭示人物内心世界的事。写人物还要用人物自己的语言、行为、活动来表现人物；人物要写得有血有肉，有音容笑貌，有内心活动；写事要具体形象，有原委，有情节。

（三）结构紧凑，富于变化

纵式结构，是按时间顺序、事物发展的顺序或作者对报道事物认识发展的顺序来安排结构。在这种结构里，时间发展的顺序、情节展开的顺序、作者认识事物的顺序成为行文的线索。在采用这种结构时，要详略得当，布局巧妙，富有变化，避免平铺直叙。

横式结构，是指用时间变换或按照事物性质来安排材料的。这种结构概括面广，要注意不同空间的变换，恰当地安排通讯所涉及的各方面的问题。采用空间变换的方法组织结构时，要用地点的变化组织段落；按事物性质安排结构时，要围绕主题，并列地写出不同的几个侧面。

纵横结合式结构，是以时间顺序为经，以空间变化为纬，把两者结合起来运用。采用这种形式，要以时空的变化组织结构。

五、通讯与消息的区别

（1）从形式上，消息一般由标题、消息头、导语、主体、背景和结尾六个部分组成，通讯形式比较灵活，不太拘泥于固定格式。

（2）从内容上，消息通常只要求准确、概括地叙述一件事，重在让人"知"，容量较小，通讯则详尽地叙述新闻事件的全过程和人物的成长变化，主要以写人为主，写具体的情节甚至细节，重在"感"人，容量较大。

（3）从时间上，消息的时间性极强，通讯则不像消息那样严格，常常是同一新闻事件，消息先见报，然后发通讯。

（4）从表现手法上，消息一般用叙述方法介绍事物、交代事件过程，而通讯采用多种手法，在叙述基础上，运用描写、抒情、议论，也可适当运用比喻、拟人、象征等修辞手法来渲染气氛，刻画细节，描绘人物对话。

（5）从篇幅上，消息的篇幅短，通讯的篇幅长。

（6）从题材上，消息的题材广泛，而通讯的题材要求严格，人物必须是有特点的人，事件必须是有典型意义的事件。

 纠错训练

分析下面这篇通讯，说明问题并修改。

商业局长　吃住行
——记王根二三事

王根领导着七个公司、两个工厂，大小车辆有十几部。但是，他有私事从来不要车，有公事也很少坐车。王根的老家在离县城30里的山村，他回家都是坐公共汽车到乡里，再步行5里进村。有一次，老家捎来信让他马上赶回去。他赶到车站已经没有车了，返回后，机关干部让局里的车送他，他马上掏出5元钱说："你记上账，这是我的油钱。"派车的为难了，说："你还没有用过公车，这次算了吧！"王根认真地说："我是局长不执行制度，别人会怎样看？"王根一席话，使此人无言以对。

进入20世纪90年代，几乎一切都在更新。在吃、住、行上，人们追求吃好些、住宽些、跑快些。然而，王根似乎没有时髦的追求，他恪守艰苦奋斗的信条，在吃、住、行中，留下一串串佳话。

王根有两个女儿，两个儿子。他的大女儿已有了一个3岁的儿子，至今还同他们住在一起。大儿子也快结婚了，新房还没有着落。三代人住着30平方米公房，为这，他爱人没少同他吵过。

去年2月，年过50的王根调任该县商业局担任局长兼总支书记。王根初来乍到，人们还根据过去的惯例，上面来人请他陪，下面公司有事请他吃。王根一一谢绝了，他说："我的胃不好，好吃好喝难消化。"

一次，百货公司办展销会，请王根参加。中午时，经理拉着他说："今天陪客人吃一顿。"王根问来多少人，又问摆了几桌，最后他告诉经理说："招待客人决不能大手大脚，更不能客一主二三。以后开展销会就在公司食堂吃，开支也少些。"从那以后，百货公司接待客人就在食堂做饭菜，下半年整整节约了1500元。

按说王根是有条件的，他50年代参加工作，当过银行行长，供销社总支书记、乡长。他爱人说："跟你大半辈，儿子都大了，总不能老住30平方米的房子里，也该申请建房了。"

王根说："建房要钱，可咱们的钱呢？"两次申请建房的机会，王根就这样错过了。

 课堂实训十七

根据以下几则新闻写一篇通讯。

材料1

7位"80后"大山深处执教记

7名"80后"放弃了留在大城市工作的机会，毅然回到家乡曲靖市会泽县纸厂乡龙家村小学，教书、修路，用自己的青春，点燃了大山深处的希望。

年轻教师修路照被上传微博

前些天，刘顺跃等人自发在山间修路的照片被人传上微博。经本报记者实地了解，修路的7名年轻人分别是：刘顺跃、陈仕华、幸金正、蒋正阳、刘玉良、周凤慧、程谨，全是"80后"，他们都是龙家村小学的教师。这个学校的教师，还有 52 岁的孙秀明。

微博中的那条山路，是龙家村小学通往乡里的唯一一条山间小道。而他们之所以会自发组织修路，一是担心学校学生上、下学路上的安全问题，二是为了保证惠及全校 131 名学生的营养餐供应。

由于路况极其简陋，学校买菜的小货车经常陷在淤泥里动弹不得。为了不让孩子们挨饿，也为了不让孩子们满身泥水地来上课，刘顺跃等 7 名年轻人决定自发修路。此后，他们每天下午放学后便自发前往修路。

7 人中大多曾有留在城市的机会

7 名"80后"，最大的 30 岁，最小的只有 24 岁。全部生于大山、长于大山，都是毕业于省内大中专院校，大部分人曾拥有留在大城市工作的机会。然而，他们却不约而同地做出了一个共同的选择——回到山村，执教山村。

过往的生活、学习经历，使得他们心里非常清楚：囿于山区小学困窘的生活条件，绝大多数城里人不愿意来，而多年来，贫苦山区的小学教育本身就已落后外面太多太多，那么，如果连曾经从这里走出的学生都不愿回来，那还会有谁愿意来？

为此，校长刘顺跃，从 2002 年开始，就坚守山村小学整整 10 年。教导主任，26 岁的陈仕华因执意前来山村执教，不得已与相恋多年的女友分手。

"早就跟不上同龄人的脚步了"，学校仅有的两名女教师之一周凤慧，很不愿去县城，因为她们觉得自己"土气"惯了，到县城会不适应。

为了不耽误学生的课程，女教师程谨临近生产，不得不离开学校待产，而同为该校教师的丈夫刘玉良却留在了学校。

就是这样，7 名"80后"用自己的青春，点燃了山村的希望。

（来源：云南网，2012 年 11 月 19 日）

材料 2

陈国宝勉励"会泽七子"探索山区教育新模式

2013 年 2 月 28 日，县委书记陈国宝到纸厂乡龙家村小学看望"会泽七子"，勉励他们积极探索山区教育教学新模式，继续在平凡岗位上做出不平凡的工作成绩。

陈国宝实地察看了龙家村小学的教学设施设备情况，听取教育教学情况介绍，面对面与老师们亲切交谈，为他们解决了一些实际困难和问题。

陈国宝说，教育是关系千家万户、国家未来的事业。你们坚守山区，开心工作、快乐生活，精神难能可贵，你们是全县山区教师的榜样。这些年来，会泽教育规模不断扩大，办学条件不断改善，教育教学水平持续提高，都与你们广大教师的勤奋工作分不开。今后，你们要树立"只有更好，没有最好"的信心，积极探索教育教学新模式，自强不息，努力工作，继续在平凡的岗位上做出不平凡的工作成绩。

（来源：会泽新闻网，2013 年 3 月 4 日）

材料 3

"会泽七子"上央视

2013 年 8 月 19 日至 21 日，中央电视台新闻频道《朝闻天下》走基层·寻找最美乡村教师栏目连续播出"会泽七子"的赤子之情、"会泽七子"为山里孩子修路筑梦、"会泽七子"用爱温暖留守儿童 3 集电视新闻，展现了会泽县龙家村小学 7 名 80 后教师坚守大山、修路筑梦、关爱学生的感人事迹。

龙家村小学共有 8 名教师，一名 50 多岁的老教师和 7 名 80 后教师，7 名 80 后教师全部来自农村，深知农村孩子对知识的渴求，从学校毕业后，他们坚定地选择了大山，带着梦想的他们走上了三尺讲台。无论学校有多偏僻、条件有多艰苦，他们都默默地坚守、勤奋地工作。据悉，中央电视台已向"会泽七子"发出《邀请函》，邀请他们8月底赴京参加最美乡村教师晚会节目的录制。

（来源：《云南日报》，2013年8月26日）

材料4

"会泽七子"当选"最美乡村教师"

2013年9月10日，是中国第29个教师节。由中央电视台和光明日报社2013年"寻找最美乡村教师"大型公益活动评选揭晓，云南省傈僳族女教师吉思姐、"会泽七子"在京受表彰。

（来源：云信网，2013年9月12日）

 课后实训十七

如果你是校报记者，请你根据材料，拟写一篇通讯。

为了让大一新生能够尽快适应大学学习和生活，做好大学职业生涯规划，根据班级学习和文化建设活动方案，在院团委的精心组织下，2014年10月12日晚上，新生班级开展了以"我的大学我做主我的生活我规划"为主题的班会活动。

在班会上，各班班主任老师首先给同学们讲了进入大学后要做的几件事情。

第一，自我分析，给自己定一个清晰的目标。自我分析就是分析自己的优缺点、分析自己的专长，分析自己的兴趣。所以，每一个大学生都应该了解自己的优点和缺点、自己的专长是什么？

第二，怎样选择适合自己的职业。这是一个探索的过程，不断地完善自己，但是心中的目标永远不能改变。那么，什么是一个好的职业呢？到底怎么样去选择一个职业呢？要做一个与众不同的自己，对未来理想工作列了很多条件，比如说，我希望自己的工作可以帮助更多的人；我希望自己的工作环境可以让我不断学习、不断进步；最重要的是我的工作能与爱心人士在一起，能跟有激情的人在一起。

第三，阅读什么书。现代社会不再是以分数论英雄的时代。分数只能代表一个人的考试能力。大学生最好把自己培养成为一专多能的人，多学习和了解与自己专业相关的书籍，以及与成长相关的书籍。那么阅读什么样的书籍呢？一是推销方面的，二是行销方面的，三是人际关系方面的，四是领导力方面的，五是阅读实用性的报刊，六是阅读中国的历史典故和人物传记，七是阅读做人做事原则等方面的书籍。

第四，要知道老板需要找什么样的人才。加入社团，倍增人脉。多跟形形色色的人打交道，人生活的社会其实就是一个交际网的社会。加入社团一定要做好选择，不要盲目性地乱选。一是根据自己的兴趣爱好，二是根据自己的定位，三是清楚自己到底想得到什么。

第五，要敢于走出第一步，为自己的成长争取更多的机会；克服恐惧，放下面子，挑战自己，超越自己。很多时候，当机会来降临时，我们还在犹豫不决，或者不敢去做。可能，也会给自己找各种各样的借口。其实我们就是缺少勇敢走出第一步的勇气。其实，我们行！我们对生活不再犹豫，不再怀疑自己，不再自我否定。

第六，分清主次，聚焦重点。一定要走出寝室，一定要逃离游戏。活出真实的自己，不要在虚拟的世界里浪费青春。玩游戏玩不出辉煌的人生。同时谈恋爱也谈不出辉煌的人生。游戏只能作为一种放松，恋爱只能作为成长的动力。不要为了追求浪漫而荒废自己。一定要清楚你想要什么，只有明确目标，你才不会被诱惑所迷倒。学会舍，才有得；学会付出，才有收获。

听了班主任老师的一席话后，同学们都受益匪浅，并且在场的同学们开始畅所欲言，结合自己入校一个多月来的所见、所闻、所感，重新审视着自己心目中的大学。有的人选择毕业后考研，继续求学深造；有的人从实际出发，从小事做起，从点滴做起，严格要求自己，不虚度每一寸光阴；有的人希望在完成学习的同时，通过参加社会实践活动提高自己的综合素质，为今后就业增加砝码。大家用自己独特的思维方式诉说着如何充实、快乐地度过大学里的每一天，如何结合所学专业做好自己四年的大学职业生涯规划，如何能够更好地适应社会展开了激烈的讨论和深入的交流。

这次有意义的班会，让同学们进一步明确了自己在大学的目标和责任，清晰了大学学习生活的意义和目的，有利于今后的学习和生活，让每个人都立志将来成为一名合格的大学生。

项目六　常见礼仪类文种训练

礼仪文书是国家、单位、集体或个人在喜庆、哀丧、欢迎、送别，以及其他社交场合用以表示礼节，具有规范写作格式的文书。随着社会文明程度的提高，社交中的礼仪活动日益丰富，在比较盛大或重要的活动中使用礼仪应用文，可使气氛更加热烈或隆重。

礼仪文书的种类很多，常用的是机关、团体、人民群众在节日和红白喜事中用的各种请柬、欢迎词、祝词、题词、欢送词、悼词、祭文、贺信、贺电、讣告、唁电、碑文、对联等。本书选择其中重要的邀请函（请柬）、欢迎词和欢送词加以介绍。

任务一　邀请函、请柬

2014年，学院正在筹备大型的元旦晚会，在此之际，学院准备邀请一些领导和其他学校的老师来参加晚会，应该如何邀请客人呢？

具体设计任务如下：

2014年"一路有你"元旦晚会邀请函设计稿

活动名称：2014年"一路有你"元旦晚会

活动时间：2014年12月26日（周五）

活动地点：学院行知501

主办方：学院团委

设计要求：简洁、大方、时尚

活动主题：青春健康、气氛活泼、喜迎元旦

活动特色：加强互动，增强学院凝聚力；扩大参与，展现师生精神风貌；联合其他高校社团，营造青春健康氛围。

邀请的对象：学院领导和其他学校的老师

如何设计邀请函呢？

一、邀请函、请柬的概念

邀请函是机关、团体、企事业单位或个人邀请有关单位或人员参加会议、庆典等重要活动时发出的礼仪文书，也称邀请信。

请柬，也称请帖，它是机关、团体、企事业单位邀请有关人员或者个人邀请亲朋好友前来参加重要的纪念、庆祝活动时，为表示庄重而使用的一种礼仪文书。请柬在社会交际中用途广泛，如会议、典礼、宴饮、晚会等活动，用请柬邀请宾客表示举行活动的隆重，以及对宾客的尊重。请柬其实就是简便的邀请书，但它比邀请书更为正式和郑重。

二、邀请函的特点

（1）告知性。发邀请函的主要目的是要告知被邀请者有关情况，因此邀请函中一定要准确写明相关活动的时间、地点、内容和要求等，不能出错或遗漏。

（2）庄重性。邀请函以书面形式发出，表现出邀请者的郑重态度和对被邀请者的敬重、礼貌态度。即使被邀请者近在咫尺，也须送邀请函。凡属比较隆重的喜庆活动，邀请客人均以邀请函为准。

（3）确指性。邀请函发送对象是特定的单位或个人，有时也作为入场或报到的凭证。

（4）艺术性。邀请函除了具有一般应用文的实用价值之外，也具有特殊的艺术价值。邀请函是邀请客人用的，所以在装帧、款式设计上讲究艺术性。通常可以用书法、绘画、剪纸等来装饰邀请函，一帧精美的邀请函会使人感到亲切和愉快。

（5）及时性。邀请函的发送时间要讲究，如果过早发送，被邀请者容易遗忘，如果过迟发送，被邀请者会来不及准备。

三、邀请函的种类

按用途分类，邀请函分为会议类、活动类和工作类几种。

（1）会议类，专为庆祝会、纪念会、座谈会等发出的邀请。

（2）活动类，专为仪式、宴请等发出的邀请。

（3）工作类，专为成果的评审、鉴定、决策的论证等发出的邀请。

按范围分类，邀请函分为个人邀请函和单位邀请函。

（1）个人邀请函。邀请的对象一般是朋友、熟人，所以内容格式上的要求都比较宽松，可以写得随便一些。只要表明邀请的意图，说明活动的内容、时间、地点等。

（2）单位邀请函。一般由会议或活动主办单位的组委会的某一个负责人来写，以组委会的名义发出，而且被邀请者通常也是属于比较有威望的人士。因此，这类邀请函的措辞要相对正式一些，语气要热情有礼。

四、邀请函的结构和写法

邀请函包括标题、称谓、正文、落款和回执等几部分。

（一）标题

（1）文种式标题。即写上文种，如《邀请信》或《邀请函》。

（2）省略性标题。由主题＋文种构成，或者由单位＋文种构成，如《第五届国际形式语言学研讨会邀请函》或《云南财经大学邀请函》。

（3）完全性标题。由单位＋主题＋文种构成，如《复旦大学纪念陈望道诞辰一百二十周年暨中国修辞学会成立三十周年国际学术研讨会邀请函》。

（二）称谓

称谓写上被邀请的组织名称或个人称呼。个人称呼一般在称谓后面加上职务或职称，如"××先生""××女士""张××经理"等。

（三）正文

正文一般包括活动举办的目的、具体时间、地点、活动主题、主要议题、程序安排、作品要求、收费情况、交通路线、联系方式等。除需要写明活动举办的具体时间、地点、主要内容等，如果有入场券，还应将入场券附上。

（四）落款

落款写上邀请组织、个人名称和日期。

（五）附件

附件包括回执、有关情况说明等。

范例

关于邀请出席专业建设指导委员会
财务管理专业岗位能力与课程体系改革研讨会的函

尊敬的××公司财务总监张××女士：

经我部推荐，学院批准，拟聘请您担任××职业学院专业建设指导委员会专家委员，并请您出席财务管理专业岗位能力与课程体系改革研讨会。

一、会议目的

为使我院的专业定位更加准确，课程设置、教学计划更加符合职业岗位的要求，突出高职本科特色，特举办本次研讨会。现随函附上我院财务管理专业的人才培养方案，烦请您对我院财务管理专业的市场需求、专业定位、岗位能力、课程设置、师资培养、职业资格证书等提前准备好指导意见。

二、会议主要内容

（一）成立财务管理专业建设指导委员会，并由学院领导为专家委员颁发聘书。

（二）专业岗位能力与课程体系改革研讨。研讨的主要内容如下：

1. 紧贴云南"两强一堡"发展战略，根据云南中小企业管理的岗位需求，结合学院生源情况，高职本科财务管理专业的市场需求、专业定位、岗位能力、课程设置、师资培养、职业资格证书应作哪些调整。

2. 结合行业背景，专家对财务管理专业的教学计划提出指导意见。

3. 结合行业背景，专家对财务管理专业见习和实习基地建设提出指导意见。

三、会议时间、地点

时间：2014年11月27日（周四）上午8：30～11：30。

地点：××××××职业学院××楼206会议室。

四、联系人：杨浩；电话：0871-67833345。

敬请莅临！

××职业学院　会计教学部

2014 年 11 月 21 日

五、请柬的基本格式

请柬有横式、竖式、心形等多种形式。其中，竖写形式的请柬是由右至左排版，从上而下书写的。请柬由以下几部分组成。

（一）标题

在封面上写"请柬"（请帖）二字。字体要略大，要醒目和美观，可用美术体的文字，文字的色彩可以烫金或用其他颜色，可以有图案装饰等。

（二）称谓

首行顶格书写被邀请者，即书写单位名称或个人姓名，要用尊称。称谓后加上冒号。

（三）正文

正文主要书写清邀请的目的及活动的内容、时间、地点及应注意的一些问题。如有参观、文艺活动，应附上入场券。如有宴请，应写明"略备薄酒"等字样，并注明席设何处，入席时间。

特别提示：如有特殊着装要求也应该在正文注明。如需乘车，应交代路线及有无专人接站。如果还有其他要求也需注明，如"请准备发言""请准备节目"等。

正文的结束语，通常写"敬请拨冗光临""敬请莅临"或"敬请光临指导""此致""敬礼"等，在古代这叫做"具礼"。

（四）落款

落款书写发出请柬的单位名称或个人姓名，下一行注明年、月、日。有的请柬是印刷出售的，如果其格式完整、合用，也可以购买填写。

范例

请　　柬

尊敬的李院长：

兹定于 11 月 9 日（星期五）晚 7 时，在主楼礼堂举行"才艺表演暨寝室联谊晚会"，真诚地邀请您莅临指导。

此致

敬礼！

××系学生会

2014 年 11 月 7 日

六、邀请函、请柬写作要求

有关信息的交代要清楚。邀请的内容、时间、地点、被邀请者的姓名、职务或职称必须准确无误。

措辞讲究。用语要简短、热情、文雅，宜用期盼性语言表达。突出"请"意，避免使用"务必""必须"之类带强制性的词语，不能有半点强求之意。对特殊的邀请函，措辞必须与所邀请参与的活动性质相适应。

请柬制作宜精美。装帧尽可能美观、大方，以示对被邀请者的尊重。

邀请函和请柬必须提前发送，使受邀方有足够的时间对各种事务进行统筹安排。

七、邀请函和请柬的区别

（一）邀请函和请柬的场合区别

邀请函适用于礼仪性活动，也适用于严肃、正规的学术会议活动、纪念会、复杂的商务活动，多为单位发出；请柬更多用于喜庆活动，如开幕式、婚礼等，单位、个人都可使用。邀请的事项单一，可用请柬；邀请的事项较复杂或需要向被邀请者说明有关问题，则用邀请函。

（二）邀请函和请柬的使用区别

如果写作内容复杂，对受邀对象有具体要求，如准备参会文稿、参展商品等，一般用邀请函；而请柬对受邀对象仅是发出邀请信息，不附加其他要求。

八、创意性邀请函、请柬示例

创意性邀请函、请柬设计的要求如下：

（1）内容要与形式一致。邀请函或请柬的字体，可以甩掉呆板、无趣的字体，让文字更具可读性，字体的选择与设计可以变换，与主题相符，并产生灵动。

（2）信息准确完整。时间、地点、被邀请人信息准确完整。

（3）设计新颖，别出心裁。设计既要符合实际要求，又需设计精美，同时体现活动的创意。

（4）色彩搭配和谐。色彩要鲜明醒目，要与对应的活动相呼应、色调要与之相协调。

（5）内容简洁，大小合适，便于携带。过大或过小都会给人视觉和感官上造成不适，太大会显得愚笨不精致，太小显得不大气不稳重。传统的请柬主要分正方形、长方形和长条形。正方形的尺寸范围在 130 mm×130 mm 至 150 mm×150 mm，长方形尺寸范围在 170 mm×115 mm 至 190 mm×128 mm，长条形尺寸范围在 210 mm×110 mm 至 250 mm×110 mm。不管哪种形式，大小要随比例改变。示例：

 纠错训练

下面这几篇邀请函有一些不妥之处，请你指出并加以改正。

(1)
邀　请　函

××同志：

欣闻您是贤才，您已荣幸被本公司邀请为销售部主任一职，从 2015 年 1 月 1 日起至 2020 年 12 月 31 日止，受邀期间，享受本公司一切福利及相关待遇，只要您努力工作，我们是不会亏待您的，您好好考虑考虑。我公司将于本月 25 日举办新员工见面会，希望你准时出席，并准备发言。

　　此致

敬礼！

××公司总经理
贰零壹肆年十二月二十日

(2)

××老师：

中文系九九级学友自毕业之后，多天各一方，然师长教诲之恩，未尝或忘；同窗之谊，时深梦寐。值此毕业十五周年之际，乃相约共聚母校，一谢师恩，并叙离情。谨择本月十四日（星期日）母校学术报告厅一楼接待室，举行师生联欢、座谈活动。敬请届时命驾光临，以慰长想。

　　特此邀请！

九九级同学鞠躬
2014 年 9 月 8 日

(3)　　　　　　　　　　　　　　　　请　柬

×××先生（小姐）：

在您帮忙下，我厂生产的空调在今年全国质量评比中获奖。现在确定于 2014 年 6 月 10 日在凤凰饭店开个庆功会，邀您赴会。

××空调有限责任公司董事长（签字）

2014 年 6 月 4 日

 课堂实训十八

一、阅读孟浩然《过故人庄》，结合该诗含义，请分析谁是邀请人、谁是受邀者，设计一份吻合文意、合乎文体的邀请函。

过 故 人 庄

故人具鸡黍，邀我至田家。

绿树村边合，青山郭外斜。

开轩面场圃，把酒话桑麻。

待到重阳日，还来就菊花。

二、陈敬先生准备在 2014 年 12 月 18 日为父亲举办七十岁寿辰喜宴，地点在高登街 1314 号高登大酒店，时间是中午 12 时，为此，请代他给他父亲的老朋友张山先生写一封请柬。

 课后实训十八

学院将举办"翰墨丹青，流香人生"书画大赛，将邀请我省著名书法家刘建功先生，著名画家张青择先生做评委。同时邀请学院党委书记、院长、副院长到教学楼一号大厅参观本次获奖书画作品展，请你设计一份符合主题并具有创意性的邀请函，邀请以上专家或学院领导中的一名。邀请函的时间、地点、内容自拟。

任务二　欢迎词和欢送词

 案 例 导 入

（1）欢迎词

尊敬的省农业厅和各市农业局的领导同志们：

大家好！

在这秋风送爽、硕果累累的时节，我们迎来了全省种植业生产形势分析座谈会的胜利召开，迎来了省农业厅和各市农业局的各位客人。在此，我首先代表聊城市农业局，向大会的召开致以衷心的祝贺！对参加会议的省、市各位领导和同志们表示热烈的欢迎！

全省种植业生产形势分析座谈会在聊城的召开，充分体现了省农业厅和兄弟市对聊城工作的关心、支持，也是对我们的鞭策和鼓励。

聊城是一个历史文化和优秀旅游名城。全市有文物古迹 400 余处。明代的光岳楼、清代的山陕会馆和三国时期的曹植墓等，都是国家重点保护的文物古迹。《水浒传》《金瓶梅》《聊斋志异》《老残游记》等古典名著中描述的许多故事都发生在聊城。聊城人杰地灵，名人志士众多。战国时期著名军事家孙膑，唐初名相马周、哲学家吕才、宋代医学家成无己、明代文学家谢榛、清代"义学正"武训、抗日名将张自忠、现代中国画大师李苦禅、领导干部的楷模孔繁森等，都是聊城人。近年来，聊城市委、市政府积极开发旅游资源，努力打造卓越秀美的"江北水城"品牌。目前，聊城市已经被评为全国历史文化名城、全国优秀旅游城市、全国拥军模范城等，全国环境卫生城已经通过国家验收。聊城的名优农产品丰富，茌平枣、冠县梨、东阿阿胶、莘县香瓜、高唐驴肉等不胜枚举。

聊城是一个前进中的城市。全市总人口 580 万，其中农业人口 477 万人，耕地总面积 788.5 万亩，人均占有耕地 1.35 亩，下辖一市、一区、六县和一个经济开发区，134 个乡（镇、办事处），6309 个行政村（居委会）。近年来，聊城市委、市政府认真贯彻中央和省委、省政府的一系列方针政策，认真贯彻落实党的十六大和十六大以来历次中央全会精神，坚持以科学发展观统领全局，团结带领全市各级党组织、广大共产党员和人民群众，紧紧围绕"跨越发展实现率先崛起，团结实干建设强市名城"的发展目标和工作思路，聚精会神搞建设，一心一意谋发展，经济社会事业呈现出了一个崭新局面。截止到 2013 年，全市生产总值达到 945.13 亿元，比上年增长 16.2%，人均生产总值达到 18 531 元；地方财政收入 42.4 亿元，增长 26%；城镇居民人均可支配收入 12 401 元，增长了 18.4%。文明聊城、平安聊城、诚信聊城、和谐聊城建设进一步加强，全市政治安定、社会稳定、人民群众安居乐业。

聊城还是个农业大市。近年来，我们认真贯彻落实中央和省关于建设社会主义新农村及发展现代农业的方针政策，全面落实各项支农惠农政策，加大投入力度，全市农业和农村经济社会得到健康、协调、较快发展。2013 年，我市实现农业总产值 279.92 亿元，农民人均纯收入达到 4501，比上年增长 14%。2013 年，我市粮食作物面积 1096.43 万亩，总产 455.54 万吨；油料作物 57.9 万亩，总产 15.83 万吨；蔬菜面积 272.13 万亩，总产 981.63 万吨。农业结构进一步优化，优质粮食、棉花、林果、养殖、农产品加工、食用菌等十大特色支柱产业日趋明显；农业产业化水平不断提高，农村水、路、电、气、医、学等和谐发展。聊城在前进，聊城农业在发展，但聊城的目前还比较落后。借此全省种植业生产形势分析座谈会之际，我们恳切希望各位把自己的先进经验和好的做法留下来，我们将认真学习，改进方法，加快发展，把我市的农业和农村工作做得更好，为全面实现小康社会作出不懈努力。

最后，预祝全省种植业生产形势分析座谈会取得圆满成功！祝省厅领导和各位同志在聊城生活愉快！身体健康！

谢谢大家！

（2）欢送词

尊敬的女士们、先生们：

　　两个星期以前，我们愉快地在这里欢聚一堂，热烈欢迎×××先生。今天，我们再次欢聚在一起，欢送明天即将回国的×××先生，并为此感到特别高兴，也有一些不舍。我代表××市外贸局，并受王局长之托，向您表示最热烈的欢送！

　　×××先生在北京期间，会晤了有关方面的领导同志，参观了工厂、学校，与各方人士进行了座谈，并认真研究了我国的经济发展状况和文化教育状况。尽管访问时间短暂，但是我们之间的友好情谊是长久的。中国有句古语："来日方长，后会有期。"我们欢迎×××先生再次来北京作客，相信我们的友好合作会日益加强。

　　在此告别之际，我们真诚地希望×××先生给我们提出批评和指导意见，以便我们改进工作。同时，我们想借此机会请他转达我们对贵国人民的深厚友谊，请他转达我们对他们的亲切问候和敬意。

　　祝×××先生回国途中一路平安，身体健康。

××市外贸局　刘××

××××年×月×日

一、欢迎词

（一）欢迎词概念

　　欢迎词指行政机关、企事业单位、社会团体或个人在公共场合欢迎友好团体或个人来访时致辞的讲话稿。

　　行政机关、企事业单位、社会团体或个人纷纷举办各种内容、形式和规模不同的节庆活动。按照惯例和程序，在节庆活动开幕式上，常常需由一位东道主方面的要员向来宾敬致一篇热情洋溢的欢迎词。那么，撰写一篇合乎规范的节庆活动欢迎词自然就是活动筹备过程中一项不可忽视的细节工作了。

（二）欢迎词的特点

1. 欢愉性

　　中国有句古话是"有朋自远方来，不亦乐乎"，所以致欢迎词应当有一种愉快的心情，言词用语务必富有激情并表现出致辞人的真诚。只有这样才可给客人一种宾至如归的感觉，为下一步各种活动的完满举办打下好的基础。

2. 口语性

　　欢迎词本意是现场当面向宾客口头表达的，所以口语化是欢迎词文字上的必然要求，在用词用语上要运用生活化的语言，既简洁又富有生活情趣。口语化会拉近主人同来宾的亲切关系。

3. 简洁性

欢迎词的语言应简洁，行文短小精悍。

（三）欢迎词的分类

1. 从表达方式上分类

（1）现场讲演欢迎词。一般是由欢迎人在来宾、客人到达时在欢迎现场口头发表的欢迎稿。

（2）报刊发表欢迎词。这是发表在报刊或公开发行的刊物上的欢迎稿。它一般在客人到达前后发表。

2. 从社交的公关性质上分类

（1）私人交往欢迎词。私人交往欢迎词一般是在个人举行较大型的宴会、聚会、茶会、舞会、讨论会等非官方的场合下使用的欢迎稿。通常要在正式活动开始前进行。私人交往欢迎词往往具有很大的即时性、现场性。

（2）公事往来欢迎词。这样的欢迎词一般在较庄重的公共事务中使用。要有事先准备好的得体的书面稿，文字措词上的要求比私人交往欢迎词要正式和严格。

（四）欢迎词的写作格式

欢迎词的结构由标题、称谓、正文和落款四部分组成。

1. 标题

标题有两种形式，第一种方式是由欢迎场合或对象加文种构成，如"在厂庆50周年纪念会上的欢迎词"；第二种方式是由文种"欢迎词"作标题。

2. 称谓

标题下顶格书写并加冒号。面对宾客，宜用亲切的尊称，如"亲爱的朋友""尊敬的领导""尊敬的女士们、先生们"等。

3. 正文

1）开头

首先要说明致辞者代表什么人向哪些来宾表示欢迎，可用一句话来表示欢迎的意思。

2）主体

主体部分说明欢迎的情由，阐述来访或欢迎的意义、作用，或赞扬客人的成就、贡献，可叙述彼此的交往、情谊，说明交往的意义。对初次来访者，可多介绍本组织的情况。

3）结语

结语可以再次表示欢迎之意，用敬语表示祝愿和希望。

4. 落款

落款主要包括致欢迎词的单位或个人的名称和日期。用于讲话的欢迎词无需署名，如需刊载，则应在题目下面或文末署名。

（五）欢迎词的写作要求

（1）看对象说话。欢迎词多用于对外交往。在各个社会组织的对外交往中，所迎接的宾客可能是多方面的，如上级领导、检查团、考察团等。来访目的不同，欢迎的情由也应不同。欢迎词要有针对性，看对象说话，表达不同的情谊。措辞要慎重，勿信口开河，同时要注意尊重对方的风俗习惯，应避开对方的忌讳，以免发生误会。

（2）看场合说话。欢迎的场合、仪式多种多样，有隆重的欢迎大会、酒会、宴会、记者招待会；有一般的座谈会、展销会、订货会等。欢迎词要看场合说话，该严肃则严肃，该轻松则轻松。

（3）热情而不失分寸。欢迎词是出于礼仪的需要而使用的，因此要十分注意礼貌。欢迎词应出于真心实意、谦逊，语言要精确、热情、友好、温和、礼貌，要注意分寸，不卑不亢。

（4）关于称谓。由于是用于对外交往，欢迎词的称呼比开幕词、闭幕词更具有感情色彩，更需热情有礼。为表示尊重，要称呼全名。称呼要用尊称，感情要真挚，在姓名前"亲爱的""尊敬的""敬爱的"等敬语表示亲切，在姓名后面加上职务或"先生""女士"。

（5）篇幅短小，言简意赅。一般欢迎词都是一种礼节性的外交或公关辞令，宜短小精悍，不必长篇大论。

二、欢送词

（一）欢迎词的概念

欢送词是行政机关、企事业单位、社会团体或个人在公共场合欢送友好团体或亲友出行时致辞的讲话稿。

（二）欢送词的特点

1. 惜别性

欢送词要表达宾客，亲人远行时的感受，依依惜别之情要溢于言表。但格调也不可过于低沉。尤其是公共事务的交往更应把握好分别时所用言辞的分寸。

2. 口语性

遣词造句应注意使用生活化的语言，使送别既富有情趣又自然得体。

（三）欢送词的写作格式

欢送词一般由标题、称谓、正文和落款组成。

1. 标题

标题的写法一般有两种，一种是单独以文种命名，如"欢送词"；也可以由欢送内容和文种共同构成，如"在××研讨会结束典礼上的讲话"。

2. 称谓

称呼要求写在开头顶格处，要得体，如"尊敬的各位先生、女士们""亲爱的××

大学各位同仁"。

3. 正文

欢送词的正文一般由开头、正文、结尾三部分构成。

1）开头

开头通常应说明此时在举行何种欢送仪式，发言人是以什么身份代表哪些人向宾客表示欢送的。

2）主体

欢送词在这一部分要回顾和阐述双方在合作或访问期间在哪些问题和项目上达成了一致的立场、取得了哪些突破性的进展，陈述本次合作交流中双方的合作和交流给双方所带来的益处，阐述其深远的历史意义。对于私人欢送词还应注意表达双方在共事合作期间彼此友谊的加深、增进，以及分别之后的想念之情。若为朋友送行，还要加上一些勉励的话。

用于外交礼仪的欢送词。正文要对客人来访期间取得的成绩和为进一步发展双方的友好关系及工作上的合作作出的贡献给予充分的肯定与赞扬，并阐明来访的深远意义和影响。

用于欢送来访的专家、学者的欢送词。可以回顾彼此相处时建立的友谊，对他们的帮助、指导表示谢意，对他们的学术水平、技能水平予以肯定。

用于欢送学生毕业、军人退伍、工作人员调离岗位的欢送词，可以回顾相处时在学习、训练、工作中所取得的成绩和建立的友谊，并表达依依惜别之情。

3）结尾

通常在结尾处再次向来宾表示真挚的欢送之情，并表达期待再次合作的心愿，发出再次来访的邀请。亲朋远行尤其要表达希望早日团聚的惜别之情。

4. 落款

欢送词在落款处要署上致辞单位的名称、致辞者的身份、姓名，并署上成文日期。用于现场讲话的欢送词可以无需署名和日期。

（四）欢送词的写作要求

（1）要注意了解来宾访问期间的活动情况，以及所取得的进展，如交换意见，达成共识，签署了什么样的联合公报，发表了什么样的联合声明，有哪些科技、贸易、文化及其他方面的合作等情况。

（2）内容丰富而准确。称呼用尊称、注意宾客身份，致辞要恰到好处，感情要真挚、诚恳而且要健康。

（3）措辞要慎重，勿信口开河，要尊重对方风俗习惯，以免发生不该发生的误会。

（4）语言要精确、热情、友好、温和、礼貌。要言简意赅，篇幅不宜过长。

（5）欢送词也是一种礼节性的社交公关辞令，要短小精悍，这样更宜于表达主人的尊重和礼貌。

纠错训练

一、下面两篇欢迎词有多处错误，请找出问题并改正。

（1）
欢　迎　词

各位姐们、哥们：

　　吾校前身云南省财政干部学校，于公元一千九百五十一年创建。公元二千零六年二月经教育部批准更为现名，云南财经大学，至今六十三载。

　　岁至公元二千零一一年，中华职业学院成立，今各位青年才俊有幸于公元二千零一四年九月走进吾校，接受高等职业之本科教育。学生会招新之际，承蒙各位抬爱，积极参与竞聘，于众高手中杀出重围，终被选聘，特此感激。

　　值此良辰美景，本会召开全体学生干部大会，对各位新进贤才莅临本会表示热烈欢迎。以后我们就是一家人了，为了干好各项工作，请各位发愤图强、精益求精、密切协作，发展相互间的美好关系。工作中，如遇困难，共同担当。

　　愿各位渡过美好的大学生涯。

　　谢谢！

学生会主席：张娃子
二〇一四年 9 月 28 日

（2）
欢　迎　词

各位先生们、各位女士们：

　　我们厂已经有 30 年历史了，今天这里举办厂庆活动，我向远道而来的贵宾表示热烈欢迎。

　　朋友们不顾路途遥远专程前来贺喜并洽谈贸易合作事宜，为我厂 30 周年厂庆更添了一份热烈和祥和，我由衷地感到高兴，并对朋友们为增进双方友好关系作出努力的行动，表示诚挚的谢意！

　　今天的各位，有许多是老朋友，我们之间有着友好的合作关系。我厂建厂 30 年能取得现在这种特别厉害的成绩，离不开老朋友的真诚合作和大力支持。对此，我们表示特别钦佩和特别感谢。同时，我们也为有幸结识来自全国各地的新朋友感到十分快活。在此，我再向新朋友们表示热烈的欢迎，并希望能与新朋友们密切协作，发展相互间的友好合作关系。

　　"有朋自远方来，不亦乐乎。"在此新朋老友相会的时候，我提议：

　　为今后我们之间的进一步合作，

　　为我们之间日益增进的友谊，

　　为朋友们的健康幸福，

　　干杯！

×××厂厂长：李慈
二〇一四年六月八日

二、下面一篇欢送词有多处错误，请找出问题并改正。
欢　送　词

李敏杰：

　　你就要启程回去了，我心理非常难受，而且感觉到依依不舍，但是呢，我还是非常高兴地代表茶博士商贸公司全体成员，并以我这个总经理个人的名义向你表示非常热烈的欢送。

　　我们对你在过去三个月对我们的事业的关切表示特别的感谢，我们很高兴能与你保持十分亲密的关系，如果不是你的帮助，我们之间的友谊不可能万古长青，我们也不可能发展和扩大双方的友好关系。

即将分离之际，请传递我公司想和你公司建立长久协作的欲望，如能协作，我们非常高兴。古语有言"来日方长、后会有期"，欢迎您再来指导。相信我们的友好合作会日新月异。

 课堂实训十九

一、元旦晚会即将举行，我们邀请各位老师莅临我们的晚会现场，作为晚会的主持人，请自拟一个欢迎词，向辛勤工作在各个岗位上的老师们表示节日的问候。一年来，学院获得了"挑战杯全国大学生课外学术科技作品竞赛一等奖"，新建了8个实训室，有5门课程获省级精品课程立项建设。这些成绩都与老师们的付出分不开，在元旦晚上的致辞上，除写出以上内容外，适当增加其他内容，向传授我们知识的老师们表示热烈的欢迎。

二、日本东京医学馆总裁中田尤子女士率代表团到我市华阳健康产业集团公司洽谈业务。经过一个星期的多次会谈，双方达成了共建"养老康复护理服务、预防保健服务、养老助餐起居服务"三个实质性协议，取得了双方都非常满意的成果。现在中田尤子女士及代表团要回国了，作为华阳健康产业集团公司办公室秘书，请你以公司总经理李晋升的名义拟写欢送词。

 课后实训十九

一、根据以下材料，请你为仪式分别写一份欢迎词、欢送词。

泰国××大学定于××××年×月×日组织××级国际市场营销班的全体同学到你校进行为期一个月的交流活动。这是你校和泰国高校之间的第一次合作，泰国大学生主要希望通过这次活动，促进彼此之间的思想交流。他们将感受你校丰富多彩的校园生活和中国文化，同时学习汉语、中国文化等课程，并同你校学生一起开展科研训练，从而达到相互学习、相互提高的目的。两校领导都很重视这次活动。为此，你校准备了十分隆重的欢迎和欢送仪式，在仪式上，双方代表都要作礼仪性发言。

二、根据以下材料，请你拟写一份欢迎词。

同学们经过激烈的高考竞争步入了大学的校园，开始了人生之中新的旅程。各个高校为了欢迎新生的到来都会举行开学典礼，请你为开学典礼写一份欢迎词。

提示：界定好角色，可以选择以学校领导、老师代表、学生代表、校友代表中的任意一个角色来拟写欢迎词。

项目七　常见策划类文种训练

任务一　专题活动策划书

素质拓展训练活动策划书

一、活动主题

"沟通联系你我，亲情感动大家"。

二、活动目的

（一）通过拓展训练，在团队内部营造亲情化的团队氛围，增进团队内及各团队之间成员的信任感、责任感，从而改善和增进团队内各成员的人际关系。

（二）在活动过程中，激发各团队成员的进取精神，培养成员的领导意识与管理才能，为在将来的工作中成为一名主动而积极的社团干部打下基础。

（三）依靠各种拓展项目，加强团队内部、团队间的沟通与协作能力，锻炼团队面对机遇与挑战时的反应与应对方式。

三、主办单位

××大学团委

四、承办单位

××大学跆拳社

五、活动参与人员

跆拳社所有成员

六、活动时间

2014 年 6 月 15 日，17：00～19：00

七、活动地点

学校南操场

八、活动安排

（一）前期工作

总指挥：陈方

裁判组组长：张诚敏，裁判组人员：待定

工作人员：程倩眉，余力

职责：

1. 总指挥召集跆拳社召开动员会议，并统计参加训练人员的报名情况。（6 月 12 日，12：30，炎培 204）

2. 裁判组组长组织相关人员，开展前期培训。（6月14日，17：00，炎培204）

3. 程倩眉准备拓展训练活动所需物品，排球10个，数码相机2台，篮球4个，羽毛球拍6副，矿泉水4件。（6月14日，17：00前完成）

4. 余力准备抽签所用的纸张、笔；制作"素质拓展训练活动成绩登记表"并打印15张。（6月14日，17：00前完成）

（二）活动期间

1. 参加拓展训练的人员以抽签的形式进行分组，每组8～10人，并确定队长、副队长。

2. 队伍整理后开始活动

（1）团队创建——破冰起航（17：00～17：15）

活动目的：活跃气氛，打破僵局，营造一个融洽和竞争的团队氛围。

活动说明：队伍在场地上围成一圈，各组成员在队长的带领下确定本组的队名、口号。然后由队长展示团队风采。

（2）五毛一块——男女对对碰（17：20～17：40）

活动说明：在游戏中男生是五毛，女生是一块。游戏开始前，大家全站在一起，裁判站在边上，裁判宣布游戏开始，并喊出一个钱数（比如1块5），裁判一旦喊出钱数，游戏中的人就要在最短时间内组成可以被钱数整除的小团队。

注意事项：队员在参加这个游戏的时候反应要快，动作也要快。

（3）背夹球——默契你我他（17：45～18：10）

活动目的：活跃气氛，锻炼团队的协作能力，增进队伍内成员间的熟悉程度。

活动说明：每组两人一组，背夹一圆球，步调一致向前走，绕过转折点回到起点，向前走时双手不能碰球，中间如果球掉了，就要从起点重新出发，最先完成者胜出。

注意事项：进行接力时，必须在规定区域完成接力活动。

（4）链接加速——团队终极PK（18：15～18：30）

活动目的：增强队员活动的主动性，发挥团队群策群力的作用，共同完成任务。

活动说明：后面的人左手抬起前面的人的左腿，右手搭在前面的人的右肩上形成小火车，最后一名同学也要单脚跳步前进，不能双脚着地。游戏开始时，各队从起跑线出发，跳步前进，不允许松手，队伍断裂必须重新组织好，从起点重新开始游戏。

注意事项：参赛队必须在规定的赛道进行比赛，不允许随意更换赛道。

（5）成绩汇总（18：30～18：40）

由裁判组组长召集裁判组进行成绩汇总，通告成绩。

（6）活动完成后，由总指挥颁奖，前4组可获得篮球1个，其余组可获得

羽毛球拍1副。全体参与人员集合，集体拍照留念。（18：50～19：00）

（三）后期总结

1. 参加本次拓展训练活动的队长上交一份活动心得。

2. 由余力负责本次活动资料的整理与总结，并上传至学校团委微博。

九、活动经费

矿泉水4件（24瓶/件），单价40元，共160元；

篮球4个，Molten摩腾篮球BGP73-2G，单价136元，共544元；

羽毛球拍6副，红双喜/DHS，单价98元，共588元；

合计1292元。

十、活动具体规则以及相关注意事项

（一）保持严格的组织性和纪律性，各组成员需听从指挥，不得擅自行动。严格保持队伍的行进队形，若有意外情况需及时向队长、裁判请假。

（二）总指挥负责本次拓展训练活动的全过程，对本次活动拥有最高指挥权、裁判组、工作人员辅助总指挥。

（三）裁判组成员负责判定活动项目的完成与否、是否犯规并对项目完成时间进行记录，工作人员负责必要的活动场地进行布置，对本次拓展训练活动进行监督。

（四）队长、副队长共同对本队伍负责，必要时需组织本队队员喊口号，鼓舞本队队员士气并时刻注意队员的健康状况与安全问题。

（五）活动参加人员要求

1. 活动参加人员一律穿着运动衣、运动鞋。

2. 各项活动项目中，一人犯规可以重做，6人以上犯规，全队队员接受处罚。

十一、紧急情况应对方案

（一）工作人员负责对行进中的紧急事件进行处理。

（二）途中有队员受伤（如崴脚、磕破等），由本队队员帮助完成，若情况严重则由队长上报裁判和总指挥，经批准后，该队员可在一名队友的护送下进行治疗。

（三）如有队员不服从指挥，队长上报裁判；如裁判发现此类情况，第一次予以警告，第二次撤销其参加本活动的资格，本队加罚30分钟。

××大学跆拳道社

2014年5月30日

知识聚焦 >>>

一、专题活动策划书的概念

活动策划是一项复杂的系统性工作，策划人员需要对内部环境和外部环境进行具体的调查分析，结合现有的资源或是未来可利用的资源，形成系统的目标和手段，创造性地为下一阶段的工作作出全面、周密、详细的规划、设计和安排。因而，策划的过程和作出的设计安排完整地用文字（或加图表）表达出来就是活动策划书。

专题活动主要指对外接待、参观、开业、庆典、新闻发布会、记者招待会、竞赛等大型活动。策划是一项立足现实、面向未来的活动。成功的策划不仅能够创造良好的经济效益，还应该具有长远的社会效益。专题活动策划书是针对即将举办的某一专题活动进行规划设计的行动计划。

二、专题活动策划书的特点

（一）可执行性

专题活动策划书的撰写需充分考虑项目或是活动的实际情况，以及策划活动中各部门运作情况，如果活动策划内的各环节执行性差，那么将会影响整个策划的完成。

（二）科学性

专题活动策划书的撰写是建立在前期充分的调查、分析、研究的基础之上的，策划的预算、策划效果都必须用数据、用事实说话。

（三）时效性

专题活动策划书的撰写应在一定的时间节点或是事先已经确定了活动开展时间的情况下进行的，所以活动策划书应该注意其时效性，掌控好活动开展的时间流程，制订合理的活动计划。在活动结束之后，策划书也就失去了其效力。

（四）创新性

为达到目标，专题活动策划书需要一系列系统的设计，在策划的过程中，成功的策划书在立足现实和科学性的基础上，需要进一步做到创新。新颖的策划为活动的成功开展增加了一个重要的筹码。

三、专题活动策划的步骤

专题活动策划的撰写需要制定好行动步骤。

（一）选定主题

专题活动策划首先需要确定主题，明确想要达到什么样的效果，主题是对活动内容的概括，确定了主题就像为"航海确定了方向"，整个策划才不至于偏离"航道"。

（二）确定活动的日期

专题活动的时间比较灵活（除固定的节日或是庆典外），可根据活动需要确定时间，策划人员事先确定时间可以方便后续策划中具体安排时间。

（三）确定活动的地点

根据活动的规模大小、活动的性质和活动经费等因素，确定活动的地点。

（四）确定活动参与者并明确人员分工

根据活动的需要确定合适的参与者，为了保证活动的顺利开展，在策划之初就需要对活动参与者作具体的分工，将责任落实到人。

（五）费用预算

任何活动的开展都需要考虑成本问题，需要根据活动的内容、规模、性质等做好预算。在有限的资金范围内支付活动策划过程中的各项开支，所以在做预算时需要考虑到可能发生的所有费用。

四、专题活动策划书的结构与写法

专题活动策划书没有固定的格式，因策划的内容、目标和侧重点的不同，策划的篇幅、详略都会有所不同。篇幅较长的策划书，还应该有封面和目录等内容。可根据策划的实际需要灵活处理，也可参照以下的格式。

（一）标题

如果为策划书制作封面进行包装，可将策划书的标题写在封面上；如果不制作封面，可在首行居中书写标题。策划书标题要求完整、明确，通常包括策划单位、策划范围、内容和文种。例如，《××公司 10 周年庆促销活动策划书》《××大学××年计算机大赛策划书》等。

（二）正文

1. 引言

引言部分主要介绍活动的背景，可以对活动的基本情况、活动的宗旨或主题、活动执行对象、组织部门和活动开展的原因及社会影响等几个方面有所侧重地进行介绍。

2. 活动的目的和意义

简洁明了地把活动的目的和意义表达清楚。在陈述活动的目的时，应该将策划的独特之处及由此产生的经济效益、社会效益等明确写出。活动的目标也要具体进行阐述。

3. 活动的开展和安排

这部分是策划的重点，需要尽量详尽且有条理地写出，既具有操作性，又有灵活性，还要切实可行。为了更清晰明了，该部分的内容不局限于用文字表述，还可以根据实际需要加入图表。

策划的各项工作要有条理地进行表述，可根据活动开展的时间先后顺序，制定每一项工作的实施时间，有助于方案的核查。另外，该部分也要把人员的分工、相应权责、时间地点和要求明确下来，方案制定越具体在执行过程中可能出现的问题就会越少。

这一部分需要考虑的内容，涉及方方面面，如会场布置、接待室、嘉宾座次、赞助方式、合同协议、媒体支持、校园宣传、广告制作、主持、领导讲话、会场服务、灯光、音响、摄像、技术支持、秩序维持、衣着、指挥中心、现场气氛调节、接送车辆、活动后清理工作、合影、后续接待等。这些项目可根据实际情况自行选用。

4. 活动的资源配备

将方案中涉及的资源列出，包括人力资源和物力资源，还需要将这些资源的使用情况详细列出。

5. 活动经费预算

经费预算是策划方案中一个重要的内容。策划者需要对活动准备到结束涉及的各项费用，根据实际情况，进行详细周密的计算，并且以清晰明了的方式列出。

6. 活动中应注意的问题及细节

活动策划方案的制订需要尽可能全面地考虑各方面的因素及问题，但是在活动的展开过程中，难免因为一些不可预料的因素，给方案的执行带来一些不确定因素。因此，在活动策划书中还需对环境变化的应对措施、损失的概率为多少、应急措施等内容加以说明。

7. 活动的负责人和主要参与者

在策划书的最后还要注明活动的组织者、参与者、嘉宾的姓名和单位等内容。

（三）落款

正文的右下角署上策划者名称，写上成文日期。

五、专题活动策划书的写作要求

（1）活动主题单一、明确。专题活动策划书都有一个明确的主题，在活动过程中围绕一个总的目标来努力。活动内容要围绕主题进行，这样丰富的活动顺利开展才可以达到策划预期的效果。但是也应避免由于活动内容过多而造成主次不分。

（2）具有可执行性。一个专题活动要出彩，活动策划过程中创意十分关键。但是也应在策划制订之初就对创意性的活动内容进行检验，是否可执行。如若不可执行，那么再好的创意也无济于事。策划中详尽的时间和活动安排可以提升活动策划的可执行性。

（3）可以专门给策划书制作封面，但是封面的设计要求简单凝重；策划书可进行设计、包装，如可以设计图文并茂的封面。

（4）一份专题活动策划书内容可简单，也可根据实际需要尽可能详尽。如有附件需要添加，可以将附件直接附在策划书后，也可单独进行装订。

 纠错训练

下面一篇活动策划书有多处错误，请找出问题并改正。

校园招聘会策划书

一、活动目的

本活动主要侧重于引导学生就业观念的转变，准确对待就业，择业和创业。组织该活动基于当前

大学生中普遍对于未来职业生涯缺乏长远规划和有针对性的准备，对社会就业方面的详细情况缺乏切身的体会，导致学生目标不明确，甚至失去对未来的追求。面对大学生就业的严峻形势和人才市场经济激烈竞争，为了让同学们了解招聘的礼仪、技巧，要进一步加大就业指导力度。这对同学们来说不仅是一次难得的实践机会，更有良好的教育指导作用。

二、活动准备

1. 向学校申请招聘会场地。

2. 提前做好招聘会宣传，并整理招聘会信息，便于同学查询并商量好租用桌椅帐篷的数量。

3. 组织人员协调会场秩序，并准备应急秩序，防止突发事件。

三、活动内容

1. 活动时间：2014 年 5 月 17～18 日。

2. 活动地点：×××大学操场。

3. 活动类型

(1) 搭建学生和招聘企业间的"双向选择"，2011 级毕业生将接受用人单位的检验。

(2) 校本部就业服务指导中心负责人力资源部经理做讲座。

4. 活动安排

(1) 先做讲座，对参加活动人员进行就业指导方面的普及并贯述企业人力资源进行招聘的各种事项。

(2) 2011 级"准毕业"学生进行招聘。

四、活动负责

1. 办公室负责向学校申请场地并布置场地的工作。

2. 体育部负责向学校借用活动需要的桌椅及音响设备。

3. 宣传部负责宣传活动以及维护现场秩序的工作。

4. 生活部负责后勤工作，保证活动现场矿泉水以及领导入场。

5. 文艺部负责活动场地的整理，收拾桌椅，打扫现场。

五、后勤保障

1. 工作人员在活动前负责清场，空出操场并打扫，安放座椅。

2. 布置活动场所，搭建好临时帐篷。

3. 每个帐篷摆放好桌椅和矿泉水。

4. 活动开始前安排各人员进场。

5. 依次安排好各企业招聘人员入座。

6. 学生排队依次进行招聘面试，后勤人员负责维护会场的秩序。

7. 补足矿泉水。

8. 活动后清理场所，复原停车场。

9. 搬回帐篷和桌椅。

六、活动预算

1. 矿泉水 50 元。

2. 活动纸张 10 元。

3. 布置彩带 15 元。

4. 若干桌椅 3 顶帐篷。

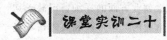 课堂实训二十

材料 1

根据云南省教育厅下发的《关于举办 2014 年（第 7 届）计算机设计大赛的通知》及《关于举办 2014 年中国大学生计算机设计大赛云南赛区竞赛的通知》，由中华职业学院承办 2014 年"能投浪潮杯"云南省大学生计算机设计大赛暨第七届中国大学生计算机设计大赛云南赛区竞赛。

大赛参赛作品分为软件应用与开发类、教学课件类、数字媒体设计类普通组、数字媒体设计类专业组、计算机音乐创作类、软件与服务外包类、数字媒体设计类中华民族文化组 7 类。

经省内院校选拔推荐，进入初赛的有效学生作品 342 件，经过多名专家的网上初评，共有 96 件作品推荐参加全国竞赛，来自省内云南大学、昆明理工大学等 22 所院校的 72 支参赛团队进入云南赛区决赛。每支参赛团队可由 1 名指导老师带队，2 名参赛选手参加决赛。

材料 2

比赛定于 2014 年 6 月 8 日举行，为圆满完成此次大赛，中华职业学院特别制订了活动组织策划案。

为使大赛能顺利举办，大赛组委会将下设办公室、会务组、宣传组、接待组四个小组。

（1）办公室统筹四个小组工作。负责大赛的协调、沟通和联络；编写志愿者服务流程、布置答辩教室、制作竞赛手册等大赛相关材料；统筹交通车时间、数量、参赛组报到住宿（仅为地州参赛团队提供交通车、住宿服务）；赛场布置。

（2）会务组做好领导邀请、会场布置、礼仪服务、大赛当天医疗应急保障工作；赛前横幅、布标的准备；工作证、参赛证、指导教师证、评委专家证（15 位）的制作。

（3）宣传组需做好赛前、赛中、赛后的新闻宣传工作。

（4）接待组做好大赛当天网络技术支持、电力供应、安全保障、交通指挥、饮食卫生等后勤保障工作。

材料 3

大赛的开幕式定于 2014 年 6 月 8 日早上 8：30 举行，大赛开幕式在学院行知楼 304 报告厅举行。大赛于 9：00 准时开始，3 个赛场设在炎培楼 5 楼，2 间候考室设在炎培楼 5 楼赛场机房，大赛将进行选手作品陈述和专家评委提问两个环节，综合展示参赛选手的计算机应用技能、创新能力和团队合作意识。

根据以上材料，以小组为单位，拟写一份 2014 年"能投浪潮杯"云南省大学生计算机设计大赛暨第七届中国大学生计算机设计大赛云南赛区竞赛的组织策划方案。要求格式规范，条理清晰，权责明确，经费合理。

参考方案

关于承办 2014 年"能投浪潮杯"云南省大学生计算机设计大赛
暨第七届中国大学生计算机设计大赛云南赛区竞赛的组织策划方案

根据云南省教育厅《关于举办 2014 年（第 7 届）计算机设计大赛的通知》及《关于举办 2014 年中国大学生计算机设计大赛云南赛区竞赛的通知》的要求，为圆满完成 2014 年"能投浪潮杯"云南省大学生计算机设计大赛工作任务，特制订本组织策划方案。

一、大赛时间：6 月 8 日

二、大赛地点：云南财经大学中华职业学院

三、举办单位：

主办：云南省教育厅、云南省高等学校计算机教学研究会

承办：云南财经大学中华职业学院

四、大赛对象：云南省高校在校全日制本科、高职高专学生

五、大赛承办组委会

为加强领导，明确责任，层层落实大赛工作任务，特成立本项目竞赛组委会，具体如下：

主任：李××、杨××

副主任：余××、宁××、王××

成员：陆××、高××、徐××、曹××

职责：总体负责组织、监督、指挥和协调整个竞赛工作，及时处理各种重点、难点等特殊问题。

竞赛组委会下设办公室、会务组、宣传组与接待组，具体如下：

（一）办公室

负责人：康健

成员：李丽娟、杨洁

职责：

康健：

（1）负责协助组委会进行大赛的协调、沟通和联络；

（2）负责联系参赛院校；

（3）拟写各类志愿者服务流程、答辩教室布置、竞赛手册等大赛相关材料；

（4）统筹交通车时间、数量，制作乘坐人员名单；

（5）联系专家楼、统筹参赛组报到住宿；

（6）负责协调处理与其他组对接的各项紧急事务。

杨洁：

（1）6月6日中午13：00在15楼召集志愿者参加培训；

（2）6月7日下午13：00～18：00在专家楼参赛队接待、报到工作，分发竞赛手册；

（3）6月8日上午6：40在东大门交通车乘车服务；

（4）6月8日组织志愿者，为决赛现场服务（见附件一 志愿者服务流程）；

（5）安排食堂就餐指引志愿者。一楼入处口2人、三楼入口处2人、就餐处2人。

李丽娟：

（1）6月4日前完成草拟开幕式流程；

（2）6月7日下午18：00前答辩教室（炎培楼511、513、514）和候考室（炎培楼505、507）场地布置（见附件二 答辩教室和候考室布置要求）（需网络中心技术支持）；

（3）6月7日下午18：00前矿泉水、小面包、茶叶、咖啡、纸杯、饮水机到位；

（4）6月7日下午18：00前在正门、岗亭处安置好咨询台，6月8日上午8：00～9：30各安排两名志愿者在岗。

（二）会务组

组长：尹惠

成员：王俊、刘眉、彭文、晏彬

职责：

尹惠：6月8日全面协调、邀请校领导及相关职能部门领导，负责设嘉宾休息室——炎培楼314；驾驶员休息室——炎培楼214。

王俊：6月8日上午9：00～18：00校医院协调，做好医护工作。炎培楼5楼安排两名医护人员、

设立医护点。

刘眉：6月8日上午8：40～9：30负责整个竞赛的礼仪服务，在主要道路口、电梯口、开幕式现场、嘉宾休息室安排礼仪服务。

彭文：

(1) 负责制作会场背景墙（见附件三 会场背景墙）；

(2) 6月7日下午18：00前负责竞赛开幕式的会场布置，包括嘉宾席和发言席桌椅、水牌（发言席、嘉宾席、参赛代表席、媒体席等）、鲜花（向学院办公室借用）、矿泉水等的摆放和灯光音响设备调试和使用管理；

(3) 6月8日上午8：40～9：30保障会场（行知楼304）灯光音响设备的正常运行。

晏彬：

(1) 6月6日前完成制作布标（共6条），在中干道、炎培楼正后门各挂1条；答辩教室内各1条（炎培楼511、513、514）（内容：2014年"能投浪潮杯"云南省大学生计算机设计大赛暨第七届中国大学生计算机设计大赛云南赛区竞赛决赛）。

(2) 6月6日前完成指示牌（7个），工作证（50个）、参赛证（150个）、指导教师证（80个）、评委专家证（20个）的制作。

指示牌内容：2014年"能投浪潮杯"云南省大学生计算机设计大赛报到处（1）、2014年"能投浪潮杯"云南省大学生计算机设计大赛乘车处（1）、2014年"能投浪潮杯"云南省大学生计算机设计大赛咨询处（2）、2014年"能投浪潮杯"云南省大学生计算机设计大赛嘉宾休息室（2）、2014年"能投浪潮杯"云南省大学生计算机设计大赛决赛答辩区（1）。

工作证内容：2014年"能投浪潮杯"云南省大学生计算机设计大赛工作证。

参赛证内容：2014年"能投浪潮杯"云南省大学生计算机设计大赛参赛证。

指导教师证内容：2014年"能投浪潮杯"云南省大学生计算机设计大赛指导教师证。

评委证内容：2014年"能投浪潮杯"云南省大学生计算机设计大赛评委证。

(3) 6月7日下午18：00前负责悬挂布标和横幅、放置指示牌（后勤协助）。

布标内容："炎培楼：2014年'能投浪潮杯'（第7届）中国大学生计算机设计大赛云南赛区决赛开幕式"（2条）；入口处："热烈欢迎云南省各大专院校的代表队光临我院参赛"（1条）。

横幅内容："2014年'能投浪潮杯'中国大学生计算机设计大赛云南赛区决赛报到处"（2条）。

（三）宣传组

组长：刘诗

成员：王金

职责：

刘诗：统筹安排宣传组内各成员工作，负责媒体邀请接待及招募志愿者（15人）和礼仪人员，负责校园氛围、彩旗装饰主要干道，准备3个计时器。

王金：负责准备相关视频宣传材料、比赛期间的摄影、摄像工作；负责新闻采编工作包括竞赛全过程的一对一跟踪采访、新闻稿撰写（新闻稿须于6月9日12：00前挂网）。

（四）接待组

组长：尹芳

职责：

(1) 为到校参赛师生提供饮食保障；

(2) 负责网络中心技术支持（李辰）；

(3) 负责校园环境卫生，会场（炎培楼304）卫生保障（张兴）；

(4) 新负责电力供应保障，并做好停电的应急预案保障工作（兰明）；

（5）负责校园安保工作，赛场外安排 1～2 名保安值守（董天）；负责参赛队车辆及社会车辆校园停放的指挥和协调工作（于毅凡）；

（6）协助摆放会场背景墙及悬挂横幅（李斌）。

六、开幕式流程

时间：2014 年 6 月 8 日 9：00～9：30

地点：云南财经大学中华职业学院行知楼 304

参会人员：省教育厅高教处副处长、云南省高等学校计算机教学研究会领导、能投浪潮科技有限公司领导、云南农业大学副校长、云南财经大学学校领导、参赛学校领导与教师、学院领导、参赛选手、指导教师，以及部分学院师生

主持人：余副院长

议程：

（1）奏国歌；

（2）介绍来宾；

（3）云南财经大学校领导致辞；

（4）云南省教育厅高教处副处长讲话；

（5）专家评委代表宣誓；

（6）参赛选手代表宣誓；

（7）与会人员合影留念；

（8）参赛选手进入答辩教室进行比赛，领导和嘉宾参观实训中心。

七、竞赛议程

日期	时间	内容	地点	备注
6月8日	8：30～9：00	参赛队抽签	行知楼304	
	9：00～9：30	开幕式	行知楼304	
	9：40～10：00	竞赛选手检录、进场、宣布竞赛规程等	炎培楼505、507	
	10：00～12：00	竞赛答辩	炎培楼511、513、514	暂定
	12：00～13：00	午餐	食堂二楼	
	13：10～17：20	竞赛答辩	炎培楼511、513、514	
	17：20～18：00	评审委员会终审定级		

备注：用餐时间为 7：00～8：30 早餐（所有人员）、12：00～12：30 中餐（所有人员）。

用餐地点为食堂二楼。

八、参赛成员名单

待定

九、大赛经费预算

本大赛在组织实施过程中会发生一定量的费用开支，因此特制订相关经费预算表，总预算费用为 19 360 元，经费预算详见附件四。

十、其他

交通车：上午 6：40 龙泉校区东大门→呈贡校区

　　　　下午 18：00 呈贡校区→龙泉校区东大门

十一、大赛咨询与服务电话

1. 办公室：康健 1352929××××

2．会务组：尹惠 1366974××××

3．宣传组：刘诗 1375955××××

4．接待组：尹芳 1388830××××

附件一：志愿者服务流程（略）

附件二：答辩教室和候考室布置要求（略）

附件三：会场背景墙（略）

附件四：大赛组织工作经费预算表

部门	项目	单价（元）	数量	金额（元）	备注
办公室	组织方案打印	5	20份	100	
	小计			100	
会务组	主会场背景板	1500	1个	1500	
	横幅、布标	10	80个	800	
	工作牌制作	3.5	300个	1050	
	答辩室用品	200	3份	600	插座等物品
	食品	100	3份	300	
	矿泉水	40	25件	1000	24瓶/件
	水果	100	3份	300	
	交通费	150	30人	4500	地州老师、学生30人
	保险费	10	93人	930	93名同学
	邮寄费	10	22人	220	22个学校
	小计			10 500	
宣传组	新闻宣传费	300	3家	900	
	小计			900	
接待组	师生餐费（早餐）	10	210人	2100	72个参赛队，每队2人，共144人，加上当天工作人员
	师生餐费（午餐）	20	200人	4000	
	小计			6100	
	不可预见费			1680	按10%预估
合计				19 360	

 课后实训二十

假如你们组要组织全班同学在全院范围内开展一次主题为"节约水电，低碳从我做起"的活动，要求同学们围绕这一主题制订一份活动策划书。要求格式规范，条理清晰，权责明确，经费合理，形式新颖。

任务二　广告策划书

丽江古城的旅游宣传广告

梦中花园——丽江古城

兼山乡之容、水乡之貌

一座依顺自然的山水之城

一座亲和自然的田园之城

丽江古城

载纳西民俗风情

深层历史文化

一个以人为本的世外桃源

一个天人合一的梦中家园

滇西北雪域大江中

在熙攘浮躁的当今世界，这座古城已成了

难得一闻的一曲远山清音，红尘牧歌

知识聚焦

一、广告策划书的概念

在广告已经无孔不入的时代，广告已经打破传统，不断创新，以吸引受众的目光。"广告"是外来语，源自拉丁文 advertere，后来演变为英文 advertise，19 世纪末从日本传入我国，到 20 世纪 20 年代"广告"一词的使用已经非常普遍。

广义而言，广告就是向大众传播信息的一种手段；从狭义上来看，广告是一种付费的宣传，它有计划地通过媒体向所选定的消费对象宣传商品优点和特色，唤起消费者关注，说服消费者购买使用。

广告策划书是广告人在对市场进行调研的基础上，对广告运作过程的每一步作出分析和评估，结合创新的意识，制订出相应的实施计划，最后形成的一个纲领式的总结文件。它能为整个广告活动提供策略指导和具体实施计划。

二、广告策划的步骤

（一）前期调查研究

广告人在拿到一个广告任务之后，首先需要对广告产品的内部、外部市场环境进行调查。产品自身的特点、优势，企业的实力如何，以及市场上同类企业和同类产品相比竞争力如何。

（二）规划蓝图，制订计划

在前期的市场调研的基础上，对广告运作的每一步作出规划，制订策略。如果前期调研的结果显示市场上还没有同类产品，就要突出产品的"人无我有"的特点，那么如何让产品一经推出就让人"眼前一亮"很关键；如果市场上相类似的产品很多，那么如何从中脱颖而出很关键，所以在这一过程中要突出产品的"人有我优"的特点。在这一过程中，创意非常重要。

（三）制作广告策划书

有了规划，制订了计划，这一阶段就可以开始正式制作广告策划书。

（四）广告策划的执行阶段

广告的策划过程不止于策划书的完成，还要包括策划书的执行。在这一阶段，可以对广告策划效果进行检验。

三、广告策划书的结构和写法

广告策划书没有固定的结构，一份完整的广告策划书至少应包括以下几个部分的内容。

（一）前言

前言部分需要简要概括地说明广告策划的原因、背景、宗旨、意义，以及策划项目要达到的目标，必要时还应说明广告商的营销战略。这部分内容是整个策划书的摘要，将内容提炼出来，方便企业的高层查阅和决策。内容不宜过多，数百字的语言表述清楚就可以了。

（二）内外部环境分析

内外部环境分析也叫市场分析，一般包括五个方面的内容：营销环境分析、企业经营情况分析、产品分析、消费者分析和竞争对手广告分析。分析的结果可用 SWOT 方法进行总结，SWOT 的四个字母分别代表优势（strength）、劣势（weakness）、机会（opportunity）、风险（threat）。

（1）营销环境分析是指企业所在的市场大环境的分析，政策、经济形势、同类企业的经营状况等方面的分析。

（2）企业经营情况分析是对企业在市场中的位置、企业的竞争力、企业的优劣势等的分析。

（3）产品分析要实事求是，介绍产品的性能、特点和其他同类产品相比较的优劣势。

（4）消费者分析包括产品的消费对象的消费能力、消费者的分布情况、年龄构成、心理特征等方面。这部分的分析还可结合产品分析来进行，分析消费者都需要怎样的产品和服务，反推产品需要凸显哪些方面的特点和性能，甚至提出相应的产品改进建议。

（5）竞争对手广告分析，现在企业都看重宣传，看重广告。同类型的产品的广告已经满天飞，如果没有创新，没有凸显"人有我优"的产品特点，那么广告策划就是失败的。

（三）广告对象

明确广告是针对哪一个消费群体，根据市场分析测算广告对象有多少，概述广告对象的消费心理、消费方式和生活方式。

（四）广告地区

确定了广告对象，还需要明确广告商品的目标市场和地域，并且说明选择该区域的理由。

（五）广告战略

这部分是广告策划书的重点，根据市场研究的结果和产品的定位，阐明用什么方法使广告产品在消费者心目中留下深刻的印象，刺激消费需求的产生，甚至改变消费者的使用和购买习惯。

（六）广告实施计划

这部分内容是对广告战略的细化，广告策划执行的时间、地点、内容、广告表现（媒体策略、媒体计划等）、执行的计划（促销活动计划、广告发布的计划等）等。

（七）广告预算

根据媒体选用策略和计划、促销活动计划等的调研结果进行广告预算，一般包括调研、策划、广告制作、媒体投放、促销和激动等几个方面的内容，可以采用表格的形式来表现。

（八）广告效果预测

广告效果预测就是根据广告实施计划实施广告活动之后，预计可以达到的目标或是效果，为了检验效果，需要明确反馈和检测的方法。这一部分的效果预测应该和前言部分的目标相呼应。

范例

百事可乐广告策划书

前言

百事可乐最初于19世纪90年代由美国北加利福尼亚一位名为 Caleb Bradham 的药剂师所造，以碳酸水、糖、香草、生油、胃蛋白酶及可乐果制成。该药物最初是用于治理胃部疾病，后来被命名为"Pepsi"，并于1903年6月16日将之注册为商标。它是美国百事公司推出的一种碳酸饮料，也是可口可乐的主要竞争对手。中国饮料市场不稳定，为了提高品牌忠诚度与销量，经过大量的市场调查后，特作出本次策划。

一、市场分析

（一）营销环境分析

今年市场上，各类果汁和蔬菜汁饮料类产品备受推崇，对碳酸饮料形成了一定的替代，在我国，"两乐"仍是很多年轻人的钟爱，有着稳定的消费人群和消费需求，但近年需求上升趋势有所减缓。目前，由于消费者对健康的重视，碳酸饮料在乳饮料中所占的比重越来越低，以饮用水、果汁、茶饮料为代表的子行业将成为软饮料行业日后发展的趋势。

（二）消费者分析

百事可乐"新一代的选择"和推崇"快乐自由"的风格广泛地被人们尤其是青年人所推崇。所以百事可乐的消费者以青年人为主。

（三）产品分析

百事可乐属于碳酸饮料，在碳酸饮料中占据着重要的地位。

（四）企业与竞争对手状况分析

1. 企业对手的基本情况——可口可乐（Coca-cola）

被誉为美国的象征，是世界名牌，品牌价值含量很高。可口可乐公司，乃世界饮料行业巨头，年产值200多亿美元，年盈利30多亿美元。其可乐系列饮品占据全世界48%的市场份额，多年来一直堪称美国乃至世界跨国公司的典范。在中国大陆，可口可乐公司投资的23家装瓶厂总产值约70亿元，占据中国碳酸饮料市场的半壁河山。

2. 对手——可口可乐优势

产品口味优势。百年前那神秘诱人的碳酸水至今仍那么神秘，其独特醇厚、浓郁的口味几乎成了可乐类口味的象征。

管理优势。百年来积累起来的管理优势是可口可乐巨大的无形财富。

品牌优势。虽然在中国农村市场，这一优势并不明显，但可口可乐毕竟是全球公认的世界级品牌，非常可乐想拉走上亿名忠诚于可口可乐的城市青年，并不现实。

人才优势。"可口可乐"与"宝洁"公司并称为中国白领的"黄埔军校"。中国许多优秀的人才都向往可口可乐公司，而可口可乐公司也通过严格的培训、选拔、任用体系，造就了许多有用的人才。这一点校办厂出身的娃哈哈公司目前难与其争锋。

另外，可口可乐还拥有雄厚的资本实力，强大的城市直销，无处不在的POP广告等种种优势。

（五）企业与竞争对手的广告分析

1. 可口可乐的广告策略

广告本土化策略，首先体现在其广告与中国文化的结合上。对于春节这个合家团圆的日子，可口可乐广告片选择了典型的中国情境拍摄，运用对联、木偶、剪纸等中国传统艺术，通过贴春联、放烟花等民俗活动，来表现中国浓厚的乡土味。可口可乐还就北京申奥成功、中国入世大打广告宣传，现在它又大力赞助中国足球队，声称"喝可口可乐，分享世界杯精彩"。可口可乐俨然成了中国本地产品，而这种乡土形象，确实达到了与中国消费者沟通的效果。其次，可口可乐积极选择华人新生代偶像做形象代言人。1999年，先是起用张惠妹，赢得了一大批青少年的喜爱，然后由新生代偶像谢霆锋出任可口可乐数码精英总动员。现在，又由S.H.E、刘翔等娱乐界、体育界明星来代言，产生了令人震惊的轰动效果。

2. 百事广告策略

百事选择足球和音乐作为品牌基础和企业文化载体，在广告和社会公益活动中借助杰克逊、张国荣、"小甜甜"布兰妮、王菲、周杰伦、蔡依林、郭富城、陈慧琳、郑秀文、贝克汉姆、里瓦尔多、卡洛斯、范志毅、李玮峰、祁宏等一大批明星作为品牌代言人，极力倡导企业文化所提倡的精神，使百事的"新一代的选择"和推崇"快乐自由"

的风格广泛地被人们尤其是青年人的理解和接受。

二、广告策略

（一）企业目标

1. 企业提出的目标

通过广告、促销活动，在元旦到春节这段时间，本市市场销量增长 40%，使百事可乐的品牌忠诚度超过其他碳酸饮料。

2. 根据市场情况可以达到的目标

本市市场销售量赶上和超过可口可乐，使百事可乐的品牌忠诚度明显上升。

（二）广告地区

本次广告活动在本市及地级县进行。

（三）目标市场策略

本次广告展开主要以青年人和家庭为主，将百事可乐打造成节日庆祝的首选饮料。

（四）广告表现策略

以平面广告和电视广告为主。

1. 平面广告文案

标题：欢聚时刻 共享百事；广告语：百事我创，共同分享！

正文：双节将至，百事与你同欢喜；美好时光，百事陪你更欢乐；百事，2010 送好礼，不要错过呦！

随文：百事可乐由百事公司出品，国际品质，带给你非一般的感觉。

2. 电视广告文案

（1）元旦广告

口号：双节将至喝百事！

画面一：一本已经快撕完的日历，上面写着 2009 年 12 月 31 日（3s）。

画面二：一只手快速地把这一页撕下来，这页日历的上半部分是黑白的 2010 年 1 月 1 日，日历的下半部分是一个彩色的画面，一个男孩正在痛痛快快地喝百事可乐，并表现出很愉快的表情（5s）。

画外音：元旦将至，百事与你同欢喜（2s）！

（2）春节广告

口号：双节将至喝百事！

画面一：中国的皮影戏"武松打虎"，老虎被打死了，武松在大笑（5s）。

画面二：这时，一瓶百事可乐出现了，给老虎喝，老虎突然间复活，抱着百事可乐继续喝，并表现得很愉快（5s）。

画外音：百事我创，生龙活虎（2s）！

（五）整合传播策略

1. 媒介组合

主媒介：深入家庭的大众媒介，如有线电视、晚报、电视报、家庭杂志等。

次媒介：户外广告媒介，车体内外、候车亭等。户外视觉效果好，到达率高，价格相对低廉，主要突出产品品牌。邮递广告、招贴、海报等。

2. 媒介组合策略

时间组合策略：户外媒体先行，大众媒体跟进，其他媒体配合。空间组合策略：电视台广告先行，报纸媒介为主，户外媒介跟进。

3. 媒介选择

电视：选择目标市场本市有线电视台。

报纸：选择目标市场的晚报、周刊媒介。

三、广告实施计划

（一）广告目标

在 12 月 25 日～2 月 10 日这段期间，百事可乐在本市市场销量增长 20％。百事的品牌忠诚度明显提高，并使许多潜在消费者变成品牌的忠诚消费者。

（二）广告活动安排

1. 活动时间：12 月 25 日～2 月 10 日

2. 活动地点：市各大超市

3. 活动内容

主题：双节期间，百事赠礼活动正在进行中。

口号：双节有礼，百事同乐！

内容：凡是在此期间购买百事可乐的消费者，凭购物小票可获得百事贺卡一张，贺卡上有可爱的剪纸老虎和百事的产品广告。

凡是购买百事家庭装的消费者，可得到百事高级水杯一个，买两套以上家庭装的消费者可获得百事提供的家庭酒杯套装一套（限量）。

购买可乐的消费者均可凭小票参加抽奖活动，奖品有吉祥虎等精美礼品。

百事可乐促销装。

（三）广告表现

平面广告：（略）

车体广告：用平面广告的设计图的放大图。

报纸广告：1/2 版，整个版面用百事的红白黑的标志颜色，中间做一个百事的饮料瓶，瓶内背景为白色用红色的老虎剪纸装饰，瓶内写百事可乐在双节之间的广告活动。

1. 媒介报价表

媒介	播出时段	广告时间	广告次数	费用/元
省二套	娱乐前沿	12s	2 次/天	1000
	天气预报	10s	1 次/天	2000
省三套	经典剧场	10～12s	4 次/天	400
都市报	1/2 版	—	1 次	2000
省日报	1/2 版	—	1 次	400

2. 媒介安排

电视广告：在活动期间播出。报纸广告集中在双节的临近三天发放。车体广告和移动电视广告在活动期间进行。

（四）广告费用预算

广告设计与拍摄费 80 000 元

广告媒介费 240 000 元

机动费 7600 元

广告策划费 60 000 元

促销及其他费用 50 000 元

合计：43 7600 元

四、广告活动效果监控

1. 监控的目标。（略）

2. 监控的方法。（略）

3. 监控的实施计划。（略）

（来源：http：//wenku. baidu. com/view/2396e408ba1aa8114431d94d. html）

四、广告策划书的写作要求

（一）目标明确，策划过程严谨科学

广告策划书贯穿整个广告活动的始终，指导广告活动的各个环节，这就要求广告策划书有明确的目标，围绕目标开展广告活动，不至于偏离轨道。同时，广告策划书的撰写要求严谨，根据市场调研结果制订目标，围绕目标根据合理的逻辑思维程序制订广告实施计划。

（二）艺术性和真实性并存

产品和服务的广告需要借助艺术的表现力展示其特点和优势，给消费者以美好的感受，才能促进消费。但是在这一过程中，也要注意广告策划书要严格遵循真实性的特点，如何反映产品的优缺点，最终为广告效果服务。

（三）创意的可操作性

广告策划书的撰写要注重创新，使产品一经推出就让人眼前一亮，但是也应该注意创意是否可操作，否则策划就是失败的。

（四）语言简洁，图文并茂

广告策划书不仅仅是广告人对广告活动的计划安排，更是企业目标战略的重要一步。广告策划书的内容庞杂，在撰写过程中要注意语言要简洁，避免冗长；使用明确的标题，序号提升阅读层次感。采用图文并茂的方式，方便阅读者理解和记忆。

 纠错训练

下面一篇广告策划书有多处错误，请找出问题并改正。

华星手机广告策划书

一、前言

目前，手机虽然已经成为人们生活的必需品，市场需求量大，但因竞争品牌众多，广告投资量大，想要占有较高的市场比重，并不容易。本公司建议明年度销售及广告诉求重点，应放在开发新市场方面，以下即本公司根据市场及消费者心理各项因素所研拟的华星手机广告策划书，尚且不吝斧正。

二、广告商品

华星科技有限公司——华星手机。

三、广告目的

（一）促进购买欲望。

（二）强化商品特性。

（三）衔接 2013 年广告。

（四）传播影响程度：不知名—知名—了解—信服—行动。

四、广告期间

2014 年 1～12 月。

五、广告区域

全国。

六、广告对象

所有居民用户。

七、策划构思

（一）市场大小的变化情况的两种：

A. 量的变化——随着人口的自然增减而变化。

B. 质的变化——随着社会形态（如农业进入工业区）、价值观念、文化水准等而变化。

（二）市场占有率的提升。

（三）使用及购买频度的增加。

使用及购买频度增加，手机更新换代的频率高，购买率很高。但是各种品牌太多，而无法对整个业绩的增加有所裨益，只有保有既有市场占有率，以及抢占其他品牌的市场，使其消费者转换品牌，指名购买我品牌，此为我们今后在广告推广方面致力的目标。此一目标又可区分为：

1. 促使消费者指名华星手机；

2. 促使商场主动推销华星手机。

八、广告策略

（一）针对各阶层消费者，运用不同媒体做有效的诉求。

（二）制作小张广告贴纸张贴计程车上、公共椅背上及公共电话或公司的电话机上，以随时随地地提醒消费者注意，弥补大众传播媒体之不足。

（三）制作小型月历卡片，于元旦前散发赠送各界人士利用，譬如置于洗发店、商业区（服务台）供人随意索取，也可夹于杂志页内，赠送读者。

（四）除正式大篇幅的广告外，在报纸杂志上另可采用游击式的策略，运用经济日报的插排和联合、分类广告版，不定期刊登小广告，一则省钱，二则可弥补大广告出现频次不够多的缺失。只要设计得简明、醒目，依旧有很大的效果。

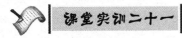 课堂实训二十一

飞龙广告公司受南优乳品有限公司委托，就其公司现状和市场状况策划"南优牛奶"产品上市的战略方案。策划的实施时间为半年，遵循市场逐步挺进的方式，涵盖市场定位、价格定位、SWOT 分析、营销策略等方面，以把"南优牛奶"推向牛奶市场，抢占市场份额为目标。

南优乳品有限公司成立于 1996 年，位于云南省昆明市呈贡县。公司引进国际先进的生产线，年规模产能达 1 万吨。企业通过了 ISO9001、ISO14001、HACCP、诚信体系认证，参与起草了《国家安全炼乳评价标准》、参与制定了《乳制品感官质量评鉴细则》。公司先后被评为国家高新技术企业、省骨干农业龙头企业、省科技型企业、省现代企业制度创新示范企业、省卫生先进单位等，2005 年荣获中国乳制品行业优秀企业，并连续 14 年获省银行资信等级 AAA 级。

　　请你以飞龙广告公司策划人员的身份为南优乳品有限公司拟写一份广告策划书，成功推出"南优牛奶"，并一鸣惊人，抢占市场份额。要求格式规范，富有创意，条理清晰，可根据需要补充相关内容。

 课后实训二十一

　　安宁温泉度假胜地，占地超万亩，总投资逾 100 亿，被列为云南省"十一五"重点建设项目，是由云南度假集团主导开发。安宁温泉度假胜地，沿 16 公里景观大道和 12 公里海岸兴建 6 家五星级度假酒店，成为云南旅游的新名片。安宁温泉度假胜地自 2009 年 3 月开放以来，深受广大游客的好评。2010 年、2011 年连续两年获得云南省金牌旅游胜地的称号。

　　时至今日，安宁温泉度假胜地已经超越一个普通度假点的范畴，成为人们向往的生活方式的象征。安宁温泉度假胜地的目标群体主要是社会高端收入群体和社会精英，懂得人生真正的价值，热爱生活并享受生活。

　　但是随着市场上同类度假胜地的不断发展，安宁温泉度假胜地对消费者的吸引力有所下降，为了重新夺回云南度假胜地第一品牌的称号，云南度假集团找到了飞龙广告公司，表示愿意投资 100 万，让安宁温泉度假胜地这一品牌"重获新生"。

　　请你以飞龙广告公司一名策划人员的身份，制作一份广告策划书，实现云南度假集团的广告诉求。要求格式规范，富有创意，条理清晰，可根据需要补充相关内容。

项目八 财经文书

任务一 经济合同

2010 年 4 月 15 日，赵某准备向七彩云房地产开发有限公司购买金雅园小区商品房一套，面积为 98 平方米，总价为 46 万元，可以首付 20％定金。赵某当天就交纳了 1 万元定金并签订了认购书。不料，就在她签订认购书之后两天，4 月 17 日，国务院发出《关于坚决遏制部分城市房价过快上涨的通知》，国家房贷新政出台，政策对不能提供 1 年以上当地纳税证明或社会保险缴纳证明的非本地居民，暂停发放购买住房贷款。4 月 22 日，当赵某带着两成首付款来到售楼处时，对方答复说贷款可能办不下来了。

"售楼人员让我首付 40 多万元，我根本拿不出来。于是我提出不买了，可是售楼处告诉我，这样我就违约了，1 万元定金不能退了。"赵某无奈地表示。

七彩云房地产开发有限公司王经理表示："国家政策虽然有所调整，该调整应视为买房过程中可能存在的风险，买房者应该对此有所准备，因而买房者一旦无法支付'涨价'后的首付款或者无法贷款，责任应由买房者全部承担，不能随意违约。不能说买方不能获得贷款了，就让我们来承担损失。"

国家政策调整应算"不可抗力"，还是"情势变更"，违约责任应该由谁承担？购房者、开发商各自利益应该如何维护？

一、经济合同的概念

经济合同又叫经济契约，它是商品经济的产物，根据《中华人民共和国经济合同法》（以下简称《经济合同法》）的规定，经济合同是法人之间为实现一定经济目的，明确相互权利义务关系而订立的协议。它是平等主体的自然人、法人、其他组织之间设立、变更、终止经济权利义务关系的协议。经济合同能够保护当事人的合法权益，维护正常的市场经济秩序。

自然人就是有血肉之躯的，能够思考问题，有欲望，能够从事劳动等活动的人。自然人既包括年满十八岁、具有民事行为能力的中国公民，也包括外国人和无国籍人士。

法人是具有民事权利能力和民事行为能力，依法独立享受民事权利和承担民事义务的组织。法人包括公司、企事业单位、机关、团体等。

其他组织是除自然人和法人外，不具有法人资格，但有一定的经费、财产的组织体。例如，行业协会、基金会。

二、经济合同的特点

（一）平等互利性

经济合同的平等性体现在两个方面：一是签订合同的当事人都是平等的经济主体，一方不得将自己的意愿强加给另一方。二是签订合同的当事人在法律面前一律平等，不管是政府组织、事业单位，还是企业或个人，在法律面前一律处于平等的地位。

地位平等的合同当事人，在权利义务对等的基础上，经充分协商达成一致，以实现互利互惠的经济利益目的。合同条款中，权利、义务也是相互的、对等的，不能将其建立在损害对方或他方的利益之上，合同内容也应是等价有偿的。

☞ **案例**

××县政府采购中心与伟新达蔬菜有限公司签订了一份蔬菜购销合同。采购中心以财政困难为理由要求伟新达蔬菜有限公司将新鲜蔬菜低价出售。伟新达蔬菜有限公司履行合同一段时间后，发现亏损惨重，拒绝继续履行。采购中心认为伟新达蔬菜有限公司不守信用，便要求对伟新达蔬菜有限公司进行处罚。

伟新达蔬菜有限公司应该受到处罚吗？

（二）合法性

经济合同的合法性体现在两个方面：一是指合同内容要合法，遵守法律和行政法规，尊重社会公德，不得扰乱社会经济秩序，损害社会公共利益或他人利益，一切违反法律和行政法规的合同，违反国家利益或社会公共利益的合同都是无效的。二是手段合法，采取欺诈、胁迫等手段所签订的合同也是无效的。因而，经济合同的订立、履行必须符合相应的法律法规，否则属于无效合同，不具备法律约束力。

☞ **案例**

某出版社与张某签订了一份出版书籍合同。合同中约定，由张某翻译一本小说。张某如期交稿后，出版社的责任编辑在阅读书稿时，发现该书并未获得著作权人许可，提出出版社不予出版，拒绝履行合同。

出版社需承担法律责任吗？

（三）经济性

经济合同的当事人之间的关系是经济关系，经济合同的使命就是要完成商品、劳务和货币的转移，即做成买卖、达成交换的目的。例如，买卖合同、劳务关系合同等。

☞ **案例**

小杨是酒店管理专业二年级学生。2013年7月，他与同班另二位同学一起去某酒店应聘。岗位有主管、前台服务、客房服务，顺利通过面试后，酒店给他们三人出示了用工合同。

　　三人通过对合同条款仔细阅读，一致讨论通过。其中尤为令人满意的是"月薪1000元""免费提供食宿"——暑假期间，吃住不用愁，还可赚回来一学期学费，又可积累一定的工作经验……三人欣然签订了合同。

　　合同签订后，酒店要求每人先付300元押金，并开具了"合同违约金"的收据。次日，三人就参加了为期七天的短期培训。

　　第一天，三人着上酒店员工制服，从上午八点一直工作至晚上十点，中途只有短暂的"快餐"时间是自己的。工作内容是擦地板、刷盘子。

　　第二天，一切照常进行。

　　第三天，一切仍旧照常。

　　第四天，三位同学商量决定不干了。找到了主管要求退还300元钱，却被告知是他们不干活先违约，300元不予退回。

　　双方争议的焦点是什么？如果你是案例中的人物，你打算怎么做？

（四）规范性

　　经济合同规范性有两层含义。其一是经济合同一旦签订就具有法律效力，当事人各方必须严格履行。因此，当事人的活动会受到合同条款的约束，必须按照条约履行自己的义务，不得擅自变更或者解除合同，否则应当承担违约责任。其二是经济合同的写法和格式比较固定，对合同的约首、正文和约尾的编写规范等都有所要求，且一般应采用书面形式。

☞**案例**

　　2013年8月，李某因急需筹集学费，找好友张某借了8000元钱，双方约定借款期限为1年。到了2014年8月，张某要求李某归还借款。张某拿出借据时却发现，还款日期竟然写成了20014年8月，形成了要等18000年之后偿清借款的事实。李某见此，竟然也以还没到还款期限为理由拒绝还款。张某非常无奈，后悔不已，责怪自己过于相信朋友，未在借据签订时认真核实还款日期。

　　"20014年"还款期限合理吗？张某能在双方约定的借款期限1年内拿到全部借款吗？

（五）自愿公平性

　　当事人依法享有自愿订立合同的权利，任何单位和个人不得非法干预。合同当事人通过协商，自愿决定、调整和合理确定相互权利义务关系。因此，当事人自愿明确和调整双方的权利和义务，而且要公平合理，不得欺诈或者违背诚信，合理确定双方的违约责任。

☞**案例**

　　张某是一家公司的软件开发人员，公司非常器重他，委以重任，担任项目组经理。半年来，项目组成员加班加点完成某项软件产品的开发。张某认为该产品产权属于自己，公司不具有产权。因此，他对外宣称自己拥有该产品的产权，北京某公司（甲方）与张某签定了一份软件销售合同，重金购买软件产品。甲方在弄清真相后，拒绝履行合同。

　　甲方如果不履行合同，需要承担法律责任吗？

三、经济合同的种类

1. 按合同写作形式划分

按合同写作形式的不同，可分为条款式合同、表格式合同和表格条款文字混合式合同。

（1）条款式合同。即用文字记叙的方式，将当事人协商一致的内容逐条记载的合同。非常规性的业务活动大都采用这种书面形式签写合同。

（2）表格式合同。将合同必不可少的条款内容设置于一份表格中，双方当事人签订合同时，只需把达成的协议逐项填写在表格空档处。适用于常规性业务活动。

（3）表格条款文字混合式合同。这种合同共性内容用表格固定，合同当事人协商形成的内容用条款形式记载。

2. 按合同性质和内容划分

《中华人民共和国合同法》把常用的合同按业务性质和内容分为 15 类，并对其条款做了具体规定。分类如下：

（1）买卖合同，又称购销合同，指出卖人转移标的物的所有权于买受人，买受人支付价款的合同。

（2）供用电、水、气、热力合同，指供电（水、气、热力）人向用电（水、气、热力）人支付电（水、气、热力）费的合同。

（3）赠与合同，指赠与人将自己的财产无偿给予受赠人，受赠人表示接受赠与的合同。

（4）借款合同，指借款人向贷款人借款，到期返还借款并支付利息的合同。

（5）租赁合同，指出租人将租赁物交付承租人使用、收益，承租人支付租金的合同。

（6）融资租赁合同，指出租人根据承租人对出卖人和租赁物的选择，向出卖人购买租赁物，提供给承租人使用，承租人支付租金的合同。

（7）承揽合同，指承揽人按照定做人的要求完成工作，交付工作成果，定做人给付报酬的合同。

（8）建设工程合同，指承包人进行工程建设，发包人支付价款的合同。建设工程合同包括工程勘察、设计、施工合同。

（9）运输合同，指承运人将旅客或者货物从起运地点运输到约定地点，旅客、托运人或者收货人支付票款或者运输费用的合同。

（10）技术合同，指当事人就技术开发、转让、咨询或者服务订立的确立相互之间权利和义务的合同。

（11）保管合同，指保管人保管寄存人交付的保管物，并返还该物，寄存人按照约定向保管人支付保管费用的合同。

(12) 仓储合同，指保管人储存存货人交付的仓储物，存货人支付仓储费用的合同。

(13) 委托合同，指委托人和受托人约定，由受托人处理委托人事务，委托人按照约定支付。

(14) 行纪合同，指行纪人以自己的名义为委托人从事贸易活动，委托人支付报酬的合同。

(15) 居间合同，指居间人向委托人报告订立合同的机会或者提供订立合同的媒介服务，委托人支付报酬的合同。

3. 按合同签订的时间长短划分

按合同签订的时间长短，可分为长期合同（有效期在一年以上）和短期合同（有效期不足一年）等。

4. 按照合同成立的程序分类

按照合同成立的程序分为承诺合同和实践合同。凡合同当事人协商一致，达成协议，合同即告成立的，称为承诺合同。例如，购销合同、建筑工程承包合同等。凡合同当事人达成协议后，还须交付标的才能成立的合同，称为实践合同，如借款合同、保管合同、运输合同等。

5. 按照合同成立是否需要特定方式分类

按照合同成立是否需要特定方式分为要式合同与非要式合同。法律要求或当事人约定必须具备的特定形式和手续才能成立的合同，称为要式合同。例如，需要经济签证、公证或有关机关核准登记才算成立的合同，属要式合同。例如，房产买卖合同须到相应的房产管理部门办理过户登记的合同才告成立。要式合同未履行特定方式前，合同不算成立，也不发生法律效力。非要式合同是不以特定方式成立的合同，如一般商品买卖合同、货物运输合同等。

四、经济合同的结构和写法

完整的经济合同一般分为标题、约首、正文和约尾四个部分。

（一）标题

标题可有多种形式构成。

第一种是直接用合同的种类作为标题，如《技术合同》。

第二种是由经营范围和合同种类构成，如《商品房买卖合同》《房屋租赁合同》。

第三种是由合同有效期和合同种类构成，如《2014 年运输合同》。

第四种是由签约单位和合同种类过程，如《昆明恒发公司仓储合同》。

（二）约首

经济合同的约首包括当事人的名称（姓名）、地址、合同编号、签订地点几个部分。

1. 当事人的名称（姓名）、地址

在标题之下，开头空两格写，即合同当事人名称或者姓名。准确写出签约单位或个人的全称和地址这些基本信息，并在其后注明当事人约定的固定指代。例如，甲方、乙

方；卖方、买方；供方、需方。后续经济合同中可用相应的固定指代代替全称。

如果当事人是自然人，应以身份证姓名为准；如果是法人和其他组织，应以核准登记的标准名称为准。

2. 合同编号、签订地点

在标题的右下方写明合同编号和签订地点。合同编号按照行业系统或合同性质编号，可按公司和单位的惯例编写，用于计算机管理，有助于存档和查找。签订地点也可置于尾部。

3. 约首采取的两种方式写法

（1）横行写。例如：

供方：昆明阳光家具　　　　　　需方：昆明盛茂有限公司

（2）分行并列。左半部分写立合同人。先写甲方（供方、卖方），再写乙方（需方、买方）；右半部分写合同编号、签订地点、签订时间。例如：

供方：昆明阳光家具　　　　　合同编号：2015C 字（321）号

需方：昆明盛茂有限公司　　　签订地点：昆明盛茂有限公司

　　　　　　　　　　　　　　签订时间：2015 年 1 月 20 日

（三）正文

经济合同的正文包括合同依据和协商内容两个部分。

1. 合同依据

开头部分简要交代签订合同的依据或者目的，通常用简洁文字表述。有的合同甚至没有这部分内容就直接进入合同的具体条款。例如：

（1）依据《中华人民共和国合同法》及有关规定，为明确双方的权利义务关系，经双方协商一致，签订本合同。

（2）根据《中华人民共和国合同法》有关规定，经双方协商一致，签订本合同，以资共同遵守。

（3）为了……，经双方充分协商，特订立本合同，以便共同遵守。

2. 协商内容

经济合同的主体内容为合同条款，即双方约定具体条款。根据《中华人民共和国合同法》规定，一般包括标的，数量，质量，价款或报酬，履行的期限、地点和方式，违约责任，解决争议的方法。

以上条款是各类经济合同应具备的基本条款。此外，根据法律规定或合同性质必须具备的其他条款，以及当事人要求规定的条款，也是经济合同的主要条款，复杂的合同甚至有上百条条款。

1）标的

经济合同的标的是指合同当事人权利和义务所共同指向的对象，可以是货物、货币，也可以是行为，任何合同必须有标的，合同条款中时必须使用科学、标准的名称，不能随意写简称。例如，可以作为合同标的有仿真玩具枪、一篇学术论文、某建筑工程等。不能作为合同标的有海洛因等毒品、枪支、走私手机等走私物品、黄色书籍等。

2）数量和质量

数量是标的的计量方法，包括数和量两个要素，是衡量当事人权利和义务大小的尺度，它是以数字和计量单位来表示的。标的是物，数量主要表现为一定的长度、体积或者重量；标的是行为，数量主要表现为一定的工作量；标的是智力成果，数量主要表现为智力成果的多少与价值。除数字要准确外，还应写清计量单位、计量方法、误差范围等内容。例如，500千克苹果是正确的数量和计量单位的表述，而一打鸡蛋、30捆钢筋、10箱苹果是不正确的数量和计量单位的表述。

质量指双方在合同中约定的标的质量及要达到的标准，是标的内在素质和外观形态的综合反映，如材料、质地、性能、用途、保质期、产品的品种、规格、型号等。例如，空调噪声标准不能为"不刺耳"，而应以"分贝"来衡量。

3）价款或报酬

价款或报酬是取得合同标的一方向另一方支付以货币数量表示的代价。取得对方产品而支付的代价叫价款，获得对方劳务或智力成果的代价叫报酬。

签订合同时要写明商品、服务的单价、总金额，货币种类、结算标准与方式，以及付款程序。

4）履行期限、地点和方式

履行期限指合同的履行期限和合同的有效期限。当事人双方必须严格执行协议的时间，期限时间宜实不宜虚，宜具体不宜笼统，最好确定具体日期，如不能确定实际时间，应用"以前""以内"，而不应用"以后"，也不可用"尽可能在"或"争取在"。

履行合同的地点指合同履行时的具体地点，包括交货、验货或承建工程的具体地点，必须写明交（提）货、付款、验收或服（劳）务等地具体地点。必须规定具体、明确，不能产生歧义。

履行方式指当事人履行合同的具体做法，是送货还是自提；是现金结算还是银行转账结算等。包括时间方式和行为方式两个方面，时间方式指的是一次性履行完毕还是分期履行；行为方式指当事人交付标的物的方式，如标的物的交付、运输、验收、价款结算等的方式。

5）违约责任

违约责任是规定合同当事人一方不履行合同义务或履行合同义务不符合合同约定所应承担的经济责任和法律责任。在签订合同时，双方应约定违约责任。违约责任主要包括两种形式：一是约定一方向另一方给付定金作为债权的担保；二是约定一方违约时根据违约情况向对方支付一定数额的违约金或赔偿金，违约金、赔偿金的具体金额，凡国家法规、规章有规定的，不得低于法定标准，没有规定的则由当事人议定。此外，在合同中应清晰地写明违约金、赔偿金的计算方法。

违约责任考虑周全，需要逐一估计可能发生的事，包括如地震、台风等因素如何处理等。

☞**案例**

前不久，某服装公司张经理与外地某服装厂赵总经理签订了一份金额达 50 万元的购销合同。合同规定：两个月内交货，由服装公司交付 10 万元作为保证合同履行的定金；另外，双方约定货到后 10 日付清全部价款。期间赵总接到了一宗更大的生意，无法按期履行合同，便电告张经理，经多次协商未果，张经理只好要求赵总退还定金，另找合作伙伴。

张经理要求赵总双倍返还定金，不料对方却只退还 10 万元，张经理拿出合同一看，自己错把"定金"写成了"订金"，追悔莫及。

"定金"和"订金"一字之差，双倍返还定金落空。

6）解决争议的方式

合同出现争议，解决的办法有协商、调解、申请仲裁、向人民法院起诉等多种方式，选择其一写于合同条款中。在合同签订时双方当事人应商量清楚采用何种方法，解决争议的方式应当是双方一致同意的。

7）附则性内容

包括合同的有效期、份数、保存方法、未尽事宜等。

合同有效期限指合同生效与失效的时间，即合同具有法律效力的起止日期。合同在有效期限内才有效力，这与合同的履行期限是不同的。

合同的份数和保存方法。通常合同当事人各执一份正本，双方业务主管机关、开户银行、鉴证或公证处留存副本。

8）附件内容

带有附件的合同，应注明附件的名称及份数，附件与正文具有同等的法律效力。例如，建设工程合同的施工图纸、国家批准投资计划书、材料设备一览表等。此外，还有产品说明书、运输线路图和实物样品等要注明附件的名称、数量及保存方式等。

（四）约尾

写明当事人的名称、单位地址、法人代表或委托代理人签章、开户行及账号、联系电话、邮编、签订日期等。有担保、鉴证或公证的合同，还应注明相应的意见、日期并签字盖章。

范例

昆明盛茂有限公司买卖合同

供方：昆明阳光家具　　　　　　　　合同编号：2015C 字（321）号

需方：昆明盛茂有限公司　　　　　　签订地点：昆明阳光家具

　　　　　　　　　　　　　　　　　签订时间：2015 年 1 月 20 日

根据我国合同法有关规定，供需双方经友好协商，共同制定以下条款，以资共同遵守。

一、产品名称、品种规格、数量、金额、交货时间

产品名称	型号	单位	数量	单价（元）	金额（元）	交货时间
办公桌	A35	张	30	500	15 000	2015 年 3 月 27 日
椅子	B28	把	30	80	2400	2015 年 3 月 27 日

合计人民币金额（大写）：壹万柒仟肆佰元整

二、质量要求、技术标准：国家标准/行业标准。供方对质量负责的条件和期限：供方保证质量，实行"三包"。

三、交货办法、交货地点：供方免费直送至需方指定仓库。

四、运输方式和费用负担：货车运送，费用由供方负担，途中损失由供方承担。

五、包装标准、包装物的供应与回收和费用负担：供方负担。

六、给付定金的数额、时间：无

七、结算方式及期限：需方收货并验收合格后 30 日内通过银行转账付清 17 400 元整人民币。

八、如需提供担保，另立合同担保书，作为本合同附件。

九、违约责任：如供方不能按时交货，每拖延一天，由供方按货款总金额的 1‰ 赔偿需方的损失。需方必须按双方协商日期交付货款，若违约，每迟交付 10 天，由需方按货款总金额的 1‰ 赔偿供方。

十、解决合同纠纷的方式：一旦双方发生纠纷，自行协商不成时，到仲裁机构仲裁。

十一、本合同一式两份，供、需双方各执一份。

甲　方	乙　方
单位名称（章）	单位名称（章）
单位地址：	单位地址：
法定代表人：	法定代表人：
委托代理人：	委托代理人：
开户银行：	开户银行：
账号：	账号：
电话：	电话：
邮政编码：	邮政编码：

五、经济合同的写作要求

（一）订立合同采取要约、承诺方式

合同是一种具有法律约束力的文书，当事人订立合同采取要约、承诺方式。要约，是指当事人一方以按一定条件订立合同为目的，向对方提出确定的意思表示，也就是希望和对方订立合同的一种意思表示，即订约提议。承诺，是指受要约人明确同意要约的意思表示，即接受提议。承诺也是一种意思表示，承诺人对要约表示同意后，合同即为成立，承

诺人就负有履行合同的义务。承诺一经作出，就不能随意更改，必须严格遵守。

（二）熟悉与经济合同有关的专业和法律知识

经济合同直接牵涉当事人的经济利益和法律责任，写作时要熟悉国家政策与市场行情，而且还要熟悉与经济合同有关的专业知识和法律知识。

（三）经济合同的条款必须完备、明确

在签订合同前应考虑详细，如标的、数量、质量、价款、付款方式、违约责任等一定要明确详细，写作时避免遗漏、残缺和含糊不清，尤其应注意基本条款的制定。因此，务必做到标的明确，质量和数量清楚，价款和报酬确切，履行期限、地点和付款方式明晰，违约责任考虑周全。

（四）语言准确严谨

经济合同的行文应做到简洁、准确。在制作合同时不用议论和修饰，合同的每一个字、词都应仔细推敲，不能马虎随意，以免造成不必要的损失。为此，不要使用"大概""左右""可能""中旬"等模糊词语来表示时间和数量，也不要使用方言土语，以免因理解上的差异而留下隐患。有时在经济合同中错用或误用一个标点，就可能带来损失，因此校对合同时应仔细斟酌，确认无误后再签订。

（五）不要随意涂改经济合同，字迹要清晰，书写要慎重规范

现代合同一般采用电子文档或者打印文档，不要随意在打印后的文档上修改。如确实需要修改，须经得双方同意，并在修改处加盖合同当事人印章。在书写各类产品名称和服务名称时应使用规范标准的全称，不可随意简写。涉及价款或报酬时，应注意使用汉字大写，以防随意改动。

 纠错训练

分析下面三份合同书，说明其中的问题并修改。

（1）　　　　　　　　　　　交换办公用房合同

甲方：昆明工业总公司

乙方：曲靖药品有限公司

甲乙双方为了便于在昆曲两地联系业务，需交换办公用房作为各自的办事处。现本着友好合作的精神制定如下协议：

一、甲方在昆明市曙光路168号大楼中为乙方提供一单元住宅（三房一厅，实用面积不得小于80平方米）作为乙方驻昆的办事处用房。

二、乙方在曲靖市为甲方提供同样的一单元住宅，规格同上，作为甲方驻曲办事处用房。

三、双方分别负责为对方上述办事处供水、供电及安装电话，以确保日常业务活动的正常开展。

四、本合同有效期为五年，是否延期届时根据需要商定。

五、本合同自双方同时履行之日起生效。

六、未尽事宜，由双方另行商定。

甲方代表签字　　　　　　　　　　　　　　　　乙方代表签字

甲方公章　　　　　　　　　　　　　　　　　　乙方公章

年　月　日　　　　　　　　　　　　　　　　　年　月　日

（2）

工程合同

上海××服装厂（甲方）与××省××市建筑公司（乙方）经商定协议如下：

（1）建筑内容　甲方原有厂房 1000 平方米，先扩建 2200 平方米，其中拆除 600 平方米。新厂房要求四层钢骨结构。

（2）工程进度　2013 年 3 月 1 日开工，年底完成。

（3）工程费用　全部建筑工程费用 400 万。所有建筑材料均有乙方负责采办。订立合同后甲方先付给乙方工程费用 200 万，余款在该厂房验收后全部付清。

（4）施工期间的人身安全由双方负责。

（5）合同一式四份，双方各两份。

甲方（单位盖章）　　　　　　　　　　　　　　　　乙方（单位盖章）

代表人（签章）　　　　　　　　　　　　　　　　　代表人（签章）

（3）

合　　同

津东化工厂第四车间（甲方）

立合同人

津东第二建筑公司生产科（乙方）

立合同人

为建筑津东化工厂第四车间西厂房，经双方协商，订立本合同。

一、化工厂委托承建方建设西厂房一座，由津东第二建筑公司生产科全面负责建造。

二、全部建造费（包括材料、人工）1 270 000 元。

三、甲方在订立合同后先交一部分建造费，其余在西厂房建成后抓紧结清所欠部分。

四、工期待乙方筹备就绪后立即开始，力争 3 月中旬开工，争取 11 月左右交活。

五、建筑材料由乙方全面负责筹备。

六、乙方建造的厂房不能按时完成，由乙方按全部建造费的千分之一赔偿甲方的损失。甲方必须按双方协商日期交付建造费，若违约，由甲方按全部建造费的千分之一赔偿乙方。

七、本合同一式二份，双方各执一份。

津东化工厂第四车间（公章）
主任×××（私章）
津东第二建筑公司生产科（公章）
科长×××（私章）
2014 年 2 月 15 日

 课堂实训二十二

一、根据材料，拟写一份合同。

假设你是中华职业学院 3 号商铺阳光花店的老板，要与位于斗南花市的大全花草批发商店老板经商议达成以下意向：

（1）大全花草批发商店每天为阳光花店提供 50 支白玫瑰、50 支红玫瑰、40 支香水百合、20 支康乃馨。

（2）大全花草批发商店每天在早晨 6 点前包装并备好货，由大全花草批发商店送货上门，包装费和运费由大全花草批发商店承担。阳光花店于每月 10 日结算一次，以银行转账方式支付上月价款。

（3）各类鲜花的价格按市场批发价收取，可随季节的变换有所浮动，但是不能高于当天花市的平均批发价格。

（4）如因突发的自然灾害不能如数交货，大全花草批发商店需提前一天告知阳光花店。

（5）在正常情况下，如果大全花草批发商店交货不及时或是交货不足，每延迟一天，应处以不足部分价款 30% 的违约金，并对由于交货不及时和不足造成阳光花店的损失进行赔偿。如果阳光花店拒付款不及时，每延迟一天，应处以拒收部分价款 30% 的违约金。合同从签订之日起生效，期限为一年。合同一式两份，双方各执一份。

要求：合乎经济合同写作规范。合同应包括以下内容：①产品名称、品种规格、数量；②交货日期和时间要求；③质量要求；④验收方法；⑤交货方式、包装运输方式和费用负担；⑥结算方式和期限；⑦违约责任；⑧其他约定事项。

提示：鲜花质量等级为一级、二级、三级、四级，按照要求大全花草批发商店每天供应的鲜花为一级。

二、根据以下材料，拟写一份来料加工合同。

新洲铝合金厂（简称甲方）的代表雷××于 2014 年 3 月 10 日与香港富达公司（简称乙方）的代表陆××，经双方协商，达成以下意向。

乙方不作价来料按样委托加工电热器 40 万只，单价每只 4.5 元（人民币）。铝合金窗框 30 万付，单价每付 7 元（人民币）；铝锅 60 万只，单价每只 2.9 元（人民币）。乙方每月提供原料×吨，厂房及设备由甲方负责。加工式样确认后投产。原料及包装物料由乙方运至甲方工厂，运输费和装卸费由乙方负责。产品由甲方运至乙方公司，运输和装卸费由甲方负责，损耗率为 2%。用普通纸箱包装，包装费由乙方负责。甲方加工的产品于 2014 年 6 月 10 日前交完给乙方验收。每月交电热器不少于33 000只，铝合金窗框不少于 25 000 付，铝锅不少于 50 000 只，交货须经双方在出货单上签字生效。由乙方负责投保。加工费以支票付款，凭双方签字之出货单结算加工费，每月结算一次。如乙方逾期付款，应按当地银行利率计算利息，由甲方加入下一期加工费内向乙方结算。乙方开户银行是香港××银行，账号是 83197235；甲方开户银行是新洲市××银行，账号是 73494585。若乙方未按量提供原料，则乙方应负甲方损失的责任，按来料不足赔偿加工费；若甲方未按时、按质、按量交付产品，则甲方应付乙方损失的责任，按未能依时交付产品价值××%赔偿。合同期一年。本合同一式五份，正本两份，甲乙双方各执一份，副本三份，送鉴证机关及双方开户银行。

要求：合乎经济合同写作规范。合同应包括以下内容：①产品名称、品种规格、数量；②交货日期和时间要求；③质量要求；④验收方法；⑤交货方式、包装运输方式和费用负担；⑥结算方式和期限；⑦违约责任；⑧其他约定事项。

 课后实训二十二

昆明市高新开发区育才路 82 号居民张三海有出租房屋两间，2014 年 7 月 28 日昆明市冶金研究所职工李四明前来商谈承租。第二天签订合同，议定租金为每月每间 350 元人民币，共租两间，租金半年预缴；房屋原有设施（煤气灶一套、电视机一台、三座长条沙发一套），承租人（租客）其他生活用品和日常用品及房屋的维修护理费用由承租人自负；合同期满，承租人添置的用品自行处理，租房期间房屋的维修护理费出租人（房东）不予承担；合同有效期为 2 年。

请你根据以上这些内容，起草一份房屋租赁合同。

任务二　市场调查报告

迈开你的两脚，到你的工作范围的各部分各地方去走走，学个孔夫子的"每事问"，任凭什么才力小也能解决问题，因为你未出门时脑子是空的，归来时脑子已经不是空的了，已经载来了解决问题的各种必要材料，问题就是这样子解决了。

——毛泽东

 **案 例 导 入**

大学宅生活"宅"出多少商机　宅男宅女催生外卖江湖

牛顿坐在苹果树下思考，"宅人"窝在互联网上"春困"。近年来，随着互联网、手机移动终端的迅速发展，催生大学校园宅生活。除了上课，很多大学生每天大多数时间都"宅"在宿舍里，至于"吃"的问题，他们就交给了外卖。商家为抢商机铆足了劲，有的在店名上下功夫、有的打起亲情牌。大学生"宅"生活究竟带来多大商机？昨日，记者走进西南大学进行走访和调查。

宅男宅女催生外卖江湖

杨飞，西南大学体育学院研三的学生，本科开始就一直在这所高校。"男生打游戏，女生看电影，宿舍楼道里经常看不到人影，推开每扇门都会看到同一景象，同学们都面朝电脑，戴着耳机，或喜或悲，或面无表情，"杨飞说。现在，无数大学生不再热衷于精彩或刺激的娱乐活动，而是天天窝在宿舍，守着电脑、漫画，或是发呆。"我2007年进校的时候，就看到校园内有外卖，但那时候还是零零星星的，光顾者很少，"杨飞称。而现在，大学校园内随处可见送外卖的人。

在此前，由教育部教育管理信息中心与北京大学教育学院联合开展的一份调查显示：在被调查的4300余名大学生中，66.3％在学校平均每天的上网时间超过3个小时，其中一半以上时间是用来从事与学习无直接联系的活动，如聊天、看电影、玩游戏等。"而大学生的上网地点主要是宿舍。"在杨飞看来，除网络信息化的快速发展，外卖的增加和发展也让学生变得越来越宅了。相反，宅男宅女的增加，也催生了外卖江湖。

最多一天送300余份外卖

西南大学橘园13舍，这里住的大多是即将毕业的研三学生。昨天上午11点，22岁的小莫骑着助力车开始送外卖。小莫是西南大学大三的学生，她利用课余时间为一家外卖超市送外卖。在学校，像小莫这样利用课余时间送外卖的学生还有很多。小莫告诉记者，平均每天她要送100多份外卖，均价10元上下。"前不久的一个雨天，加上是周末，仅当天中午我就送了170多份，晚上又送了140多份。"

"中国好外卖"成宣传方式

"有时上午没课或是放学较早，回到寝室就不想出门了，于是就叫上一份外卖宅在宿舍里。"至于宅的原因，西南大学研二学生匡坤涛这样说道。

西南大学在校师生有6万余人，校园周边究竟有多少家外卖？没人统计过。"至少有40家，我在寝室收到过的传单至少都有20份。"该校新闻传媒学院的大二学生唐诗称。

有市场，就会有竞争。对于这些外卖商家来说，要想在激烈的竞争市场中脱颖而出，不仅要物美价廉，并且还要在店名、宣传等方面下足功夫。西南大学研三学生唐菲，收集了10多张外卖宣传单，而他只记得昨天收到的"中国好外卖"，一句"我们有备而来，各位美食导师们，请为我转身吧！"一下就让他记住了。记者看到，这张A5大小的宣传单上，正面印着该店特色，反面则写着菜谱。

昨日，记者采访中获悉，一家外卖店，日均营业额4000元以上。

亲情牌增值服务一个不少

22岁的西南大学经济管理学院大四学生张建贵，于今年初花了30多万元，在校内杏园小吃街开了一家280平方米的快餐超市。有5个固定员工、7个兼职，加上房租和水电费用，每月支出4万多元，几乎所有的营业额都要靠外卖来支撑。

在从事外卖之前，张建贵对这个市场进行了调查。"在我刚进校时，校内外卖寥寥无几，也很少有光顾者，这一两年随着宅男宅女的增多，外卖也开始走俏起来，而原有的炒饭和套饭，已不能满足这个市场，于是我开始在多元化上求发展，先是面食，随之是汉堡、薯条，再发展为现在的冒菜，甚至是大盘鸡。"

采访中，记者还了解到，以前外卖店几乎都是用的普通大米，而现在几乎都清一色的用珍珠米。此外，外卖商家都会要求送外卖的人员面带微笑，打好亲情这张牌。

而一些新进入的商家，为站住脚跟，不仅可以免费配汤，还免费加急二次送饭；吃了第一口不满意，还可免费退货。

（来源：摘自《重庆商报》，2013年10月29日）

 知识聚焦

一、市场调查报告的特点和作用

调查报告是一种广泛使用的应用文体，通过对一定范围内的典型问题、事件等调查研究，对调查所获得的资料整理、归纳、分析后撰写的书面报告。而市场调查报告是调查报告中的一种，以市场为对象，并且调查人员以书面形式，反映市场调查内容及工作过程，并提供调查的结论和建议的报告。它是经济调查报告的一个重要种类，它是以科学的方法对市场环境、需求、商品情况、商品流通销售方式及售后服务、竞争对手等进行深入细致地调查研究后所撰写的书面报告。其作用在于帮助企业了解掌握市场的现状和趋势，增强企业在市场经济大潮中的应变能力和竞争能力，从而有效地促进经营管理水平的提高。

市场调查的内容非常广泛，不同的市场调查所解决的问题不同。按市场调查报告所涉及内容含量的多少，可以分为综合性市场调查报告和专题性市场调查报告。按市场调查报告调查对象的不同，可以分为关于市场供求情况的市场调查报告、关于产品情况的市场调查报告、关于消费者情况的市场调查报告、关于销售情况的市场调查报告，以及有关市场竞争情况的市场调查报告等。

（一）市场调查报告的特点

1. 客观性

市场调查报告是在占有大量事实和历史资料的基础上，在比较、分析之后得出的结论。因此，只有尊重客观规律，符合事实情况，充分掌握素材，才能写出一份有指导意义的市场调查报告。

2. 针对性

任何一份市场调查报告，都有一个明确的目的，或是对某一产品的市场调查，或是对某一行业的动态分析，或是对某一问题的集中研究。只有对现实存在的某一情况进行集中而深入的研究，才能得出一份能够解决经济活动中带有一定普遍性问题的市场调查报告。

3. 时效性

市场经济是讲求时效的经济，市场的变化太多太快，作为反映市场变化的调查报告自然不是放之四海而皆准的"真理"，一份报告只能反映一时一地的情况。

4. 预见性

市场调查报告不是对调查所得素材的堆砌，而且应该在材料的基础上，分析、归纳，得出一个具有规律性的结论，并根据这一结论对未来的市场定向作出一定的"预言"，才能用以指导生产经营。

（二）市场调查报告的作用

1. 提供企业决策的依据

对企业而言，市场调查报告可以帮助生产部门了解市场需求，使之能够及时调整生产经营，从而在未来的竞争中立于不败之地。

2. 获取经济预测信息

在市场经济的条件下，谁掌握了市场信息，谁就能根据这些信息的变化进行可靠的经济预测。

3. 推动企业改善经营管理

对经济管理部门而言，市场调查报告可以帮助其更好地了解经济活动的情况，更好地认识市场的需要，从而实事求是地根据市场情况，有的放矢地制订经济发展计划和进行宏观调控，推动企业改善经营管理。

二、市场调查的方法和步骤

（一）市场调查的方法

市场调查的方法很多，按其选择的对象划分可分为市场普查、抽样调查、典型调查和重点调查；按其调查所采取的具体形式划分又可分为问卷法、询问法、观察法、实验法、资料法，以及头脑风暴法、德尔菲调查法。这些调查方法可以单独使用，也可以结合使用。

使用什么样的调查方法，主要取决于调查的内容。这里就市场调查中经常使用的调查方法进行介绍。

1. 访谈调查法

访谈调查法是指调查者通过与调查对象面对面的谈话来了解情况、搜集资料的研究方法。

（1）按调查对象数量可分为：个别访谈、集体访谈。

（2）按人员接触的情况分可分为：面对面访谈、电话访谈、网上访谈。

（3）按调查次数可分为：一次性访谈和重复性访谈。

采用此方法调查时，要拟定调查提纲和访谈调查表，选择好访谈对象，与访谈对象进行预约。面谈时，要衣着整齐、清洁、举止大方、有礼貌，可以从对方熟悉的事情，关心的社会问题谈起，营造融洽的访谈气氛。

2. 观察调查法

成功使用观察法，并使之成为市场调查中数据收集的工具，则必须需要如下条件：首先，所需要的信息必须是能观察到并能够从观察的行为中推断出来的；其次，所观察的行为必须是重复的、频繁的，或者是可预测的；最后，被调查的行为是短期的，并可获得结果的。

（1）从观察所设定的环境分为自然观察和策划观察。

自然观察法是指调查员在一个真实生活情境下（包括超市、展示地点、服务中心等）观察被调查对象的行为和举止。策划观察法是指调查机构事先设计模拟一种场景，调查员在一个已经设计好的并接近自然的环境中观察被调查对象的行为和举止。所设置的场景越接近自然，被观察者的行为就越接近真实。

（2）从观察所采取的方式分为伪装观察和非伪装观察。

伪装观察法，也叫掩饰观察法，是指在不为被观察人、物或者事件所知的情况下监视他们的行为过程的方式。非伪装观察法是指当被观察者知道自己被观察时所开展的观察。

（3）按观察所扮演的角色分为人工观察和机械观察。

人工观察是指完全用人来进行观察。机械观察指用机器观察取代人员观察，在一些特定的环境中，机器可能比人员更便宜、更精确和更容易完成工作。

（4）按观察时间周期分为连续观察和非连续观察。

连续观察在比较长的一段时间内，对被观察对象连续做多次、反复的观察调查。适用于动态性事件的观察，可以定期进行，也可以不定期进行。非连续性观察只是在较短时间内一次性进行观察调查，一般只适用于过程性、非动态性的观察。

3. 实验调查法

实验调查法也称试验调查法，就是实验者按照一定实验假设、通过改变某些实验环境的时间活动来认识实验对象的本质及其发展规律的调查。

试销会、看样订货会、展销会、国际博览会、顾客意见征询都属于实验法。如在改变设计、包装、品质、价格、广告、陈列方式等因素时，都可以先做小规模的实验，调查用户的反映，预测产品的销售量，然后研究是否投放市场或大规模投产。

这种方法比较科学、准确，但一些可变动的调查因素难以掌握，实验成本高，也有一定风险。采用实验调查法，关键是做好实验调查的设计，选好实验单位、实验时间，并严格把握实验条件，才能保证实验效果的可靠性。

4. 问卷调查法

问卷，也称书面调查法，或称填表法。问卷调查是以书面问答的形式了解调查对象的反映和看法，并以此获得资料和信息的一种调查方式。问卷是一种通俗易懂、实施方便的表达方式，适用于各种范围的社会经济调查。采用问卷方式有助于对资料进行统计处理和定量分析，可以节省调查时间，提高效率。

（1）问卷的格式。一份完整的调查问卷，通常包括标题、问卷说明、被调查者基本情况、调查内容、编号码、调查者情况等。

（2）问卷的设计。问卷由若干个问题构成，问题是问卷的核心。在进行问卷设计时，必须对问题、类别和提问方法仔细考虑，否则会使整个问卷产生很大的偏差，导致市场调查的失败。因此，在设计时，应对问题有很清楚的了解，并善于根据调查目的和具体情况选择适当的询问方式。

（3）问题的种类。背景性问题，主要是被调查者个人的基本情况；客观性问题，是指已经发生和正在发生的各种事实和行为；主观性问题，是指人们的思想、感情、态度、愿望等一切主观世界状况方面的问题；检验性问题，为检验回答是否真实、准确而设计的问题。

范例

大学生消费情况调查问卷

亲爱的同学：

首先感谢您填写我的调查问卷，此次调查不会公开而仅仅是为了了解当今大学生的消费情况，希望您能认真填写，谢谢您的合作！

填表说明：

（1）请在每一个问题的选项前的"□"上划钩。

（2）填写问卷时，请不要与他人商量。

（3）每个问题只能选择一个答案。

1. 您的性别　　□男　　　　□女
2. 您的年级　　□大一　　□大二　　□大三　　□大四
3. 您的专业　　□理工类　□管理类　□文学类　□艺术类　□其他类
4. 您平均每月生活费大约是多少
　　　　　　　　□A. 800元以下　　　□ B. 800～1200元

　　　　　□ C. 1200～1800 元　　□ D. 1800 元以上

5. 您的生活费主要来源
　　　　　□ A. 父母给予　　　　□ B. 勤工助学
　　　　　□ C. 奖学金　　　　　□ D. 打工赚取

6. 您每月话费大约是多少
　　　　　□ A. 50 元以下　　　　□ B. 50～100 元
　　　　　□ C. 100 元以上

7. 您每月的网费大约是多少
　　　　　□ A. 20 元以下　　　　□ B. 20～40 元
　　　　　□ C. 40 元以上

8. 您平均每月的恋爱费用大约是多少
　　　　　□ A. 0 元　　　　　　　□ B. 100 元以下
　　　　　□ C. 100～300 元　　　□ D. 300 元以上

9. 您每月在服饰上的消费大约是多少
　　　　　□ A. 100 元以下　　　　□ B. 100～200 元
　　　　　□ C. 200～400 元　　　□ D. 400 元以上

10. 您的花钱方式是哪种
　　　　　□ A. 想花就花　　　　　□ B. 能省则省
　　　　　□ C. 计划好了再花　　　□ D. 一边算一边花

11. 您购买东西时首先考虑因素是什么
　　　　　□ A. 价格　　　　　　　□ B. 品牌
　　　　　□ C. 质量　　　　　　　□ D. 效用

12. 您每月在娱乐旅游的消费大约是多少
　　　　　□ A. 50 元以下　　　　□ B. 50～100 元
　　　　　□ C. 100～300 元　　　□ D. 300 元以上

13. 您每月在学习（如买书）上的消费大约是多少
　　　　　□ A. 20 元以下　　　　□ B. 20～50 元
　　　　　□ C. 50～100 元　　　　□ D. 100 元以上

14. 您对每月的生活费有没有计划过怎么使用
　　　　　□ A. 有　　　　　　　　□ B. 没有
　　　　　□ C. 偶尔有

15. 您认为自己的消费是否合理
　　　　　□ A. 合理　　　　　　　□ B. 不合理

16. 您认为影响自己消费的原因是什么
　　　　　□ A. 家庭教育　　　　　□ B. 同学的影响
　　　　　□ C. 其他_____

最后，再次感谢您的合作。

（二）市场调查的步骤

1. 调查对象背景情况认识

首先要求调查人员认真地确定和研究调查对象的背景、发展经过、现实状况、主要成绩、突出问题等内容。

2. 调查问题明确

对一个问题作出恰当定义等于解决了一半。在任何一个问题上都存在着许许多多可以调查的事情，如果对该问题不作出清晰的定义，那收集信息的成本将会非常大，甚至不知道从哪些地方下手。

3. 调查方案设计

调查的总体方案设计是对调查工作各个方面和全部过程的通盘考虑，包括整个调查工作过程的全部内容。调查总体方案是否科学、可行，是整个调查成败的关键。

市场调查方案包括以下内容。

1) 调查目的

根据市场调查目标，在调查方案中列出调查目的。例如：

了解当前用人单位对我校财务管理专业大学毕业生的要求，对于我校人才培养、综合素质提升和在校大学生学习和生活规划都具有非常重要的参考和指导意义。本调查基于对多家用人单位的实地调查和深度访谈，分析了当前用人单位对我校财务管理专业毕业生的要求和期望。

2) 选择调查对象、调查内容和调查范围

市场调查的对象一般为消费者、零售商和批发商。根据市场调查的目的确定调查内容和调查范围，它是收集资料的依据。确定调查内容要全面、具体，避免面面俱到，内容过多。例如：

本次调查的对象主要是招聘财务管理专业毕业生的用人单位。调查内容主要包括用人单位对财务管理专业毕业生有哪些能力、素质要求，用人单位对于财务管理专业大学教育有哪些意见和建议。

3) 设计调查表

调查表是市场调查的基本工具，调查表的设计质量直接影响到市场调查的质量。

4) 科学抽取调查样本

调查样本要在调查对象中抽取。由于调查对象分布范围较广，应制定一个抽样方案，以保证抽取的样本能反映总体情况。

4. 调查信息收集

在调查过程中对原始信息的收集、统计和运用往往关系到整个市场调研的准确性和真实性。

5. 信息处理分析

调研工作中对原始信息的统计和运用进行分析与整理、概述原始信息收集工作的要求和方法，是每个调研工作者必须重视和学习的一项基本功。

6. 报告形成、提交

市场调查的最后一步是撰写一份书面报告。

三、市场调查报告的结构和写法

（一）标题

市场调查报告的标题有多种写法，没有固定的格式，应该根据报告的内容而定，无论采取哪种形式，标题都必须简洁、准确、醒目，概括出全文的基本内容。

1. 公文式标题

以调查对象或调查事件加文种名两个要素构成。例如，《关于大学生手机消费情况的调查报告》《关于大学生网购的市场调查报告》。有时也可以在标题中注明调查的范围，如《呈贡大学城大学生手机市场调查报告》。

2. 文章式标题

可分为陈述式和提问式两种。陈述式标题，如《"迷你冰箱"受冷落》《全市大学生潜在购买力动向》《北方市场将现井喷》。提问式标题，如《消费者愿意到网上购物吗？》《谁来为虚假广告埋单？》。

3. 双行标题

采用正副两行标题构成，正标题往往点明调查的主旨，以提问式或结论式表达，而副标题则是调查对象加文种名的结构，以陈述式表达，这类标题更为引人注目，富有吸引力。比如，《"皇帝的女儿"不愁嫁——关于××职业学院毕业生去向的调查》《竞争在今天，希望在明天——2015届财务管理专业毕业生就业市场调查报告》《喝普洱茶你放心吗？——对原产地普洱茶生长环境污染状况的调查报告》。

（二）正文

市场调查报告的正文可以分为前言、主体和结尾三个部分，在报告中各有不同的功能和要求。

1. 前言部分

主要用于简单概述调查报告撰写的依据。这一部分通常写明调查的缘由、目的、范围、时间、地点、对象，以及调查所采用的方法、方式等。为了迅速、明确地了解调查报告的全貌，前言部分应该简明扼要、一目了然。

2. 主体部分

主体部分是调查报告最核心的部分，客观阐述调查所得到的材料和数据，用材料和数据来说明有关问题，并且对某些问题、现象进行深入的分析。一般包括三个部分。

（1）情况介绍。即调查对象过去和现在的客观情况，如发展历史、市场布局、销售情况等。这些内容材料丰富、信息量大，既有典型事例又有统计数据，该部分可按时间顺序进行表述，也可按问题性质归纳成几类，采用小标题形式进行表述。有关事实和相关的统计数据，可以用叙述和说明直接表达，也可以使用图表等更直观的形式，作为一份调查报告的事实依据，这一部分内容应该尽可能翔实，并保证其正确性，为下一步做分析、下结论提供依据。

（2）结论和预测。通过对调查所得事实和数据的理性、科学的分析，找出原因和各方面因素的影响，从分析中得出针对调查目的的结论，或者预测市场未来的变化和趋势。为了条理清楚，逻辑分明，这一部分常常需要分成若干项来逐条论述。

（3）建议和对策。通过对调查资料的分析研究，对市场情况有了明晰的认识。针对市场供求矛盾和调查发现的问题，提出建议和看法。

3. 结尾部分

调查报告的结尾没有特定的格式，可以概括全文的观点，重申结论或展望前景。如无必要，这一部分也可以省略。

大型的调查报告会在附录中列入相关资料。这些资料有的是读者需要了解的，有的是可以用来补充说明调查报告内容的材料。一般为调查问卷、抽样说明、资料来源、原始数据调查单位名录、访谈原始记录等。

范例

大学校园快递市场调查报告

——以武汉纺织大学外经贸学院为例

《大学校园快递市场调查报告》主要是依据武汉纺织大学外经贸学院校园存在"四通一达"及其他的快递代理点实际运营情况，采取的是"一对一、一对多、多对多、多对一"等形式来开展的问卷调查。大学校园快递代理点是快递公司与高校的完美对接，它既是快递公司向高校延伸业务以扩大新的利润增长点的需要，也是满足高校师生对快递生活的需求，同时也是高校相关专业广大师生进行创新性实践的需要，快递点绩效好坏取决于快递服务，"顾客满意度"与"顾客忠诚度"直接或间接地影响着快递服务行业的发展。

一、大学校园快递市场调研报告设计的要素

（一）调查目的：调查学生对校园快递的使用情况，熟悉快递业务流程，为以后就业与创业奠定基础。

（二）调查方法和形式：本次调查在数据采集方面，以问卷调查法为主，以访谈调查法为辅，并通过简单随机抽样的方法对调查对象进行调查）采取的是"一对一、一对多、多对多、多对一"等形式进行，然后小组统计汇总，集中讨论形成结论。

（三）调查对象：在校学生和教师

（四）问卷设计问题与内容：在调查问卷的设计问题上，事实性问题、行为性问题、动机性问题，以及态度性问题在我们的问卷问题的设计中都有涉及，内容齐全。

（五）抽样方法：采取的是简单随机抽样，一是询问被调查人使用人数后，再将使用人数进行编号；二是在进行过编号的同学中随机抽取出 60 个样本。

（六）调查地点：教室、寝室、图书馆、操场和食堂，覆盖整个校园的每个角落。

（七）调查项目：概括两方面，一是师生使用校园快递的情况；二是校园快递的发展状况等。

（八）分析方法：使用圆饼图对各项数据进行统计分析。

二、大学校园快递市场调查问卷分析

本团队采用简单随机抽样法对全校师生进行了调查，共计发放问卷 360 份，收回问卷 360 份。其中有效问卷为 360 份，无效为 0 份。我们对收回问卷进行认真的汇总统计，分析如下。

（一）使用快递的原因

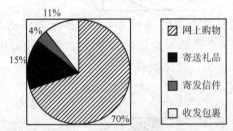

从上图可以看出，选择网上购物的占 70%，寄送礼品的占 15%，寄发主要信件的占 4%，收发包裹的占 11%。大部分使用快递的原因都是因为网上购物。由于现在网络发达，通过网络寄发信件和寄送礼品等造成了相当大的一部分人员缺失。

（二）最常用的校园快递

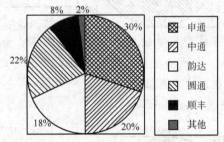

从上图可以看出，选择申通的占 30%，选择圆通的占 22%，选择中通的占 20%，选择韵达的占 18%，顺丰的占 8%，其他占 2%，在这几个校园快递公司中，同学多数选择申通快递。

（三）使用快递的频率

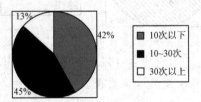

从上图可以看出，选择频率在 10 次以下的占 42%，频率在 10～30 次的占 45%，频率在 30 次以上的占 13%。一个学期使用校园快递的人数还是比较高的，但还有待进一步提高。

（四）校园快递的效率

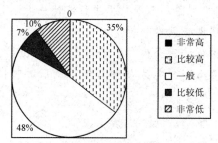

从上图可以看出，选择效率非常高的为 0，选择比较高的占 35％，选择一般的占 48％，选择比较低的占 7％，选择非常低的占 10％。很多校园快递公司讲的都是效率第一，但从数据分析中可以看出，效率缓慢。

（五）校园快递代件收费标准

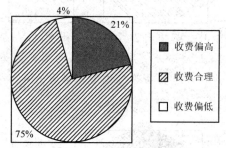

从上图可以看出，选择收费标准偏低的占 4％，选择收费标准合理的占 75％，选择收费标准偏高的占 21％。校园快递的收费标准还是很合理的，让大多数同学都能够接受，可以在节假日作出相应的优惠活动。

（六）喜欢接收校园快递的方式

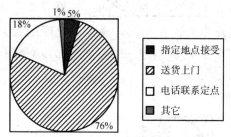

从上图可以看出，选择到指定地点接收的占 5％，选择送货上门的占 76％，选择电话联系定地点的占 18％，选择其他的占 1％。很多同学都为了方便，想不出门就可以接收快递，其实快递代理点可以适当地调整顾客接收快递的地点，以方便顾客为主，进行安排。

（七）快递服务态度的满意度

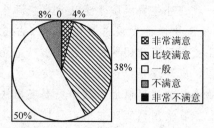

从上图可以看出，选择服务态度非常满意的占 4%，选择比较满意的占 38%，选择一般的占 50%，选择不满意的占 8%，选择非常不满意的为 0。快递公司的服务宗旨主要都是为顾客服务，可是有很多为顾客考虑的细节问题都没有实施，或者都没有服务周到；具备服务理念并且真正把理念运用到实践中来的少之又少。

（八）制约快递发展的因素

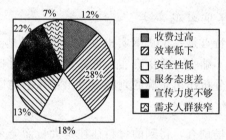

从上图可以看出，选择收费过高的占 12%，选择效率低下的占 28%，选择安全性低的占 18%，选择服务态度差的占 13%，选择宣传力度不够的占 22%，选择需求人群不够的占 7%。那么在这个问题中，效率低下还是头等问题，在一个快递公司中，效率的高低直接影响顾客的信任度。宣传力度不强，也可能影响一个快递公司的顾客量及收益状况。

（九）校园快递的发展前景

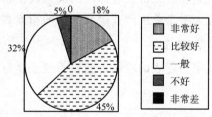

从上图中可以看出，选择非常好的占 18%，选择比较好的占 45%，选择一般的占 32%，选择不好的占 5%，选择非常不好的为 0。校园快递的发展前景还是非常好的。

当然，在对大学校园快递市场调研时，还存在一些不足之处，这体现在以下几方面。

第一，由于调查对象极为广泛，没有作深入细分。比如，对学生的年级、生源地、专业细分、学生消费开支、教师的不同层次、教师的年龄、教师收入、对外交往交流的偏好等没有进行严格区分，导致目标消费者对快递消费真实情况还有一定的差距。

第二，调查对象人数过少，只占生源总量的 5%，教师只占 3%，这些不足以代表整个外经贸学院全体师生，而且使用的简单随机抽样，而无法使用等距随机抽样。

由于以上两个限制条件，导致调研成果具有一定的局限性。

三、结论和建议

通过上述的调查报告，我们外经贸学院学生认为我院师生使用或消费快递产品情况良好，满意度达到 92%，校园快递的发展前景比较好（占 63%）。但当中还是存在很多的问题。为此，我们大学生创新实践团队成员特提出以下几点建议：①在校内，校园快递对同学的宣传力度不强，应该增强校园快递的宣传力度；②在效率方面，有很多同学都认为应该提高效率，物流是靠速度制胜，快递更要突出快；③在服务态度方面，校园快递应该把服务的理念和宗旨运用到实践中来，延伸服务，落实每个细节；④服务师生方面，还要强化合作，利用背靠校园优势和师生熟悉环境特点，开展有偿实习、见习，培养锻炼学生就业创业能力。

（来源：范学谦，严小刚，饶念.2013.武汉商业服务学院学报，27（1）：24-26）

四、市场调查报告的写作要求

（一）实事求是，尊重客观事实

市场调查报告最大的特点是一定从事实出发，实事求是地反映出市场的真实情况，广泛积累资料，不夸大，不缩小，要用真实、可靠、典型的材料和数据反映市场的本来面貌，以便通过对事实的分析作出正确的判断，得出正确的结论，切忌弄虚作假。

（二）中心突出，条理清楚

运用多种方式进行市场调查，得到的材料往往是大量而庞杂的，要善于根据主旨的需要对材料进行严格的鉴别和筛选，给材料归类，并分清材料的主次轻重，按照一定的条理，将有价值的材料组织到文章中去。

（三）及时调查，注重实效。

市场的情况变化不定，要了解市场的某一问题或某个事件，调查一定要及时，必须快速反映市场变化，及时为企业和经济管理部门的决策提供信息和参考意见，否则市场调查报告将失去时效性，失去对企业生产或经营决策的指导意义。

（四）语言生动，文章精练

市场调查报告并不是文字、图表的堆砌，篇幅不代表质量，要求简练流畅，通俗易通，易于理解和阅读。

 纠错训练

一、请你对下面的这篇调查报告进行分析，并指出不当之处。

大学生课外阅读情况的调查

阳光下、草坪上、教室里、图书馆到处可以看见书不离手的大学生，他们脸上洋溢着满足自信的笑容。

"你课外阅读的主要目的是什么？""你最喜欢阅读哪种类型的书籍？""你平时看一本书用多长时间？"……前不久我们对大学生的阅读取向进行了一次访问式调查，目的是了解当代大学生读什么书，读多少书和怎样读书的问题。

通过调查发现，部分学生进行课外阅读主要是为了休闲。他们认为"平时专业课程的阅读量已经很大了，课外阅读当然选择内容较轻松的课外书籍，以缓解读书的压力"。这样的学生大约占44.9%。还有部分同学进行课外阅读是为了拓展知识面。这样的学生所占比例较少，只有8%。

大学生不青睐具有专业知识的书籍是否合理呢？不少招聘企业都感慨现在的大学生专业能力很薄弱，学以致用的能力较差。在学校期间不注重专业知识的积累和自身专业技能的训练，不阅读、不关注相关专业课外书籍，是造成这种现象的原因之一。

在回答"你最喜欢阅读哪种类型的书籍？"时，大多数学生选择报刊。报刊始终占据大学生阅读排行榜的首位。多数学生选择此类书籍的原因大多是因为"阅读起来方便"和"信息量大，来源广泛，易获得"。调查中发现。学校为学生免费提供的《文汇报》成为阅读人次最多的报刊，《青年报》《环球时报》《参考消息》《电脑报》《读者》也有一定的市场。在阅读内容上，阅读新闻占42%，领先于其他三项，阅读"生活信息及收集资料"占24%，阅读"文学作品"占16%，阅读"评论文章"占18%。

目前大学生的阅读结构对大学生正确世界观、人生观的形成非常不利，急需加以正确引导。

二、下面是一篇调查报告的部分内容，请指出问题并修改。

当前农民工就业呈现"五个趋势"

近期，××调查总队在××、××、××、××、××、××、××、××八个市县就农民工就业情况进行了专题调查。……

1．××农民工就业的五个趋向（正文略）

2．存在四个问题

（1）农村劳动力外出就业太盲目了，管理和服务相对落后。由于用工信息服务机制不健全，缺乏对劳务输出的管理和引导，大部分外出务工人员带有较大的盲目性。××县自发性转移的劳动力占38%左右，通过亲友介绍的好像有43%，而有组织转移的也可能不足20%，此外，××县外出打工人员与雇主签订劳动合同的也只是占到了28%左右，可见劳动合同监督管理方面仍存在薄弱环节。

（2）农村劳动力自身文化素质缺乏竞争力。（正文略）

（3）外出务工成本较高，手续烦琐。（正文略）

（4）拖欠工资问题依然存在。（正文略）

3．几点建议

（1）拓宽农村劳务输出渠道。（正文略）

（2）加强农民工技术培训。（正文略）

（3）加强部门联合，加大农民工维权力度。（正文略）

（4）为农民工营造良好的社会环境。（正文略）

三、下面是一篇调查报告的开头部分，请指出问题并修改。

我们需要"双筒猎枪"

每次去学校图书馆的小说服务台，我总是要在那里停留一会儿。看看那些低年级的同学是怎样借小说的。我吃惊地发现，服务台上备有完整的小说索引（可能是有4000多种吧），却很少有人去查阅，借书的同学们只是隔着柜台在架子上搜寻来搜寻去。显然，他们并不知道下一本要看什么样的书，而架子上摆的书至多不过200种，只占藏书量的5%左右。

前些日子，我抽出空闲的时间做了简单而粗略的调查，连同自己的一些想法，整理成下面的几个部分。

 课堂实训二十三

根据下列材料，完成调查报告的撰写。

调查对象：本校在校大学生

调查目的：了解在校大学生每月消费情况。

调查基本情况介绍：发放调查问卷 200 份，有效问卷 195 份。男生 109 人，女生 86 人。大一学生 39 人，大二学生 92 人，大三学生 45 人，大四学生 19 人。理工类学生 23 人，管理类学生 125 人，文学类学生 19 人，艺术类学生 16 人，其他类 12 人。

调查内容数据如下：

1. 每月消费 800 元以下的学生，有 24 人；月消费 800～1200 元的学生，有 81 人；月消费 1200～1800 元的学生，有 57 人；月消费 1800 元的学生，有 33 人。

2. 生活费主要来源方面。172 人选择父母给予；10 人选择勤工助学；10 人选择奖学金；3 人选择打工赚取。

3. 每月话费方面。140 人选择 50 元以下；40 人选择 50～100 元；15 人选择 100 元以上。

4. 每月的网费方面。41 人选择 20 元以下；95 人选择 20～40 元；59 人选择 40 元以上。

5. 平均每月的恋爱费用方面。91 人选择 0 元；42 人选择 100 元以下；35 人选择 100～300 元；27 人选择 300 元以上。

6. 每月在服饰上的消费方面。80 人选择 100 元以下；90 人选择 100～200 元；15 人选择 200～400 元；10 人选择 400 元以上。

7. 每月在娱乐旅游的消费方面。20 人选择 50 元以下；37 人选择 50～100 元；83 人选择 100～300 元；55 人选择 300 元以上。

8. 每月在学习（如买书）上的消费方面。57 人选择 20 元以下；93 人选择 20～50 元；32 人选择 50～100 元；13 人选择 100 元以上。

9. 花钱方式方面。110 人选择想花就花；40 人选择能省则省；24 人选择计划好了再花；21 人选择一边算一边花。

10. 购买东西时首先考虑因素方面。146 人选择价格；16 人选择品牌；23 人选择质量；10 人选择效用。

11. 对每月的生活费有没有计划过怎么使用的方面。58 人选择有；118 人选择没有；19 人选择偶尔有。

12. 认为自己的消费是否合理方面。167 人选择合理；28 人选择不合理。

13. 影响自己消费的原因方面。158 人选择家庭教育；25 人选择同学的影响；12 人选择其他。

要求：以小组为单位，认真分析调查数据，从消费观念、消费结构等方面深入分析，并对大学生消费提出建议。

 课后实训二十三

随着社会经济的发展，手机已经成为人们生活的必需品。对高校的大学生来说，手机已不仅仅是简单的通信工具，而是成为"生活终端"，通过手机互联获取信息、实现娱乐。随着手机在大学校园的普及，通信运营商把目光投向了大学校园这一潜力巨大的市场，相配套的通信网络也在不断拓宽外延，为用户提供更加实惠、便捷、快速的网络。目前，在大学校园内提供服务的主要通信运营商是联通、移动、电信三家。

以小组为单位，根据材料针对大学生使用手机的情况（包括手机的品牌、价位等）进行一次调查；或对大学生手机套餐的使用情况及资费流向进行调查；也可自选调查主题，针对大学生比较关注的问题进行调查——例如，信用卡使用情况、网络通信软件（QQ、微信、微博等）使用情况、大学生网络行为等——并形成调查报告。要求格式规范，条理清楚，数据准确。

综 合 实 训

综合实训一 校园活动综合实训

为活跃校园气氛，丰富校园文化生活，增进呈贡各高校间的交流与互动，云南财经大学中华职业学院将于2014年11月15日组织召开首届呈贡大学城大学生社团文化节。本次活动由云南财经大学中华职业学院主办，云南财经大学中华职业学院团委承办。

材料1

作为本次活动的主要负责部门，学院团委需要制订本次活动的策划，组织召开专题会议，进行任务分工。另外，为扩大活动影响力，院团委还将向呈贡大学城的高校团委发出邀请函，邀请各高校的优秀社团参加本次社团文化节。

10月10日晚7点，中华职业学院团委将组织召开专题会议，会议将由院团委书记主持，要求学院内社团负责人参会。会议对学院将组织召开首届呈贡大学城大学生社团文化节的决定进行通报。同时进行任务分工，社团需协助院团委完成文化节的一系列前期准备、文化节当天的组织协调及后期收尾工作。由于参会社团众多，会议定在行知楼304召开。

材料2

根据院团委活动策划的预算，本次活动预计需要活动资金5万元，用于购置活动当天所需的音响设备、活动奖品，以及支付人员费用和交通费用等多项开支。院团委需向学院申请这笔资金，以保障活动能顺利举办。

学院将拨出5万元作为本次活动的专项经费。院团委计划用这笔钱首先购置一批活动所需的物资，包括一组KP615专业音响设备和3个575W精英款电脑摇头灯。

材料3

在招投标中，昆明星星科技有限公司的产品物美价廉，最终夺标。学院和该公司签订合同，定于11月1日交货。由昆明星星科技有限公司负责包装、送货到学院，同时负责活动当天的设备安装工作。收到货之后，确认产品质量达标，且顺利举办活动之后，学院将通过银行转账的方式，在11月20日将货款转入昆明星星科技有限公司指定账户。在合同中对产品质量、数量要求作了详细规定，还制订了详细的违约责任，明确了双方的权利和义务。

材料4

在首届呈贡大学城大学生社团文化节开幕式上，学院书记将致开幕词，欢迎前来参加社团文化节的各高校社团代表，并回顾了学院3年多来改革发展取得的成果，对学院社团的发展情况作了概括，最后他还希望各社团越办越好，预祝文化节圆满成功。

材料5

活动当天前来参加文化节的社团有50多个，社团各展风采，活动异彩纷呈，民族文化、中国传统文化、手工艺品、音乐舞蹈等社团纷纷亮出绝活儿，精彩节目轮番上演。活动不仅丰富了校园生活，更加深了各高校间的友谊。首届呈贡大学城大学生社团文化节取得了圆满成功。

根据以上材料，按照要求完成如下文种的撰写：

(1) 请以办公室的名义，拟写一份会议通知，通知学院内各社团负责人参加 10 月 10 日晚 7 点的专题会议。

(2) 请以小组为单位，分配角色，模拟材料 1 的专题会议，并以办公室工作人员的身份，拟写纪要。

(3) 请以院团委的名义，拟写一份活动策划书。

(4) 请以院团委的名义，拟写一份请示，向学院申请资金购买文化节相关物品，提交给学院领导，并针对院团委的请示拟写一份批复。

(5) 请以院团委的名义，拟写一份邀请函，邀请昆明理工大学团委组织校内社团参加社团文化节。

(6) 请为书记拟写一份开幕式的发言稿。

(7) 请以学院名义，拟写一份经济合同，明确双方的权利和义务。

(8) 请以学院宣传部负责人身份，就学院本次文化节写一篇新闻稿。

各小组成员每人至少完成三个文种的写作。其中活动策划书和经济合同两个团队作业为必选项；此外，还需要从其他文种中任选一个文种进行撰写，要求各小组个人作业文种不能重复。在撰写过程中，可根据需要适当添加内容，要求符合各类文种写作规范，内容完整，语言表达流畅。

综合实训二　商品展销综合实训

云南首届鲜花展销会将于 2014 年 8 月 1～2 日在昆明国际会展中心举办，云南省内上百家鲜花行业龙头企业、行业新秀将参展，展销会将成为这些企业展示企业形象、宣传产品、招商引资的绝佳平台。同时，展销会将邀请全国各地优质经销商参加展会。为期两天的展销会将是企业之间洽谈、签订协议的好时机。

你所在的云南星星鲜花贸易公司将作为行业新秀参展。公司明年的效益与本次展销会的参展效果关系密切，公司将以展销会为契机，宣传企业文化，介绍公司产品，提高知名度。

为了更好地"备战"展会，总经理办公室召集公司的市场营销部、财务部、产品事业部、法律事务部、宣传部等部门召开专题会议。会议将由总经理张明主持，市场营销部、财务部、产品事业部、法律事务部等部门一名主管领导必须参会。会议时间为 6 月 27 日下午 15：00～17：00，地点在公司第一会议室。会议将围绕展销会展开讨论，明确各部门在展会准备阶段、展会期间和展会结束后的任务分工，以及相应的注意事项。办公室人员负责做好会议记录。

经商议，会议决定由市场营销部制订参展策划方案，并邀请参展经销商参观展位，洽谈合作事宜。财务部负责对市场营销部在策划中作出的预算经费进行核算，预支相应款项确保参展工作顺利完成。产品事业部需要为展会准备好参展样品，确保产品质量，突出企业特色，吸引经销商关注。在展销会过后，公司将迎来大批量订单，为此产品事业部还需要做好准备，保证库存充足。法律事务部负责拟好规范、详细的经济合同。宣传部负责做好展会前的动员准备、展会期间的企业宣传、展会后的宣传报道工作。总经理办公室负责督促、协调各部门落实好各自工作。

经了解，广州阳光鲜花公司将参加本次展销会，该公司每年的订单量占整个云南鲜花市场对外订单量的5%。如果能和该公司达成协议，明年公司将迎来第一次市场拓展的机会。按照公司工作安排，市场营销部需邀请广州阳光鲜花公司代表参观展位。

市场营销部除了撰写策划方案，还需要负责此次展销会的展位设计和布置工作。由于公司是首次参展，需要购置大量的展会相关物品，如展板、布展台、音响设备、横幅等。为此市场营销部需拟写一份请示，向公司领导申请资金，购买相关物品。

7月1日，公司总经理针对市场营销部提交的请示作了批复。

经过努力，广州阳光鲜花公司和公司最终达成协议，签订了20万的订单。为此，公司需要尽快起草一份合同，明确双方权利和义务。合同条款内容应包括：①产品名称、品种规格、数量；②交货日期和时间要求；③质量要求；④验收方法；⑤交货方式、包装运输方式和费用负担；⑥结算方式和期限；⑦违约责任；⑧其他约定事项。

展会结束后，公司宣传部门需要就公司本次参展情况写一篇新闻稿。本次展销会，公司收获颇丰，与5家省外经销商签订合同，订单总额接近80万。另外，短短两天的展会共发放了近万份宣传材料，接待数十家经销商到展位洽谈，为今后公司发展奠定了良好基础。

根据以上材料，按照要求完成如下文种的撰写：

（1）请以办公室负责人的身份拟写一份会议通知，通知市场营销部、财务部、产品事业部、法律事务部、宣传部等部门负责人参加6月27日的专题会议。

（2）请以办公室工作人员的身份，拟写纪要。

（3）请以市场营销部负责人身份，拟写一份活动策划书。

（4）请以市场营销部负责人身份，拟写一份请示，向公司申请资金购买展会相关物品，提交给公司总经理。

（5）请以公司总经理的身份，针对市场营销部的请示拟写一份批复。

（6）请以市场营销部负责人的身份，拟写一份邀请函，邀请广州阳光鲜花公司代表参观展位。

（7）请以法律事务部负责人的身份，拟写一份经济合同，明确双方的权利和义务。

（8）请以宣传部负责人身份，就公司本次参展的情况写一篇新闻稿。

各小组成员每人至少完成三个文种的写作。其中活动策划书和经济合同两个团队作业为必选项。此外，还需要从其他文种中任选一个文种进行撰写，要求各小组个人作业的文种不能重复。在撰写过程中，可根据需要适当添加内容，要求符合各类文种写作规范，内容完整，语言表达流畅。

参 考 文 献

陈洁，陈英武．应用文写作模块化训练教程．北京：高等教育出版社，2011．

陈星野，陈建中．商务文书写作指要．北京：中国经济出版社，2012．

程大荣，潘水根．商务文书写作理论与实务．杭州：浙江大学出版社，2004．

丁仕原，王达．应用写作新编．长沙：湖南人民出版社，2010．

范学谦，严小刚，饶念．大学校园快递市场调查报告——以武汉纺织大学外贸学院为例．武汉商业服务学院学报，2013，27（1）：24-26．

方有林，娄永毅．经济应用文写作．上海：复旦大学出版社，2012．

郭莉．经济应用文写作．北京：清华大学出版社，2008．

郭雪峰．应用文写作实训教程．北京：清华大学出版社，2012．

郭英立．经济应用文写作．北京：清华大学出版社，2012．

洪威雷．新编大学应用文写作．武汉：武汉大学出版社，2010．

霍林宽．商务策划书写作．北京：中国科学技术大学出版社，2003．

蒋意春，周建华，刘德华．经济应用文写作．北京：北京理工大学出版社，2010．

梁绪敏，石束．广告策划．济南：山东大学出版社，2004．

刘春丹．财经应用文写作．北京：北京大学出版社，2012．

刘洪英，李彤．实用应用文写作．北京：清华大学出版社，2006．

马国辉．应用文写作实务．上海：立信会计出版社，2004．

孙秀秋．应用写作．北京：中国人民大学出版社，2011．

唐世贵．应用文写作教程．北京：科学出版社，2011．

徐秋儿．现代应用文写作实训．杭州：浙江大学出版社，2005．

徐顽强．应用文写作．武汉：华中科技大学出版社，2005．

叶圣陶．创作论．上海：上海文艺出版社，1982．

张文英，孟凡义．新编应用文写作教程．天津：南开大学出版社，2010．

郑宪春，聂春梅．应用文写作．长沙：湖南大学出版社，2009．

附录一　党政机关公文处理工作条例

第一章　总　　则

第一条　为了适应中国共产党机关和国家行政机关（以下简称党政机关）工作需要，推进党政机关公文处理工作科学化、制度化、规范化，制定本条例。

第二条　本条例适用于各级党政机关公文处理工作。

第三条　党政机关公文是党政机关实施领导、履行职能、处理公务的具有特定效力和规范体式的文书，是传达贯彻党和国家的方针政策，公布法规和规章，指导、布置和商洽工作，请示和答复问题，报告、通报和交流情况等的重要工具。

第四条　公文处理工作是指公文拟制、办理、管理等一系列相互关联、衔接有序的工作。

第五条　公文处理工作应当坚持实事求是、准确规范、精简高效、安全保密的原则。

第六条　各级党政机关应当高度重视公文处理工作，加强组织领导，强化队伍建设，设立文秘部门或者由专人负责公文处理工作。

第七条　各级党政机关办公厅（室）主管本机关的公文处理工作，并对下级机关的公文处理工作进行业务指导和督促检查。

第二章　公　文　种　类

第八条　公文种类主要有：

（一）决议。适用于会议讨论通过的重大决策事项。

（二）决定。适用于对重要事项作出决策和部署、奖惩有关单位和人员、变更或者撤销下级机关不适当的决定事项。

（三）命令（令）。适用于公布行政法规和规章、宣布施行重大强制性措施、批准授予和晋升衔级、嘉奖有关单位和人员。

（四）公报。适用于公布重要决定或者重大事项。

（五）公告。适用于向国内外宣布重要事项或者法定事项。

（六）通告。适用于在一定范围内公布应当遵守或者周知的事项。

（七）意见。适用于对重要问题提出见解和处理办法。

（八）通知。适用于发布、传达要求下级机关执行和有关单位周知或者执行的事项，批转、转发公文。

（九）通报。适用于表彰先进、批评错误、传达重要精神和告知重要情况。

（十）报告。适用于向上级机关汇报工作、反映情况，回复上级机关的询问。

（十一）请示。适用于向上级机关请求指示、批准。

（十二）批复。适用于答复下级机关请示事项。

（十三）议案。适用于各级人民政府按照法律程序向同级人民代表大会或者人民代表大会常务委员会提请审议事项。

（十四）函。适用于不相隶属机关之间商洽工作、询问和答复问题、请求批准和答复审批事项。

（十五）纪要。适用于记载会议主要情况和议定事项。

第三章　公文格式

第九条　公文一般由份号、密级和保密期限、紧急程度、发文机关标志、发文字号、签发人、标题、主送机关、正文、附件说明、发文机关署名、成文日期、印章、附注、附件、抄送机关、印发机关和印发日期、页码等组成。

（一）份号。公文印制份数的顺序号。涉密公文应当标注份号。

（二）密级和保密期限。公文的秘密等级和保密的期限。涉密公文应当根据涉密程度分别标注"绝密""机密""秘密"和保密期限。

（三）紧急程度。公文送达和办理的时限要求。根据紧急程度，紧急公文应当分别标注"特急""加急"，电报应当分别标注"特提""特急""加急""平急"。

（四）发文机关标志。由发文机关全称或者规范化简称加"文件"二字组成，也可以使用发文机关全称或者规范化简称。联合行文时，发文机关标志可以并用联合发文机关名称，也可以单独用主办机关名称。

（五）发文字号。由发文机关代字、年份、发文顺序号组成。联合行文时，使用主办机关的发文字号。

（六）签发人。上行文应当标注签发人姓名。

（七）标题。由发文机关名称、事由和文种组成。

（八）主送机关。公文的主要受理机关，应当使用机关全称、规范化简称或者同类型机关统称。

（九）正文。公文的主体，用来表述公文的内容。

（十）附件说明。公文附件的顺序号和名称。

（十一）发文机关署名。署发文机关全称或者规范化简称。

（十二）成文日期。署会议通过或者发文机关负责人签发的日期。联合行文时，署最后签发机关负责人签发的日期。

（十三）印章。公文中有发文机关署名的，应当加盖发文机关印章，并与署名机关相符。有特定发文机关标志的普发性公文和电报可以不加盖印章。

（十四）附注。公文印发传达范围等需要说明的事项。

（十五）附件。公文正文的说明、补充或者参考资料。

（十六）抄送机关。除主送机关外需要执行或者知晓公文内容的其他机关，应当使用机关全称、规范化简称或者同类型机关统称。

（十七）印发机关和印发日期。公文的送印机关和送印日期。

（十八）页码。公文页数顺序号。

第十条　公文的版式按照《党政机关公文格式》国家标准执行。

第十一条　公文使用的汉字、数字、外文字符、计量单位和标点符号等，按照有关国家标准和规定执行。民族自治地方的公文，可以并用汉字和当地通用的少数民族文字。

第十二条　公文用纸幅面采用国际标准 A4 型。特殊形式的公文用纸幅面，根据实际需要确定。

第四章　行　文　规　则

第十三条　行文应当确有必要，讲求实效，注重针对性和可操作性。

第十四条　行文关系根据隶属关系和职权范围确定。一般不得越级行文，特殊情况需要越级行文的，应当同时抄送被越过的机关。

第十五条　向上级机关行文，应当遵循以下规则：

（一）原则上主送一个上级机关，根据需要同时抄送相关上级机关和同级机关，不抄送下级机关。

（二）党委、政府的部门向上级主管部门请示、报告重大事项，应当经本级党委、政府同意或者授权；属于部门职权范围内的事项应当直接报送上级主管部门。

（三）下级机关的请示事项，如需以本机关名义向上级机关请示，应当提出倾向性意见后上报，不得原文转报上级机关。

（四）请示应当一文一事。不得在报告等非请示性公文中夹带请示事项。

（五）除上级机关负责人直接交办事项外，不得以本机关名义向上级机关负责人报送公文，不得以本机关负责人名义向上级机关报送公文。

（六）受双重领导的机关向一个上级机关行文，必要时抄送另一个上级机关。

第十六条　向下级机关行文，应当遵循以下规则：

（一）主送受理机关，根据需要抄送相关机关。重要行文应当同时抄送发文机关的直接上级机关。

（二）党委、政府的办公厅（室）根据本级党委、政府授权，可以向下级党委、政府行文，其他部门和单位不得向下级党委、政府发布指令性公文或者在公文中向下级党委、政府提出指令性要求。需经政府审批的具体事项，经政府同意后可以由政府职能部门行文，文中须注明已经政府同意。

（三）党委、政府的部门在各自职权范围内可以向下级党委、政府的相关部门行文。

（四）涉及多个部门职权范围内的事务，部门之间未协商一致的，不得向下行文；擅自行文的，上级机关应当责令其纠正或者撤销。

（五）上级机关向受双重领导的下级机关行文，必要时抄送该下级机关的另一个上级机关。

第十七条　同级党政机关、党政机关与其他同级机关必要时可以联合行文。属于党委、政府各自职权范围内的工作，不得联合行文。

党委、政府的部门依据职权可以相互行文。

部门内设机构除办公厅（室）外不得对外正式行文。

第五章　公　文　拟　制

第十八条　公文拟制包括公文的起草、审核、签发等程序。

第十九条　公文起草应当做到：

（一）符合党的理论路线方针政策和国家法律法规，完整准确体现发文机关意图，并同现行有关公文相衔接。

（二）一切从实际出发，分析问题实事求是，所提政策措施和办法切实可行。

（三）内容简洁，主题突出，观点鲜明，结构严谨，表述准确，文字精练。

（四）文种正确，格式规范。

（五）深入调查研究，充分进行论证，广泛听取意见。

（六）公文涉及其他地区或者部门职权范围内的事项，起草单位必须征求相关地区或者部门意见，力求达成一致。

（七）机关负责人应当主持、指导重要公文起草工作。

第二十条　公文文稿签发前，应当由发文机关办公厅（室）进行审核。审核的重点是：

（一）行文理由是否充分，行文依据是否准确。

（二）内容是否符合党的理论路线方针政策和国家法律法规；是否完整准确体现发文机关意图；是否同现行有关公文相衔接；所提政策措施和办法是否切实可行。

（三）涉及有关地区或者部门职权范围内的事项是否经过充分协商并达成一致意见。

（四）文种是否正确，格式是否规范；人名、地名、时间、数字、段落顺序、引文等是否准确；文字、数字、计量单位和标点符号等用法是否规范。

（五）其他内容是否符合公文起草的有关要求。

需要发文机关审议的重要公文文稿，审议前由发文机关办公厅（室）进行初核。

第二十一条　经审核不宜发文的公文文稿，应当退回起草单位并说明理由；符合发文条件但内容需作进一步研究和修改的，由起草单位修改后重新报送。

第二十二条　公文应当经本机关负责人审批签发。重要公文和上行文由机关主要负责人签发。党委、政府的办公厅（室）根据党委、政府授权制发的公文，由受权机关主要负责人签发或者按照有关规定签发。签发人签发公文，应当签署意见、姓名和完整日期；圈阅或者签名的，视为同意。联合发文由所有联署机关的负责人会签。

第六章　公文办理

第二十三条　公文办理包括收文办理、发文办理和整理归档。

第二十四条　收文办理主要程序是：

（一）签收。对收到的公文应当逐件清点，核对无误后签字或者盖章，并注明签收时间。

（二）登记。对公文的主要信息和办理情况应当详细记载。

（三）初审。对收到的公文应当进行初审。初审的重点是：是否应当由本机关办理，是否符合行文规则，文种、格式是否符合要求，涉及其他地区或者部门职权范围内的事项是否已经协商、会签，是否符合公文起草的其他要求。经初审不符合规定的公文，应当及时退回来文单位并说明理由。

（四）承办。阅知性公文应当根据公文内容、要求和工作需要确定范围后分送。批办性公文应当提出拟办意见报本机关负责人批示或者转有关部门办理；需要两个以上部门办理的，应当明确主办部门。紧急公文应当明确办理时限。承办部门对交办的公文应当及时办理，有明确办理时限要求的应当在规定时限内办理完毕。

（五）传阅。根据领导批示和工作需要将公文及时送传阅对象阅知或者批示。办理公文传阅应当随时掌握公文去向，不得漏传、误传、延误。

（六）催办。及时了解掌握公文的办理进展情况，督促承办部门按期办结。紧急公文或者重要公文应当由专人负责催办。

（七）答复。公文的办理结果应当及时答复来文单位，并根据需要告知相关单位。

第二十五条　发文办理主要程序是：

（一）复核。已经发文机关负责人签批的公文，印发前应当对公文的审批手续、内容、文种、格式等进行复核；需作实质性修改的，应当报原签批人复审。

（二）登记。对复核后的公文，应当确定发文字号、分送范围和印制份数并详细记载。

（三）印制。公文印制必须确保质量和时效。涉密公文应当在符合保密要求的场所印制。

（四）核发。公文印制完毕，应当对公文的文字、格式和印刷质量进行检查后分发。

第二十六条　涉密公文应当通过机要交通、邮政机要通信、城市机要文件交换站或者收发件机关机要收发人员进行传递，通过密码电报或者符合国家保密规定的计算机信息系统进行传输。

第二十七条　需要归档的公文及有关材料，应当根据有关档案法律法规以及机关档案管理规定，及时收集齐全、整理归档。两个以上机关联合办理的公文，原件由主办机关归档，相关机关保存复制件。机关负责人兼任其他机关职务的，在履行所兼职务过程中形成的公文，由其兼职机关归档。

第七章　公文管理

第二十八条　各级党政机关应当建立健全本机关公文管理制度，确保管理严格规范，充分发挥公文效用。

第二十九条　党政机关公文由文秘部门或者专人统一管理。设立党委（党组）的县级以上单位应当建立机要保密室和机要阅文室，并按照有关保密规定配备工作人员和必要的安全保密设施设备。

第三十条　公文确定密级前，应当按照拟定的密级先行采取保密措施。确定密级后，应当按照所定密级严格管理。绝密级公文应当由专人管理。

公文的密级需要变更或者解除的，由原确定密级的机关或者其上级机关决定。

第三十一条　公文的印发传达范围应当按照发文机关的要求执行；需要变更的，应当经发文机关批准。

涉密公文公开发布前应当履行解密程序。公开发布的时间、形式和渠道，由发文机关确定。

经批准公开发布的公文，同发文机关正式印发的公文具有同等效力。

第三十二条　复制、汇编机密级、秘密级公文，应当符合有关规定并经本机关负责人批准。绝密级公文一般不得复制、汇编，确有工作需要的，应当经发文机关或者其上级机关批准。复制、汇编的公文视同原件管理。

复制件应当加盖复制机关戳记。翻印件应当注明翻印的机关名称、日期。汇编本的密级按照编入公文的最高密级标注。

第三十三条 公文的撤销和废止，由发文机关、上级机关或者权力机关根据职权范围和有关法律法规决定。公文被撤销的，视为自始无效；公文被废止的，视为自废止之日起失效。

第三十四条 涉密公文应当按照发文机关的要求和有关规定进行清退或者销毁。

第三十五条 不具备归档和保存价值的公文，经批准后可以销毁。销毁涉密公文必须严格按照有关规定履行审批登记手续，确保不丢失、不漏销。个人不得私自销毁、留存涉密公文。

第三十六条 机关合并时，全部公文应当随之合并管理；机关撤销时，需要归档的公文经整理后按照有关规定移交档案管理部门。

工作人员离岗离职时，所在机关应当督促其将暂存、借用的公文按照有关规定移交、清退。

第三十七条 新设立的机关应当向本级 党委、政府的办公厅（室）提出发文立户申请。经审查符合条件的，列为发文单位，机关合并或者撤销时，相应进行调整。

第八章 附 则

第三十八条 党政机关公文含电子公文。电子公文处理工作的具体办法另行制定。

第三十九条 法规、规章方面的公文，依照有关规定处理。外事方面的公文，依照外事主管部门的有关规定处理。

第四十条 其他机关和单位的公文处理工作，可以参照本条例执行。

第四十一条 本条例由中共中央办公厅、国务院办公厅负责解释。

第四十二条 本条例自 2012 年 7 月 1 日起施行。1996 年 5 月 3 日中共中央办公厅发布的《中国共产党机关公文处理条例》和 2000 年 8 月 24 日国务院发布的《国家行政机关公文处理办法》停止执行。

附录二 2012年党政机关公文格式及排版要求

一、公文的概念

公文属于科学文章中的应用文体。应用文是非常庞大的文章类群。私人信件、留条一类的短文，都属于应用文。公文，全称公务文书，是机关团体、企事业单位等依法成立的社会组织用来办理公务、有一定格式的应用文。公文办理公务，就是以文字的形式实施管理。

党政机关公文是党政机关实施领导、履行职能、处理公务的具有特定效力和规范体式的文书，是传达贯彻党和国家的方针政策，公布法规和规章，指导、布置和商洽工作，请示和答复问题，报告、通报和交流情况等的重要工具。

《党政机关公文处理工作条例》中所规定的15种公文文种，包括命令（令）、决定、公告、通告、通知、通报、议案、报告、请示、批复、意见、函、纪要、决议和公报。

二、公文的特点

（一）公文的制发具有程序性

在撰写和制发过程中，它要受公文处理程序的严格制约。例如，公文的制发必须经过起草、核稿、签发等程序；对收文的办理，一般包括签收、登记、分办、批办、承办、催办等程序。这一系列过程不是无序的，其目的是保证公文制发或办理的质量，以维护公文的法定效力和机关的权威性。

（二）公文格式具有规范性

公文的格式，有惯用的格式和法定的格式两种。惯用的格式，是约定俗成的，没有严格的限制。例如，普通公文中计划和总结的格式。法定的格式则是权威机关规定的，必须严格按照格式写作。法定公文中的行政公文和党务公文，更由最高权力机关及有关部门通过法规性公文规定了严格的格式。还要进一步说明的是，公文格式同时又是程式，呈现出公文写作和办理的程序性。

公文格式的规范性，是公文本质特性的发展，是公文写作和办理的需要。公务具有公众性和同一性，对社会组织成员产生一致的认可、制约和指挥，否则社会组织就不可能运作。相应地，反映和办理公务的公文，也就形成了格式和程式，可提高公文写作和办理的效率。完全可以预见，随着时代的发展和社会组织的进步，公文的规范及格式会更加科学、严谨，以至于公文写作和办理会由高度先进的电脑软件来实现电子化和自动化。

（三）公文由法定作者制发

公文的法定作者指依法成立并能以自己的名义行使职权和担负义务的机关或组织。撰写和制发公文不是个人所为，所体现的是机关或组织。一般科学文章的作者是个人或者是个人之间的自由结合，读者一般是没有限制或者是不可计量的。但是，公文的作者只能是法定的社会组织及其法人代表或者称为第一领导人。有权利进行公文写作的社会组织，必须依照法律在有关政府部门登记注册。这一社会组织及其第一领导人，就成为公文的法定作者。至于动笔起草公文初稿的人，如秘书，应称为起草人，不是法律意义上的作者。公文的读者是特定的，在公文格式上有专门规定，即"主送机关""抄送机关"和"传达（阅读）范围"。有一点要注意，有的告知性公文，如通告，指定的读者应包括发出公文的社会组织之外的社会群众。

（四）法定权力的制约性

公文只能由法定的作者制发，法定的作者即社会组织的机关及其部门都规定了隶属关系和职权范围，其公文是这种隶属关系和职权范围的反映。写作公文和办理公文都有一定的规定性。也就是说，对于作者和读者，公文具有法规给予社会组织职权所产生的制约性。制约性在不同的公文中有不同的情况。行政公文的命令，对于公文的接受者具有强制性。如果接受者不按命令办理，就会受到法律的制裁；发出命令的政府机关有权依照法律规定，动用军队或警察等进行处罚。行政公文的决定，具有国家指挥性和约束力。行政公文的通知，具有规定性、指挥性和指导性。经济公文合同，依照《中华人民共和国合同法》对于缔约各方具有确定的制约性，如奖惩、期限等。普通公文的讲话稿，对听众具有领导者所拥有的指导性和指挥性。法规性公文如法律、规章，制约性更是不言而喻的。公文正因为有制约性，才能产生现实的管理作用。

三、公文的种类

（1）依照行文关系和行文方向的不同，可将公文分为上行文、下行文和平行文三种。

上行文是指具有隶属关系的下级机关或业务部门呈报给上级领导机关或业务主管部门的公文，是自下而上的公文，如请示等。

下行文是具有隶属关系的上级领导机关或业务主管部门发给下级机关或业务部门的公文，如命令（令）、决定、批复等。

平行文是指同系统内的平级机关或者不相隶属的机关、部门之间来往的公文，如函等。

所谓隶属关系，指上下级机关具有直接管理和被管理的关系。例如，云南省政府与昆明市政府就有隶属关系，云南省政府与四川省政府所辖的成都市政府就没有隶属关系。

（2）按照紧急程度可将公文分为紧急公文和普通公文两大类。

紧急公文又分为"特急"和"急件"两种。"特急"件应在接到来文后一天内办理完毕，"急件"应在三天内办理完毕。

普通公文不作时间上的严格要求，但也要尽快办理，以提高文件处理效率。

（3）按照有无保密要求、秘密等级可将公文分为无保密要求的普通文件和有保密要求的保密文件两大类。保密文件又分为绝密文件、机密文件和秘密文件三类。

绝密文件指涉及党和国家最核心机密的文书；机密文件指涉及党和国家最重要机密

的文书；秘密文件指涉及党和国家最一般机密的文书。所有这些保密文件，一旦泄漏会使国家的安全和利益遭受损害，必须严肃对待，严格管理。

（4）按照具体职能的不同，可将公文分为法规性公文、指挥性公文、报请性公文、知照性公文、联系性公文、实录性公文六大类。

法规性公文是由机关、组织、社会团体依据法律、法规及组织章程制定的，要求其成员在工作、活动等方面严格遵守的行为规范。

指挥性公文是指上级领导机关对下级机关或群众发出的用以领导和指导工作的公文。

报请性公文是指下级机关向上级机关汇报工作、反映情况、请示问题时所使用的陈述性、请示性的公文。这类公文是上行文。

知照性公文是指机关单位发布的需要周知或遵守，以及各机关单位之间联系工作、通报情况所使用的公文。这类公文既有下行文，也有平行文。

联系性公文用于各部门之间联系工作的公文。这类公文主要有函等。

实录性公文主要是指真实地记录会议情况和议定事项的公文。纪要就是这类公文。

四、行政公文的行文规则

（一）下行文规则

（1）政府各部门依据部门职权可以互相行文和向下一级政府的相关业务部门行文，除以函的形式商洽工作、询问和答复问题、审批事项外，一般不得向下一级政府正式行文。

（2）部门之间对有关问题未经协商一致，不得各自向下行文。如擅自行文，上级机关应当责令纠正或撤销。

（3）上级机关向受双重领导的下级机关行文，必要时应当抄送其另一上级机关。

（4）向下级机关或者本系统的重要行文，应当同时抄送直接上级机关。

（二）上行文规则

（1）"请示"应当一文一事，一般只写一个主送机关，需要同时送其他机关的，应当用抄送形式，但不得抄送其下级机关。

（2）"报告"不得夹带请示事项。

（3）一般不得越级请示和报告。

（4）除上级机关负责人直接交办的事项外，不得以机关名义向上级机关负责人报送"请示""意见"和"报告"。

（5）受双重领导的机关向上级机关行文，应当写明主送机关和抄送机关。

（三）联合行文规则

（1）同级政府、同级政府各部门、上级政府各部门与下一级政府可以联合行文。

（2）政府与同级党委和军队机关可以联合行文。

（3）政府部门与相应的党组织和军队机关可以联合行文。

（4）政府部门与同级人民团体和具有行政职能的事业单位也可以联合行文。

（四）其他行文规则

（1）属于部门职权范围的事务，应当由部门自行行文或联合行文。联合行文应明确主办部门。须经政府审批的事项，经政府同意也可以部门行文，文中应注明经政府同意。

（2）属于主管部门职权范围内的具体问题，应当直接报送主管部门处理。

五、行政公文的格式

（一）行政公文书面格式

按中共中央办公厅和国务院办公厅 2012 年 6 月发布的《党政机关公文格式》规定，组成公文的要素有版头、主体、版记三部分。公文首页红色分隔线以上的部分称为版头；公文首页红色分隔线（不含）以下、公文末页首条分隔线（不含）以上的部分称为主体；公文末页首条分隔线以下、末条分隔线以上的部分称为版记。

1. 版头

版头由公文份数序号、秘密等级和保密期限、紧急程度、发文机关标识、发文字号、签发人六个部分组成。

（1）份数序号。简称份号，是指将同一文稿印制若干份时每份公文的顺序编号。一般用 6 位三号阿拉伯数字顶格标识在版心左上角第一行。在行政公文中，份号只适用于密级较高的或需要如数收回的公文。

（2）秘密等级和保密期限。秘密等级是指公文秘密程度的等级。国家规定保密文件，分为秘密、机密、绝密三级。保密期限是指公文保密的时间期限。如需标注密级和保密期限，一般用三号黑体字，顶格编排在版心左上角第二行；保密期限中的数字用阿拉伯数字标注。

（3）紧急程度。是对公文送达和办理的时间要求。紧急公文根据紧急程度分为"特急""急件"两种。电报应当分别标明"特急""加急""平急"等字样。

如需标注紧急程度，一般用三号黑体字，顶格编排在版心左上角；如需同时标注份号、密级和保密期限、紧急程度，按照份号、密级和保密期限、紧急程度的顺序自上而下分行排列。

（4）发文机关标志。由发文机关全称或者规范化简称加"文件"二字组成，也可以使用发文机关全称或者规范化简称。

发文机关标志居中排布，上边缘至版心上边缘为 35 mm，推荐使用小标宋体字，颜色为红色，以醒目、美观、庄重为原则。

联合行文时，如需同时标注联署发文机关名称，一般应当将主办机关名称排列在前；如有"文件"二字，应当置于发文机关名称右侧，以联署发文机关名称为准上下居中排布。

（5）发文字号。发文字号是发文机关编排的文件序号，便于公文登记、分类、保存和查询。

编排在发文机关标志下空二行位置，用三号仿宋体居中排布。年份、发文顺序号用阿拉伯数字标注；年份应标全称，用六角括号"〔〕"括入；发文顺序号不加"第"字，不编虚位（即1不编为01），在阿拉伯数字后加"号"字。如"国办发〔2008〕3号"中，"国办发"表示由国务院办公厅制发；"〔2008〕"中用六角括号"〔〕"括入，表示文件是2008年制发的，"3号"表示该文是当年所发的第3号文件。

上行文的发文字号居左空一字编排，与最后一个签发人姓名处在同一行。

（6）签发人。即代表机关最后审核并批准公文生效的领导人姓名。

"签发人"三个字加全角冒号和签发人姓名组成，居右空一字，编排在发文机关标志下空二行位置。"签发人"三个字用三号仿宋体字，签发人姓名用三号楷体字。

如有多个签发人，签发人姓名按照发文机关的排列顺序从左到右、自上而下依次均匀编排，一般每行排两个姓名，回行时与上一行第一个签发人姓名对齐。

（7）版头中的分隔线

发文字号之下4 mm处居中印一条与版心等宽的红色分隔线。

2. 主体

主体是公文的主要写作部分，由公文标题、主送机关、正文、附件、落款、印章、附注等几个部分组成。

（1）公文标题。公文标题应当准确简要地概括行政公文的主要内容并标明公文种类。一般由发文机关、事由和文种三要素组成。例如，"云南财经大学关于招生工作的通知"。

公文标题中除法规、规章名称加书名号外，一般不用标点符号。

一般用二号小标宋体字，编排于红色分隔线下空二行位置，分一行或多行居中排布；回行时，要做到词义完整，排列对称，长短适宜，间距恰当，标题排列应当使用梯形或菱形。

（2）主送机关。指公文的主要受理机关，即负责承办、贯彻执行、答复的收文机关。主送机关要求使用全称或规范化简称、统称。在标题下空一行，左侧顶格，最后一个主送机关后加冒号。

公文的主送机关一般有以下两种情况：

第一，上级机关制发的下行公文，如是普发的，主送机关可以是多个，但必须是同一级别；

第二，下级机关发送的上行文，一般只有一个主送机关，不可多头主送，以免责任不明，互相推诿，贻误工作。如需同时报送另一上级机关，可采取抄送形式。

（3）正文。正文是公文的核心部分，反映公文的具体内容，表明制发机关的行文意图。公文首页必须显示正文。一般用三号仿宋体字，编排于主送机关名称下一行，每个自然段左空二字，回行顶格。文中结构层次序数依次可以用"一、""（一）""1."" （1）"标注；一般第一层用黑体字、第二层用楷体字、第三层和第四层用仿宋体字标注。

（4）附件。只适用于有附件的公文，用于说明附属在公文正件之后的有关文字材料的名称、件数和顺序号等。公文如有附件说明，在正文下空一行，左空二字标识"附件"，后标冒号和名称。附件如有序号应使用阿拉伯数码（如"附件：1.××××××"）；附件名称后不加标点符号。附件名称较长需回行时，应当与上一行附件名称的首字对齐。

（5）发文机关署名、成文日期和印章。①加盖印章的公文：成文日期一般右空四字编排，印章用红色，不得出现空白印章。单一机关行文时，一般在成文日期之上、以成文日期为准居中编排发文机关署名，印章端正、居中下压发文机关署名和成文日期，使发文机关署名和成文日期居印章中心偏下位置，印章顶端应当上距正文（或附件说明）一行之内。

联合行文时，一般将各发文机关署名按照发文机关顺序整齐排列在相应位置，并将印章一一对应、端正、居中下压发文机关署名，最后一个印章端正、居中下压发文机关署名和成文日期，印章之间排列整齐、互不相交或相切，每排印章两端不得超出版心，首排印章顶端应当上距正文（或附件说明）一行之内。

②不加盖印章的公文：单一机关行文时，在正文（或附件说明）下空一行右空二字编排发文机关署名，在发文机关署名下一行编排成文日期，首字比发文机关署名首字右移二字，如成文日期长于发文机关署名，应当使成文日期右空二字编排，并相应增加发文机关署名右空字数。

联合行文时，应当先编排主办机关署名，其余发文机关署名依次向下编排。

③加盖签发人签名章的公文：单一机关制发的公文加盖签发人签名章时，在正文（或附件说明）下空二行右空四字加盖签发人签名章，签名章左空二字标注签发人职务，以签名章为准上下居中排布。在签发人签名章下空一行右空四字编排成文日期。

联合行文时，应当先编排主办机关签发人职务、签名章，其余机关签发人职务、签名章依次向下编排，与主办机关签发人职务、签名章上下对齐；每行只编排一个机关的签发人职务、签名章；签发人职务应当标注全称。

④成文日期中的数字：用阿拉伯数字将年、月、日标全，年份应标全称，月、日不编虚位（即 1 不编为 01）。

（6）附注。如有附注，居左空二字加圆括号编排在成文日期下一行。

（7）附件。附件应当另面编排，并在版记之前，与公文正文一起装订。"附件"二字及附件顺序号用三号黑体字顶格编排在版心左上角第一行。附件标题居中编排在版心第三行。附件顺序号和附件标题应当与附件说明的表述一致。附件格式要求同正文。

如附件与正文不能一起装订，应当在附件左上角第一行顶格编排公文的发文字号并在其后标注"附件"二字及附件顺序号。

3. 版记

（1）版记中的分隔线。版记中的分隔线与版心等宽，首条分隔线和末条分隔线用粗线（推荐高度为 0.35 mm），中间的分隔线用细线（推荐高度为 0.25 mm）。首条分隔线位于版记中第一个要素之上，末条分隔线与公文最后一面的版心下边缘重合。

（2）抄送机关。如有抄送机关，一般用四号仿宋体字，在印发机关和印发日期之上一行、左右各空一字编排。"抄送"二字后加全角冒号和抄送机关名称，回行时与冒号后的首字对齐，最后一个抄送机关名称后标句号。

如需把主送机关移至版记，除将"抄送"二字改为"主送"外，编排方法同抄送机关。既有主送机关又有抄送机关时，应当将主送机关置于抄送机关之上一行，之间不加分隔线。

（3）印发机关和印发日期。印发机关和印发日期一般用四号仿宋体字，编排在末条分隔线之上，印发机关左空一字，印发日期右空一字，用阿拉伯数字将年、月、日标全，年份应标全称，月、日不编虚位（即 1 不编为 01），后加"印发"二字。

版记中如有其他要素，应当将其与印发机关和印发日期用一条细分隔线隔开。

4. 页码

一般用四号半角宋体阿拉伯数字，编排在公文版心下边缘之下，数字左右各放一条一字线；一字线上距版心下边缘 7 mm。单页码居右空一字，双页码居左空一字。公文的版记页前有空白页的，空白页和版记页均不编排页码。公文的附件与正文一起装订时，页码应当连续编排。

（二）公文排版规格与印制装订要求

排版规格：正文用三号仿宋体字，一般每页排 22 行，每行排 28 个字。

制版要求：版面干净无底灰，字迹清楚无断划，尺寸标准，版心不斜，误差不超过 1 mm。印刷要求：双面印刷；页码套正，两面误差不得超过 2 mm。黑色油墨应达到色谱所标 BL100％，红色油墨应达到色谱所标 Y80％、M80％。印品着墨实、均匀；字面不花、不白、无断划。

公文用纸：采用 GB/T148 中规定的 A4 型纸，其成品幅面尺寸为：210 mm × 297 mm。

装订要求：公文应左侧装订，不掉页，两页页码之间误差不超过 4 mm，裁切后的成品尺寸允许误差 ±2 mm，四角成 90°，无毛茬或缺损。骑马订或平订的公文：订位为两钉，外订眼距版面上下边缘各 70 mm 处，允许误差 ±4 mm；无坏钉、漏钉、重钉，钉脚平伏牢固；骑马订钉锯均订在折缝线上，平订钉锯与书脊间的距离为 3～5 mm。包本装订公文的封皮（封面、书脊、封底）与书芯应吻合、包紧、包平、不脱落。

（三）公文格式示意图

A4 型公文用纸页边及版心尺寸见附图 1；公文首页版式见附图 2；联合行文公文首页版式 1 见附图 3；联合行文公文首页版式 2 见附图 4；公文末页版式 1 见附图 5；公文末页版式 2 见附图 6；联合行文公文末页版式 1 见附图 7；联合行文公文末页版式 2 见附图 8；附件说明页版式见附图 9；带附件公文末页版式见附图 10；信函格式首页版式见附图 11；命令（令）格式首页版式见附图 12。

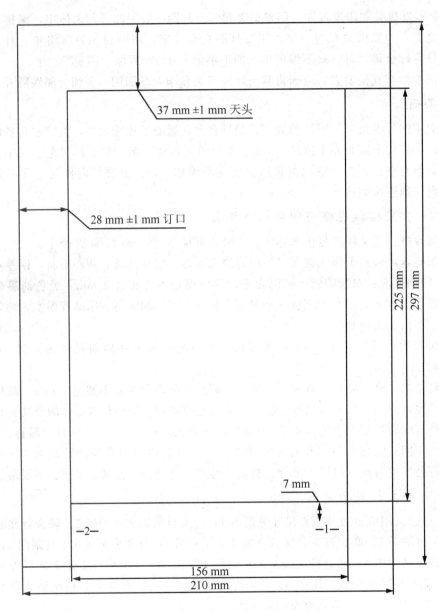

附图 1　A4 型公文用纸页边及版心尺寸

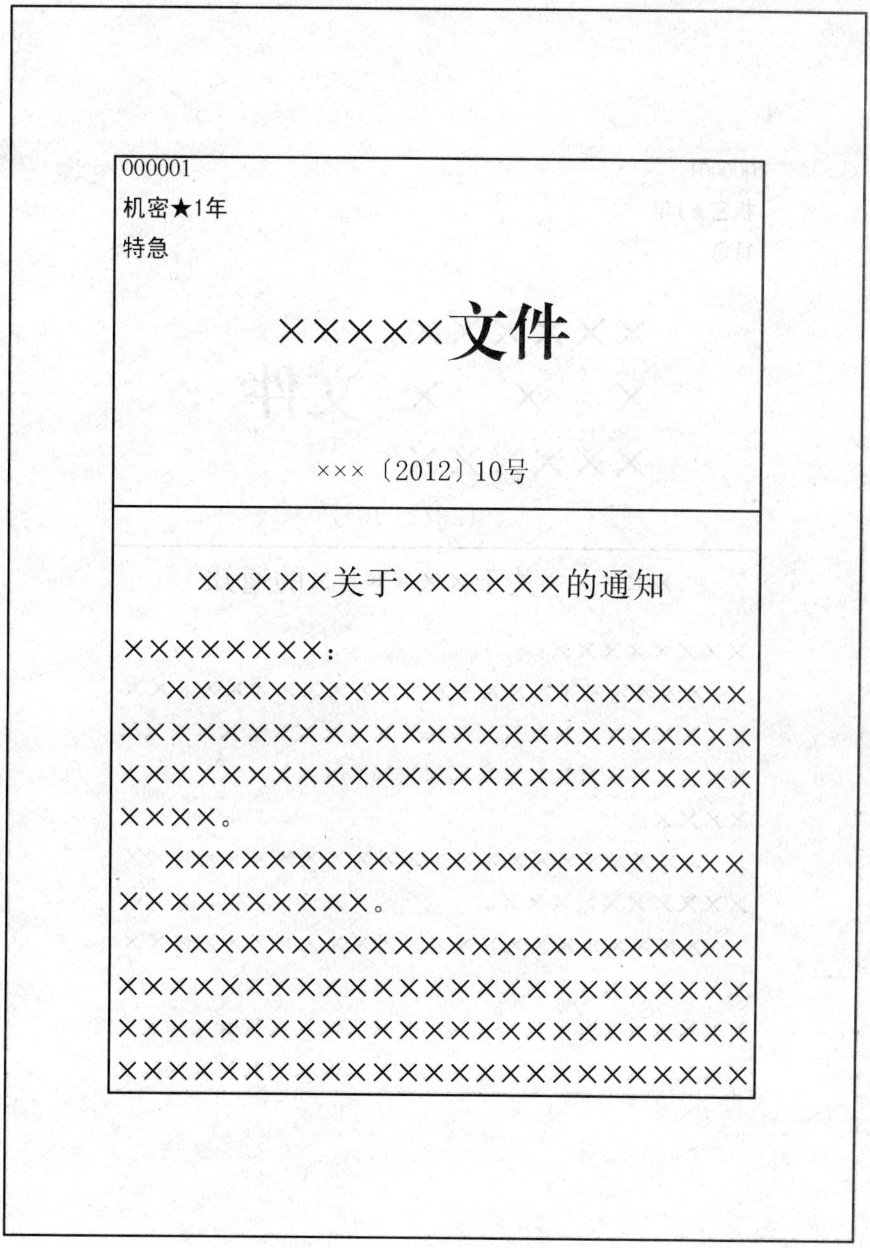

000001
机密★1年
特急

×××××文件

×××〔2012〕10号

×××××关于××××××的通知

××××××××：

　　×××××××××××××××××××
××××××××××××××××××××××××
××××××××××××××××××××××××
××××。
　　×××××××××××××××××××××
××××××××。
　　×××××××××××××××××××××
××××××××××××××××××××××××
××××××××××××××××××××××××
××××××××××××××××××××××××

附图 2　公文首页版式

注：版心实线框仅为示意，在印制公文时并不印出

000001
机密★1年
特急

××××××
×　×　× **文件**
××××××

×××〔2012〕10号

×××××关于××××××的通知

××××××××：

　　××××××××××××××××××××
×××××××××××××××××××××××
×××××××××××××××××××××××
××××。
　　××××××××××××××××××××
××××××××××。
　　××××××××××××××××××××
×××××××××××××××××××××××
×××××××××××××××××××××××
×××××××××××××××××××××××

附图 3　联合行文公文首页版式 1

注：版心实线框仅为示意，在印制公文时并不印出

000001

机　密

特　急

××××× × × × ×××××

签发人：×××　×××

×××〔2012〕10号　　　　　　　×××

×××××关于××××××的通知

×××××××：

　　×××××××××××××××××××
×××××××××××××××××××××××
×××××××××××××××××××××××
××××。
　　××××××××××××××××××××

—3—

附图 4　联合行文公文首页版式 2

注：版心实线框仅为示意，在印制公文时并不印出

××××××××××××：
　　×××××××××××××××××××
×××××××××××××××××××××××
××××××××。

《××××》

抄送：×××××××××××××××××××××，
　　　××××。

××××××××　　　　　　　2012年7月1日印发

—2—

附图 5　公文末页版式 1
注：版心实线框仅为示意，在印制公文时并不印出

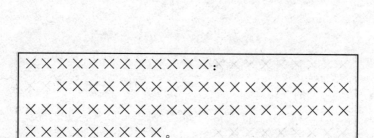

×××××××××××：
　　×××××××××××××××××××
×××××××××××××××××××××
××××××××。

　　　　　　　　　　　××××××
　　　　　　　　　　　2012年7月1日

《××××》

抄送：×××××××××××××××××××××，
　　　××××。

×××××××　　　　　　　　　　2012年7月1日印发

—2—

附图 6　公文末页版式 2
注：版心实线框仅为示意，在印制公文时并不印出

××××××××××××：

　　××××××××××××××××
×××××××××××××××××××
×××××××。

《××××》

抄送：×××××××××××××××××××××××，
××××。

×××××××　　　　　　　　　　　　2012年7月1日印发

—2—

附图7　联合行文公文末页版式1

注：版心实线框仅为示意，在印制公文时并不印出

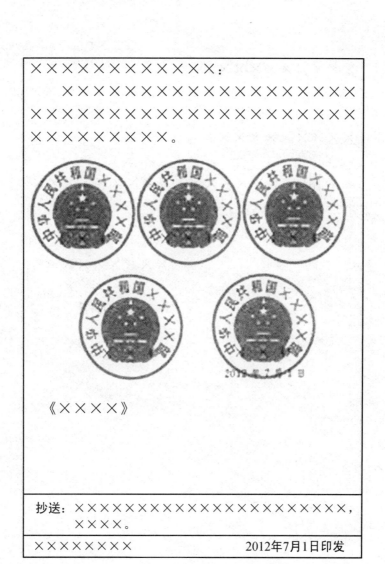

×××××××××:
　　××××××××××××××××××
××××××××××××××××××××
×××××××。

《××××》

抄送:××××××××××××××××××,
××××。

×××××××　　　　　　　　2012年7月1日印发

—2—

附图 8　联合行文公文末页版式 2

注:版心实线框仅为示意,在印制公文时并不印出

××××××××××××:
　　××××××××××××××
××××××××××××××××××
×××××××××。

　　附件: 1.×××××××××××
　　　　　　×××××
　　　　　2.×××××××

　　　　　　　　　　××××××××
　　　　　　　　　　×　×　×　×
　　　　　　　　　　2012年7月1日

《××××》

—2—

附图9　附件说明页版式
注: 版心实线框仅为示意, 在印制公文时并不印出

附件2：

××××××××

　××××××××××××××××
×××××××××××××××××
×××。
　×××××××××××××××
×××××××××××××××××
×××××××××××××××××
×××××××××××××××××
××××××。

抄送：××××××××××××××××××××，
　　　××××。

××××××××　　　　　　2012年7月1日印发

—2—

附图 10　带附件公文末页版式

注：版心实线框仅为示意，在印制公文时并不印出

中华人民共和国×××××部

000001　　　　　　　　　　　　×××〔2012〕10号
机　密
特　急

×××××关于××××××的通知

××××××××：
　　××××××××××××××××××××
××××××××××××××××××××××
×××××××××××××××。
　　××××××××××××××××××××
××××××××××××××××××××××
×××××××××××××。
　　××××××××××××××××××××
××××××××××××××××××××××
×××××××××××××××××××××
×××××××××××××××××××××
××××××××××××××××××××××
××××××××××××××××××××××
××××××××××××××××××××××
×××××××××××××××××。

附图 11　信函格式首页版式
注：版心实线框仅为示意，在印制公文时并不印出

××××××令

第××××号

×××××××××××××××××
×××××××××××××××××
×××××××××××××××××
××××××××××××××××××。

部 长 ×××

2012年7月1日

附图 12 命令（令）格式首页版式

注：版心实线框仅为示意，在印制公文时并不印出

填 写 说 明

一、封面填写要求

（1）"专业班级"一栏填写所属班级简称，如"2013 级会计 1 班"，填写为"中华会计 13-1"。

（2）"指导老师"一栏填写该课程任课教师姓名。

（3）"组别"一栏填写自己所在组的编号，如被分到第一组，则填写"第一组"。

二、内容填写要求

（1）手册的实训内容可手写，也可打印后粘贴到相应位置。手写要求使用黑色或蓝色的钢笔或是中性笔填写。

（2）所有的实训内容必须按要求填写完成。要求格式规范、书写认真、内容真实，不得抄袭或者请他人代为完成。

（3）综合实训要求每位组员要将本组实训内容全部填写或粘贴到相应位置。

（4）批阅作业时，可直接用红笔批阅，需保持手册整洁，并将成绩登记到评分表中。

（5）分组表中的组长、组员按照"学号＋姓名"的形式填写，中间用逗号隔开，如"201305001111，张三"。

目　　录

项目一　应用文写作基础知识

课堂实训一

一、根据下面材料概括出主题，并用主题句表现出来。

1. 目前，全世界的年教育经费已超过 2000 亿美元，在公共资金的支出中仅次于军事经费，占第二位。世界工业化国家人口只占世界人口约 1/3，其教育经费比发展中国家多 10 倍以上。中国人口占世界总数超过 1/5，但教育经费仅占约 1/30。2005 年的数字显示，人均教育经费还不足 100 美元，只相当于世界平均水平的 1/5。

_____

_____

2. 国外有两家鞋厂，各派一位推销员到太平洋某岛国去推销本厂的鞋子。上岛后不久，他们各发回一份电报。一位的电文是："此岛上的人都不穿鞋，明天我就回去。"另一位的电文是："太好了！这个岛上的人都没穿上鞋子，我打算长驻此岛。"

_____

_____

3. 随着市场的进化，以及专业化分工的加强，未来 10 年内，以往支撑家电企业的自营渠道因为成本原因将全面撤退，而其他大量零星的代理商将通过特许经营方式加盟到大的品牌渠道中，成为品牌渠道的连锁店。

_____

_____

二、指出下面语段开头所使用的方式。

1. 教育在社会发展中处于什么地位？它与科技、经济的关系如何？不久前，河南教委组织 17 个地区、34 个县教育部门的同志对 100 多个村进行了调查。

_____

_____

2. 根据《国务院关于建立职工医疗保险制度的决定》《××省推进城镇职工基本医疗保

险制度改革的意见》和《国务院办公厅转发劳动保障部财政部关于实行国家公务员医疗补助意见的通知》精神，结合我省公务员医疗保障的实际，制订本实施意见。

___

___

三、指出下面语段中语言表达上的错误。

1. ×××收受包工头的贿赂几十万元，造成国家直接或间接经济损失 2000 多万元。

___

2. ×××自 2009 年以来用五年的时间，先后完成了省部级的科研成果十多项，多次获得国家省部级的奖励。

___

3. 国际化的经济浪潮汹涌澎湃，怀有强国之梦的国家就是以能加入 WTO 为最高梦境的。随着入关的脚步一天天逼迫，我市的乡镇企业深入学习"三个代表"重要思想，真抓实干，使我市乡镇企业的局面生机盎然，发展蒸蒸日上，千帆竞发，波澜壮阔，入关前的我市乡镇企业的形势十分喜人……

___

___

课后实训一

分析下面文章在字、词、句方面有哪些问题，然后再把它们改正过来。

　　我学校××××学院××××系××××教研室×××同志，××××年从×××

×工业大学××××专业本科毕业，分配到我校任教师以来，工作积极认真负责，教学、科研双丰收，都取得了显著成绩，于××××年被聘为讲师。

　　该同志一人单身在我校工作，家庭的其他成员全部住在你们市，其妻×××同志在贵厂工作。不但夫妻分居两地成为织女牛郎，且下有尚满周岁的儿子，上有体弱多病的老父母亲需要照顾。根据该同志几次申请，经我校领导研究，为解决×××同志夫妻两地分居并照顾家庭存在的特殊困难，我校同意该同志调往贵厂工作的要求。现特致函与你们厂领导商洽，并请尽快函复。若贵厂厂长同意考虑×××同志的这一要求，接到你们复函后我们即将该同志的档案寄给该厂人事部门审查。

___

___

项目二 常见行政类文种训练

任务一 请 示

课堂实训二

根据以下材料，请你代××县邮政局写一份请示。

　　××区域是××县西郊新开发地段，这几年随着居民小区入住率的大幅提高以及周边商铺的进驻，片区的人气渐旺。但是该区域的地理位置偏远，单位和居民邮递业务极其不便。几年来邮政部门一直采用以流动服务组的方式来为该区域的单位和居民服务，由于没有固定的工作场所，业务开展比较单一，工作被动。为缓解该区域的投递困难问题，拓展邮政服务，2014 年 4 月 6 日××县邮政局向××市邮政管理局提出增设××区域邮政营业所的要求，营业所的名称为××县邮政局××街营业所，地址为××省××县××区××街道××号，并在文件中附上增设邮局的具体位置图、邮局的平面图和经费预算表。

_____

_____

_____

_____

_____

_____

_____

_____

_____

课后实训二

根据以下材料，请你为大外部写一份请示。

　　为进一步贯彻教育部关于大学英语教学改革和考试改革精神，促进《大学英语课程教学要求（试行）》的落实，全面提高我校大学生英语综合运用能力，激发广大大学生学习英语的积极性，推动大学英语教学质量上一个新台阶。

　　教务处于 2012 年 4 月 1 日发布《关于 2012 年全国大学生英语竞赛预赛的通知》，

参赛对象是在校本科非英语专业学生,报名费为每人 30 元。

　　本次大赛由云南省竞赛组委会统一组织,初赛于 4 月 8 日上午 9∶00～11∶00 在本部举行。决赛于 5 月 13 日(星期日)上午 9∶00～11∶00 举行,参加决赛人数为初赛总人数的 6‰。竞赛设五个奖励等级:特等奖、一等奖、二等奖、三等奖和优秀奖。特等奖、一等奖、二等奖和三等奖为国家级竞赛奖。二等奖、三等奖和优秀奖通过初赛产生,特等奖和一等奖通过决赛产生。总获奖比率为参加初赛人数的 81‰,特等奖获奖比率为 1‰,一等奖获奖比率为 5‰,二等奖获奖比率为 15‰,三等奖获奖比率为 30‰,优秀奖获奖比率为 30‰。同时,获特等奖和一等奖的学生及其指导教师(限一名)由全国竞赛组委会分别颁发获奖证书和荣誉证书,向所在学校颁发获奖状,获二等奖和三等奖的学生由全国竞赛组委会颁发获奖证书,获优秀奖的学生由省大赛组委会颁发获奖证书。

　　为了紧扣高等职业教育人才培养的要求,学院提出由大外部组织学生参加“全国大学生英语竞赛”,通过以训促学,以赛促学,激发学生学习英语的热情,全面提高学院学生英语综合应用能力。大外部制订此次竞赛方案,并积极组织学生报名。为了激励更多的学生参与到大赛活动中,4 月 4 日向学院提交了一份请示,提出向学院申请一笔资金,用于解决大赛的报名费、交通费、聘任指导老师赛前强化培训的费用等。

　　(注意:自拟参赛学生数量、交通费、培训费用及其他费用。)

任务二　批　　复

课堂实训三

根据任务一的课堂实训材料及以下材料,请你代××市邮政管理局写一份批复。

　　××市邮政管理局接到××县邮政局的请示后,于 2014 年 4 月 21 日答复××县邮政局,同意增设××县邮政局××街营业所,并要求该营业所须经安全、消防验收合格后并领取营业执照,方可对外营业。

_____

_____

_____

_____

_____

_____

课后实训三

根据任务一的课后实训材料及以下材料，请你代学院写一份批复。

学院接到大外部的请示后，经研究，于4月5日答复大外部，同意组织学生参赛，学院在报名费、交通费、培训费用上给予经费支持，但由于同学们对于参考资料的需求不一致，因而参考资料费用由学生承担。

_____

_____

_____

_____

_____

任务三　函（复函）

课堂实训四

根据以下材料，请你代××大学写一份复函。

云南财经大学向××大学发函（见材料），拟组织30名教职员工到××大学学习计算机教学平台的建设经验，时间一周，具体时间由××大学安排，所有费用由云南财经大学承担。

关于组织教职员工到××大学培训的函

××大学：

我校于2013年9月开设了计算机教学课程，据悉，贵校开设了相同的课程，并在该教学平台建设方面取得佳绩，并积累了丰富经验。本着进一步加强合作，向贵校学习的目的，本单位拟组织教职员工30名至贵校学习计算机教学平台的建设经验，时间为一个周，集中学习，具体时间由贵校安排，所有费用由我方承担。

　　敬请复函。

云南财经大学（印）

2014 年 9 月 10 日

　　如果你是上述函中提到的××大学负责人，在收到云南财经大学的商洽函之后，要回复一份函，表明接受云南财经大学员工培训的请求，但是结合学校实际情况无法接受 30 人同时前往培训，只能接受 15 人；且表示届时将安排 8 名教学骨干人才进行带徒培训，培训时间可安排在 11 月 10～16 日。

_____

_____

_____

_____

_____

_____

_____

_____

课后实训四

根据以下材料，完成两份函的写作。

　　中华职业学院各专业人才培养方案中《职业与专业认知实习》课程安排在第一学期完成，学生可以采取自行联系实习单位，也可是以班级为单位组成小组，学院推荐签约的企业学院进行实习。假如学院拟安排市场营销专业小组在云南艾维投资集团有限公司进行实习，时间为 2014 年 11 月 20 日，并提出由企业选派一名业务素质高的老师指导实习，指导费用由学院支付。

　　中华职业学院于 2014 年 11 月 1 日向云南艾维投资集团有限公司发函，公司经研究，同意接收实习学生，并于 2014 年 11 月 4 日复函。

　　（一）请你代中华职业学院向云南艾维投资集团有限公司写一份商洽函，联系职业与专业认知实习事宜。

　　（二）请你为云南艾维投资集团有限公司写一份复函，并且说明《职业与专业认知实习》课程实习时间和联系方式等具体事宜。

　　提示：根据需要可自行补充相关内容。

_____

_____

_____

_____

_____

任务四 通　知

课堂实训五

根据材料，以××县人民政府的名义向各乡镇人民政府和县园林部门发一份会议通知。

　　××县人民政府要在 2 月 15 日上午 9：00 召开 2014 年春季植树造林工作会议，会议上各乡镇要汇报历年植树造林的情况，在会上还要就今年春天的植树造林方案进行讨论，根据具体的情况分配今年各乡镇植树造林的指标，同时拟定奖励处罚办法。会议将在××县中华宾馆三楼会议室召开，要求各乡镇和县园林部门的一名主管领导参加会议，会议当天的食宿将由县政府统一安排。

_____

_____

_____

_____

_____

_____

_____

课后实训五

根据材料，以××市环保局的名义向各县（区）环保局和各直属单位发一份通知。

　　××县环保局是我省环保工作的先进单位，积累了丰富的工作经验。近年来，他们通过开展环保自检和互检，有效地推动了环保工作的深入开展，并取得了良好效果。他们的经验基本也适用于我市。

　　现请你以××市环保局的名义向各县（区）环保局和各直属单位发一份通知，要求参照《××县环保局关于开展环保自检互检工作的总结报告》执行。

_____

_____

_____

_____

_____

_____

_____

_____

_____

任务五　通　　报

课堂实训六

根据材料，以学院教课中心的名义撰写一份通报。

　　市场营销专业 13-1 班学生李玉在 2014～2015 学年第一学期期末考试，英语考试中夹带与考试有关的资料进入考场，并抄袭，经监考老师发现并进行教育之后仍不改正，学院研究建议给予留校察看一年的处分。

_____

_____

_____

_____

_____

_____

_____

_____

课后实训六

根据材料，以学院的名义撰写一份通报。

　　我院市场营销专业 13-1 班王建鑫同学 8 月 30 日在学院农信社前，看到了一个黑色的皮包，打开一看，里面有 2 万元的现金，未经过任何犹豫，在原地焦急地等待失主，但一直未等到，后来把皮包交给了学院学工处，失主找回皮包后，感激万分，给我院寄来了一封感谢信。我院决定奖励王建鑫 500 元，请为我院写一份表彰通报。

_____

_____

_____

_____

_____

_____

_____

_____

_____

任务六　纪　　要

课堂实训七

根据以下材料拟写一份纪要，要求合乎纪要的写作规范，语言简洁，内容完整。

（1）××公司于 2014 年 3 月 20 日 15∶00～17∶00，在公司 10 楼会议室召开第一次××公司总经理办公会议。

（2）公司董事长王××，总经理张××，党群办主任李××，计财处处长杨××，人力资源部主任赵××参加此次会议，同时由总经理张××主持会议。

（3）会议主要内容：会上总经办提交了公司经济合同管理办法，有利于加强和规范办公用品采购等的管理。参会人员就总经办提交内容进行讨论并作出要求，总经办应根据会议决定进一步修改完善，发文执行。

会议针对职工因私借款的问题进行了讨论。参加会议的人员认为，职工因私借款是传统计划经济产物，不能作为文件规定。但是，从关心员工考虑，在职工遇到突发性困难时，公司可以酌情借 10 000 元内的应急款。计财处要制定内部操作程序，严格把关。人力资源处配合。借款者本人要作出还款计划。

计财处做了关于职工岗位工资费由银行代发的汇报，参会人员讨论认为银行代发工资是社会发展的必然趋势，既方便员工领取，又有利于规避存放大额现金的风险。但需要两个月左右的宣传过渡期，让职工充分了解接受。要求计财处认真做好实施前的准备工作，人力资源处配合，计划下半年实施。

会上人力资源处还提出有关公司机关岗位工资发放标准的建议。决定机关员工岗位工资发放，对已经下文明确的干部执行新的岗位工资标准，没有下文明确的干部暂维持不变。待三个月考核明确岗位后，一律按新岗位标准发放。

_____

_____

_____

_____

_____

_____

_____

_____

_____

_____

_____

_____

_____

_____

_____

_____

_____

_____

_____

_____

_____

课后实训七

根据以下材料，并整理成一份纪要，要求合乎纪要的写作规范，语言简洁，内容完整。

材料1

时间：2013年10月21日

地点：××学院会议室

主持人：李××（××学院院长）

出席人：杨××（党委书记）、周××（党委副书记）、肖××（教学副院长）、马××（科研副院长）

记录：宋××

讨论议题：①如何抓好学风建设；②校级专业、课程建设项目申报。

材料2

周××：首先，报告学生学习生活的现状：学院在学校领导和职能部门的关心下，学院所有人员同心协力、齐抓共管，在学生管理工作上取得了一定的成绩。但是学院是新建学院，周边设施正在逐渐完善，学院办学规模急速增长，分校区办学及管理队伍、师资队伍不足等实际困难和问题，给学生管理教育工作带来较大的压力。因此，还需各个部门献计献策，共同研究如何进行学风建设。

肖××：部分学生课堂出勤率低，有些学生上课迟到，有些学生在课堂上吃东西、玩手机。针对这些现象，学风建设是非常必要和重要的。学院能否开展学风建设月活动，改变学习氛围不浓、学习风气不正、学习成绩不高的局面。建议由学生工作处牵头，发动学生干部，严查上课出勤率；由教学部门牵头，加强对任课教师的管理，要求老师详细记录学生出勤情况。

马××：积极组织学生参加国家级、省级、校级、院级各种学生学术科技类竞赛活动，如全国大学生英语竞赛、大学生挑战杯竞赛、创业大赛、SRTP科研训练等，提高学生活动的科技含量，形成浓厚的学习和学术氛围。

杨××：老师管与不管不一样，有人监督和没有人监督不一样。目前，良好的学风基本上是依靠各部门、各位领导齐抓共管而形成的，并非是学生自主自愿的行为，学生中应付的心态占多数。目前，学生就业形势严峻，有些学生在毕业找工作时才认识到自己素质和能力的欠缺，追悔莫及。因而，我们学院在大学期间加强就业指导，增强学生的危机意识是非常必要的。抓好此项工作，有效促进学风建设。

李××：良好的学风是培养和造就高素质人才的关键，只有形成良好的学风，才能从根本上解决学风不正的问题。因此，加强学风建设是一项重要的工作，全体领导、教师都要高度重视，统一认识。结合学院办学特色，在学院内开展主题班会活动，通过多种方式开展主题宣传活动，如宣传栏、网页宣传等。另外，建立和完善学风教育制度、考勤制度、考风考纪制度、评优制度、奖学金评定制度、助困等一系列相关制度，一定要与学生的学风挂钩。

与会人员经过充分讨论、协商一致决定：学院成立学风建设工作领导小组，学院党委书记和院长为组长，其他领导为副组长，领导小组指导学生工作处、教务部门、办公室等相关职能部门联合开展学风建设工作。由学生工作处牵头，教学部门和其他部门配合，制订"学风建设月实施方案"，从11月1日开始试行，月末形成总结报告，上报学院。

材料3

肖××：下面我向各位领导汇报一下2014年度所申报的校级专业、课程建设项目评审情况。教学与管理中心于2014年9月16日发布了相关通知，截至10月16日，全院共有20位老师提交了申报材料，其中申报校级重点专业建设8项，申报校级精品课程建设2项、申报重点课程建设10项。学院依据申报条件及要求对各项申报材料进行了评审，推荐以下符合申报条件及要求的16个项目上报教务处。其中，会计学专业、旅游管理专业、市场营销专业、计算机科学与技术专业、会展经济与管理专业、工程管理专业作为校级重点专业建设项目推荐申报；网络应用技术、会计管理实务作为校级精品课程建设项目推荐申报；财务管理实务、国际市场营销综合实训、会计专业综合实训、房地产开发与经营实务、国际金融英语实务、财会基本技能综合实训、财务管理专业综合实训、商务文秘实务作为校级重点课程建设项目推荐申报。

与会人员一致认为各个教学系部和职能部门在校级专业建设、课程建设申报工作中付出了艰辛的劳动，充分肯定了学院评审小组对项目评审的认真负责、科学公正的态度，同意 16 个项目推荐上报教务处。

项目三　常见事务类文种训练

任务一　计　　划

课堂实训八

结合学校学习、生活实际，为自己拟写个人计划。

    （1）学期学习计划

    （2）学期英语学习计划

    （3）学期班级活动工作计划

    （4）课外书籍阅读计划

    （5）2015 年学生会工作计划

    （6）体育锻炼计划

    根据自己的实际情况，从以上六个题目中任选其中的一个或自拟题目进行工作计划写作训练。

课后实训八

根据以下材料，请你以张老师的身份拟写一份班级学风建设方案。

张老师，英语专业的硕士，担任 2014 级英语 2 班的辅导员。近日，班级的事情困扰着他。张老师对班级同学们的出勤情况、宿舍卫生等方面进行了检查，结果很不乐观。班级里有的学生迟到、早退，甚至缺勤；有的学生上课睡大觉，玩手机。个别宿舍卫生很糟糕，垃圾不及时清理。很多学生学习主动性不够、积极性下降、精力分散、不能严于律己，同学们学习时很茫然，完全机械地应付以图"过关"。班级两位男生晚归，学院给予"警告"处分。甚至期末考试时小杨同学携带小抄抄袭作弊，给予留校察看一年的处分。

张老师深知辅导员是高校思想政治教育工作的主体队伍，是班级建设的带头人，是学生的贴心人。目前，张老师意识到 2014 级英语 2 班学风建设方面存在问题，而学风建设是人才培养的重要保证，班级学风建设迫在眉睫，只有采取相应的措施才能形成班级长期有效的学习氛围。

_____

_____

_____

_____

任务二　总　　结

课堂实训九

请你针对应用文写作课程的学习，撰写一篇总结。

　　应用文写作这门课程是一门应用性很强的课程，主题为其灵魂，材料为其血肉，结构为其骨骼，语言为其细胞。

　　通过反复训练，强化自身的写作技能，才能在实际生活、工作中"应用"起来。采用"团队学、竞赛学"的方式开展课程教学，同学们之间互动、交流，评比的演练，能够通过任务驱动、启发学习和加深对基本文种的应用。

_____

_____

_____

_____

_____

_____

_____

_____

_____

_____

_____

课后实训九

结合学校、生活实际，选择一个主题或自拟主题拟写一篇工作总结。

　　（1）职业认知与专业见习工作总结

　　（2）班长工作总结（团支书工作总结、……）

　　（3）学生会工作总结

　　（4）宣传部工作总结（外联部工作总结、……）

　　（5）参加"点钞大赛""网络虚拟运营"竞赛、"暖树·护树"活动；参观"云南少数民族财会博物馆"……

_____

_____

_____

_____

_____

_____

_____

_____

_____

_____

_____

_____

_____

_____

_____

任务三　简　　报

课堂实训十

根据以下材料为教学与课程管理中心编写一篇简报，要求提炼主题，语言精练。

材料1

中华职业学院学生喜获中国大学生计算机设计大赛一等奖

2014年（第7届）中国大学生计算机设计大赛落下帷幕，我院学生与北京大学等

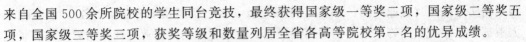

来自全国 500 余所院校的学生同台竞技，最终获得国家级一等奖二项，国家级二等奖五项，国家级三等奖三项，获奖等级和数量列居全省各高等院校第一名的优异成绩。

本届大赛是历届规模最大、覆盖面最广、参赛选手最多的一届国家级大赛，决赛共设沈阳、宁波、杭州、郑州四个赛区，2000 余件参赛作品进入决赛。

去年学院在第 6 届中国大学生计算机设计大赛中就获得了优秀成绩。今年我院又上了一个更高台阶，其中，数字媒体设计普通组和课件 6 件作品进入东北大学决赛，中华民族文化组 4 件作品进入宁波大学决赛。

本次我院实现了全省高校在同一竞赛类别中同一高校获得两个一等奖零的突破，充分展现了我院学生扎实的计算机实践能力和较强的创新能力，以及我院培养学生的团队协作、拼搏奋斗的精神，同时也反映了我院领导高度重视，面向高职本科的计算机基础教学体系改革成功，指导教师水平高责任心强。决赛中，我院各参赛队在限定的答辩时间内将水平与能力发挥得淋漓尽致，赢得了专家评委和观众的高度肯定和赞许。

材料 2
中华职业学院首批赴台交换生抵台学习

9 月 14 日下午，中华职业学院首批 20 名赴台湾屏东大学学习的同学出发，到台湾进行为期一个学期（18 周）的研修课程学习。这是中华职业学院建院以来第一次以建制班形式组织学生外出游学。学院外事专干吴俊老师率队赴台。

15 日上午，台湾屏东大学为学院 20 名同学举行欢迎会，并向同学们介绍了屏东大学的基本情况及学习、生活条件。在校方相关负责人及学院带队教师吴俊的配合协调下，20 名学生已顺利入住宿舍，并在屏东大学教务系统中进行网上选课，即将正式进入课堂学习。

中华职业学院于 2013 年与台湾屏东大学签署合作意向书，就学院学生赴台研修课程事宜进行洽谈协商。

材料 3
新亚地产针对中华职业学院大四学生顶岗实习面试取得圆满成功

2014 年 10 月 16 日下午三点，昆明新亚房地产经纪有限公司到学院对即将进入顶岗实习阶段的 100 多名同学进行了长达四个小时的竞聘上岗面试，最终录取学生达 90 多人，整个面试活动取得了圆满成功。

面试伊始，新亚地产人事部李经理进行了半个多小时的企业宣讲，首先为同学们详细地介绍了新亚地产的企业性质、企业规模、企业文化以及发展历史，让同学对新亚地产有了一个很全面的认识。昆明新亚房地产经纪有限公司成立于 1999 年，是最早推行连锁化、品牌化、网络化发展的新型房地产经纪连锁服务企业。在 15 年的发展历程中荣获了"中国房地产经纪百强企业""中国房地产经纪城市之星""优质房地产经纪品牌"称号、云南省"十五"房地产经纪"先进企业"称号等殊荣。目前，在昆明主城区拥有 200 余家直营连锁门店和 2000 多名专业地产置业顾问。"敬业、真诚、关爱、合作"是公司的核心价值观，公司注重人才培养，会定期为员工提供业务技能、专业知识、管理能力等方面的带薪培训，并且承诺为员工提供一个公平透明的竞争、晋升平台。接下来为同学们介绍了企业员工的薪酬待遇、绩效考核制度、用人标准以及本次招聘顶岗实习岗位（置业顾问：50 名；按揭专员 5 名；招聘培训专员：2 名）。新亚地产人事部李经理积极回答了同学们的热情提问，使得学生们对新亚地产及招聘岗位有了更加深入的了解，同时也对接下来的面试有了更加坚定的信心。

宣讲结束，进入面试环节，参加面试的同学们按照报名顺序被分成了多个小组，每个小组由一名新亚地产人力资源专员进行面试。每个面试官的面试方式都各有特点，有的是一对一的提问面试，有的是以五、六个人为一组的小组现场推销模拟面试，有的是整体面试，虽然整个面试时间长达三个多小时，但都取得了良好的面试效果，在 100 多名学生中有 90 多名学生面试成功，整个面试活动取得了圆满成功。

材料 4

职业教育发展不能丢失本色
罗容海　《光明日报》2014 年 6 月 30 日

如果在当前大力发展职业教育的关键起点之时，不注重坚守职业教育的本色，而片面追求学生的高学历，或者追求学校的级别，不但不能真正提高职业教育水平，反而可能让职业教育已有的阵地丢失。

"印发《国务院关于加快发展现代职业教育的决定》《现代职业教育体系建设规划（2014—2020 年）》，标志着发展现代职业教育的顶层设计已经完成。"教育部副部长鲁昕在 26 日国务院新闻办举行的"职业教育改革发展情况"新闻发布会上作出上述表示。据悉，教育部等六部门日前联合印发《现代职业教育体系建设规划（2014—2020 年）》，规划到 2015 年初步形成现代职业教育体系框架，到 2020 年基本建成中国特色现代职业教育体系。届时，职业教育将扩展至研究生阶段，职业院校学生不仅可以由专升本，而且还可以考研。

解决职业教育长期以来最高只有大专层次的尴尬处境，打通职业教育和普通教育双向沟通的学历"瓶颈"，让职高毕业生拥有深造的权利和途径，顺利完成职业教育过程从低等到高等的过渡，实现与普通教育的平等待遇，这无疑是完善职教体系、促进教育公平的有力举措。

然而，任何新的举措也必然带来新的问题。当数以千万计的职业教育学生纷纷涌向本科、研究生阶段教育的时候，这些拥有了本科、研究生学历的职业教育毕业生，在同等层次的普通大学生、研究生们面前，他们是否还能拥有当年中职、职高毕业生的那种"接地气"的压倒性优势？这是当前不能不慎重考量的问题。

职业教育受欢迎和受认可，就在于人人拥有一门实用和精湛的技术，而并非在于学历高低，这才是职业教育的优势，也是职业教育的本色所在。如果在当前大力发展职业教育的关键起点之时，不注重坚守职业教育的本色，而片面追求学生的高学历，或者追求学校的级别，不但不能真正提高职业教育水平，反而可能让职业教育已有的阵地丢失。

这些问题如果通过妥善的观念引导，通过严格的高学历职业教育规模控制，通过有效的制度执行，如对本科教育和研究生教育加大工作经历和实践时间的要求，是完全可以避免的。但说到底，笔者认为，大力发展职业教育，与其让目前的职业教育走高大上路线，向层级化的普通教育看齐靠拢，还不如让普通教育多学习学习职业教育的精神，

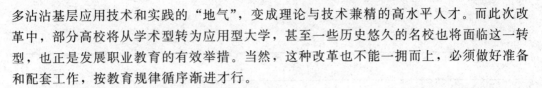

多沾沾基层应用技术和实践的"地气"，变成理论与技术兼精的高水平人才。而此次改革中，部分高校将从学术型转为应用型大学，甚至一些历史悠久的名校也将面临这一转型，也正是发展职业教育的有效举措。当然，这种改革也不能一拥而上，必须做好准备和配套工作，按教育规律循序渐进才行。

更进一步说，职业本身的特征决定了职业教育更应该跳出学历教育的固定思维，在终身教育和在职技能培训的众多领域中谋求更大的作为，这也应该是我们当前大力发展职业教育所不能忽视的广阔天地。

课后实训十

根据以下提供的选题，以小组为单位编写一篇简报，要求收集学院所开展的与选题相关的各项活动，凝练主题，至少包括 3 篇文章。

（1）学生工作简报

（2）班级动态简报

（3）共青团工作简报

（4）教学工作简报

_____

_____

_____

_____

_____

_____

_____

_____

_____

_____

_____

_____

_____

_____

_____

_____

_____

任务四　述职报告

课堂实训十一

根据以下材料，以学院办公室主任身份拟写一篇述职报告。

材料 1

　　李立伟，男，24 岁，管理学硕士。根据学院工作安排，2014 年 2 月到办公室工作，担任办公室主任。近一年的辛勤工作，他做到独当一面，尽职尽责，努力工作，也逐步认识到办公室是一个单位的综合办事机构，在一个单位中处于中枢和要害部位，是协助领导办理专门事项、辅助和协调整个日常工作的部门，是沟通上下的咽喉，联系左右的纽带，对外交流的窗口，传递信息的中枢，领导决策的外脑和处理日常事务的手足。

　　办公室的基本任务是参与政务、管理事务、搞好服务，主要包括辅助决策、管理事务、起草公文、协调关系、调查研究、收集信息、制定规章制度、管理会议、收发信函、接待来访、招待客人、档案管理等工作。

材料 2

办公室主任基本职责如下：

1. 承办职责

坚持严肃认真、从速办理的原则，直接"主办"，或联合各职能部门"会办"，绝不耽误任何一件交办事项。主要事项包括领导层的集体决策和领导个人交付办理的事项；牵涉面广、归属不太明确、其他职能部门不便于也不宜承担的事项；组织部、校办等职能部门交办的事项；教师、职工转办的事项。

2. 参谋职责

调查研究、收集各方信息，把调查中获得的大量第一手资料进行综合分析，及时向领导反馈，协助领导决策。

3. 管理职责

既要参与政务，又要承办大量的事务，事务管理是办公室主任不可推卸的责任。例如，文书管理包括各种公文处理、领导交付的各项文书撰写；事务管理包括会议组织、公务用车管理、办公采购等事项。

4. 协调职责

抓好纵向协调，致力于上下级之间关系融洽，做到上令下行，上情下达，上下紧密配合，步调一致。抓好横向协调，致力于各职能部门之间的协调，做到各职能部门良好运转。抓好内部协调，做好内部人员、内部事务管理，形成团结高效的团队组织。

材料 3

2014 年，李立伟工作情况如下：

（1）协助领导做好行政管理工作，做好召开教职工大会等会议准备，以及学院各项活动的通知、组织和记录等工作。

（2）协助领导做好各种文件的收发、保管和使用好学院印章、介绍信和证明等管理工作。

（3）完成了 2014 年度学院各项工作的资料收集、整理、归档及各项统计报表的上报工作。

（4）协助上级部门公平公正地做好各项人事调动、职称评定等工作。

（5）做好其他兄弟单位及相关部门的协调工作，做到重大问题及时反馈、上报。

（6）为市场营销 13-1 班的本科生讲授《管理学》，指导全国大学生英语竞赛学生 2 名，学生成绩优异获得国家三等奖。同时，获得 2014 年云南省高等职业学院学生技能大赛"优秀工作者"称号。

（7）完成领导布置的其他工作。

李立伟在 2014 年在工作中服从领导分工，在生活中，坚持正直、谦虚的生活作风，尊重领导，团结同事，以诚待人，能够正确处理好与领导、同事之间的关系。

材料 4

由于李立伟办公室管理经验欠缺，仍然存在一些不足之处：

（1）政策法规学习掌握不够，撰写重要公文的经验欠缺，组织大型活动的驾驭能力有待提升。

（2）遇事易急躁，不能冷静、客观全面分析问题。

（3）与领导和职能部门沟通不够，沟通协调能力有待提高。

下一年度，李立伟的工作打算如下：

（1）完善办公室工作规范、绩效考核制度、文件管理制度，使办文、办事、办会等各项工作开展更加规范有序。

（2）积极与领导和各职能部门进行交流学习，提高服务质量。

（3）继续努力，廉洁自律，态度热情，尽职尽责，不断开拓，求实创新，努力做好学院办公室的各项工作。

_____

_____

_____

_____

_____

_____

_____

_____

_____

_____

_____

_____

_____

_____

_____

_____

_____

课后实训十一

根据以下提供的选题或自拟选题，拟写一篇述职报告。

（1）班长述职报告

（2）团支书述职报告

（3）学习委员述职报告

（4）青年志愿者述职报告

（5）其他述职报告（自选）

项目四 常用书信类文种训练

任务一 求 职 信

课堂实训十二

根据材料，以刘佳的名义写一封求职信，要求内容完整、结构合理、条理清晰、语言得体。

　　刘佳是一名在职人员，目前就职于一家国有企业，近期想要突破自我、寻求新的发展，特向昆明德新科技有限公司投递求职信。刘佳2013年毕业于××大学管理学院市场营销专业，在校期间，学习刻苦，各门课程的成绩优异，在校期间还获得优秀三好学生的荣誉，参加学校的演讲比赛获得一等奖的好成绩。

　　毕业后就进入国企工作，由于头脑灵活，吃苦耐劳，得到公司领导和同事的一致肯定。一年多来在行政管理的岗位上，刘佳认为自己虽然得到了锻炼和提升，但是现有岗位和自己的专业不太对口，也不是自己的兴趣所在。在犹豫苦恼的时候，她于2014年12月15日在《××信息报》上看到昆明德新科技有限公司招聘销售代表的消息，刘佳决定写一封求职信应聘该公司销售代表这一职位。

_____

_____

_____

_____

_____

_____

_____

_____

_____

_____

_____

_____

_____

_____

课后实训十二

下面是云南中豪置业有限责任公司一则人才招聘信息，请结合你的专业写一封求职信。

材料1 公司介绍

中豪商业集团——是以城市板块运营和全产业链构建为特色模式的大型集团。企业目前涉及房地产开发、商业运营、产业运营、物流仓储、园林绿化、酒店管理、物业服务、商业贸易、旅游业服务、餐饮娱乐等多个行业领域，拥有员工逾3000人。

中豪商业集团是国内最早实践"全产业链化运营构建"和"板块化区域造城"的企业，先后在江苏、云南等地完成多项省级、市级重点项目，累计开发建设体量逾3000万平方米。

中豪商业集团在昆明运作的中豪·螺蛳湾项目总投资约580亿元人民币。首创"四位一体"全产业链运营模式，整合"商贸中心""产业园区""仓储物流""电子商城"四大业务模块于一体。倾力打造了"中豪·螺蛳湾国际商贸城板块""中豪新册产业城板块""中豪空港新城板块"三大城市新区，规划总面积约1900万平方米，包括中豪·螺蛳湾国际商贸城核心商贸圈板块约880万平方米（中豪·螺蛳湾国际商贸主体商城、湖滨CBD中央商务区、配套生活区）、仓储物流园区约120万平方米、生产加工基地约900万平方米（中豪新册产业城、中豪空港产业城），形成了集合国际商贸区、中央商务区、餐饮娱乐区、文化休闲区、酒店服务区、旅游购物区、高尚住宅区、生活配套区、仓储园区、物流园区、生产加工区、产品研发区等十余个功能大类的全方位产品体系。

中豪商业集团——作为中国板块化造城运动和全产业链格局构建的先驱者，将立足全球视野，致力开创独具中豪特色的可持续发展模式，每到一地，发展一地，扎根一方土地，回报一方人民，打造中国新时代的百年民族品牌。

下属公司：

中豪商业集团有限公司（集团总公司）

云南中豪置业有限责任公司

昆明螺蛳湾国际商贸城市场管理有限公司

昆明螺蛳湾国际商贸城物业管理有限公司

昆明中豪新册产业城管理有限公司

昆明螺蛳湾国际商贸城创业园开发有限公司

云南中豪小商品加工基地开发有限公司

云南中望置业有限责任公司

云南中豪仓储服务有限公司

云南中豪进出口贸易有限公司

我们在建一座城市！

中豪诚邀您并肩与企业齐飞，全方位发挥自己，展示您的风采，照耀整座城市！

材料2 财务数据专员职位基本信息

职位月薪：面议　　　　　　　工作地点：昆明

发布日期：2014-12-17　　　　工作性质：全职

工作经验：1～3年　　　　　　最低学历：大专

招聘人数：6人　　　　　　　　职位类别：成本会计

材料3 职位描述

岗位职责：负责集团财务数据收集、统计、分析

岗位要求：

1. 大专以上学历，会计、财务管理、统计学等专业，工作经验1年以上。

2. 精通 Excel，对财务数据敏感。

3. 做事严谨、主动积极，保密性强，学习能力强，可塑性强。

福利：基础工资＋岗位工资＋学历工资＋职称工资＋年底＋三薪＋免费住宿＋三餐＋五险＋生日福利＋节假日福利＋良好的晋升发展空间＋……

职位联系方式：

公司名称：云南中豪置业有限责任公司

公司地址：云南省昆明市彩云北路5151号新螺蛳湾商贸城精品街一期18栋

传真：0871-67355202

公司主页：http://ynzhonghao.com

提示：如果你的专业不是会计学、财务管理专业，请你结合自己的专业搜索任意一份招聘广告，作为写作求职信的依据。

_____

_____

_____

_____

_____

_____

_____

_____

_____

_____

_____

任务二　推　荐　信

课堂实训十三

根据材料，以闪耀外贸有限公司总经理张辉的名义写一封推荐信。要求格式规范，内容完整。

　　高星是闪耀集团下属子公司闪耀外贸有限公司总经理张辉的助理，两年前从××大学文秘专业毕业后进入公司工作。高星在看到集团内部的招聘信息后，向张经理提出拟应聘行政主管一职，能够在工作上再上一个台阶，希望张经理能为自己写封推荐信。张辉认为，高星为人朴实诚恳，做事勤勤恳恳，工作积极肯干，任劳任怨，责任心强；在公司期间，他能够认真履行助理职责，能够协调好各部门之间的关系，高效处理各种事务工作，组织能力较强，各方面表现优异，值得肯定。同时，张辉认为人才流失固然可惜，但是一个优秀的员工应该勇于作出改变，挑战自我。

课后实训十三

根据材料，请你以班级辅导员的身份，为李欣同学写一份推荐信。

材料 1

　　云南易科电子有限公司的人事经理张先生想向学院招聘几名汉语言专业（商务文秘方向）实习生，要求如下：

　　（1）有较强的沟通、表达、协调能力和独立处理事务的能力。

　　（2）熟练运用现代办公软件，熟练操作计算机。

　　（3）为人诚实、勤奋，工作责任心强，有上进心，有较强的团队合作精神。

材料 2

　　李欣，2012 级汉语言专业（商务文秘方向）学生。在校期间成绩优异，表现良好，曾获得学业一等奖。参加全国大学生英语竞赛荣获二等奖，以及 2014 年学院计算机基本技能大赛中荣获院级二等奖。取得了初级秘书职业资格证书。另外，还担任了学院学生会的副主席，暑假期间积极带领同学们参加"三下乡"活动，具有较强的组织协调能力。

_____

_____

_____

_____

_____

_____

_____

_____

_____

_____

_____

_____

_____

_____

任务三 倡 议 书

课堂实训十四

根据以下材料，拟写一份倡议书，呼吁大家将盘中餐吃光、喝净、带走，践行"光盘行动"。

2013年1月16日，网友徐侠客在微博上发起"光盘行动"，倡导人们不浪费粮食，吃光盘子里的东西，吃不完的饭菜打包带走。微博一经发布，得到众多网友和人民日报等媒体的支持。1月22日，《新闻联播》报道了该活动，号召大家节约粮食，从我做起。

2013年1月20日，中共中央总书记、中央军委主席习近平在新华社一份《网友呼吁遏制餐饮环节"舌尖上的浪费"》的材料上作出批示，"浪费之风务必狠查！"要求加大宣传引导力度，大力弘扬中华民族勤俭节约的优秀传统。各级领导干部都要率先垂范，坚决杜绝公款浪费现象。

2013年3月12日汉语13-1班的同学们在校园食堂开展"光盘行动"问卷调查，发现校园食堂里浪费粮食的现象严重，同学们打得多、吃得少，剩饭剩菜被倒入垃圾桶中。此时，同学们已经忘记"锄禾日当午，汗滴禾下土。谁知盘中餐，粒粒皆辛苦"的勤俭节约的传统美德。

要求：1. 向全校同学发出倡议。

2. 倡议内容要充实具体，可以根据情况适当扩充，语言简洁。

3. 格式规范，措辞得当。

_____

_____

_____

_____

_____

_____

_____

_____

_____

_____

_____

_____

_____

_____

_____

_____

课后实训十四

一、根据以下材料，拟写一份倡议书，呼吁市民遵纪守法，尊重别人的劳动、知识与创造，从我做起，拒绝盗版。

材料 1

我们的身边、大街小巷，盗版商品，侵权商品随处可见，如图书、光碟、软件……盗版产品的生产速度往往很快，并且伪装得很好、出奇的便宜。这些盗版产品的生产者侵犯了别人的知识产权，偷窃别人的成果，侵犯了法律和版权规定。

材料 2

作为"2014 云南知识产权宣传周"主题活动之一，2014 年 4 月 24 日，云南省"扫黄打非"领导小组在世博园门口集中销毁了各类侵权盗版制品和非法出版物供给 818 653 册（张、盘），其中盗版音像制品 588 361 盘（张、盒），盗版图书、非

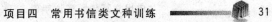

法报刊230 292册。此次非法出版物集中销毁活动除在昆明设主会场外，还在其他15个州市设立分会场同时进行，"迎接'4·26'世界知识产权日，在全社会营造尊重知识、尊重创造的良好氛围"。

　　要求：1. 向全市市民发出倡议。

　　　　　2. 倡议内容要充实具体，可以根据情况适当扩充，语言简洁。

　　　　　3. 格式规范，措辞得当。

二、根据以下材料，拟写一份倡议书。

　　上课铃声响起，很多同学手拿早点急匆匆往教室走去，走到教室，狼吞虎咽地吃起了早点，教室里空气中弥漫着包子、面包等味道。下课后，教室抽屉里堆满了塑料袋、果壳、纸屑等杂物，教室地面随处可见被随手抛洒的各种杂物。

　　校园里同学们损坏花草树木、消防设备，争抢电梯等不文明现象时有发生。

　　请你以学生会的身份或个人名义向全校同学发出倡议，共同建设文明校园。

_____

_____

_____

_____

_____

_____

_____

_____

_____

_____

_____

_____

_____

_____

_____

任务四　申　请　书

课堂实训十五

拟写一篇转正申请，要求内容完整，格式规范。

如果你是应届毕业生，毕业后在腾飞科技有限公司见习，现在你在公司已经工作三个月。作为新员工你在公司的三个月时间里，严格遵守公司的各项规章制度，端正学习态度，虚心向公司的领导和同事学习。在短时间内熟悉了公司的各项规章制度和自己工作岗位的工作流程，甚至能独立完成领导交办的各项工作。谦虚学习的态度和突出的工作能力得到领导的肯定和同事的好评。但是你仍然未获得可以转正的消息。为此，你向主管领导陈经理提出转正的申请。

提示：结合自己的专业，选择合适的工作岗位拟写转正申请。

_____

_____

_____

_____

_____

_____

_____

_____

_____

_____

_____

_____

_____

_____

_____

_____

课后实训十五

请你为小张拟写一份申请书，要求措辞得当，内容完整，格式规范。

小张是一名大二的学生，热爱民族舞蹈，想要在学院范围内多交一些喜爱民族舞的朋友，相互切磋学习。但是，她发现学院有各种各样的社团，却没有民族舞蹈社团，因而决定组建一个社团，把喜爱民族舞蹈的同学都召集起来。她经过多方咨询，了解清楚了学院组建新的社团的流程，接着向学院团委提交了一份组建社团的申请。

提示：（1）根据自己的兴趣爱好，可以选择成立其他社团，如心理社团等。

（2）认真学习《××大学学生社团管理条例》，了解学生社团成立相关条件、社团章程等条例。

（3）申请书中主要包括成立民族舞蹈社团的缘由、意义、条件、名称、组织机构、规章制度、活动方式、财务管理原则等。

_____

_____

_____

_____

_____

_____

_____

_____

_____

_____

_____

_____

_____

_____

_____

_____

_____

_____

_____

项目五 常见宣传类文种训练

任务一 消 息

课堂实训十六

阅读以下材料，请根据材料，凝练主题，撰写一篇新闻报道。

材料1

"你手里攥着千头万绪，攥着一千个线头，但是一个针眼一次只能穿过一条线。"不久前，习近平总书记在同中央党校第一期县委书记研修班学员座谈时，用自己的经历建议年轻人不要熬夜。

北京建筑大学的林帆（化名）刷完朋友圈，发了最后一条朋友圈状态说："听从总书记教导，睡觉。"这是他近一年来第一次这么早睡，而他的朋友圈里也被"十二点一到就去睡大觉，第二天重新来过"这句话刷屏了。对现在的大学生而言，熬夜几乎成了"家常便饭"。"好像人人都是熬夜党，"林帆说。

材料2

湖北第二师范学院的汪星星是"熬夜达人"。她曾任班长、现任大学生通讯社社长，这些职务让她感慨自己有"三头六臂"都忙不过来，于是走上了熬夜的"不归路"。宿舍熄灯后还常常看到她对着电脑写稿、改稿。有一次，她用完了室友3台笔记本电脑的储蓄电量还没做完工作。

中国科学院大学的研究生，胡林（化名）也沦为"起床困难户"的一员，但她晚上熬夜几乎都为"看文献、写文章、赶稿子"。从开学持续到期末结课前，胡林白天三分之二的时间都是课，课后时间又被各门功课侵占，还有较大强度的社团工作，"凌晨一点以后睡觉是常有的事，有时候会到三四点"。"太忙了，以至于没有更多的时间去想别的事情。"胡林身边的朋友们也大多数是"学霸"型的"熬夜党"，有时候完全没意识到自己又熬夜了，不知不觉就到了那个点。"我们几乎不把看电视当作消遣，睡觉才是我们最大的休闲方式。"

材料3

集美大学的苏丁登放下手中的吉他，手表已经指向凌晨两点。室友还对着屏幕看电视，于是他又打开电脑玩了两把游戏，"一看四点了，该睡了，室友还对着屏幕咯咯笑呢"。

熬夜已经成为他的习惯，"一到夜里就精神抖擞"。在他的世界里，晚上安静、状态好，正适合练琴、听歌和思考，偶尔也玩玩游戏。

在苏丁登的身边，半夜玩手机、看电视、看书的大有人在，"太早大家都睡不着"。福建江夏学院的颜媛说自己身边熬夜最多的人也是"游戏党"和"电视党"，宿舍里也偶尔会为了打牌、看电视等集体熬夜。有时候如果一个室友很晚入睡，难免影响到其他人的入睡时间。她不太喜欢这种"晚上开心白天睡觉"的状态："不知道熬夜游戏人生的人在追求什么呢？得不偿失。"

　　热衷于追剧的肖琳（化名）是"一开始追剧就停不下来"的姑娘。等到零点电视剧更新后看完最新的集数再去睡觉是她的"生活常态"。

_____

_____

_____

_____

_____

_____

_____

_____

_____

_____

_____

_____

_____

_____

课后实训十六

如果你是校报记者，请根据材料，拟写一篇 400 字左右的新闻。

云南财经大学团委在党和政府的感召下于 2013 年 5 月 6 日开展"实现中国梦，青春勇担当"的五四主题志愿活动，云南财经大学校志愿服务总队学生骨干共同学习了习近平总书记五四讲话精神："青年朋友们，同志们：今天是五四青年节。在这个属于青春的日子里，很高兴来参加'实现中国梦，青春勇担当'主题团日活动，同各条战线的优秀青年代表一起交流，聆听大家抒发与祖国共奋进、与时代齐发展的青春感受……"

云南财经大学校志愿服务总队同学们以习书记对青年的五点希望"广大青年一定要坚定理想信念、广大青年一定要练就过硬本领、广大青年一定要勇于创新创造、广大青年一定要矢志艰苦奋斗、广大青年一定要锤炼高尚品格"为目标深入学习并贯彻执行。其中，习近平总书记的这一段话"共青团要在广大青少年中深入开展我的中国梦主题教育实践活动，为每个青少年播种梦想、点燃梦想，让更多青少年敢于有梦、勇于追梦、勤于圆梦，让每个青少年都为实现中国梦增添强大青春能量"对同学们有了更多的启发，他们开始通过结对子等方式来帮助地震灾区的伙伴抚平心中的创伤，为实现自己的中国梦而努力奋斗；他们通过义卖，用亲手做出的作品资助贫困的孩子，为他们建立图书馆，为他们展示一个更宽广的世界；他们还开展公益讲座，邀请公益明星们来校园与大家分享他们的中国梦、慈善心，鼓励更多的同学加入到志愿者的行列中来。

　　云南财经大学校志愿服务总队一直坚持互助奉献的宗旨来帮助更多的人实现梦想，并且在这个过程中实现自我价值。他们开展了支教、捐书捐衣、手拉手通信等一系列活动，他们的足迹遍及敬老院、社区老年学校、边远山区及打工子女学校，他们为越来越多的老人、孩子带来了快乐和知识的同时，也渐渐温暖了社会的一角——这也是实现"中国梦"的体现。志愿者们表示：他们将会继续开展相关活动，运用青春的正能量帮助更多的人实现"中国梦"。

任务二　通　讯

课堂实训十七

根据以下几则新闻写一篇通讯。

材料1

7位"80后"大山深处执教记

7名"80后"放弃了留在大城市工作的机会，毅然回到家乡曲靖市会泽县纸厂乡龙家村小学，教书、修路，用自己的青春，点燃了大山深处的希望。

年轻教师修路照被上传微博

前些天，刘顺跃等人自发在山间修路的照片被人传上微博。经本报记者实地了解，修路的7名年轻人分别是：刘顺跃、陈仕华、幸金正、蒋正阳、刘玉良、周凤慧、程谨，全是"80后"，他们都是龙家村小学的教师。这个学校的教师，还有52岁的孙秀明。

微博中的那条山路，是龙家村小学通往乡里的唯一一条山间小道。而他们之所以会自发组织修路，一是担心学校学生上、下学路上的安全问题，二是为了保证惠及全校131名学生的营养餐供应。

由于路况极其简陋，学校买菜的小货车经常陷在淤泥里动弹不得。为了不让孩子们挨饿，也为了不让孩子们满身泥水地来上课，刘顺跃等7名年轻人决定自发修路。此后，他们每天下午放学后便自发前往修路。

7人中大多曾有留在城市的机会

7名"80后"，最大的30岁，最小的只有24岁。全部生于大山、长于大山，都是毕业于省内大中专院校，大部分人曾拥有留在大城市工作的机会。然而，他们却不约而同地做出了一个共同的选择——回到山村，执教山村。

过往的生活、学习经历，使得他们心里非常清楚：囿于山区小学困窘的生活条件，绝大多数城里人不愿意来，而多年来，贫苦山区的小学教育本身就已落后外面太多太多，那么，如果连曾经从这里走出的学生都不愿回来，那还会有谁愿意来？

为此，校长刘顺跃，从2002年开始，就坚守山村小学整整10年。教导主任，26岁的陈仕华因执意前来山村执教，不得已与相恋多年的女友分手。

"早就跟不上同龄人的脚步了"，学校仅有的两名女教师之一周凤慧，很不愿去县城，因为她们觉得自己"土气"惯了，到县城会不适应。

为了不耽误学生的课程，女教师程谨临近生产，不得不离开学校待产，而同为该校教师的丈夫刘玉良却留在了学校。

就是这样，7名"80后"用自己的青春，点燃了山村的希望。

（来源：云南网，2012年11月19日）

材料 2

陈国宝勉励"会泽七子"探索山区教育新模式

2013 年 2 月 28 日，县委书记陈国宝到纸厂乡龙家村小学看望"会泽七子"，勉励他们积极探索山区教育教学新模式，继续在平凡岗位上做出不平凡的工作成绩。

陈国宝实地察看了龙家村小学的教学设施设备情况，听取教育教学情况介绍，面对面与老师们亲切交谈，为他们解决了一些实际困难和问题。

陈国宝说，教育是关系千家万户、国家未来的事业。你们坚守山区，开心工作、快乐生活，精神难能可贵，你们是全县山区教师的榜样。这些年来，会泽教育规模不断扩大，办学条件不断改善，教育教学水平持续提高，都与你们广大教师的勤奋工作分不开。今后，你们要树立"只有更好，没有最好"的信心，积极探索教育教学新模式，自强不息，努力工作，继续在平凡的岗位上做出不平凡的工作成绩。

（来源：会泽新闻网，2013 年 3 月 4 日）

材料 3

"会泽七子"上央视

2013 年 8 月 19 日至 21 日，中央电视台新闻频道《朝闻天下》走基层·寻找最美乡村教师栏目连续播出"会泽七子"的赤子之情、"会泽七子"为山里孩子修路筑梦、"会泽七子"用爱温暖留守儿童 3 集电视新闻，展现了会泽县龙家村小学 7 名 80 后教师坚守大山、修路筑梦、关爱学生的感人事迹。

龙家村小学共有 8 名教师，一名 50 多岁的老教师和 7 名 80 后教师，7 名 80 后教师全部来自农村，深知农村孩子对知识的渴求，从学校毕业后，他们坚定地选择了大山，带着梦想的他们走上了三尺讲台。无论学校有多偏僻、条件有多艰苦，他们都默默地坚守、勤奋地工作。据悉，中央电视台已向"会泽七子"发出邀请函，邀请他们 8 月底赴京参加最美乡村教师晚会节目的录制。

（来源：《云南日报》，2013 年 8 月 26 日）

材料 4

"会泽七子"当选"最美乡村教师"

2013 年 9 月 10 日，是中国第 29 个教师节。由中央电视台和光明日报社 2013 年"寻找最美乡村教师"大型公益活动评选揭晓，云南省傈僳族女教师吉思妞、"会泽七子"在京受表彰。

（来源：云信网，2013 年 9 月 12 日）

课后实训十七

如果你是校报记者,请你根据材料,拟写一篇通讯。

为了让大一新生能够尽快适应大学学习和生活,做好大学职业生涯规划,根据班级学习和文化建设活动方案,在院团委的精心组织下,2014 年 10 月 12 日晚上,新生班级开展了以"我的大学我做主 我的生活我规划"为主题的班会活动。

在班会上,各班班主任老师首先给同学们讲了进入大学后要做的几件事情:

第一,自我分析,给自己定一个清晰的目标。自我分析就是分析自己的优缺点、分析自己的专长,分析自己的兴趣。所以,每一个大学生都应该了解自己的优点和缺点、自己的专长是什么?

第二,怎样选择适合自己的职业。这是一个探索的过程,不断地完善自己,但是心中的目标永远不能改变。那么,什么是一个好的职业呢?到底怎么样去选择一个职业呢?要做一个与众不同的自己,对未来理想工作列了很多条件,比如说,我希望自己的工作可以帮助更多的人;我希望自己的工作环境可以让我不断学习、不断进步;最重要的是我的工作能与爱心人士在一起,能跟有激情的人在一起。

第三,阅读什么书。现代社会不再是以分数论英雄的时代。分数只能代表一个人的考试能力。大学生最好把自己培养成为一专多能的人,多学习和了解与自己专业相关的书籍,以及与成长相关的书籍。那么阅读什么样的书籍呢?一是推销方面的,二是行销方面的,三是人际关系方面的,四是领导力方面的,五是阅读实用性的报刊,六是阅读中国的历史典故和人物传记,七是阅读做人做事原则等方面的书籍。

第四,要知道老板需要找什么样的人才。加入社团,倍增人脉。多跟形形色色的人打交道,人生活的社会其实就是一个交际网的社会。加入社团一定要做好选择,不要盲目地乱选。一是根据自己的兴趣爱好,二是根据自己的定位,三是清楚自己到底想得到什么。

第五,要敢于走出第一步,为自己的成长争取更多的机会;克服恐惧,放下面子,挑战自己,超越自己。很多时候,当机会来降临时,我们还在犹豫不决,或者不敢去做。可能,也会给自己找各种各样的借口。其实我们就是缺少勇敢走出第一步的勇气。其实,我们行!我们对生活不再犹豫,不再怀疑自己,不再自我否定。

第六,分清主次,聚焦重点。一定要走出寝室,一定要逃离游戏。活出真实的自己,不要在虚拟的世界里浪费青春。玩游戏玩不出辉煌的人生。同时谈恋爱也谈不出辉煌的人生。游戏只能作为一种放松,恋爱只能作为成长的动力。不要为了追求浪漫而荒废自己。一定要清楚你想要什么,只有明确目标,你才不会被诱惑所迷倒。学会舍,才有得;学会付出,才有收获。

听了班主任老师的一席话后,同学们都受益匪浅,并且在场的同学们开始畅所欲言,结合自己入校一个多月来的所见、所闻、所感,重新审视着自己心目中的大学。有的人选择毕业后考研,继续求学深造;有的人从实际出发,从小事做起,从点滴做起,严格要求自己,不虚度每一寸光阴;有的人希望在完成学习的同时,通过参加社会实践活动提高自己的综合素质,为今后就业增加砝码。大家用自己独特的思维方式诉说着如何充实、快乐地度过大学里的每一天，如何结合所学专业做好自己四年的大学职业生涯规划，如何能够更好地适应社会展开了激烈的讨论和深入的交流。

这次有意义的班会，让同学们进一步明确了自己在大学的目标和责任，清晰了大学学习生活的意义和目的，有利于今后的学习和生活，让每个人都立志将来成为一名合格的大学生。

项目六 常见礼仪类文种训练

任务一 邀请函、请柬

课堂实训十八

一、阅读孟浩然《过故人庄》，结合该诗含义，请分析谁是邀请人、谁是受邀者，设计一份吻合文意、合乎文体的邀请函。

过 故 人 庄

故人具鸡黍，邀我至田家。

绿树村边合，青山郭外斜。

开轩面场圃，把酒话桑麻。

待到重阳日，还来就菊花。

二、陈敬先生准备在 2014 年 12 月 18 日为父亲举办七十岁寿辰喜宴，地点在高登街1314 号高登大酒店，时间是中午 12 时，为此，请代他给他父亲的老朋友张山先生写一封请柬。

_____

_____

_____

_____

_____

_____

_____

_____

_____

_____

课后实训十八

学院将举办"翰墨丹青，流香人生"书画大赛，将邀请我省著名书法家刘建功先生，著名画家张青择先生做评委。同时邀请学院党委书记、院长、副院长到教学楼一号大厅参观本次获奖书画作品展，请你设计一份符合主题并具有创意性的邀请函，邀请以上专家或学院领导中的一名。邀请函的时间、地点、内容自拟。

_____

_____

_____

_____

_____

_____

_____

_____

_____

_____

_____

_____

_____

_____

_____

任务二　欢迎词和欢送词

课堂实训十九

一、元旦晚会即将举行，我们邀请各位老师莅临我们的晚会现场，作为晚会的主持人，请自拟一个欢迎词，向辛勤工作在各个岗位上的老师们表示节日的问候，一年来，学院获得了"挑战杯全国大学生课外学术科技作品竞赛一等奖"，新建了 8 个实训室，有 5 门课程获省级精品课程立项建设。这些成绩都与老师们的付出分不开，在元旦晚上的致辞上，除写出以上内容外，适当增加其他内容，向传授我们知识的老师们表示热烈的欢迎。

二、日本东京医学馆总裁中田尤子女士率代表团到我市华阳健康产业集团公司洽谈业务。经过一个星期的多次会谈，双方达成了共建"养老康复护理服务、预防保健服务、养老助餐起居服务"三个实质性协议，取得了双方都非常满意的成果。现在中田尤子女士及代表团要回国了，作为华阳健康产业集团公司办公室秘书，请你以公司总经理李晋升的名义拟写欢送词。

_____

_____

_____

_____

_____

_____

_____

_____

_____

_____

_____

_____

_____

_____

_____

课后实训十九

一、根据以下材料，请你为仪式分别写一份欢迎词、欢送词。

泰国××大学定于××××年×月×日组织××级国际市场营销班的全体同学到你校进行为期一个月的交流活动。这是你校和泰国高校之间的第一次合作，泰国大学生主要希望通过这次活动，促进彼此之间的思想交流。他们将感受你校丰富多彩的校园生活和中国文化，同时学习汉语、中国文化等课程，并同你校学生一起开展科研训练，从而达到相互学习、相互提高的目的。两校领导都很重视这次活动。为此，你校准备了十分隆重的欢迎和欢送仪式，在仪式上，双方代表都要作礼仪性发言。

二、根据以下材料，请你拟写一份欢迎词。

　　同学们经过激烈的高考竞争步入了大学的校园，开始了人生之中新的旅程。各个高校为了欢迎新生的到来都会举行开学典礼，请你为开学典礼写一份欢迎词。

　　提示：界定好角色，可以选择以学校领导、老师代表、学生代表、校友代表中的任意一个角色来拟写欢迎词。

项目七　常见策划类文种训练

任务一　专题活动策划书

课堂实训二十

材料1

根据云南省教育厅下发的《关于举办 2014 年（第 7 届）计算机设计大赛的通知》及《关于举办 2014 年中国大学生计算机设计大赛云南赛区竞赛的通知》，由中华职业学院承办 2014 年"能投浪潮杯"云南省大学生计算机设计大赛暨第七届中国大学生计算机设计大赛云南赛区竞赛。

大赛参赛作品分为软件应用与开发类、教学课件类、数字媒体设计类普通组、数字媒体设计类专业组、计算机音乐创作类、软件与服务外包类、数字媒体设计类中华民族文化组 7 类。

经省内院校选拔推荐，进入初赛的有效学生作品 342 件，经过多名专家的网上初评，共有 96 件作品推荐参加全国竞赛，来自省内云南大学、昆明理工大学等 22 所院校的 72 支参赛团队进入云南赛区决赛。每支参赛团队可由 1 名指导老师带队，2 名参赛选手参加决赛。

材料2

比赛定于 2014 年 6 月 8 日举行，为圆满完成此次大赛，中华职业学院特别制订了活动组织策划案。

为使大赛能顺利举办，大赛组委会将下设办公室、会务组、宣传组、接待组四个小组。

（1）办公室统筹四个小组工作。负责大赛的协调、沟通和联络；编写志愿者服务流程、布置答辩教室、制作竞赛手册等大赛相关材料；统筹交通车时间、数量、参赛组报到住宿（仅为地州参赛团队提供交通车、住宿服务）；赛场布置。

（2）会务组做好领导邀请、会场布置、礼仪服务、大赛当天医疗应急保障工作；赛前横幅、布标的准备；工作证、参赛证、指导教师证、评委专家证（15 位）的制作。

（3）宣传组需做好赛前、赛中、赛后的新闻宣传工作。

（4）接待组做好大赛当天网络技术支持、电力供应、安全保障、交通指挥、饮食卫生等后勤保障工作。

材料3

大赛的开幕式定于 2014 年 6 月 8 日早上 8：30 举行，大赛开幕式在学院行知楼 304 报告厅举行。大赛于 9：00 准时开始，3 个赛场设在炎培楼 5 楼，2 间候考室设在炎培楼 5 楼赛场机房，大赛将进行选手作品陈述和专家评委提问两个环节，综合展示参赛选手的计算机应用技能、创新能力和团队合作意识。

　　根据以上材料，以小组为单位，拟写一份 2014 年"能投浪潮杯"云南省大学生计算机设计大赛暨第七届中国大学生计算机设计大赛云南赛区竞赛的组织策划方案。要求格式规范，条理清晰，权责明确，经费合理。

课后实训二十

　　假如你们组要组织全班同学在全院范围内开展一次主题为"节约水电，低碳从我做起"的活动，要求同学们围绕这一主题制订一份活动策划书。要求格式规范，条理清晰，权责明确，经费合理，形式新颖。

任务二　广告策划书

课堂实训二十一

　　飞龙广告公司受南优乳品有限公司委托，就其公司现状和市场状况策划"南优牛奶"产品上市的战略方案。策划的实施时间为半年，遵循市场逐步挺进的方式，涵盖市场定位、价格定位、SWOT 分析、营销策略等方面，以把"南优牛奶"推向牛奶市场，抢占市场份额为目标。

南优乳品有限公司成立于 1996 年，位于云南省昆明市呈贡县。公司引进国际先进的生产线，年规模产能达 1 万吨。企业通过了 ISO9001、ISO14001、HACCP、诚信体系认证，参与起草了《国家安全炼乳评价标准》、参与制定了《乳制品感官质量评鉴细则》。公司先后被评为国家高新技术企业、省骨干农业龙头企业、省科技型企业、省现代企业制度创新示范企业、省卫生先进单位等，2005 年荣获中国乳制品行业优秀企业，并连续 14 年获省银行资信等级 AAA 级。

请你以飞龙广告公司策划人员的身份为南优乳品有限公司拟写一份广告策划书，成功推出"南优牛奶"，并一鸣惊人，抢占市场份额。要求格式规范，富有创意，条理清晰，可根据需要补充相关内容。

_____

_____

_____

_____

_____

_____

_____

_____

_____

_____

_____

课后实训二十一

安宁温泉度假胜地，占地超万亩，总投资逾 100 亿，被列为云南省"十一五"重点建设项目，是由云南度假集团主导开发。安宁温泉度假胜地，沿 16 公里景观大道和 12 公里海岸兴建 6 家五星级度假酒店，成为云南旅游的新名片。安宁温泉度假胜地自 2009 年 3 月开放以来，深受广大游客的好评。2010 年、2011 年连续两年获得云南省金牌旅游胜地的称号。

　　时至今日，安宁温泉度假胜地已经超越一个普通度假点的范畴，成为人们向往的生活方式的象征。安宁温泉度假胜地的目标群体主要是社会高端收入群体和社会精英，懂得人生真正的价值，热爱生活并享受生活。

　　但是随着市场上同类度假胜地的不断发展，安宁温泉度假胜地对消费者的吸引力有所下降，为了重新夺回云南度假胜地第一品牌的称号，云南度假集团找到了飞龙广告公司，表示愿意投资100万，让安宁温泉度假胜地这一品牌"重获新生"。

　　请你以飞龙广告公司一名策划人员的身份，制作一份广告策划书，实现云南度假集团的广告诉求。要求格式规范，富有创意，条理清晰，可根据需要补充相关内容。

项目八 财经文书

任务一 经济合同

课堂实训二十二

一、根据材料，拟写一份合同。

假设你是中华职业学院 3 号商铺阳光花店的老板，要与位于斗南花市的大全花草批发商店老板经商议达成以下意向：

(1) 大全花草批发商店每天为阳光花店提供 50 支白玫瑰、100 支红玫瑰、40 支香水百合、30 支康乃馨。

(2) 大全花草批发商店每天在早晨 6 点前包装并备好货，由大全花草批发商店送货上门，包装费和运费由大全花草批发商店承担。阳光花店于每月 10 日结算一次，以银行转账方式支付上月价款。

(3) 各类鲜花的价格按市场批发价收取，可随季节的变换有所浮动，但是不能高于当天花市的平均批发价格。

(4) 如因突发的自然灾害不能如数交货，大全花草批发商店需提前一天告知阳光花店。

(5) 在正常情况下，如果大全花草批发商店交货不及时或是交货不足，每延迟一天，应处以不足部分价款 30% 的违约金，并对由于交货不及时和不足造成阳光花店的损失进行赔偿。如果阳光花店拒付款不及时，每延迟一天，应处以拒收部分价款 30% 的违约金。合同从签订之日起生效，期限为一年。合同一式两份，双方各执一份。

要求：合乎经济合同写作规范。合同应包括以下内容：①产品名称、品种规格、数量；②交货日期和时间要求；③质量要求；④验收方法；⑤交货方式、包装运输方式和费用负担；⑥结算方式和期限；⑦违约责任；⑧其他约定事项。

提示：鲜花质量等级为一级、二级、三级、四级，按照要求大全花草批发商店每天供应的鲜花为一级。

二、根据以下材料，拟写一份来料加工合同。

新洲铝合金厂（简称甲方）的代表雷×× 于 2014 年 3 月 10 日与香港富达公司（简称乙方）的代表陆××，经双方协商，达成以下意向。

乙方不作价来料按样委托加工电热器 40 万只，单价每只 4.50 元（人民币）。铝合金窗框 30 万付，单价每付 7 元（人民币）；铝锅 60 万只，单价每只 2.90 元（人民币）。乙方每月提供原料×吨，厂房及设备由甲方负责。加工式样确认后投产。原料及包装物料由乙方运至甲方工厂，运输费和装卸费由乙方负责。产品由甲方运至乙方公司，运输和装卸费由甲方负责，损耗率为 2%。用普通纸箱包装，包装费由乙方负责。甲方加工的产品于 2014 年 6 月 10 日前交完给乙方验收。每月交电热器不少于 33 000 只，铝合金窗框不少于 25 000 付，铝锅不少于 50 000 只，交货须经双方在出货单上签字生效。由乙方负责投保。加工费以支票付款，凭双方签字之出货单结算加工费，每月结算一次。如乙方逾期付款，应按当地银行利率计算利息，由甲方加入下一期加工费内向乙方结算。乙方开户银行是香港××银行，账号是 83197235；甲方开户银行是新洲市××银行，账号是 73494585。若乙方未按量提供原料，则乙方应负甲方损失的责任，按来料不足赔偿加工费；若甲方未按时、按质、按量交付产品，则甲方应付乙方损失的责任，按未能依时交付产品价值××％赔偿。合同期一年。本合同一式五份，正本两份，甲乙双方各执一份，副本三份，送鉴证机关及双方开户银行。

　　要求：合乎经济合同写作规范。合同应包括以下内容：①产品名称、品种规格、数量；②交货日期和时间要求；③质量要求；④验收方法；⑤交货方式、包装运输方式和费用负担；⑥结算方式和期限；⑦违约责任；⑧其他约定事项。

课后实训二十二

昆明市高新开发区育才路 82 号居民张三海有出租房屋两间，2014 年 7 月 28 日昆明市冶金研究所职工李四明前来商谈承租。第二天签订合同，议定租金为每月每间 350 元人民币，共租两间，租金半年预缴；房屋原有设施（煤气灶一套、电视机一台、三座长条沙发一套），承租人（租客）其他生活用品和日常用品及房屋的维修护理费用由承租人自负；合同期满，承租人添置的用品自行处理，租房期间房屋的维修护理费出租人（房东）不予承担；合同有效期为 2 年。

请你根据以上这些内容，起草一份房屋租赁合同。

_____

_____

_____

_____

_____

_____

_____

_____

_____

_____

_____

任务二　市场调查报告

课堂实训二十三

根据下列材料，完成调查报告的撰写。

调查对象：本校在校大学生

调查目的：了解在校大学生每月消费情况。

调查基本情况介绍：发放调查问卷 200 份，有效问卷 195 份。男生 109 人，女生 86 人。大一学生 39 人，大二学生 92 人，大三学生 45 人，大四学生 19 人。理工类学生 23 人，管理类学生 125 人，文学类学生 19 人，艺术类学生 16 人，其他类 12 人。

调查内容数据如下：

1. 每月消费 800 元以下的学生，有 24 人；月消费 800～1200 元的学生，有 81 人；月消费 1200～1800 元的学生，有 57 人；月消费 1800 元的学生，有 33 人。

2. 生活费主要来源方面。172 人选择父母给予；10 人选择勤工助学；10 人选择奖学金；3 人选择打工赚取。

3. 每月话费方面。140 人选择 50 元以下；40 人选择 50～100 元；15 人选择 100 元以上。

4. 每月的网费方面。41 人选择 20 元以下；95 人选择 20～40 元；59 人选择 40 元以上。

5. 平均每月的恋爱费用方面。91 人选择 0 元；42 人选择 100 元以下；35 人选择

100～300 元；27 人选择 300 元以上。

6. 每月在服饰上的消费方面。80 人选择 100 元以下；90 人选择 100～200 元；15 人选择 200～400 元；10 人选择 400 元以上。

7. 每月在娱乐旅游的消费方面。20 人选择 50 元以下；37 人选择 50～100 元；83 人选择 100～300 元；55 人选择 300 元以上。

8. 每月在学习（如买书）上的消费方面。57 人选择 20 元以下；93 人选择 20～50 元；32 人选择 50～100 元；13 人选择 100 元以上。

9. 花钱方式方面。110 人选择想花就花；40 人选择能省则省；24 人选择计划好了再花；21 人选择一边算一边花。

10. 购买东西时首先考虑因素方面。146 人选择价格；16 人选择品牌；23 人选择质量；10 人选择效用。

11. 对每月的生活费有没有计划过怎么使用的方面。58 人选择有；118 人选择没有；19 人选择偶尔有。

12. 认为自己的消费是否合理方面。167 人选择合理；28 人选择不合理。

13. 影响自己消费的原因方面。158 人选择家庭教育；25 人选择同学的影响；12 人选择其他。

要求：以小组为单位，认真分析调查数据，从消费观念、消费结构等方面深入分析，并对大学生消费提出建议。

_____
_____
_____
_____
_____
_____
_____
_____
_____
_____
_____
_____
_____
_____
_____

课后实训二十三

　　随着社会经济的发展，手机已经成为人们生活的必需品。对高校的大学生来说，手机已不仅仅是简单的通信工具，而是成为"生活终端"，通过手机互联获取信息、实现娱乐。随着手机在大学校园的普及，通信运营商把目光投向了大学校园这一潜力巨大的市场，相配套的通信网络也在不断拓宽外延，为用户提供更加实惠、便捷、快速的网络。目前，在大学校园内提供服务的主要通信运营商是联通、移动、电信三家。

　　以小组为单位，根据材料针对大学生使用手机的情况（包括手机的品牌、价位等）进行一次调查；或对大学生手机套餐的使用情况及资费流向进行调查；也可自选调查主题，针对大学生比较关注的问题进行调查——例如，信用卡使用情况、网络通信软件（QQ、微信、微博等）使用情况、大学生网络行为等——并形成调查报告。要求格式规范，条理清楚，数据准确。

综合实训

综合实训一　校园活动综合实训

为活跃校园气氛，丰富校园文化生活，增进呈贡各高校间的交流与互动，云南财经大学中华职业学院将于 2014 年 11 月 15 日组织召开首届呈贡大学城大学生社团文化节。本次活动由云南财经大学中华职业学院主办，云南财经大学中华职业学院团委承办。

材料 1

作为本次活动的主要负责部门，学院团委需要制订本次活动的策划，组织召开专题会议，进行任务分工。另外，为扩大活动影响力，院团委还将向呈贡大学城的高校团委发出邀请函，邀请各高校的优秀社团参加本次社团文化节。

10 月 10 日晚 7 点，中华职业学院团委将组织召开专题会议，会议将由院团委书记主持，要求学院内社团负责人参会。会议对学院将组织召开首届呈贡大学城大学生社团文化节的决定进行通报。同时进行任务分工，社团需协助院团委完成文化节的一系列前期准备、文化节当天的组织协调及后期收尾工作。由于参会社团众多，会议定在行知楼 304 召开。

材料 2

根据院团委活动策划的预算，本次活动预计需要活动资金 5 万元，用于购置活动当天所需的音响设备、活动奖品，以及支付人员费用和交通费用等多项开支。院团委需向学院申请这笔资金，以保障活动能顺利举办。

学院将拨出 5 万元作为本次活动的专项经费。院团委计划用这笔钱首先购置一批活动所需的物资，包括一组 KP615 专业音响设备和 3 个 575W 精英款电脑摇头灯。

材料 3

在招投标中，昆明星星科技有限公司的产品物美价廉，最终夺标。学院和该公司签订合同，定于 11 月 1 日交货。由昆明星星科技有限公司负责包装、送货到学院，同时负责活动当天的设备安装工作。收到货之后，确认产品质量达标，且顺利举办活动之后，学院将通过银行转账的方式，在 11 月 20 日将货款转入昆明星星科技有限公司指定账户。在合同中对产品质量、数量要求作了详细规定，还制订了详细的违约责任，明确了双方的权利和义务。

材料 4

在首届呈贡大学城大学生社团文化节开幕式上，学院书记将致开幕词，欢迎前来参加社团文化节的各高校社团代表，并回顾了学院 3 年多来改革发展取得的成果，对学院社团的发展情况作了概括，最后他还希望各社团越办越好，预祝文化节圆满成功。

材料 5

活动当天前来参加文化节的社团有 50 多个，社团各展风采，活动异彩纷呈，民族文化、中国传统文化、手工艺品、音乐舞蹈等社团纷纷亮出绝活儿，精彩节目轮番上演。活动不仅丰富了校园生活，更加深了各高校间的友谊。首届呈贡大学城大学生社团文化节取得了圆满成功。

根据以上材料，按照要求完成如下文种的撰写：

（1）请以办公室的名义，拟写一份会议通知，通知学院内各社团负责人参加 10 月 10 日晚 7 点的专题会议。

（2）请以小组为单位，分配角色，模拟材料 1 的专题会议，并以办公室工作人员的身份，拟写纪要。

（3）请以院团委的名义，拟写一份活动策划书。

（4）请以院团委的名义，拟写一份请示，向学院申请资金购买文化节相关物品，提交给学院领导，并针对院团委的请示拟写一份批复。

（5）请以院团委的名义，拟写一份邀请函，邀请昆明理工大学团委组织校内社团参加社团文化节。

（6）请为书记拟写一份开幕式的发言稿。

（7）请以学院名义，拟写一份经济合同，明确双方的权利和义务。

（8）请以学院宣传部负责人身份，就学院本次文化节写一篇新闻稿。

各小组成员每人至少完成三个文种的写作。其中活动策划书和经济合同两个团队作业为必选项；此外，还需要从其他文种中任选一个文种进行撰写，要求各小组个人作业文种不能重复。在撰写过程中，可根据需要适当添加内容，要求符合各类文种写作规范，内容完整，语言表达流畅。

综合实训二　商品展销综合实训

云南首届鲜花展销会将于 2014 年 8 月 1～2 日在昆明国际会展中心举办，云南省内上百家鲜花行业龙头企业、行业新秀将参展，展销会将成为这些企业展示企业形象、宣传产品、招商引资的绝佳平台。同时，展销会将邀请全国各地优质经销商参加展会。为期两天的展销会将是企业之间洽谈、签订协议的好时机。

你所在的云南星星鲜花贸易公司将作为行业新秀参展。公司明年的效益与本次展销会的参展效果关系密切，公司将以展销会为契机，宣传企业文化，介绍公司产品，提高知名度。

为了更好地"备战"展会，总经理办公室召集公司的市场营销部、财务部、产品事业部、法律事务部、宣传部等部门召开专题会议。会议将由总经理张明主持，市场营销部、财务部、产品事业部、法律事务部等部门一名主管领导必须参会。会议时间为 6 月 27 日下午 15：00～17：00，地点在公司第一会议室。会议将围绕展销会展开讨论，明确各部门在展会准备阶段、展会期间和展会结束后的任务分工，以及相应的注意事项。办公室人员负责做好会议记录。

经商议，会议决定由市场营销部制订参展策划方案，并邀请参展经销商参观展位，洽谈合作事宜。财务部负责对市场营销部在策划中作出的预算经费进行核算，预支相应款项确保参展工作顺利完成。产品事业部需要为展会准备好参展样品，确保产品质量，突出企业特色，吸引经销商关注。在展销会过后，公司将迎来大批量订单，为此产品事业部还需要做好准备，保证库存充足。法律事务部负责拟好规范、详细的经济合同。宣传部负责做好展会前的动员准备、展会期间的企业宣传、展会后的宣传报道工作。总经理办公室负责督促、协调各部门落实好各自工作。

经了解，广州阳光鲜花公司将参加本次展销会，该公司每年的订单量占整个云南鲜花市场对外订单量的5%。如果能和该公司达成协议，明年公司将迎来第一次市场拓展的机会。按照公司工作安排，市场营销部需邀请广州阳光鲜花公司代表参观展位。

市场营销部除了撰写策划方案，还需要负责此次展销会的展位设计和布置工作。由于公司是首次参展，需要购置大量的展会相关物品，如展板、布展台、音响设备、横幅等。为此市场营销部需拟写一份请示，向公司领导申请资金，购买相关物品。

7月1日，公司总经理针对市场营销部提交的请示作了批复。

经过努力，广州阳光鲜花公司和公司最终达成协议，签订了20万的订单。为此，公司需要尽快起草一份合同，明确双方权利和义务。合同条款内容应包括：①产品名称、品种规格、数量；②交货日期和时间要求；③质量要求；④验收方法；⑤交货方式、包装运输方式和费用负担；⑥结算方式和期限；⑦违约责任；⑧其他约定事项。

展会结束后，公司宣传部门需要就公司本次参展情况写一篇新闻稿。本次展销会，公司收获颇丰，与5家省外经销商签订合同，订单总额接近80万。另外，短短两天的展会共发放了近万份宣传材料，接待数十家经销商到展位洽谈，为今后公司发展奠定了良好基础。

根据以上材料，按照要求完成如下文种的撰写：

(1) 请以办公室负责人的身份拟写一份会议通知，通知市场营销部、财务部、产品事业部、法律事务部、宣传部等部门负责人参加6月27日的专题会议。

(2) 请以办公室工作人员的身份，拟写纪要。

(3) 请以市场营销部负责人身份，拟写一份活动策划书。

(4) 请以市场营销部负责人身份，拟写一份请示，向公司申请资金购买展会相关物品，提交给公司总经理。

(5) 请以公司总经理的身份，针对市场营销部的请示拟写一份批复。

(6) 请以市场营销部负责人的身份，拟写一份邀请函，邀请广州阳光鲜花公司代表参观展位。

(7) 请以法律事务部负责人的身份，拟写一份经济合同，明确双方的权利和义务。

(8) 请以宣传部负责人身份，就公司本次参展的情况写一篇新闻稿。

各小组成员每人至少完成三个文种的写作。其中活动策划书和经济合同两个团队作业为必选项。此外，还需要从其他文种中任选一个文种进行撰写，要求各小组个人作业的文种不能重复。在撰写过程中，可根据需要适当添加内容，要求符合各类文种写作规范，内容完整，语言表达流畅。

_____

_____

_____

_____

_____

_____

_____

_____

_____

_____

_____

分 组 表

组别：_____

组长：_____

组员：_____　　　_____

组员：_____　　　_____

组员：_____　　　_____

评 分 表

	平时成绩						期中成绩		期末成绩	总分
	项目一	项目二	项目三	项目四	项目五	项目六	项目七	项目八	综合实训	
分数										

　　备注：平时成绩、期中成绩、期末成绩均以百分制计，其中平时成绩为前六个项目课后实训成绩的平均分，期中成绩为后两个项目课后实训成绩的平均分。